REVUE DE L'OFCE

Observations et diagnostics économiques

Octobre 2000

75

Observatoire Français des Conjonctures Economiques
Presses de Sciences Po

L'OFCE PUBLIE

• La **Revue de l'OFCE** paraît quatre fois par an (janvier, avril, juillet et octobre) ; elle contient des analyses détaillées de la conjoncture, des prévisions quantitatives, des études de politique économique, des recherches théoriques, historiques ou sociologiques.

• La **Lettre de l'OFCE,** présente au moins une fois par mois une analyse économique synthétique de quelques sujets d'actualité ou d'un point particulier de la conjoncture.

TARIFS 2001

	REVUE	LETTRE	JUMELÉ (Revue et Lettre)
FRANCE			
Tarif normal (institutions et entreprises)	525 F 80,04 €	260 F 39,64 €	700 F 106,71 €
Tarif réduit (particuliers)	345 F 52,59 €	135 F 20,58 €	455 F 69,36 €
Tarif étudiant	270 F 41,16 €	135 F 20,58 €	355 F 54,12 €
Prix du numéro **	128 F 19,51 €	27 F 4,12 €	—
ETRANGER *			
Tarif normal (institutions et entreprises)	590 F 89,94 €	290 F 44,21 €	780 F 118,91 €
Tarif réduit (particuliers)	410 F 62,50 €	170 F 25,92 €	545 F 83,08 €
Tarif étudiant	—	—	—
Prix du numéro **	128 F 19,51 €	27 F 4,12 €	—

COLLECTIONS		France	Etranger *
Revue:	années 1982 à 1999	200 F/an 30,49 €	300 F/an 45,73 €
	année 2000	300 F 45,73 €	380 F 57,93 €
Lettre:	années 1983 à 1999	500 F 76,22 €	600 F 91,47 €
	année 2000	100 F 15,24 €	130 F 19,82 €

* Demande d'expédition par avion: 220 F (33,54 €) en sus.

** Frais d'expédition : 22 F (3,35 €) ; par avion 35 F (5,34 €)

BULLETIN D'ABONNEMENT

Nom : . . . . Prénom : . . . .

Société : . . . .

Adresse de livraison : . . . .

Code Postal : . . . . Ville :. . . . . Pays : . . . .

Abonnement désiré : Revue ☐ Lettre ☐ Jumelé ☐ Tarif * : . . . .

Vente aux numéros : Revue n° . . . . Lettre n° . . . .

Collections : Revue année : . . . . .Lettre année : . . . .

Paiement : En francs ☐ En euros ☐

* Tarif normal, réduit, étudiant, par avion.

Les demandes doivent être adressées aux « Presses de Sciences Po », 44 rue du Four, 75006 Paris. (Tél. : 01.44.39.39.60 – Fax : 01.45.48.04.41), accompagnées d'un chèque bancaire ou postal à l'ordre des «Presses de Sciences Po».

Sommaire

La création de l'OFCE en 1981 répondait au motif d'instaurer en France une pluralité d'institutions en charge d'étudier les économies française ou étrangères, leurs conjonctures et leurs structures.

Ce pluralisme est une condition nécessaire au développement d'un vrai débat économique en France, qui ne soit pas un affrontement entre points de vue dogmatiques.

Je considère que l'indépendance de l'OFCE est la garantie qui permet d'éviter cet écueil. Mais l'indépendance n'est pas un état, elle est le fruit d'une discipline quotidienne. Elle exige qu'au sein même de l'OFCE, des méthodes, des opinions ou jugements différents, voire contradictoires, coexistent, et s'expriment librement dans ses publications à condition d'être fondés sur des raisonnements rigoureux. C'est l'essentiel du chemin. Le reste en découle. Je m'attache à ce que cette diversité ne soit pas un frein, mais au contraire, un moteur de la pensée ; que les différentes approches pratiquées se fécondent mutuellement, se remettent en cause et se renouvellent.

C'est ainsi que l'OFCE veut mettre au service du débat public en économie les fruits de la rigueur scientifique et de l'indépendance universitaire.

Jean-Paul FITOUSSI
Président de l'OFCE

DOSSIER

LES PERSPECTIVES

Une certaine hésitation
Perspectives 2000-2001 pour l'économie mondiale *

L'année 2000 sera le meilleur millésime de croissance mondiale depuis 1984, grâce à la conjonction de facteurs favorables : effets de la nouvelle économie, surtout aux États-Unis ; sortie de crise en Asie, en Amérique latine et en Russie ; dynamisme persistant de la Chine et de plusieurs pays d'Europe en transition ; nouvel essor européen. Seuls quelques pays (Japon, Argentine) restent en retrait.

Pourtant, les incertitudes se sont amplifiées au cours des six derniers mois. Le prix du pétrole reviendrait de 30 dollars fin septembre 2000 à 26 en 2001, le marché retrouvant un certain équilibre et l'OPEP reprenant le contrôle de la situation. La glissade de l'euro depuis janvier 1999 s'explique par des facteurs psychologiques, mais surtout structurels (les États-Unis ont repris le leadership dans les secteurs innovateurs ; leur taux de change réel d'équilibre s'est apprécié) et conjoncturels (un dollar fort permet aux États-Unis de lutter contre l'inflation, et à l'Europe d'impulser sa croissance). L'euro se redresserait lors du basculement de croissance en faveur de l'Europe, vers la mi-2001. Depuis le début de l'année, la Bourse stagne aux États-Unis. Compte tenu du niveau élevé atteint par les PER et de la fin de la montée en puissance des valeurs technologiques, une période prolongée de fluctuations autour d'une tendance plate, permettant le retour progressif des PER à un niveau normal est envisageable. Les taux d'intérêt à court terme ont fortement remonté depuis la mi-1999. La hausse des taux longs a été beaucoup plus faible. Aux États-Unis, une détente monétaire aurait lieu courant 2001. La politique monétaire ne constituerait pas un frein puissant à l'échelle mondiale, les taux restant bas relativement au taux de croissance anticipé.

Les premiers signes de ralentissement apparaissent aux États-Unis. Grâce aux gains de productivité induits par les technologies de l'information et de la communication, l'inflation reste modérée, malgré un taux de chômage historiquement bas. Les plus-values boursières ne soutenant plus la consommation, le taux d'épargne remonterait en 2001. Les effets induits de la nouvelle économie limiteraient l'infléchissement de l'investissement. La croissance serait de 5,3 % en 2000 et de 3,3 % en 2001, le déficit extérieur atteignant 5,1 % du PIB.

* Cette étude a été rédigée au sein de la Division économie internationale du Département analyse et prévision de l'OFCE, par une équipe dirigée par Henri Sterdyniak et comprenant Hélène Baudchon, Odile Chagny, Thierry Latreille, Catherine Mathieu, Olivier Passet, Christine Rifflart, et Paola Veroni. Elle a bénéficié de contributions d'Hervé Péléraux et Émilie Raynaud.

En 2000, comme en 1999, le PIB Japonais serait en net repli au second semestre en raison des à-coups de la politique budgétaire. L'investissement productif, tiré par les technologies de l'information, est en accélération. Mais les indicateurs de commandes et de ventes restent atones. La dégradation de l'emploi et la stagnation des revenus pèseraient encore sur la consommation des ménages ; la mauvaise rentabilité des entreprises et leur surendettement sur leur investissement. Après 1,7 % en 2000, la croissance ne serait que de 1,6 % en 2001.

Depuis le passage à vide de la fin 1998-début 1999, la zone euro a connu une croissance vigoureuse et généralisée, l'Italie restant seule en retrait. La hausse du prix du pétrole grève la croissance en 2000, d'un point de PIB. L'inflation a dépassé 2 % dans les onze pays en juillet. Aucune spirale inflationniste ne s'est enclenchée, la hausse des prix de l'énergie et les tensions sur le marché du travail ne s'étant pas traduites en fortes augmentations salariales. La ponction pétrolière continuerait à peser sur la consommation des ménages au second semestre 2000, mais celle-ci serait soutenue en 2001 par la baisse du taux de chômage et les réductions d'impôts. Grâce à la bonne santé financière des entreprises et à la nécessité d'investir dans les nouvelles technologies, l'investissement ne serait pas fortement affecté. L'indice de confiance dans l'industrie s'est légèrement tassé dans les dernières enquêtes, mais demeure à un haut niveau. La zone euro connaîtrait un certain ralentissement au second semestre 2000, corroboré par l'indicateur avancé de l'OFCE, puis une reprise en 2001. La croissance serait de 3,5 % en 2000 et de 3,3 % en 2001.

Sommaire

01.44.78.51.18

En 2000, la croissance de l'économie mondiale devrait atteindre un niveau jamais atteint depuis 1984. La croissance s'est généralisée : quelques rares pays font exception, en particulier le Japon (tableau 1). L'économie mondiale bénéficie de la conjonction de facteurs favorables : les effets de la nouvelle économie, particulièrement sensibles aux États-Unis ; la sortie de crise en Asie, en Amérique latine et en Russie ; le dynamisme persistant de la Chine et de plusieurs pays d'Europe en transition ; enfin, un nouvel essor européen après les années perdues de la préparation à la monnaie unique.

Pourtant, l'incertitude à la fin septembre 2000 apparaît plus importante que celle qui prévalait il y a six mois. Le haut niveau des prix du pétrole s'est maintenu plus longtemps que prévu. Il représente un prélèvement de plus de 1 point de PIB pour les pays de la zone euro (si le prix du pétrole se maintient à 30 dollars le baril au lieu de 18 dollars, moyenne de 1998). Ce prélèvement, principalement mis à la charge des ménages, a entraîné un certain ralentissement de leur consommation au premier semestre 2000, qui devrait se poursuivre au troisième trimestre. Responsable d'une hausse de 1 point de l'inflation, qui l'a fait passer dans la zone euro au-dessus du niveau jugé acceptable par les autorités monétaires, il a entraîné une hausse des taux d'intérêt. Par contre, aucune tension ne s'est développée sur les taux d'intérêt de long terme. La hausse des prix de l'énergie ne s'est guère traduite en augmentations salariales : la dynamique inflationniste ne s'est pas engagée. En septembre 2000, le marché pétrolier a retrouvé son équilibre, les prix devraient donc se détendre ; l'OPEP a repris le contrôle de la situation et devrait pouvoir imposer fin 2001 un prix de l'ordre de 25 dollars le baril. L'année 2001 devrait donc bénéficier d'un léger contre-choc pétrolier favorable à la croissance, à la désinflation et à une certaine détente monétaire (graphique 1).

La deuxième source d'incertitude réside dans le devenir de l'euro. Sa glissade depuis janvier 1999 s'explique par la combinaison de facteurs psychologiques (les marchés anglo-saxons sont rétifs devant cette expérience ; la Banque centrale européenne (BCE) n'a pas une stratégie claire et transparente), structurels (les États-Unis ont repris le leadership dans les secteurs porteurs et innovateurs ; ils attirent les capitaux ; leur taux de change réel d'équilibre s'est donc apprécié) et conjoncturels (un dollar fort correspond aux intérêts des États-Unis, lutter contre l'inflation, et de l'Europe, impulser la croissance). Tant que les États-Unis conserveront leur avance technologique, leur taux de change d'équilibre demeurera élevé. Le retour à un euro plus fort ne peut passer par un mécanisme lent : l'égalisation de la rentabilité aux États-Unis et en Europe sous l'effet de l'écart de compétitivité et de la saturation de l'investissement aux États-Unis. L'euro devrait se redresser quand la croissance sera plus vive en Europe qu'aux États-Unis et quand le ralentissement américain y rendra moins attractif les placements boursiers ;

soit selon notre prévision, vers la mi-2001. Nous avons retenu un scénario de remontée progressive de l'euro, impulsée par une lente inversion des flux de placements, et non un scénario d'éclatement de bulle, propulsant l'euro au-delà de 1,2 dollar, du fait d'un brusque mouvement de défiance vis-à-vis du dollar ou de la Bourse américaine.

1. Prix du pétrole

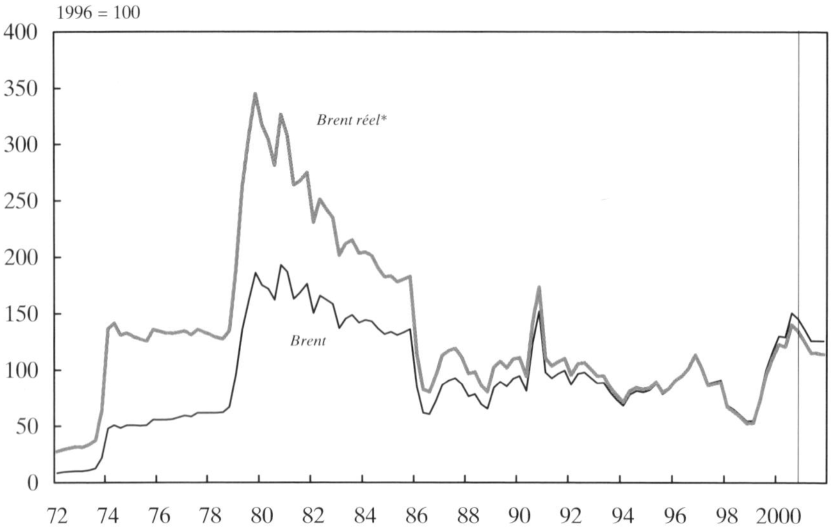

* Prix du Brent de la mer du Nord déflaté par l'indice des prix à la consommation américain.
Sources : *Financial Times*, BLS, prévisions OFCE.

Depuis le début de l'année, les indices boursiers stagnent aux États-Unis et au Royaume-Uni, où les plus-values boursières avaient fortement soutenu la consommation. Compte tenu du niveau élevé atteint par les PER et de la fin de la période de montée en puissance des valeurs technologiques, deux scénarios sont envisageables. Le premier est celui de l'effondrement des cours : lors du retournement conjoncturel américain, les épargnants prendraient conscience d'avoir surévalué les perspectives de profit des sociétés cotées, et en particulier des valeurs technologiques, et d'en avoir sous-évalué les risques. Ils réajusteraient leur portefeuille vers des titres plus sûrs, en particulier les obligations publiques. Il en résulterait un réajustement brutal et une baisse des taux d'intérêt, qui s'accompagnerait d'une chute du dollar et d'une dépression de la consommation, ce qui propagerait la contagion en Europe. L'autre scénario, retenu ici, est celui d'une période prolongée (d'environ cinq ans) de fluctuations autour d'un niveau stagnant, permettant un retour progressif du PER à un niveau plus normal. Les épargnants seraient déçus, mais resteraient en Bourse, faute d'alternative. Dans ce cas, à mesure que se dissiperait l'effet des plus-values sur la consommation, le taux d'épargne remonterait, ce qui freinerait durablement la croissance.

1. Perspectives de croissance mondiale

Taux de croissance annuels, en %

	Poids [1] dans le total	PIB en volume 1999	2000	2001
Allemagne	5,2	1,4	3,1	3,0
France	4,0	2,9	3,4	3,7
Italie	3,7	1,4	2,9	3,0
Espagne	1,9	4,0	4,0	3,9
Pays-Bas	1,0	3,6	4,1	3,8
Belgique	0,7	2,5	3,9	3,1
Autriche	0,5	2,0	3,5	3,0
Finlande	0,3	4,0	5,3	4,1
Portugal	0,4	3,1	3,2	3,0
Irlande	0,2	9,8	10,0	7,6
Zone euro [2]	**17,9**	**2,3**	**3,5**	**3,3**
Royaume-Uni	3,5	2,2	3,0	3,1
Suède	0,6	3,8	3,9	3,2
Danemark	0,4	1,7	2,8	2,2
Grèce	0,4	3,5	3,9	3,9
Union européenne	**22,7**	**2,3**	**3,4**	**3,3**
Suisse	0,6	1,5	3,1	2,3
Norvège	0,3	1,0	2,6	2,1
Europe	23,6	2,3	3,4	3,3
États-Unis	22,7	4,2	5,3	3,3
Japon	9,1	0,3	1,7	1,6
Canada	2,0	4,5	4,8	2,9
Pays industriels	**57,4**	**2,8**	**3,9**	**3,0**
NPI d'Asie	2,9	7,8	8,5	6,4
Autres pays d'Asie	20,2	5,6	6,9	6,8
Amérique latine	6,2	1,1	4,4	4,4
Russie	2,2	3,1	6,5	5,5
PECO	2,5	0,4	3,8	4,0
Afrique	4,1	2,2	3,5	4,5
Moyen-Orient [3]	4,5	0,8	4,8	4,5
Monde	**100,0**	**3,2**	**4,8**	**4,1**

1. Pondération selon le PIB et les PPA de 1991 pour les pays de l'OCDE et de 1995 pour les autres zones.
2. Hors Grèce. La Grèce entrera dans la zone euro en janvier 2001. La croissance prévue est identique dans les zones euro à 11 et à 12.
3. Y compris Turquie.

Sources : FMI, OCDE, sources nationales, calculs et prévisions OFCE.

Les taux d'intérêt à court terme ont fortement remonté depuis leur point bas de la mi-1999 : de 1,75 point aux États-Unis, de 2,25 points pour la zone euro. La hausse a cependant été beaucoup plus faible pour les taux longs. Surtout, les taux restent relativement faibles relativement au taux de croissance anticipé. La politique monétaire ne constitue donc pas un frein puissant à l'échelle mondiale. Toutefois, la stratégie peu lisible de la BCE ne rassure pas les marchés et les deux dernières hausses du taux de l'euro étaient sans doute contre-productives dans une situation où la croissance en Europe semble fragile.

Cette absence de tensions monétaires s'explique par la relative faiblesse de l'inflation en général et des hausses de salaires en particulier. La plupart des pays conservent en août 2000 un taux d'inflation, en glissement annuel, de l'ordre de 2,5 à 3 %. Les États-Unis sont à 3,4 % avec un taux de chômage de 4 %. L'Espagne est à 3,6 % malgré une baisse de son taux de chômage de 7 points en quatre ans. Une fois corrigés de l'impact direct de la hausse du prix de l'énergie, les taux d'inflation sous-jacents restent à de bas niveaux. Les estimations pessimistes de l'OCDE selon lesquels les États-Unis seraient à un « écart de production » de 3 %, la zone euro de 0 % n'apparaissent guère crédibles. La faiblesse de l'inflation, avec de très bas taux de chômage aux États-Unis et au Royaume-Uni et après une forte baisse du chômage dans la zone euro (2 points en deux ans) confirme les thèses selon lesquelles l'inflation aurait été durablement vaincue par le regain de productivité outre-Atlantique, par l'exacerbation de la concurrence et de la pression sur les salaires.

L'évolution des salaires a été remarquablement modérée dans la période récente (tableau 2). Les salaires réels augmentent moins vite que la productivité du travail ; les hausses des prix de l'énergie ne se répercutent guère dans les salaires réels

2. Salaires et productivité du travail en 2000

En %

	Productivité du travail	Salaire réel
États-Unis	2,8	0,4
Japon	1,8	1,7
Royaume-Uni	2,0	0,9
Euro-11	1,8	0,0
Allemagne	2,4	– 0,6
Espagne	1,2	– 1,3
Pays-Bas	1,8	– 0,1
Belgique	1,6	– 0,7

Source : Eurostat.

Les perspectives de croissance des pays émergents restent favorables. En glissement annuel, à la mi-2000, la quasi-totalité des pays ont connu des croissances supérieures à 5 %, la Corée étant à 9,6 %, le Mexique à 7,6 %, la Russie à 6,7 %. L'Argentine est une des rares exceptions (0,8 %). En Amérique latine, la croissance passerait de 0 % en 1999, à 3,7 % en 2000, puis 4,2 % en 2001. En Asie (hors Japon) la croissance serait de l'ordre de 6 % l'an, impulsée par un fort rebond de l'industrie. La croissance de la Russie devrait avoisiner les 6 % en 2000 comme en 2001 ; l'inflation revient à un niveau raisonnable (15 puis 10 % l'an) ; le déficit public est résorbé. La Pologne et la Hongrie connaissent des croissances de 5 % l'an tandis que la Slovaquie et la République tchèque retrouveraient une croissance de 3 % en 2001. L'économie mondiale est entrée dans un cercle auto-entretenu de croissance.

De la mi-1999 à la mi-2000, la croissance a été particulièrement vigoureuse aux États-Unis (6,1 %), et à un degré moindre dans la zone euro (tableau 3). La croissance récente se caractérise par un fort développement des échanges extérieurs, qui témoigne de l'accentuation de la globalisation industrielle. La zone euro et le Japon enregistrent une contribution positive du commerce extérieur à leur croissance ; c'est l'inverse pour le Royaume-Uni et surtout pour les États-Unis. La croissance de l'investissement a été particulièrement vigoureuse aux États-Unis, et à un degré moindre en France et en Italie (tableau 4). Dans la décennie 1991-2000, la part de la FBCF dans le PIB montre une tendance croissante aux États-Unis et décroissante au Japon. En Europe, elle ne se redresse qu'à partir de 1998 : la reprise est particulièrement nette en Irlande, Espagne, à un degré moindre au Royaume-Uni. Elle n'est guère perceptible en Allemagne.

Le scénario de basculement de la croissance entre les États-Unis et l'Europe s'enclenche certes, mais moins nettement et plus lentement que prévu. La croissance aux États-Unis a été nettement plus forte qu'anticipée au premier semestre. Mais les premiers signes de ralentissement apparaissent, tant du côté de la consommation des ménages que des enquêtes auprès des entreprises, de l'emploi que du bâtiment ; la Bourse

3. Croissance en glissement de la mi-1999 à la mi-2000

	États-Unis	Japon	Royaume-uni	Zone euro	Allemagne	France	Italie
PIB	6,1	0,9	3,1	3,7	3,6	3,4	2,6
Conso. privée	5,4	1,0	3,8	2,8	2,3	2,5	2,0
Conso. Publique	4,2	0,3	1,8	1,5	1,9	1,5	1,3
FBCF	11,0	– 1,7	0,8	4,7	2,1	6,1	7,0
ΔStocks	0,8	0,1	1,1	0,0	0,5	0,0	– 0,8
Exportations	10,2	15,3	9,2	12,5	12,9	14,1	9,2
Importations	14,5	12,6	10,5	10,8	10,0	13,6	7,9

Source : Comptes nationaux.

hoquète ; le commerce extérieur fournit toujours une impulsion négative. Aussi, la période de hausse des taux d'intérêt semble-t-elle terminée. Grâce aux forts gains de productivité induits par la vigueur de la croissance et l'effet nouvelle économie, l'inflation reste relativement modérée (3,3 %), malgré un taux de chômage historiquement bas (3,9 % en août). En même temps, la confiance grandit en la capacité de la politique économique et des marchés financiers à gérer un atterrissage en douceur. Dans notre scénario, la croissance passe à partir du second semestre 2000 d'un taux de 5 % à un taux de l'ordre de 3,2 %. Le taux d'épargne remonte, les plus-values boursières ne soutenant plus la consommation et les ménages étant déjà surendettés. Le dynamisme de la nouvelle économie soutient l'investissement et évite une baisse plus prononcée. Le déficit extérieur atteindrait 4,5 % du PIB en 2000 et 5,1 % en 2001, mais la confiance dans le dollar persiste. Au total, le ralentissement américain devrait être limité.

4. Taux d'investissement (en % du PIB)

	1980-1990	2000
États-Unis	19,0	20,3
Japon	29,1	25,0
UE-15	21,0	20,2
Royaume-Uni	18,8	17,0
Allemagne	20,1	21,2
France	21,4	19,4
Italie	22,2	19,1
Espagne	22,6	25,6
Pays-Bas	21,3	21,4
Belgique	19,4	21,2

Source : Comptes nationaux.

Après une baisse cumulée de 2,6 % aux troisième et quatrième trimestres de 1999, le PIB japonais a augmenté de 3,5 % au premier semestre 2000. La consommation privée s'est quelque peu redressée et les exportations japonaises ont bénéficié du développement de leurs marchés. Au-delà des à-coups que produit la politique budgétaire, le Japon est sur la voie d'un lent redressement depuis la mi-1999. Mais les indicateurs récents de commandes ou de ventes, n'indiquent pas l'instauration d'une véritable dynamique. En 2000, comme en 1999, le Japon devrait connaître une croissance en dos d'âne, avec un fort repli au second semestre. La dégradation de l'emploi et la stagnation des revenus devraient continuer à peser fortement sur la consommation des ménages ; la mauvaise rentabilité des entreprises et leur surendettement sur l'investissement. Nous maintenons donc notre scepticisme quant à l'instauration d'un cercle vertueux à l'horizon 2001.

L'économie britannique, après avoir frôlé la récession fin 1998 et début 1999, a retrouvé le chemin d'une croissance placée sous haute surveillance. La politique monétaire est relativement restrictive. Depuis mai 2000, l'inflation est inférieure à la cible de politique monétaire. Le taux de chômage a poursuivi sa baisse et a atteint en août 2000 le niveau le plus bas depuis octobre 1975 (un peu plus de 5 %). Les finances publiques ont continué de s'améliorer. Par contre, le solde courant s'est légèrement creusé au premier semestre (1,4 point de PIB). N'ayant pas suivi l'euro dans sa baisse, la livre s'est appréciée d'environ 10 % par rapport à l'euro tout en se dépréciant de 12 % par rapport au dollar. Le Royaume-Uni souffre tendanciellement d'une contribution extérieure négative, du fait d'un taux de change élevé. La stagnation de la Bourse devrait peser sur la consommation des ménages. L'investissement des entreprises est stagnant, après plusieurs années de fortes hausses. La politique budgétaire serait légèrement expansionniste en 2000 et en 2001 (hausse des dépenses d'éducation et de santé). Le Royaume-Uni connaîtrait une croissance proche de 3 % cette année et l'an prochain. Le dilemme auquel est confrontée la politique monétaire reste le même : comment revenir au niveau du taux d'intérêt de la zone euro, retrouver une compétitivité soutenable en faisant baisser la livre sans relancer les pressions inflationnistes ?

Après le passage à vide de la fin 1998-début 1999, la zone euro a connu une croissance vigoureuse de la mi-1999 à la mi-2000 (3,7 % de croissance en glissement). La croissance a été généralisée : seule l'Italie est encore légèrement en retrait (2,6 % de croissance). La croissance a été impulsée par le commerce extérieur, grâce au dynamisme des marchés extérieurs et à la dépréciation de l'euro, par l'investissement, en raison de la force de la demande, de la bonne situation des entreprises et du début de l'effet nouvelle économie, enfin, par la consommation des ménages, dont le taux d'épargne a légèrement diminué. La politique budgétaire est légèrement expansionniste. La politique monétaire était expansionniste en début de période. La ponction pétrolière est venue infléchir cet épisode de croissance. Sa marque est sensible au 2e trimestre 2000 en Italie et en France, mais pas dans l'ensemble de la zone euro.

A la mi-2000, une certaine incertitude pèse sur le devenir de la croissance européenne. Si le prix du pétrole se maintient aux alentours de 30 dollars le baril, la ponction pétrolière représentera plus de 1 % du PIB pour la zone euro. Cette ponction pèsera sur le revenu, puis sur la consommation des ménages. Les entreprises seront touchées, mais en raison de leur bonne santé financière leurs investissements ne seraient pas fortement diminués. Notre prévision incorpore un retour du prix du pétrole à 25 dollars le baril, ce qui jouerait un rôle expansionniste au cours de l'année 2001. Le ralentissement américain devrait diminuer la demande extérieure adressée à la zone. Mais celle-ci restera vigoureuse en raison du dynamisme des autres régions du monde. Le dollar devrait quelque peu baisser, ce qui nuirait à la compétitivité de la zone, mais cette baisse devrait être limitée. La hausse des prix, induite par le regain de croissance, mais surtout par la hausse des prix de l'énergie, devrait culminer en septembre, puis refluer nettement. Malheureusement, la politique monétaire a réagi trop vivement et de façon trop désordonnée. Mais, on peut espérer qu'elle se ressaisisse et fasse décroître les taux si la poussée de hausse des prix apparaît transitoire. Les politiques budgétaires devraient fournir une impulsion positive à la croissance en 2001, en raison des vastes programmes de baisse d'impôts en Allemagne et aux Pays-Bas, à un degré moindre en France et en Italie. Les enquêtes de conjoncture disponibles fin septembre indiquent une légère baisse tant de la confiance des ménages, que des perspectives des industriels, mais ceux-ci se maintiennent à un niveau relativement élevé. La zone euro devrait connaître un léger ralentissement au second semestre 2000 où le rythme de croissance serait de l'ordre de 3 %, puis une certaine reprise en 2001. La consommation devrait pâtir du choc pétrolier au second semestre 2000, puis repartir grâce à la bonne tenue de l'emploi, la baisse du chômage, les baisses d'impôts. L'investissement devrait bénéficier de la nécessité d'intégrer les nouvelles technologies et de la bonne santé financière des entreprises.

L'euro : l'ombre d'un doute

Après avoir chuté jusqu'à 0,885 dollar à la mi-mai, l'euro s'est redressé jusqu'à 0,97 dollar le 8 juin dans la mesure où le basculement de croissance en faveur de l'Europe semblait alors avéré. Paradoxalement, la hausse du taux de la BCE le 8 juin a stoppé cette reprise, les marchés retenant moins sa volonté de lutter contre l'inflation que l'incapacité de la politique économique européenne à définir une stratégie coordonnée. Le cours de la devise européenne est retombé ensuite jusqu'à frôler 0,85 dollar durant le mois de septembre. Le 22 septembre dernier, la BCE est intervenue pour soutenir l'euro avec l'appui des Banques centrales des États-Unis, du Royaume-Uni, du Japon et du Canada. Cette intervention a marqué la volonté de la BCE d'instaurer une sorte de prix plancher de l'euro, mais ceci ne l'a guère fait remonter qu'autour de 0,88 dollar. Le 5 octobre la BCE a relevé ses taux directeurs de 0,25 point, l'euro est resté à 0,87 dollar comme au cours des jours précédents.

L'euro souffre d'une défiance persistante de la part des marchés financiers anglo-saxons prompts à interpréter tout événement dans un sens défavorable à la devise européenne. La zone est mal armée pour y répondre puisqu'elle n'a ni stratégie coordonnée, ni porte-parole pour l'ensemble de la politique monétaire, des politiques budgétaires et des politiques structurelles. Toute avancée vers une politiquc plus coordonnée dans l'Union monétaire, par exemple les propositions françaises de donner plus de poids au Conseil de l'Euro11, est perçue comme une volonté de mettre en cause l'indépendance de la BCE. De plus, le bas niveau de l'euro est relativement bienvenu tant aux États-Unis (où il contribue à réduire l'inflation et la pression de la demande) qu'en Europe (où il soutient la croissance), de sorte qu'il est difficile de persuader les marchés que les autorités monétaires vont agir fortement pour le faire remonter.

Les États-Unis sont engagés dans un processus de croissance vigoureuse qui fournit une forte rentabilité à ses entreprises et leur permet d'attirer des capitaux ; en sens inverse, la croissance dans la zone euro semble encore fragile. Beaucoup d'entreprises européennes, engagées dans des processus d'internalisation, investissent à l'extérieur de la zone. Comme les États-Unis réalisent des gains importants de progrès technique, qu'ils ont repris le leadership dans les secteurs porteurs, leur taux de change d'équilibre s'est sans doute élevé. La remontée de l'euro ne pourrait qu'être très lente, en fonction de l'évolution du différentiel de rentabilité aux États-Unis et en Europe, qui s'inverserait soit du fait de la saturation des possibilités d'investissement aux États-Unis, soit de l'effet de l'écart de compétitivité.

La zone euro est devenue déficitaire en terme de paiements courants au premier semestre 2000, soit de 12 milliards d'euros après un excédent de 23 milliards en 1999. Mais cette dégradation est plus faible que celle enregistrée aux États-Unis (dont le déficit passerait de 333 milliards de dollars en 1999 à 420 milliards de dollars en 2000).

La plupart des observateurs, interrogés par *Consensus Economics* en septembre 2000, déclaraient attendre une remontée de l'euro, vers 1,02 dollar en septembre 2001 et 1,065 en septembre 2002. Toutefois, l'écart des taux d'intérêt à 1 an n'est que de 1 point ce qui peut sembler difficilement compatible avec une appréciation anticipée de 18 % de l'euro. La baisse du dollar devrait survenir quand l'inversion des situations conjoncturelles aux États-Unis et en Europe deviendrait manifeste. Soit, pas avant la mi-2001 selon notre prévision. Aussi, avons-nous retenu une remontée de l'euro de 0,87 dollar au troisième trimestre 2000 à 1 dollar à la mi-2001 (tableau 5).

Depuis le début de l'année, le yen s'est maintenu à un niveau relativement élevé (1 dollar = 107 yens) sans qu'aucune tendance nette n'apparaisse. Le yen est soutenu par le léger mieux de l'économie japonaise et ses excédents commerciaux massifs en même temps qu'il pâtit de la faiblesse des taux d'intérêt japonais et qu'un bas niveau reste structurellement nécessaire.

La livre est restée stable à un haut niveau relativement à l'euro se situant en septembre à 1,65 euro contre 1,62 en moyenne au premier trimestre 2000 ; mais contre 1,52 en moyenne en 1999. La livre a en partie suivi le mouvement de hausse du dollar. La parité actuelle correspond à une forte surévaluation par rapport au taux de 1,3 considéré naguère comme satisfaisant du point de vue de la compétitivité industrielle. Notre prévision retient une évolution de la livre à mi-chemin entre le dollar et l'euro, l'amenant à 1,53 euro à partir de la mi-2001.

Depuis sa création, début 1999, l'euro a perdu 25 % par rapport au dollar (graphique 2). La livre a perdu 12 % par rapport au dollar ; le yen 5 %. La configuration des taux de change devrait évoluer vers une remontée de l'euro au détriment du dollar et de la livre, ce qui tendrait à freiner la bascule transatlantique.

5. Principales hypothèses de taux de change, taux d'intérêt et matières premières

	Trimestres												Années		
	1999				2000				2001				1999	2000	2001
	T1	T2	T3	T4	T1	T2	T3	T4	T1	T2	T3	T4			
Taux de change [1]															
1 euro =... $	1,12	1,06	1,05	1,04	0,99	0,93	0,91	0,87	0,90	0,95	1,00	1,00	1,07	0,92	0,96
1 $=...yens	116	121	113	104	107	107	108	107	107	107	107	107	114	107	107
1 £ =...euro	1,46	1,52	1,53	1,57	1,63	1,64	1,63	1,66	1,66	1,60	1,53	1,53	1,52	1,64	1,58
Taux d'intérêt à court terme, nominaux, % [1]															
Etats-Unis	4,9	5,0	5,4	6,1	6,0	6,6	6,6	6,6	6,2	5,9	5,7	5,6	5,3	6,5	5,9
Japon	0,5	0,1	0,1	0,3	0,1	0,1	0,3	0,3	0,3	0,3	0,3	0,3	0,2	0,2	0,3
Zone euro	3,1	2,6	2,7	3,4	3,5	4,3	4,7	5,0	4,8	4,8	4,5	4,5	3,0	4,4	4,6
Royaume-Uni	5,5	5,2	5,2	5,9	6,1	6,2	6,1	6,1	6,1	5,8	5,5	5,5	5,4	6,1	5,8
Taux d'intérêt à long terme, nominaux, % [1]															
Etats-Unis	5,0	5,5	5,9	6,1	6,5	6,2	5,9	5,9	5,8	5,8	5,7	5,7	5,6	6,1	5,8
Japon	1,9	1,6	1,8	1,7	1,8	1,7	1,9	1,8	1,8	1,8	1,8	1,8	1,8	1,8	1,8
Zone euro	3,9	4,1	4,9	5,2	5,4	5,3	5,3	5,3	5,3	5,2	5,2	5,2	4,5	5,3	5,2
Royaume-Uni	4,5	4,9	5,5	5,5	5,6	5,3	5,3	5,2	5,2	5,2	5,1	5,1	5,1	5,3	5,2
Prix du pétrole, Brent, en $ [1]	11,3	15,5	20,7	24,0	26,8	26,6	30,7	30,0	28,0	26,0	26,0	26,0	17,9	28,5	26,5
Cours des matières premières industrielles [2]	0,2	0,8	4,6	2,3	5,1	– 2,3	– 2,0	1,0	2,0	2,0	3,0	3,0	– 2,1	6,8	5,0

1. Moyenne sur la période.
2. Variation par rapport à la période précédente, en %.
Sources : Taux de change et pétrole : relevé des cotations quotidiennes. Taux courts à 3 mois : papier commercial aux États-Unis, certificats de dépôt au Japon, EURIBOR pour la zone euro, interbancaire au Royaume-Uni. Taux longs : T-Bond à 10 ans aux États-Unis, Benchmark à 10 ans au Japon, cours moyen des obligations d'État à 10 ans dans la zone euro, obligations d'État à 10 ans au Royaume-Uni. Matières premières industrielles : indice HWWA (Hambourg). Prévisions OFCE.

2. Taux de change

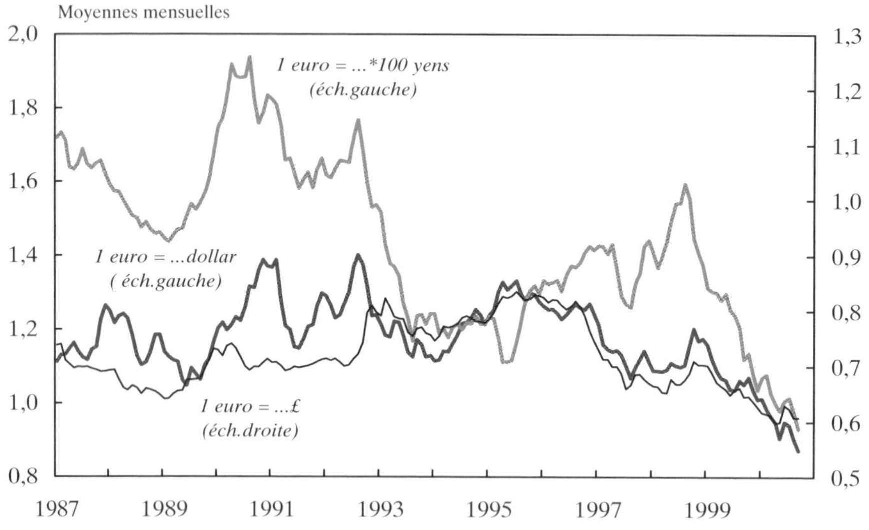

Source : *Financial Times*.

Taux d'intérêt de court terme

En mai 2000, la Fed a remonté son taux directeur jusqu'à 6,5 % (graphique 3a). La règle de Taylor pour une inflation de 3,1 % et un écart de production évalué à 3,1 % par l'OCDE donnerait 7,2 %. Mais est-on encore capable d'évaluer un écart de production ? L'objectif des autorités monétaires est de réussir un atterrissage en douceur de l'économie américaine ; les derniers indices montrent qu'il est proche d'être atteint ; aussi, les taux d'intérêt ne devraient-ils plus guère monter. Fin septembre, le taux à un an était encore de 6,8 %, ce qui indiquait que le marché ne croyait pas déjà à l'imminence de la baisse. Toutefois, compte tenu de la baisse de l'inflation et du ralentissement de l'activité figurant dans notre prévision, nous avons retenu une nette détente monétaire : le taux de court terme passerait à 6,2 au premier trimestre 2001 pour finir à 5,6 au quatrième trimestre.

En août dernier, la Banque centrale japonaise a mis un terme à sa politique de taux nul au faisant passer à 0,25 % le taux de l'argent au jour le jour. Le taux à 2 ans était fin septembre à 0,65, ce qui prouve une certaine anticipation de poursuite de la hausse. Nous avons pourtant maintenu le taux de court terme à 0,25 % puisque dans notre prévision le surcroît de croissance du premier semestre 2000 s'essouffle au second.

La BCE a relevé à 4,5 % son taux directeur le 31 août 2000, puis à 4,75 % le 4 octobre soit une hausse de 2,25 points en un an. La règle de Taylor pour une inflation de 2,2 % et un écart de production nul (selon l'estimation de l'OCDE) donne 4,3 %. Mais ce calcul présente deux points délicats. Faut-il tenir compte de la poussée de hausse des prix liée à la hausse du prix de l'énergie ? Comment évaluer l'écart de production dans la zone ? L'exemple des États-Unis où l'OCDE a continuellement révisé à la hausse son évaluation de la croissance potentielle incite à la prudence. Peut-on reprocher à la BCE de n'avoir pas assez soutenu l'euro ? Nous ne le pensons pas : c'est en effet la logique du fonctionnement du SMI actuel que chaque zone ne s'occupe que de sa situation propre (inflation et production) et non de stabiliser son taux de change. Le dernier relèvement est discutable dans la mesure où il intervient dans une période d'incertitude sur l'évolution de la croissance dans la zone et où l'inflation sous-jacente semble relativement faible. La hausse des prix induite par la hausse du prix du pétrole n'est pas un choc inflationniste tant qu'elle ne se répercute guère dans les salaires. Notre prévision incorpore un retour des taux à 4,5 % en 2001 en raison de la baisse de l'inflation importée qui ferait plus que compenser l'effet d'une activité plus soutenue.

Le taux d'intérêt britannique se situe à 6 %, contre 5 % selon une règle de Taylor (inflation observée 2,2 %, pour une cible de 2,5 % ; écart de production évalué par l'OCDE: 1,0 %). La Banque centrale semble juger que l'inflation n'est pas encore suffisamment éradiquée. Là aussi, le plafond de hausse semble atteint. Le taux à trois mois est aussi à 6 % ; ceux à 6 mois et un an à 6,1 %. Dans notre prévision, le Banque d'Angleterre participe au mouvement général de baisse des taux en 2001.

3a. Taux d'intérêt de court terme

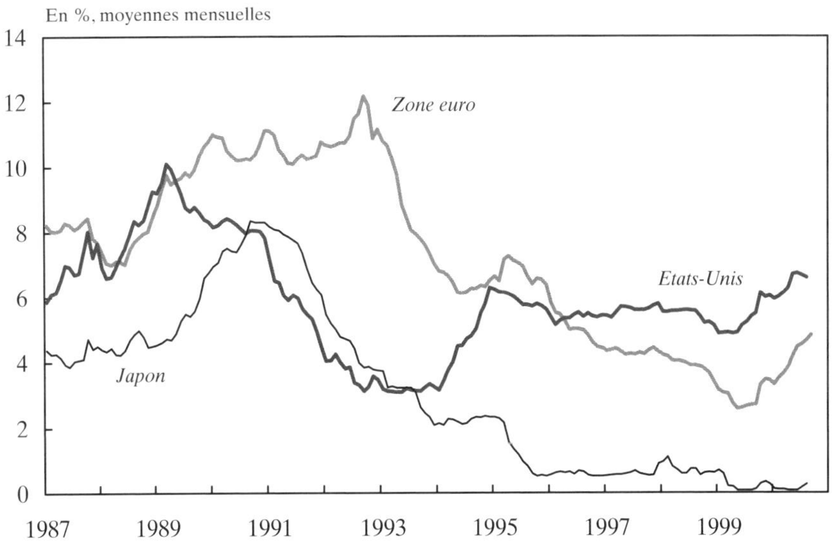

Source : OCDE.

Notre projection incorpore donc un mouvement général de baisse des taux courts, qui se justifie aux États-Unis par le fait que la politique monétaire a fait son travail, en réussissant à stabiliser une demande trop exubérante ; en Europe, par le fait que l'inflation devrait ralentir nettement et retrouver un bas niveau quand le marché pétrolier se retournera.

Taux d'intérêt de long terme

Le taux américain sur les titres publics à 10 ans se situe, fin septembre, à 5,9 %, soit nettement inférieur au taux court (graphique 3b). Ceci correspond bien à notre scénario où le taux court baissera nettement une fois que l'économie aura suffisamment ralenti. Toutefois, ce bas niveau incorpore aussi la crainte des marchés de ne plus trouver de titres publics de long terme, compte tenu des prévisions actuelles de forte réduction du poids de la dette publique, alors que ceux-ci sont indispensables pour les portefeuilles des fonds de pensions. Par contre, le taux sur les obligations privées reste à 7,5 %. La situation est similaire en Grande-Bretagne, où le taux long sur les titres publics (5,2 %) est inférieur au taux court (6 %) et au taux long sur les titres privés (6,5 %). Dans notre prévision, ces taux ne baissent que légèrement puisque leur niveau incorpore déjà la baisse des taux courts. Le taux japonais reste bas à 1,8 % et n'incorpore pas encore de très nette reprise ; le taux sur les obligations privées est à 2,5 % : le différentiel ne s'est pas creusé au Japon.

3b. Taux d'intérêt de long terme

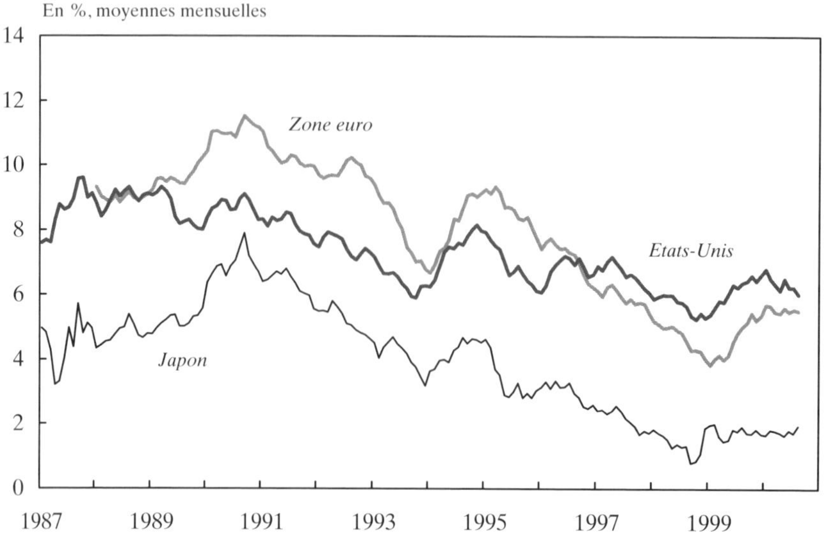

Source : OCDE.

Dans la zone euro, le taux long (à 5,2 %) est normalement au-dessus du court (4,7 %). Le taux long allemand a très légèrement baissé par rapport aux autres taux européens, les marchés craignant une pénurie de titres publics du fait des recettes de la vente de licences UMTS particulièrement importantes en Allemagne. Le marché des titres publics longs a donc incorporé un nouveau mythe : la pénurie de titres publics. Mythe, car prolonger à 10 ans la baisse actuelle de la dette publique est illusoire et car les taux longs devraient dépendre autant des besoins de financement des entreprises que de celui des États. Que les entreprises de télécommunication doivent recourir massivement aux marchés pour financer la construction d'infrastructures et l'achat de licences devrait tendre le marché des capitaux. Mythe qui a le mérite de montrer l'utilité des titres publics comme actifs sûrs de très longue échéance pour le financement des retraites. On ne peut pas vouloir à la fois le développement des fonds de pensions et refuser de leur fournir des titres adéquats.

Au total, la comparaison entre les taux d'intérêt et le taux de croissance du PIB nominal anticipé en 2000-2001 montre que les politiques monétaires ne sont pas trop restrictives, que les entreprises (et surtout les États) se financent à des taux relativement bas (tableau 6).

6. Écart taux d'intérêt /taux de croissance du PIB (septembre 2000)

	Taux au jour le jour	Taux crédits bancaires	Oblig. pub. 10 ans	Obligations privées
Dollar	– 1,0	2,1	– 1,6	0,1
Yen	– 1,5	– 0,3	0,1	0,9
Euro	– 0,6	– 0,1	0,0	0,8
Livre	0,7	1,7	– 0,1	1,1

Source : OCDE.

Cours boursiers

La montée de la Bourse a fortement soutenu la croissance aux États-Unis de 1995 à 1998. La Bourse stagne depuis le début de l'année (tableau 7). Au Japon, la forte croissance de 1999 a été suivie d'un repli. En Europe, après une envolée au second semestre 1999 et au premier trimestre 2000, les Bourses se sont stabilisées à un haut niveau (graphique 4). L'histoire récente a montré que la période de hausse continuelle de la Bourse est finie, que les cours boursiers seront fortement volatils, que les valeurs de la « nouvelle économie » sont fragiles. L'évolution la plus probable est celle d'une période prolongée de stagnation et de volatilité boursières. La Bourse ne jouerait plus alors de rôle moteur dans la consommation des ménages dans les pays Anglo-saxons…

7. *Évolution de la Bourse* *

En %

	En 1999 30 décembre 1999/ 29 décembre 1998	En 2000 29 septembre 1999/ 30 décembre 1999
États-Unis	17,9	– 1,9
Japon	36,7	– 16,8
Royaume-Uni	20,3	– 6,6
Zone euro	39,4	– 1,2
Allemagne	38,3	– 2,3
France	53,1	5,2
Italie	22,4	8,6

* SP500, Nikkeï, FTSE All-share, Dow Jones Euro STOXX Broad, DAX, CAC40, BCI.
Source : Datastream.

4. *Indices boursiers*

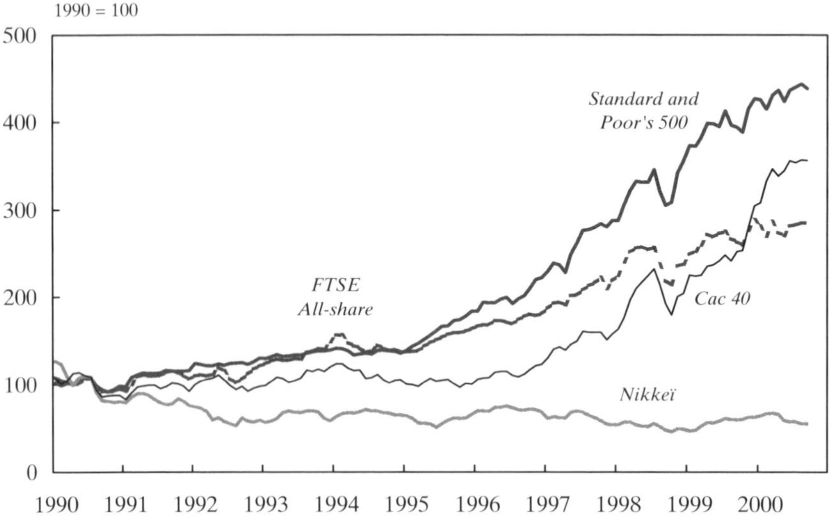

Source : *Financial Times*.

Les politiques budgétaires

A l'exception du Japon, tous les pays de l'OCDE sont maintenant en situation de net excédent primaire structurel et devraient donc voir leur dette publique baisser relativement au PIB (tableau 8). Toutefois, la mesure des impulsions budgétaires est particulièrement délicate en 1999-2000. En 1999, les soldes publics se sont nettement améliorés dans les pays européens, en raison des rentrées fiscales qui ont été particulièrement sensibles à la croissance. En 2000, les soldes publics structurels devraient se creuser en Europe de 0,4 point de PIB, mais il est encore difficile de faire la part entre l'effet comptable (les États sous-estiment leurs rentrées fiscales, ne voulant pas trop s'appuyer sur la reproduction de la manne fiscale de 1999) et l'effet économique (certains pays ont commencé à baisser leurs impôts compte tenu de la bonne santé retrouvée de leurs finances publiques ou, comme la Grande-Bretagne, ont même augmenté les dépenses publiques).

En 2001, l'Allemagne et les Pays-Bas ont prévu des réformes fiscales qui devraient conduire à une forte impulsion budgétaire positive. Par contre, les baisses d'impôts en France, étant compensées par un ralentissement de la croissance des dépenses publiques, ne devraient guère avoir d'effets expansionnistes. L'Allemagne, la France et, parmi les petits pays, l'Autriche et le Portugal n'ont pas encore dégagé l'excédent primaire nécessaire pour enclencher une forte baisse de la dette publique. Quoiqu'en puissent dire la BCE et la Commission, les politiques budgétaires seront pro-cycliques en Europe en 2000-2001. De nombreux gouvernements préfèrent utiliser les marges budgétaires disponibles à soutenir la croissance plutôt qu'à réduire la dette publique.

Les ventes des licences d'UMTS ont rapporté 37 milliards d'euros à la Grande-Bretagne (2,5 % du PIB) et 50,5 milliards d'euros à l'Allemagne (2,6 % du PIB). Elles devraient rapporter 20 milliards d'euros à la France (1,4 % du PIB). Pour Eurostat, ces sommes viendront en déduction du déficit budgétaire en 2000 (qu'elles soient versées en une ou en plusieurs fois). Mais la vertu comme la logique voudraient que ces sommes n'influencent pas la politique budgétaire et ne servent qu'à réduire la dette nette.

8. Impulsions budgétaires

	1999	2000	2001	SSP 2001*	Δ dette**
États-Unis	**– 0,1**	**0,1**	**0,0**	**3,5**	**– 12,9**
Japon	**1,3**	**– 0,5**	**– 0,3**	**– 4,2**	**+ 18,9**
UE15	**– 0,5**	**0,3**	**0,4**	**2,4**	**– 4,1**
Royaume-Uni	– 0,3	0,5	0,4	2,6	– 9,1
Euro11	**– 0,5**	**0,2**	**0,4**	**2,2**	**– 3,7**
Allemagne	– 1,1	0,0	0,7	0,9	+ 0,6
France	– 0,7	0,3	0,1	0,8	– 0,7
Italie	– 0,2	0,0	0,0	5,0	– 8,8
Espagne	– 0,2	0,4	0,4	2,1	– 7,6
Pays-Bas	– 0,4	1,1	1,5	1,5	– 9,3
Belgique	0,3	0,1	0,2	6,2	– 12,5

* Solde structurel primaire.
** Variation de la dette publique nette (en points de PIB) de fin 1998 à fin 2001.
Sources : OCDE, calculs OFCE.

Pétrole : la revanche de l'OPEP

De 10 dollars au début de 1999, le baril de pétrole qualité *Brent* s'échangeait en mars 2000 à 30 dollars. Puis son prix a oscillé, passant de 22 dollars le baril mi-avril à 38 dollars fin août pour revenir à moins de 30 dollars fin septembre. Cette forte volatilité est liée à l'importance des déséquilibres: les prix étant d'autant plus sensibles aux tensions que celles ci sont élevées (graphique 5). Ces mouvements sont amplifiés par le jeu de spéculateurs.

5. Prix du baril de Brent

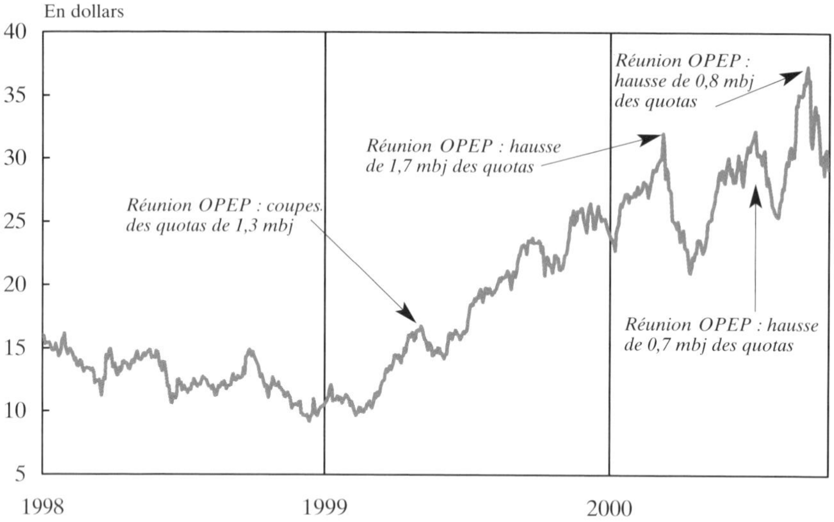

Source : Financial Times.

Les informations de l'Agence internationale de l'énergie (AIE) sur l'état des stocks dans les pays de l'OCDE révèlent une situation délicate. Les réserves de produits primaires détenues par les compagnies pétrolières atteignent des niveaux historiquement bas. Aux États-Unis, la faiblesse des stocks de fuel et de combustibles a conduit les autorités de certains États à puiser dans leurs réserves stratégiques pour mieux répondre à la demande, tandis qu'en Europe la situation reste préoccupante. Depuis le début de l'année, l'industrie pétrolière ne peut satisfaire la demande escomptée que sur 52 jours, contre 58 jours en 1999.

L'exacerbation des tensions dans l'OCDE au cours des derniers mois provient surtout de la hausse saisonnière de la demande : les besoins augmentent en moyenne de 1 mbj et 0,3 mbj chaque deuxième et troisième trimestres. Or, il semble que les entreprises n'aient pu s'approvisionner au-delà de leurs besoins saisonniers habituels. Les déséquilibres accumulés en 1999 n'ont donc pu être résorbés (tableau 9). L'année dernière, en effet, les coupes de production décidées par l'OPEP avaient conduit à un assèchement du marché et un déstockage (après corrections des variations saisonnières) de 1 mbj en moyenne sur chacun des trois derniers trimestres.

Le maintien de forts déséquilibres dans l'OCDE contraste pourtant avec l'évolution du marché mondial. Selon les données de l'AIE, la demande mondiale en 2000 aurait augmenté de 1,1 mbj à 75,8 mbj. Simultanément, l'offre de pétrole se serait accrue de 2,8 mbj à 76,9 mbj. Le relèvement de 2,4 mbj des quotas de production décidés par l'OPEP hors Irak en mars et juillet derniers s'est traduit par une hausse équivalente de la production entre la fin de 1999 et le troisième trimestre 2000. Les accords de septembre, qui ont conclu à une hausse de 0,8 mbj des quotas [1] et qui doivent entrer en vigueur au 1er octobre, pourraient permettre un surcroît de production d'environ 0,4 mbj au dernier trimestre. La production reviendrait alors au plafond autorisé de 26,2 mbj.

Sur l'ensemble de l'année, l'excédent de 1,1 mbj sur le marché mondial compenserait alors le déficit de 1 mbj subi en 1999. En données corrigées des variations saisonnières, les stocks se seraient accrus de respectivement 0,9 mbj, 1,1 mbj et 1,2 mbj sur chacun des trois premiers trimestres. Au quatrième trimestre, on peut espérer la poursuite du mouvement et même une légère détente dans les pays de l'OCDE, du fait d'un déstockage moindre des compagnies pétrolières que celui traditionnellement observé à cette période de l'année.

L'amélioration de la situation dans l'OCDE devrait être plus sensible au premier semestre 2001. Compte tenu des hypothèses de croissance économique, la demande mondiale augmenterait de 1,9 mbj. La prochaine réunion de l'OPEP, prévue en novembre pour faire le point sur l'état du marché, ne devrait pas modifier les accords de septembre. Les quotas de production resteraient donc inchangés. Mais ceux-ci sont régulièrement dépassés, la production pourrait donc encore augmenter de 0,4 mbj dès le début de l'année prochaine. En ce qui concerne l'Irak, les dernières résolutions de l'ONU signées en mars et juin derniers ont porté à 600 millions de dollars, contre 300 millions auparavant, le montant des sommes allouées à l'achat de matériel destiné à l'infrastructure pétrolière et ont reconduit pour un montant de 5,3 milliards de dollars par semestre le droit à exporter jusqu'à la fin de cette année. Les sanctions peuvent être soit reconduites, soit levées si l'Irak accepte les conditions de l'ONU. Mais l'Irak, qui exportait 3 mbj au cours de l'été, semble produire au maximum de ses capacités et l'allocation ne lui permettrait pas de les accroître à court terme. La marge de manœuvre est donc étroite. Les pays non OPEP devraient, quant à eux, relever sensiblement leur production, le prix étant particulièrement incitatif.

1. 0,5 mbj résulte du mécanisme d'ajustement instauré en mars, qui prévoit une hausse de la production de 0,5 mbj dès que les prix du panier de pétrole OPEP dépassent 28 dollars (une baisse s'ils sont inférieurs à 22 dollars) pendant 20 jours consécutifs. Les 0,3 mbj restant représente l'effort de l'OPEP pour rééquilibrer le marché.

9. Equilibre sur le marché pétrolier

	1999				2000				2001				1999	2000	2001
Millions de barils/jour	T1	T2	T3	T4	T1	T2	T3	T4	T1	T2	T3	T4			
Demande mondiale, cvs	74,7	74,2	74,7	75,2	74,1	75,3	76,5	77,3	76,3	77,3	78,2	79,0	74,7	75,8	77,7
Production mondiale, cvs	74,9	73,3	73,8	74,2	75,0	76,5	77,7	78,5	79,0	79,1	79,2	79,5	74,0	76,9	79,2
Variation de stocks, cvs	0,2	- 0,9	- 0,9	- 1,0	0,9	1,1	1,2	1,2	2,6	1,8	1,0	0,5	- 0,7	1,1	1,5
Variation de stocks OCDE, cvs	0,0	- 0,6	- 0,6	- 1,8	0,4	- 0,1	0,0	0,2	1,6	0,8	0,0	- 0,5	- 0,8	0,1	0,5

Sources : AIE, calculs et prévisions OFCE.

Néanmoins, les hausses resteront modérées : dans l'OPEP, la plupart des pays butent sur leurs capacités; seuls l'Arabie saoudite, le Nigéria et le Koweit disposent de marges importantes. Par ailleurs, les compagnies de raffinage américaines fonctionnent à haut régime et ne peuvent alimenter le marché en aval. On peut au total espérer une hausse globale de production d'environ 2,3 mbj en 2001.

Cette évolution devrait permettre de satisfaire la demande tout en favorisant le restockage dans les pays de l'OCDE. Les prix pourraient se détendre jusqu'à 26 dollars le baril dans le courant du deuxième trimestre. Ce niveau correspond à l'objectif central de l'OPEP. A en juger par le discours de Caracas du Président vénézuélien Chavez qui n'exclut pas une baisse des quotas si les prix venaient à trop diminuer, le retour prochain des prix du brut à des niveaux sensiblement plus faibles est peu probable.

Quel impact macroéconomique ?

Le prélèvement extérieur pétrolier provoqué par la hausse des prix du pétrole varie selon la part des importations nettes d'énergie dans le PIB (tableau 10). Il représente environ 0,5 point de PIB aux États-Unis et au Japon. Dans les pays de la zone euro, il est de l'ordre de 1,0 point de PIB puisque ceux-ci subissent aussi le poids de la baisse de l'euro par rapport au dollar. Il est un peu plus faible en France (0,8 point). A titre de comparaison, le choc pétrolier de 1974 y avait représenté 2,5 points de PIB ; celui de 1979 2,8 points.

Pour évaluer l'impact de la hausse du prix de pétrole, nous avons comparé deux scénarios : le premier, dit de base, où le prix du pétrole serait de 18 dollars le baril et où 1 euro vaudrait 1,07 dollar soit le niveau moyen de l'année 1999 et le second scénario, proche de la situation actuelle, où le prix du pétrole serait de 30 dollars le baril et où 1 euro vaudrait 0,90 dollar. Deux variantes ont été réalisées à partir du modèle multinational mimosa, l'une prenant en compte uniquement la hausse des prix du pétrole en dollar, l'autre considérant les mouvements de change de l'euro par rapport au dollar (tableaux 11 et 12).

10. Le choc pétrolier en 2000

En %

	Importations nettes de pétrole / PIB	Hausse du prix du pétrole en monnaie nationale	Prélèvement extérieur / PIB
États-Unis	0,8	67	0,55
Japon	1,0	49	0,5
Royaume-Uni	– 0,5	83	– 0,4
Allemagne	1,0	99	1,0
France	0,8	99	0,8
Italie	0,9	99	0,9

Sources : OCDE, calcul OFCE.

Dans le premier exercice, nous avons donc supposé un choc de 12 dollars sur le prix du pétrole qui correspond à celui observé aujourd'hui. La deuxième variante mesure l'impact de la dépréciation de 15 % de l'euro face au dollar. Dans les deux cas, nous avons fait l'hypothèse que les banques centrales réagissaient selon une règle de Taylor, avec une cible en terme de prix à la consommation: dans le premier cas, les taux

11. Impact de la hausse de 18 à 30 $ du prix du pétrole

Écart en % au compte central sauf 1. et 2.

	2000	2001
PIB		
États-Unis	– 0,9	– 1,3
Japon	– 0,9	– 1,2
Euro 11	– 0,9	– 1,4
Prix à la consommation		
États-Unis	0,9	1,0
Japon	0,8	0,9
Euro 11	1,0	1,2
Balance courante [1]		
États-Unis	– 0,6	– 0,4
Japon	– 0,7	– 0,5
Euro 11	– 1,0	– 0,7
Taux d'intérêt de court terme [2]		
États-Unis	0,8	– 0,1
Japon	0,7	– 0,2
Euro11	1,0	0,1

12. Impact d'une dépréciation de 15 % de l'euro

Ecart en % au compte central sauf 1. et 2.

	2000	2001
PIB		
États-Unis	– 0,2	– 0,2
Japon	– 0,2	– 0,5
Euro 11	0,4	0,8
Prix à la consommation		
États-Unis	– 0,3	– 0,4
Japon	– 0,1	– 0,2
Euro 11	0,8	1,7
Balance courante [1]		
États-Unis	0,0	– 0,2
Japon	0,0	– 0,3
Euro 11	– 0,3	0,2
Taux d'intérêt de court terme [2]		
États-Unis	– 0,6	– 0,4
Japon	– 0,2	– 0,4
Euro11	1,2	1,6

1. Ecart en points de PIB.
2. Ecart en points de pourcentage.
Source : Modèle Mimosa.

d'intérêt à court terme augmentent de 0,8 à 1 point selon les pays, dans le second, ils baissent aux États Unis et au Japon et augmentent en Europe.

La hausse du prix du baril à 30 dollars affecte l'économie par trois canaux :

— D'abord, par l'inflation. La hausse de l'énergie se transmet aux prix à la production, puis à la consommation. L'inflation supplémentaire peut donner lieu à des revendications salariales plus élevées, les salariés cherchant à compenser la perte de pouvoir d'achat de leur revenu par des revalorisations plus fortes.

— Ensuite par la baisse de la demande. L'érosion du revenu des ménages et des entreprises induit un ajustement de la consommation et de l'investissement. Le resserrement monétaire accentue le mouvement. La demande finale ralentit donc sensiblement au cours des deux années tandis que la progression du chômage fait pression sur les salaires ce qui limite l'accélération de l'inflation la deuxième année. Les taux d'intérêt reviennent vite à leur niveau initial.

— Ensuite, par le creusement du déficit extérieur. Le renchérissement du prix des importations de produits pétroliers se combine à de moindres ventes à l'extérieur du fait d'une demande plus faible. Seuls les pays exportateurs nets peuvent augmenter leurs importations, et donc atténuer l'impact récessif sur le commerce international. Une partie de ces ressources est affectée au remboursement de dettes passées ou à l'épargne.

L'impact sur la croissance est une baisse de 0,9 point la première année aux États Unis, au Japon et dans l'Euro 11. La deuxième année, l'impact est un peu plus fort en Europe (– 0,5 point) qu'aux États Unis (– 0,4 point). L'inflation supplémentaire va de 0,8 à 1 point en 2000.

La baisse de l'euro provoque en Europe un surcroît d'inflation de 0,8 point la première année et 0,9 point la seconde, qui s'accompagne d'un relèvement des taux d'intérêt de 1,2 point et 0,4. L'activité s'accroît de 0,4 point sur chacune des deux années du fait de l'amélioration de la compétitivité des produits européens. Sous l'effet du renchérissement du prix des importations, le solde courant commence par se creuser puis se redresse de 0,5 point la deuxième année. Aux États-Unis et au Japon, le renchérissement des monnaies conduit aux effets inverses. La baisse de l'inflation et des taux d'intérêt stimule la croissance mais in fine, l'effet récessif l'emporte. Les importations baissent, comme les exportations. Le solde courant n'est pas affecté dans un premier temps. L'année suivante, par contre, la perte de compétitivité détériore le solde extérieur de 0,2 point aux États-Unis et de 0,3 point au Japon.

Le total des deux chocs induirait donc une baisse du PIB de la zone euro de 0,5 point, avec une hausse de l'inflation de 1,8 point et une hausse de 2,2 points du taux d'intérêt. Il explique donc une grande part de l'évolution constatée actuellement.

Commerce mondial : rééquilibrage par le haut

La poursuite de l'affermissement de la croissance dans la quasi-totalité des régions du monde s'est traduite par une accélération rapide des flux internationaux de commerce depuis le début de 1999. Les importations de produits manufacturés ont renoué, au tournant de l'an 2000 avec des rythmes proches de ceux du précédent point haut de la croissance mondiale en 1994-1995, soit de l'ordre de 12 % par an (tableau 14). Les marques de la crise asiatique de l'été 1997 et de la crise russe de 1998 sont désormais effacées. Les importations asiatiques puis d'Amérique latine ont fortement accéléré, celles des pays de l'Est se sont redressées. Contrairement aux phases précédentes d'accélérations du commerce (1994, 1997), le panorama conjoncturel récent présente une répartition plus équilibrée de la croissance et des échanges entre pays industriels, pays en développement et pays en transition. De ce point de vue, la situation conjoncturelle actuelle offre des similitudes avec celle de 1988 (graphique 6).

En 2000, les importations des États-Unis sont restées la locomotive du commerce mondial, dont le dynamisme s'est étendu à la plupart des régions, à l'exception du Japon, des pays d'Afrique et du Moyen-Orient hors OPEP. En Europe, le redressement des opinions des industriels sur les carnets de commandes étrangères a été généralisé et de grande ampleur entre le creux conjoncturel du tournant 1998-1999 et le printemps 2000. Les opinions se sont cependant stabilisées depuis le mois de mai dans la plupart des pays de la zone euro (graphique 7). Elles ont continué de s'améliorer en France, où elles ont dépassé les niveaux atteints lors de la reprise de 1997 et de celle de 1994, culminant en juin,

6. Croissance mondiale

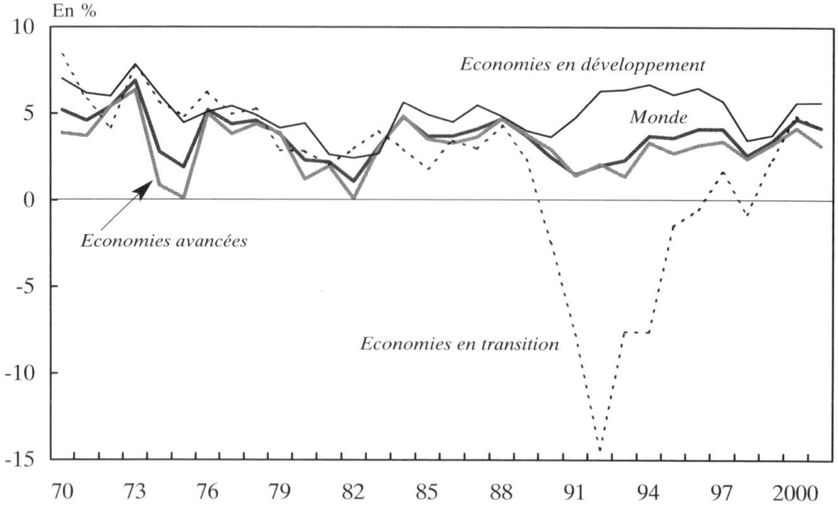

Source : FMI.

7. Opinions des industriels européens sur les carnets de commandes étrangères

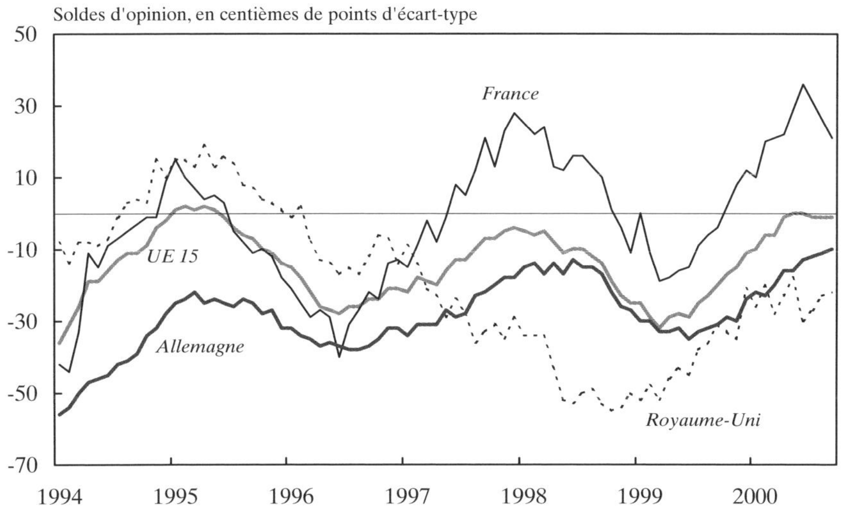

Source : Commission européenne.

pour se dégrader depuis, ainsi qu'en Allemagne. Au Royaume-Uni, les évolutions des soldes d'opinions ont été volatiles, mais oscillent autour d'une tendance stable depuis le début de l'année. Après un premier semestre exceptionnellement fort, la progression des exportations industrielles de la zone euro devrait donc ralentir au troisième trimestre, et retrouver des rythmes plus en ligne avec les demandes intérieures (tableau 15).

La forte progression des importations qui a accompagné la reprise s'est traduite par une augmentation rapide des taux de pénétration dans les pays de la zone euro et au Royaume-Uni. En considérant l'ensemble des importations européennes, y compris les importations intra-européennes, comme cela est le cas dans les comptes trimestriels publiés par Eurostat, le taux de pénétration a augmenté de plus de 3 points dans la zone euro depuis la fin de 1998. La progression a été plus modérée aux États-Unis et au Japon (tableau 13). Au total, elle témoigne du développement de l'internationalisation des processus de production.

13. Taux de pénétration (importations/PIB, en %)

	1994	1998t4	2000t2
Zone euro	26,4	32,2	35,5
Royaume-Uni	28,0	34,9	37,8
États-Unis	11,1	14,7	16,4
Japon	9,9	11,0	12,6

Sources : BEA, EPA, Eurostat, ONS.

14. Importations de produits manufacturés (en volume)

	Part dans le commerce en 1998	Variations par rapport à la période précédente, en %														
		1999				2000				2001				1999	2000	2001
		T1	T2	T3	T4	T1	T2	T3	T4	T1	T2	T3	T4			
Monde	**100,0**	**0,1**	**2,5**	**3,8**	**3,6**	**3,3**	**2,6**	**2,2**	**2,1**	**2,2**	**2,3**	**1,8**	**1,8**	**6,6**	**12,6**	**8,9**
Pays industrialisés [1]	**79,7**	**1,0**	**2,3**	**3,6**	**3,8**	**2,8**	**2,5**	**2,0**	**2,0**	**2,1**	**2,2**	**1,9**	**1,9**	**8,3**	**11,9**	**8,6**
Union européenne	44,2	– 0,5	2,1	3,5	2,4	2,6	2,9	2,0	1,9	2,2	2,2	2,0	1,9	5,2	10,7	8,7
Etats-Unis	20,2	2,7	2,8	4,6	4,0	4,5	2,3	2,7	2,7	2,5	2,8	2,2	2,1	13,3	15,0	10,5
Japon	5,4	10,4	0,6	2,0	8,8	4,1	1,7	0,9	1,0	1,5	1,5	1,5	1,5	13,2	14,3	5,5
PED [1]	**20,3**	**– 3,8**	**3,5**	**4,4**	**2,7**	**5,1**	**3,3**	**3,1**	**2,7**	**2,5**	**2,5**	**1,3**	**1,2**	**0,2**	**15,7**	**10,0**
Amérique latine [2]	4,9	– 3,7	2,6	2,9	7,2	5,7	4,3	4,0	3,0	3,0	3,0	2,0	2,0	– 1,3	20,5	12,6
Asie [2]	8,1	– 1,4	7,0	6,7	1,9	7,6	5,2	2,0	2,0	2,0	2,0	1,0	1,0	7,6	20,7	8,2
OPEP	2,3	– 9,8	– 4,7	8,5	0,4	1,3	– 3,2	7,0	7,0	5,0	5,0	0,0	– 1,0	– 11,3	7,4	17,1
Afrique [2]	1,6	– 16,0	8,4	0,0	2,0	– 2,6	4,0	2,0	2,0	2,0	2,0	2,0	2,0	– 6,8	5,4	8,8
Moyen-Orient [2]	0,9	7,2	– 3,5	– 2,8	– 3,2	6,2	– 6,6	5,0	1,0	1,0	1,0	1,0	1,0	0,0	– 1,2	4,0
Europe de l'Est	2,5	– 2,5	0,0	1,0	1,6	2,0	2,2	2,2	2,0	2,0	2,0	2,0	2,0	– 5,6	7,2	8,4

1. OCDE hors Corée du Sud, Hongrie, Mexique, Pologne, République tchèque et Turquie. Ces pays sont intégrés dans les zones PED.
2. Hors OPEP.
Sources : OCDE, sources nationales, estimations et prévisions OFCE.

15. Produits manufacturés : exportations et demandes adressées (en volume)

		Variations par rapport à la période précédente, en %														
		1999				2000				2001				1999	2000	2001
		T1	T2	T3	T4	T1	T2	T3	T4	T1	T2	T3	T4			
France	Exportations	– 0,5	2,6	5,5	1,2	5,6	3,9	1,2	1,9	2,0	2,1	1,8	1,5	4,1	14,4	8,1
	Demande adressée	– 1,4	2,3	3,2	2,6	2,3	2,4	2,3	2,2	2,3	2,2	1,8	1,8	4,1	10,4	9,0
Allemagne	Exportations	– 0,1	2,7	4,6	– 1,7	7,6	3,0	3,0	2,5	2,0	2,0	1,8	1,8	0,9	14,2	9,2
	Demande adressée	– 0,1	1,7	3,4	2,9	2,5	2,3	2,2	2,1	2,1	2,1	1,8	1,7	5,1	10,6	8,5
Italie	Exportations	– 2,9	3,9	2,7	2,5	2,1	1,4	1,4	1,7	1,9	1,8	1,8	1,8	–1,0	8,7	7,1
	Demande adressée	– 1,4	2,2	3,8	2,7	3,1	2,6	2,2	2,1	2,4	2,4	1,9	1,7	4,5	11,6	9,1
Royaume-Uni	Exportations	– 0,8	3,3	8,1	– 3,7	3,9	2,2	2,1	2,0	1,9	1,8	1,7	1,7	3,9	9,2	7,8
	Demande adressée	– 1,2	2,4	3,4	3,0	3,0	2,3	2,3	2,2	2,3	2,3	1,8	1,7	4,8	11,5	9,0
Etats-Unis	Exportations	– 2,9	0,6	4,5	2,9	1,5	2,3	2,0	2,1	1,9	1,9	1,4	1,3	3,2	9,6	7,7
	Demande adressée	– 0,9	2,7	3,8	4,8	2,8	2,6	2,2	2,0	2,1	2,0	1,5	1,5	5,4	13,0	8,2
Japon	Exportations	– 0,8	3,9	2,0	3,5	3,6	1,7	1,5	1,5	1,5	1,5	1,5	1,5	1,8	11,0	6,2
	Demande adressée	– 0,5	3,5	4,7	3,0	4,3	2,9	2,5	2,4	2,3	2,4	1,6	1,6	7,3	14,5	9,4
Monde	Importations totales	0,1	2,5	3,8	3,6	3,3	2,6	2,2	2,1	2,2	2,3	1,8	1,8	6,6	12,6	8,9

Sources : OCDE, sources nationales, prévisions OFCE.

Compétitivité-prix : vers un rééquilibrage entre la zone euro et les États-Unis

Les prix de production industriels (y compris énergie) dans les pays de la zone euro ont connu une certaine accélération depuis le début de l'année 1999, qui résulte en partie de la hausse des prix de l'énergie : leur progression sur un an était de 3 % au deuxième trimestre 2000 en Allemagne, de 4,5 % en France, de 6 % en Italie et en Espagne, alors qu'elle était proche de 0 voire négative, dix-huit mois plus tôt. Mais la dépréciation de 25 % de l'euro face au dollar depuis le début de 1999 a permis une baisse des prix de production exprimés en dollars et a progressivement ramené les niveaux de prix de la zone euro vers ceux des États-Unis (graphique 8). La progression des prix américains en dollars était de 4 % sur un an au deuxième trimestre 2000 (2 % un an plus tôt), celle des prix japonais de 0,4 % (– 1,4 % un an plus tôt) et britanniques de 2,5 % (1,4 % un an plus tôt). Les industriels britanniques et japonais peinent à stabiliser leurs prix de production en dollars, du fait de l'évolution de leurs devises.

La dépréciation de l'euro a donc permis d'améliorer la compétitivité des producteurs de la zone. Les évolutions des prix de production industriels et des taux de change réels (mesurés par l'OCDE selon l'indice des prix à la consommation) suggère que la hiérarchie reste la même entre les grands pays de la zone euro : la France et l'Allemagne, où l'inflation reste la plus modérée, enregistrent des gains de compétitivité toujours plus importants que l'Italie ou l'Espagne.

8. Niveaux de prix de production

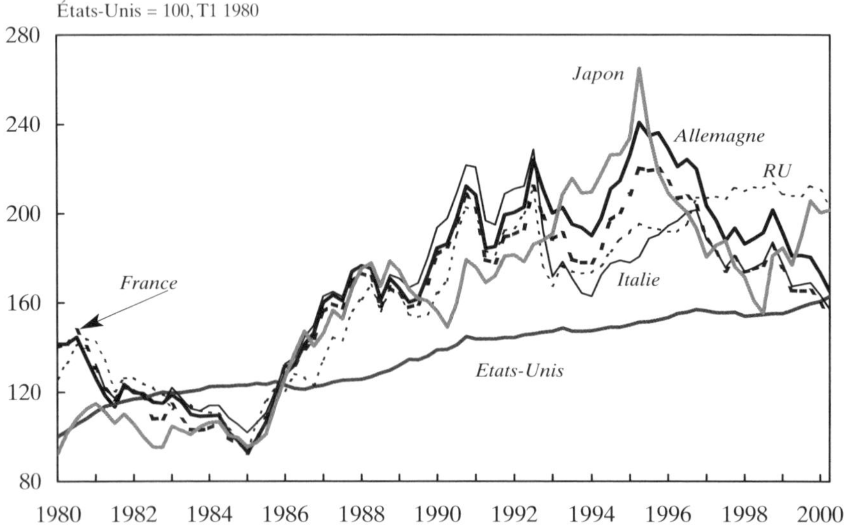

Sources : OCDE, calculs OFCE.

La définition de la sous-évaluation de l'euro par rapport au dollar est délicate. Si l'on se fixe 1987 comme année de référence, année « moyenne » de taux de change réels sur la période 1972-2000, le taux de change de l'euro apparaît sous-évalué en fin de période (graphiques 9). Les pays connaissant les surévaluations les plus nettes sont le Royaume-Uni puis le Japon, et moins nettement les États-Unis. Si l'on considère les prix de production selon la PPA de 1992, en écart par rapport aux prix américains, seuls le Japon et le Royaume-Uni restent nettement au-dessus. Le taux de change euro-dollar du premier semestre 2000 correspondrait à la parité des prix de production, alors que le dollar aurait été nettement sous-évalué de 1987 à 1999.

9a. Taux de change réels des États-Unis et du Japon

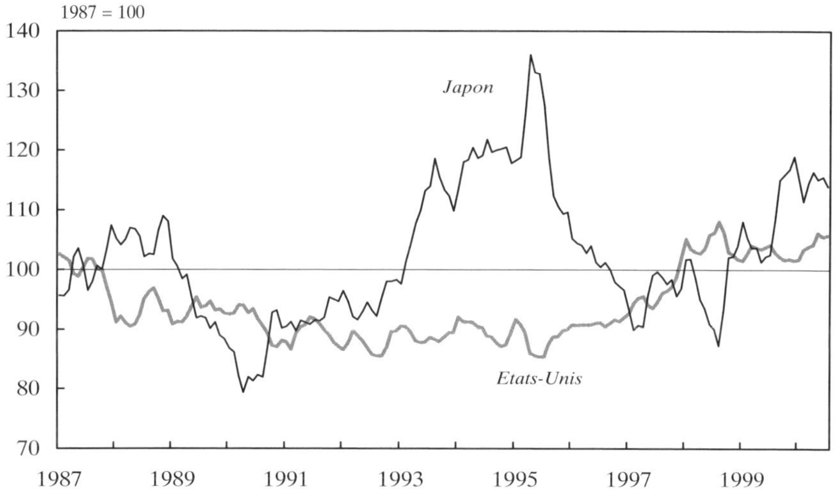

9b. Taux de change réels de quatre pays de l'Union européenne

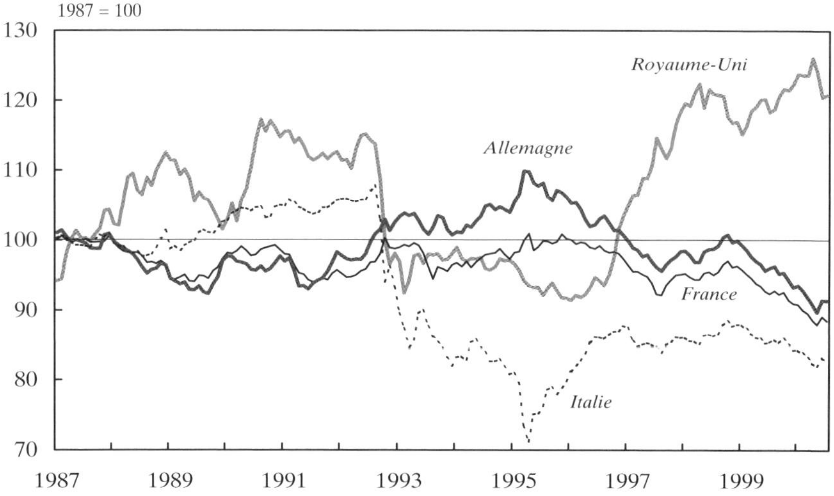

Source : OCDE.

A l'horizon de la prévision, le dynamisme des importations mondiales s'atténuerait, passant de rythmes de 14 % au premier semestre 2000 en glissement, à 8 % à la fin 2001, en particulier du fait du ralentissement de l'activité aux États-Unis, de contraintes de financement en Amérique latine, d'un moindre dynamisme en Asie, puis de la baisse des recettes de l'OPEP. Le dynamisme de l'activité industrielle réduit la pression de la concurrence par les prix pour gagner des marchés. Les mouvements du dollar entraîneraient cette année des pertes de parts de marché pour les exportateurs américains et une certaine stabilisation l'an prochain. En contrepartie, la remontée de la devise européenne se traduirait par de légères pertes de parts de marché des exportateurs européens à l'horizon de la fin 2001. La France et l'Allemagne continueraient à gagner des parts de marché en 2000, tandis que l'Italie ne parviendrait à stabiliser ses parts de marché qu'en fin de période (tableau 15). La baisse récente de la livre par rapport au dollar et celle prévue en 2001 par rapport à l'euro, allégeraient la contrainte pesant sur les exportateurs britanniques à l'horizon 2001, ce qui autoriserait une stabilisation des parts de marché. La stabilité du yen face au dollar ne permettrait pas aux exportateurs japonais de gagner des parts de marché.

Amérique latine : une reprise en ordre dispersé

Dix huit mois après la crise brésilienne, plusieurs grands pays d'Amérique latine ont retrouvé une croissance vigoureuse (graphique 10). Tirée dans un premier temps par de très bonnes performances à l'exportation, la reprise se consolide, de plus en plus alimentée par les demandes intérieures. Après avoir stagné en 1999, l'activité a rebondi rapidement en 2000 : l'acquis de croissance en milieu d'année atteint déjà 3,5 % pour l'ensemble de la région et les perspectives à moyen terme sont favorables. En 2001 comme en 2000, la croissance pourrait atteindre 4,5 %.

La tourmente financière de l'année dernière avait contraint les pays à adopter des politiques économiques restrictives; la situation s'est peu à peu normalisée et la majorité des pays ont pu tirer parti d'un environnement international porteur. Certains continuent cependant d'être très affectés par les séquelles de la crise financière de 1997-1998 (fragilisation des secteurs bancaires et des finances publiques), par un climat politique tendu, ou par des politiques d'ajustement draconiennes.

A l'exception de l'Argentine toujours engagée dans un système de *Currency Board*, de l'Équateur qui s'est dollarisé et du Venezuela dont la monnaie fluctue à l'intérieur d'une bande définie par les autorités, les pays sont désormais en régime de change flottant. Les politiques monétaires, dégagées des objectifs de change, cherchent à stabiliser les économies et à conforter le mouvement de désinflation.

10. Croissance en Amérique latine

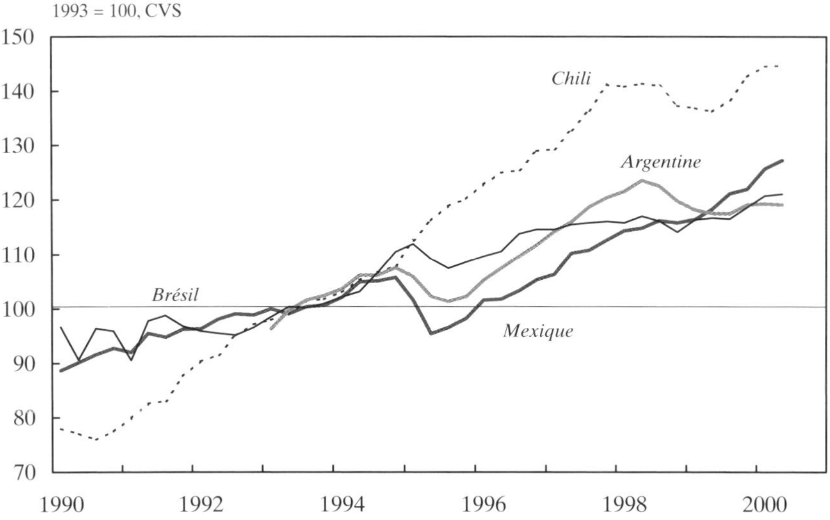

Sources : FMI, CVS OFCE.

Elles restent cependant vigilantes : la détente des taux d'intérêt ne fait qu'accompagner la baisse de l'inflation. Simultanément, les réformes d'assainissements budgétaires entreprises dans plusieurs pays donnent des résultats satisfaisants au premier semestre 2000. Cette amélioration s'est traduite par un regain de confiance à l'égard de la zone : les *spreads* sur les prêts internationaux à long terme ont baissé et les investissements directs étrangers ont augmenté.

Cette amélioration du contexte financier s'est combinée à d'autres facteurs favorables :

– Le dynamisme de la demande mondiale, soutenu par la croissance américaine, mais aussi par la demande en provenance de l'Union européenne et de l'Asie. Cet effet joue fortement sur la croissance des pays les plus ouverts comme le Mexique et le Chili, dont 27 % et 22 % respectivement de la production sont destinés à l'exportation.

– Une compétitivité favorable du fait des dépréciations monétaires : le taux de change réel brésilien reste entre 20 et 25 % en deçà de son niveau de fin 1998.

– L'amélioration des termes de l'échange pour certains pays, avec la reprise du cours de certaines matières premières industrielles en 1999 et du pétrole (Mexique, Chili, Colombie, Argentine, Venezuela, Equateur).

Depuis le début de l'année 2000, dans plusieurs pays, la croissance s'appuie aussi sur le rebond de la demande intérieure. Au Mexique, après une croissance de 3,7 % en 1999, l'activité a progressé de 7,7 % sur un an au premier semestre 2000. L'indicateur avancé de court terme prolonge la tendance avec une hausse de 6,3 % sur six mois en juillet dernier. La consommation privée et l'investissement sont très dynamiques. L'emploi et les salaires réels augmentent, grâce à des gains de productivité élevés. Pour éviter les dérapages inflationnistes, la politique monétaire reste stricte : le taux à trois mois, qui a baissé jusqu'en avril, oscille depuis autour de 14,5 % pour une inflation de 9,1 % en août. Le climat d'euphorie entretenu par la victoire de V. Fox aux élections présidentielles de juillet dernier fait craindre des risques de surchauffe et un renforcement des anticipations inflationnistes. Or, l'objectif est de converger vers l'inflation des États-Unis à l'horizon 2003. Aidé par des prix du pétrole très supérieurs aux hypothèses de la loi de finances de 2000 (16,5 dollars le baril) et par la vigueur de la croissance, le besoin de financement du secteur public devrait en 2000 être inférieur à l'objectif de 1 % du PIB. Cette croissance devrait dégrader les comptes extérieurs : le déficit commercial atteindrait 22 milliards de dollars en 2000, après 18,5 milliards de dollars en 1998 et 1999. Les entrées d'investissements directs couvriraient pour moitié le déficit externe. Le recours aux marchés financiers resterait donc modéré. Le ralentissement de la croissance américaine pèsera sur la croissance en 2001, qui reviendrait aux alentours de 5 %, après 6,9 % cette année.

Au Brésil, le PIB a cru de 3,8 % sur un an au premier semestre 2000, la production industrielle progressant de 6,8 % sur un an en juillet. Là aussi, les exportations, notamment les produits à plus forte valeur ajoutée, ont été le moteur de la reprise. Depuis le début de l'année, la demande interne a pris le relais. Soutenue par une forte expansion du crédit, et la hausse de l'emploi, la consommation privée s'accélère tandis que l'insuffisance des capacités de production qui commence à apparaître dans certains secteurs de biens intermédiaires, relance l'investissement. L'inflation s'est ralentie sensiblement puisqu'elle atteignait 5,3 % en mai après un pic à 8,4 % en janvier. Sous l'effet de facteurs spécifiques, elle est passée à 7 % en août mais devrait baisser par la suite. La détente monétaire est interrompue : les taux d'intérêt à trois mois sont à 16,5 % depuis juillet dernier. Les réformes budgétaires entreprises en 1999 ont permis de dégager un excédent primaire de 4,7 % du PIB sur les 5 premiers mois de l'année (pour un objectif FMI de 3,3 % à la fin de l'année), tandis que la baisse des taux d'intérêt qui avaient atteint 50 % au début de 1999, a réduit la charge d'intérêt de 13,2 % du PIB en 1999 à 7,6 %. Le dynamisme des exportations permet au solde commercial de s'améliorer malgré des termes de l'échange défavorables (hausse des prix du pétrole, baisse des matières premières agricoles, ...) et surtout des importations en hausse. L'excédent est de 2,4 milliards de dollars sur les 8 premiers mois en rythme annualisé, après un déficit de 1,2 milliard en 1999 et de 6,7 milliards en 1998. Le Brésil croîtrait à un rythme soutenu : 3,9 % en 2000 et 4,3 en 2001.

Au Chili, la croissance a renoué avec les rythmes d'avant la crise de 1997-1998 : 5,8 % sur un an au premier semestre. Soutenue par des exportations en forte hausse, la croissance s'accompagne d'un rebond de la demande intérieure. Les perspectives restent là aussi très bien orientées du fait d'une économie saine et de facteurs externes favorables : diversité des marchés à l'exportation, bonne compétitivité, et reprise des cours de matières premières.

Par contre, d'autres pays de la région restent soumis à d'importantes difficultés. Contrainte par son régime de change, l'Argentine ne peut tirer pleinement parti de la reprise brésilienne. Malgré la hausse de ses exportations au deuxième semestre 1999, la demande interne n'a pas suivi : la consommation des ménages progresse de 1 % sur un an au premier trimestre et l'investissement baisse de 3 %. La production industrielle, qui avait repris au milieu de l'année dernière, s'est à nouveau contractée depuis le début de l'année. Le chômage continue d'augmenter : 15,4 % en mai. Les salaires réels baissent sur un an et le coût du crédit s'est resserré avec la hausse des taux d'intérêt américains. La politique budgétaire, contrainte par le poids de la dette publique et l'importance de la charge d'intérêt, reste très restrictive et pèse sur la croissance. Les perspectives restent sombres, même une timide reprise pourrait apparaître en 2001.

Asie : une reprise bien engagée

L'Asie confirme sa reprise engagée maintenant depuis plusieurs trimestres. Les pays les plus affectés par la crise de 1997-1998 progressent en ordre dispersé. La Corée du Sud et la Malaisie connaîtraient en 2000 une croissance proche de 9 %. Simultanément, les Philippines et l'Indonésie restent sur un rythme de croissance encore faible de 3,5%. La Chine et Hong Kong sont dans une situation favorable, où la croissance s'accélère avec la perspective de sortie de la déflation installée depuis plusieurs années.

Ainsi, les économies émergentes d'Asie se différencient nettement selon les composantes de la demande. Les exportations qui ont eu un rôle décisif en 1999 pour aider les économies à sortir de la crise continuent de jouer un rôle majeur dans la croissance en 2000, notamment en Malaisie mais aussi en Corée et en Thaïlande. Plusieurs aspects ont joué : avantage de compétitivité lié aux dépréciations monétaires, reprise du cycle de l'électronique, effet stimulant du commerce intra régional, dynamique des demandes américaine et européenne.

Après deux ans d'un mouvement très ample, le moindre déstockage a largement contribué à la reprise d'activité en 1999 en Corée du Sud et en Thaïlande bien que dans une mesure moindre (graphiques 11). Au deuxième trimestre 2000, il joue un rôle majeur dans la croissance de ce pays.

Néanmoins, la consolidation de la croissance passe par la reprise de la demande intérieure et c'est là que le bât blesse. Les pays se différencient par le niveau de leurs surcapacités productives, la qualité de leur tissu industriel et financier.

Ainsi, en Corée du Sud, l'investissement a sensiblement contribué à la reprise, du premier trimestre 1999 au début de cette année. En Malaisie, l'ajustement de l'investissement a été extrêmement violent pendant la crise: le taux d'investissement a perdu de presque 20 points de PIB entre 1997 et 1999 (graphique 12). Depuis un an, la contribution est redevenue positive et elle s'accentue sensiblement en 2000 : au deuxième trimestre, elle explique 4 points de hausse du PIB sur un an. En Thaïlande et surtout en Indonésie, la reprise de l'investissement est plus lente: le taux d'investissement en Thaïlande reste à 20 % en 1999, ce qui est extrêmement faible pour ce pays.

La même hiérarchie se retrouve pour la consommation: une contribution très forte en Corée du Sud (malgré un tassement au deuxième trimestre 2000) et en Malaisie (surtout en 2000), modérée en Thaïlande et faible en Indonésie.

11. Contributions à la croissance du PIB

En points de PIB

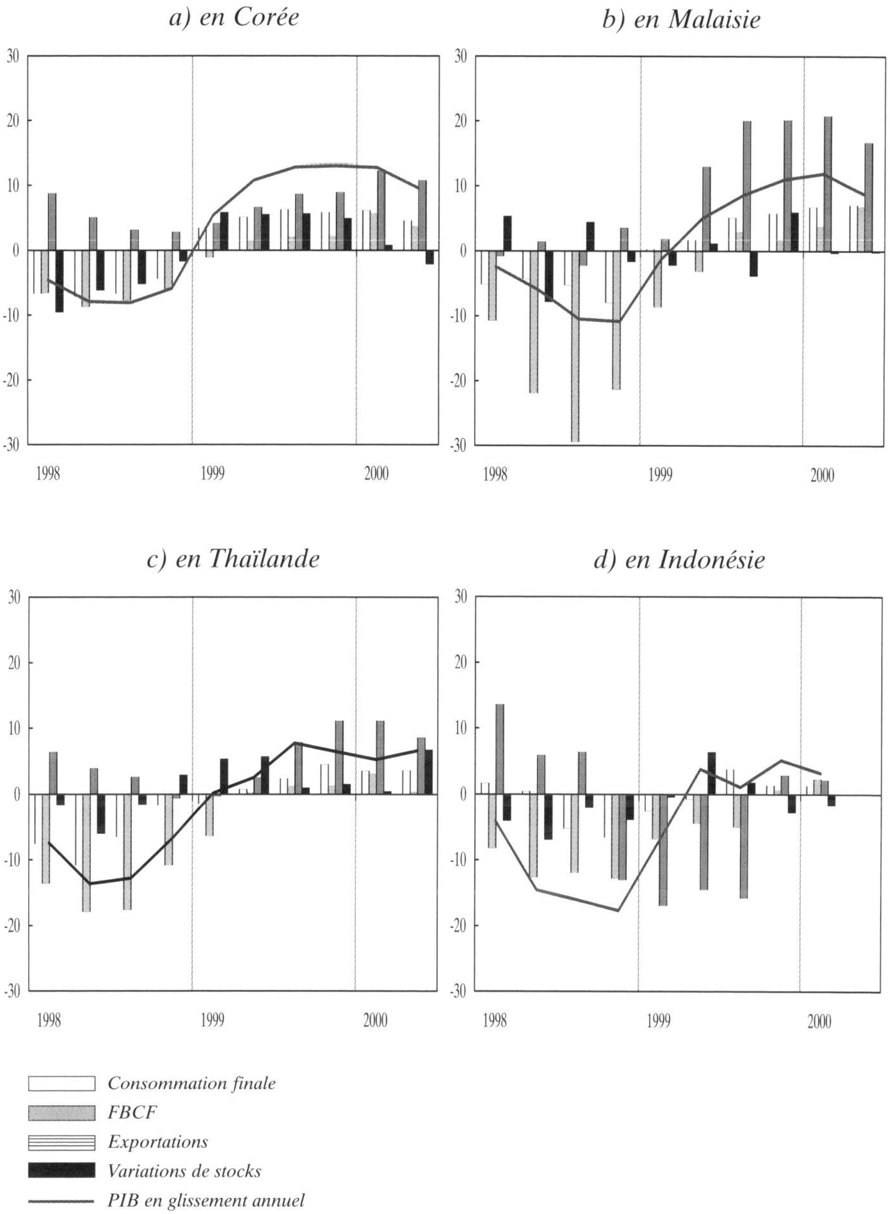

Sources : Datastream, sources nationales.

12. Taux d'investissement en Asie *

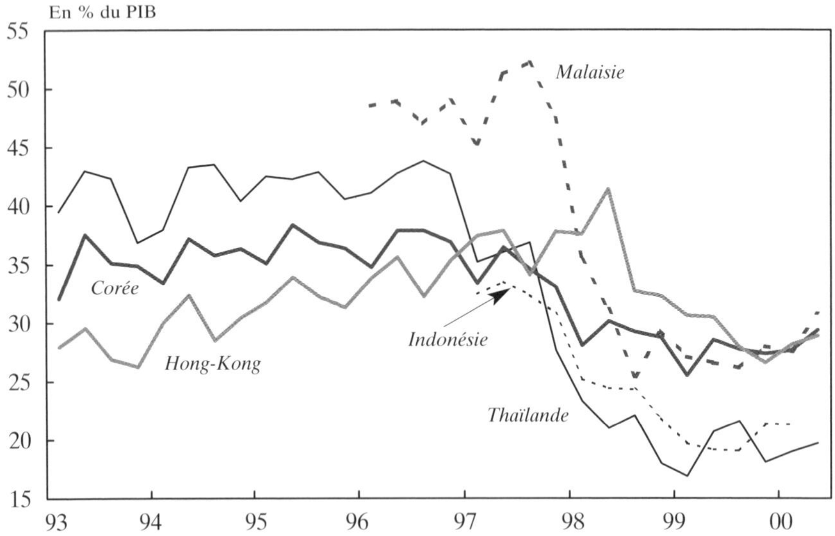

* Hors stocks ; à partir de données en volume.
Sources : sources nationales, Datastream.

En conséquence, les potentiels de croissance divergent sensiblement aujourd'hui. En Corée du Sud, après plusieurs trimestres de forte hausse, l'activité devrait continuer de croître à des rythmes soutenus: la production industrielle a encore progressé de 24 % en août. L'inflation, après le point bas à 0,2 % au début de 1999 est passée à 2,7 % en août, ce qui reste faible. Néanmoins, les marges de croissance sans inflation se réduisent et les craintes de résurgences inflationnistes, alimentées par la hausse de l'énergie et les risques de tensions du côté des capacités productives et surtout du marché du travail, rendent la politique monétaire vigilante. Mais c'est surtout la politique budgétaire qui pourrait freiner l'activité dans le cadre de réformes structurelles. En 2001, les prélèvements obligatoires devraient augmenter de 18,7 % à 20 % afin de financer les réformes économiques et sociales (amélioration de la protection sociale) et de réduire le déficit public de 3,4 % du PIB à moins de 1 %. 45 milliards de dollars de fonds supplémentaires devraient être injectés pour aider à l'assainissement du système financier (après 100 milliards déjà versés depuis 1997).

En Thaïlande, les tensions inflationnistes restent peu présentes. Mais la croissance reste fragile compte tenu du risque d'infléchissement des exportations vers les États-Unis, de l'insuffisance des restructurations bancaires (les prêts douteux représentaient encore 37 % de l'encours en avril dernier) et du manque de confiance des investisseurs étrangers. La

Bourse a baissé de 40 % depuis le début de l'année. Le chômage a commencé à reculer mais les salaires réels n'augmentent toujours pas.

Dans le monde chinois, la situation est favorable. En Chine, la croissance est confortée par les bonnes performances à l'exportation mais aussi par le redémarrage de la demande intérieure. Les ventes au détail se redressent malgré un climat de confiance encore bas. La déflation touche à sa fin : les prix à la consommation ont augmenté de 0,3 % en août. Néanmoins, pour asseoir davantage la croissance, le gouvernement devrait lancer un nouveau plan de soutien de 6 milliards de dollars après celui de 12 milliards en début d'année, destiné à financer des projets d'infrastructure, et accroître la formation dans les nouvelles technologies pour les salariés des entreprises d'État.

A Hong Kong, la croissance est restée dynamique en dépit de certains facteurs défavorables : hausse des taux d'intérêt aux États-Unis, poursuite de la baisse des prix sur le marché de l'immobilier (l'indice des prix des bureaux est revenu à 92 au premier trimestre 2000 pour une base 100 en 1989, après avoir culminé à 214 au début de 1997), la concurrence de Singapour. La croissance a été soutenue au début de l'année par la reconstitution des stocks et la consommation des ménages. Le marché du travail est de plus en plus tendu : le taux de chômage a baissé de 1 point au cours des 6 derniers mois.

Globalement, les perspectives de croissance pour l'ensemble de la zone restent favorables. Les taux de croissance pourraient ralentir dans les pays les plus avancés dans leur processus de rattrapage — c'est le cas de la Corée du Sud, de la Malaisie et de Hong Kong — mais resteraient dynamiques malgré tout. Dans les autres pays, la croissance devrait se confirmer bien que des points de fragilité subsistent : la lenteur des restructurations industrielles et de l'assainissement des systèmes financiers, des climats politiques parfois troubles et sur le plan externe, l'impact du retournement conjoncturel aux États-Unis et de la hausse du prix du pétrole. Globalement, la croissance dans l'ensemble de la zone pourrait atteindre 7 % en 2000 et 6,7 % l'année suivante.

PECO : quand la croissance prime

La croissance de l'économie polonaise a été vigoureuse au premier semestre 2000. Malgré un léger ralentissement au second semestre, elle devrait atteindre 5,2 % en 2000, puis 4,8 % en 2001. A la mi-2000, les industriels indiquaient toujours de bonnes perspectives de production. L'économie polonaise bénéficie du regain de croissance dans les pays qui l'entourent. Malgré la forte croissance, le taux de chômage continue d'augmenter : 13,9 % à la mi-2000 contre 12%, il y a un an, du fait d'une gestion plus rigoureuse des effectifs. Le taux d'inflation a recommencé à augmenter en raison de la hausse du prix de l'énergie, de la hausse des impôts indirects et sans doute aussi de la vigueur de l'activité (10,7 % en glissement annuel en août). La politique monétaire est rigoureuse depuis novembre 1999 : le taux d'intervention atteint 19,6 % en septembre 2000. Depuis avril 2000, le zloty flotte librement. La Banque centrale souhaite se concentrer sur la lutte contre l'inflation et ne plus gérer le taux de change. Depuis un an, le zloty a perdu 9,5 % par rapport au dollar ; mais il a monté de 10 % par rapport à l'euro. Aussi, le taux de change réel s'est-il apprécié. Le déficit courant reste à un niveau élevé (7,5 % du PIB sur le début de l'année 2000). Le déficit public est de l'ordre de 2 % du PIB. La croissance polonaise a donc bien résisté à une politique monétaire rigoureuse. Toutefois, les niveaux des taux d'intérêt, de l'inflation, du déficit extérieur retardent les perspectives d'adhésion à l'Union européenne.

La Hongrie connaît, elle aussi, une forte expansion (5,5 % l'an en 2000 et 2001), impulsée par l'industrie (+ 17,5 % en glissement annuel en juillet 2000), l'investissement et les exportations. Le chômage a commencé à refluer, passant de 9,7 % fin 1999 à 9,1 % en juillet 2000. L'inflation était de 9,6 % en août en glissement annuel, mais devrait ralentir avec la baisse du prix de l'énergie et se situer à 8 % en 2001. Le déficit budgétaire se stabilise à 3 % du PIB. Le déficit courant atteint 5 % du PIB. La politique monétaire est neutre (11 % pour le taux court en septembre). Le florin est pratiquement stable vis-à-vis de l'euro depuis début 1999, la Banque centrale devant intervenir pour éviter sa hausse, ce qui entraîne une hausse du taux de change réel.

La République tchèque avait connu une baisse du PIB en 1997, 1998 et 1999, qui s'est interrompue à la mi-1999. Elle devrait renouer avec la croissance en 2000 (2,5 %), puis en 2001 (3,5 %). Elle bénéficie d'un rebond de la demande intérieure et du surplus de croissance de ses marchés à l'exportation (Allemagne, en particulier). Sa production industrielle a repris de la vigueur (+ 5,6 % en juillet en glissement annuel). Dans les dernières enquêtes de conjoncture, la confiance des industriels se stabilise à un haut niveau ; celle des ménages s'améliore, bien que le taux de chômage reste élevé (9,2 %). La productivité du travail s'est fortement améliorée dans l'industrie en raison de la fermeture d'entreprises non-rentables et du licenciement d'une partie de la main-d'œuvre excédentaire. L'inflation reste modérée (de l'ordre de 4 %) et la politique monétaire est relativement neutre (le taux d'intérêt est de 5,4 %). Le déficit public (3,6 % du PIB) et le déficit courant (2,5 % du PIB) sont modérés. La couronne tchèque s'est légèrement appréciée vis-à-vis de l'euro dans la période récente (+ 4 % en un an).

La Russie a connu en 1999 une croissance vigoureuse (7,3 % en glissement) qui se poursuit en 2000 malgré un léger tassement au 2e trimestre : après 2,7 % en T1, la croissance n'a été que de 0,3 % en T2 (soit 6,7 % en rythme annuel). La croissance est surtout soutenue par l'investissement, qui aurait progressé de 19 % en un an contre 8,5 % pour la consommation. Elle a bénéficié aussi de la chute du rouble et de la hausse du prix du pétrole. Le chômage, au sens du BIT, poursuit sa décrue : 10 % en juillet 2000 contre 11,9 en juillet 1999. Par contre, malgré une certaine remontée, ni le salaire, ni le revenu par tête n'ont encore retrouvé les niveaux de 1997.

Le taux d'inflation, qui avait été de 36,5 % en 1999, se situe maintenant à un rythme de l'ordre de 20 %. Bénéficiant du niveau des prix de l'énergie, le solde extérieur redevient fortement excédentaire. Ce regain des exportations ainsi que la meilleure collecte des impôts permettent au budget de l'État de renouer avec les excédents depuis le début de l'année. Le taux de change est pratiquement stable depuis le début de l'année, aux alentours de 28 roubles pour un dollar. Le taux de change réel poursuit donc sa remontée, ce qui favorise le ralentissement de l'inflation. Les taux d'intérêt ont fortement diminué et se situent à 28 % pour le court terme. Enfin, la Bourse a doublé en un an.

L'essor de l'investissement et l'amélioration du revenu des ménages devraient continuer à soutenir la croissance l'année prochaine, malgré un taux de change réel moins favorable et la baisse du prix du pétrole. La croissance devrait atteindre 6,5 % en 2000, puis 5,5 % en 2001 avec une inflation de l'ordre de 12 % en 2001.

États-Unis : une nouvelle mise à l'épreuve

La croissance a été très vigoureuse au cours du premier semestre 2000, mais, en même temps, les signaux de ralentissement se sont multipliés. L'activité au premier trimestre a été essentiellement soutenue par la consommation des ménages, entraînée par une forte progression des achats de biens durables. Le taux d'épargne des ménages a perdu plus d'un point de pourcentage pour atteindre juste 0,2 %, compensant le ralentissement du revenu disponible, grignoté par la forte progression des prix. L'investissement a également fortement progressé. L'investissement résidentiel, résistant aux hausses de taux, a progressé d'un peu plus de 3 % (en rythme annualisé) et l'investissement productif a vigoureusement rebondi (avec une croissance de 21 % en rythme annualisé). Malgré cela, la croissance s'est infléchie par rapport au quatrième trimestre 1999 du fait d'un très fort mouvement de déstockage, de la contraction des dépenses publiques et d'une contribution négative du commerce extérieur. Au deuxième trimestre, les variations de stocks ont retrouvé quasiment le niveau élevé du quatrième trimestre 1999 et les dépenses publiques ont rebondi. Bien que les exportations aient accéléré, le commerce extérieur a exercé une contribution négative encore supérieure à celle du trimestre précédent.

Le rebond de croissance au deuxième trimestre (5,6 % après 4,8 % en rythme annualisé) n'est pas durable. En effet, ni le mouvement de restockage, ni la forte croissance des dépenses publiques ne sont extrapolables. La consommation des ménages et l'investissement ont infléchi leur rythme de croissance. Les comptes nationaux sont donc cohérents avec les signaux de ralentissement envoyés par les indicateurs conjoncturels. L'indice NAPM a amorcé une forte baisse depuis février 2000 jusqu'à passer en deçà de la barre des 50 % en août, révélant une contraction de l'activité manufacturière. L'indicateur avancé a baissé de 0,1 % en mai, juin et juillet. L'indice de diffusion sur six mois est passé sous la barre des 50 % en juin. Mais sur six mois, la baisse de l'indicateur avancé n'atteint pas encore 2 % (en rythme annualisé), ce qui modère le signal d'une récession à l'horizon de neuf mois. Considéré globalement, les trois indices composites indiquent néanmoins un ralentissement de la croissance au second semestre 2000. Un ralentissement des créations d'emplois est vraisemblablement à l'œuvre mais son ampleur est encore difficile à déterminer, compte tenu des effectifs embauchés pour le recensement décennal. Les évolutions de la population active ont néanmoins permis au taux de chômage de baisser encore de 4,1 à 4 %. Il ne devrait, à l'horizon de la prévision, guère bouger de ce niveau.

L'inflation a assez nettement accéléré en un an. Dès le début de l'année, le glissement dépassait 3 %. Il se situe en août à 3,3 %. De même, les prix des services accélèrent depuis la fin 1999. Mais l'inflation sous-jacente reste encore en dessous des 2,5 %. Les marchés ont rapidement intégré ces changements en n'envisageant, à juste titre, de hausse ni en juin ni en août. La réunion du 3 octobre s'est également soldée par un *statu-quo*, largement attendu aussi du fait de la réticence des autorités monétaires à intervenir alors que les élections présidentielles sont aussi proches (7 novembre). Le taux des *Fed Funds* est donc resté à 6,5 %, après l'augmentation de 0,5 point décidée en mai. Ce retour à l'attentisme révèle le degré de confiance de la Banque centrale dans sa lecture de l'économie, en particulier dans le niveau de la croissance potentielle (qui, selon Alan Greenspan, serait supérieure à 4 % [2]). Par ailleurs, le fait que l'inversion de la courbe des taux vienne plus de la montée des taux courts que de la baisse des taux longs signale que l'on est proche d'un pic d'activité.

L'économie américaine est aujourd'hui confrontée à un deuxième choc exogène important depuis le début du cycle. Après les crises asiatique et russe de 1997-1998, la résistance de la « boucle d'or » américaine est une nouvelle fois mise à l'épreuve avec la forte montée du prix du pétrole et l'appréciation du dollar. Du fait de la maturité du cycle américain, l'impact du prélèvement pétrolier ne se pose pas dans les mêmes termes des deux côtés de l'Atlantique. Si l'on peut s'attendre à un rebond de l'activité en Europe une fois le choc passé, aux États-Unis, le choc devrait confirmer un ralentissement déjà enclenché par le resserrement de la politique monétaire. Par ailleurs, l'impact sur l'inflation diffère du fait de la combinaison de l'augmentation du prix du pétrole et de l'appréciation du dollar qui permet de contenir la progression du prix des importations et donc l'inflation. De plus, aucun mouvement notable d'accélération des salaires ne se dessine encore aujourd'hui. En 2000, l'inflation devrait quand même dépasser les 3 % (en moyenne annuelle), mais en 2001, avec 2,8 %, elle ne serait que peu supérieure à son rythme moyen depuis sept ans.

Le ralentissement de la croissance américaine est apparent dès le troisième trimestre 2000. La consommation des ménages, malgré la baisse vraisemblable du taux d'épargne (il a atteint – 0,4 % en août), ne rebondit pas par rapport au trimestre précédent, du fait d'un fort ralentissement du revenu disponible induit par de très faibles créations d'emplois et la baisse de la durée du travail. Mais dès le quatrième trimestre, le taux d'épargne devrait amorcer un mouvement haussier, limitant la progression de la consommation à moins de 3 % l'an. Cette remontée se justifie par l'amoindrissement de l'effet richesse (le *Dow Jones* est en baisse depuis trois trimestres et le *S&P500* n'a progressé que de 5,6 % sur la première moitié de l'année après 22 % en 1999) et

2. Alan Greenspan, Chairman Board of Governors of the Federal Reserve System, remarks before at a symposium sponsored by the Federal Reserve Bank of Kansas City, « Global economic integration: Opportunities and challenges », 25 août 2000.

par le nécessaire ralentissement de l'endettement (qui atteint presque 90 % du revenu disponible). Cette hausse du taux d'épargne permet de rattraper une petite partie de sa forte baisse, qui apparaît exceptionnelle comparativement à ce que nous donne une fonction de consommation intégrant à la fois des effets richesse et des effets ricardiens [3] (graphique 13).

Un mouvement de déstockage progressif mais conséquent est envisagé. L'investissement productif restera assez dynamique sur la deuxième moitié de 2000, soutenu par la hausse récente du taux de marge et par les gains de productivité attendus des investissements en technologies de l'information et de la communication (annexe III). En 2001, des conditions de financement un peu moins favorables (moindre facilité d'accés aux marchés de capitaux et profits en ralentissement) contraindront légèrement sa progression, mais son taux de croissance restera quand même à deux chiffres (10,7 % en moyenne annuelle). Du fait de l'infléchissement net de la demande intérieure, les importations progresseront de moins de 10 % en 2001. Dans la mesure où les exportations se ralentiront aussi sous le coup de la baisse des parts de marché américaines, la dégradation du déficit commercial, et

*13. Taux d'épargne aux États-Unis **

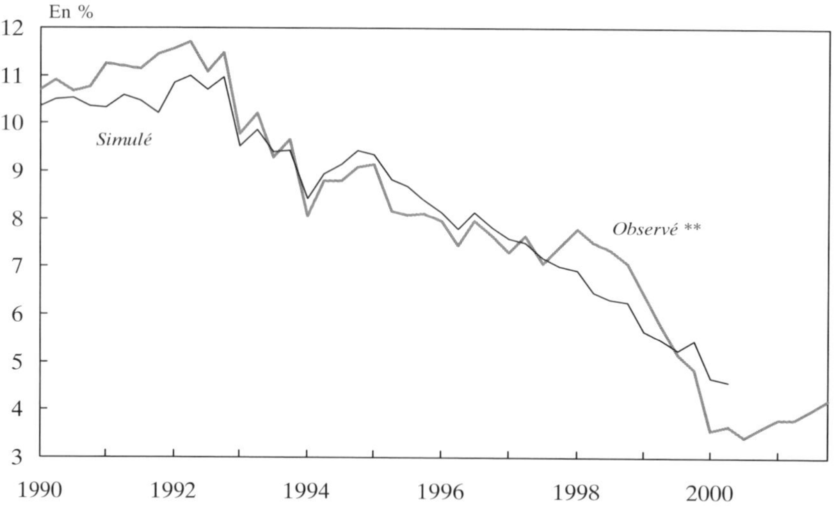

* Le taux d'épargne ici représenté n'est pas directement comparable à celui disponible dans les comptes nationaux américains, dans la mesure où la variable de consommation utilisée dans son calcul représente seulement la consommation des ménages et non les dépenses de consommation (y compris intérêts payés et transferts nets versés au reste du monde). Le taux d'épargne des comptes nationaux est inférieur d'un peu plus de deux poins et demi au taux présenté ici.
** Prévisions OFCE à partir du troisième trimestre 2000.
Sources : BEA-comptes nationaux, estimations OFCE.

3. Voir pour plus de détails l'article de Corinne Houizot et *alii*, « Plus-values, consommation et épargne : une estimation de l'effet richesse aux États-Unis et au Royaume-Uni », *Revue de l'OFCE* n° 73, avril 2000.

donc celle du déficit courant, ne seront que peu infléchies. Compte tenu de l'acquis de croissance particulièrement élevé, la croissance apparaîtra encore soutenue en 2000 (5,3 % en moyenne annuelle), avant de s'infléchir nettement en 2001 (3,3 % en moyenne annuelle).

Le fort niveau du déficit courant est le risque le plus important qui pèse aujourd'hui sur l'économie américaine, compte tenu des conséquences potentielles sur le dollar et les mouvements de capitaux. Le risque d'un krach boursier brutal est certes présent, mais nous l'avons écarté car l'assainissement a déjà eu lieu et se poursuit (en particulier sur les valeurs technologiques, le NASDAQ se situant maintenant 33,5 % en dessous de son pic de mars 2000). Une chute plus brutale de l'activité est également possible si la nouvelle économie américaine ne résiste pas au choc pétrolier (dans le sens où une spirale inflationniste pourrait se mettre en place obligeant à un resserrement monétaire brutal). Le scénario retenu ici est optimiste en ce sens, tout en intégrant l'hypothèse d'un ralentissement assez marqué, puisque l'écart au potentiel s'annule en fin de période [4].

1. Élections présidentielles : à la recherche du ticket gagnant

Les dernières projections du *Congressionnal Budget Office* (CBO, organisme indépendant d'évaluation de la politique budgétaire) aboutissent, sous l'hypothèse d'une stagnation en volume des dépenses discrétionnaires à partir de 2001, à des excédents cumulés sur les dix prochaines années de 4 600 milliards de dollars. Ceux-ci se décomposent en 1 800 milliards d'excédents on-budget (c'est-à-dire hors excédents du *Social Security Trust Fund*) et en 2 800 milliards de dollars d'excédents *off-budget* (2 400 milliards de dollars d'excédents du *Social Security Trust Fund* et 400 milliards de dollars d'excédents du *Medicare Trust Fund*) *. Ces excédents budgétaires donnent une marge de manœuvre qu'aucun candidat à la Maison Blanche n'a jamais eu pour élaborer son programme économique.

Les deux candidats se proposent de réserver les excédents du *Social Security Trust Fund* à la consolidation à long terme du système de retraite, mais leur approche est différente. La stratégie d'Al Gore consiste à augmenter l'épargne nationale en remboursant la dette nette d'ici 2012. 3 000 milliards de dollars sont ainsi prélevés sur les excédents projetés, dont 2 700 milliards de dollars provenant des excédents *off-budget* et 300 milliards de dollars d'un fonds de réserve. Les intérêts économisés sur le service de la dette sont transférés à la *Social Security* et à *Medicare*, reculant ainsi le moment où les deux programmes s'avèrent insolvables. Les 300 milliards de dollars de fonds de réserve correspondent à un résidu des excédents *on-budget* non utilisés. En annonçant la création d'un tel

4. Le taux de croissance potentielle est estimé à 3,5 %, avec des gains de productivité horaire du travail tendanciels de 2,4 % et une croissance de 1,1 % de la population active.

fonds, Al Gore fait preuve d'une prudence de rigueur face aux risques d'excédents budgétaires inférieurs. La stratégie de George W. Bush consiste à accroître le rendement des régimes de retraite. Une partie des cotisations versées à la *Social Security* serait en effet détournée pour alimenter des comptes d'épargne retraite individuelle, dont le produit serait investi librement sur les marchés financiers. Cette manœuvre ponctionne d'environ 1 000 milliards de dollars les excédents du *Social Security Trust Fund* **.

L'affectation des excédents *on-budget* reflète les traditions de chacun des partis, Al Gore proposant essentiellement des augmentations de dépenses sociales et George W. Bush des réductions massives d'impôts. Le total des propositions d'Al Gore se monte à 1 500 milliards de dollars. Il propose d'investir 115 milliards de dollars dans le système scolaire, d'étendre le programme SCHIP (*State Children's Health Insurance Plan*) pour une couverture maladie universelle pour les enfants (120 milliards de dollars), d'ajouter à *Medicare* le remboursement des médicaments (338 milliards de dollars). Le candidat républicain propose également d'investir pour l'éducation et de réformer Medicare, mais les montants en jeu sont plus modestes (respectivement 50 et 158 milliards de dollars) car il souhaite introduire plus de concurrence (plutôt que d'augmenter « sans discernement » les dotations). Le remboursement des médicaments serait ainsi assuré par *Medicare* pour les revenus les plus modestes, par des assurances-santé privées pour les autres.

Les réductions d'impôts envisagées par Al Gore (480 milliards de dollars sur 10 ans) visent essentiellement les revenus les plus modestes et les familles avec enfants afin d'alléger le coût des dépenses de santé, d'éducation et de stimuler l'épargne retraite. Des comptes d'épargne individuelle (*Retirement Savings Plus Accounts*) seraient créés en complément du système actuel (coût estimé à 200 milliards de dollars). Les 1 300 milliards de dollars de réductions d'impôts de G.W. Bush consistent principalement en une réduction du taux maximum de 39,6 à 33 %, du taux minimum de 15 à 10 % et du nombre de tranches restantes de 3 à 2 (15 et 25 %) ; une atténuation de la *marriage penalty* (supplément d'impôt que certains couples mariés paient par rapport à ce qu'ils paieraient s'ils étaient célibataires) ; la suppression de l'*inheritance* tax (impôt qui frappe surtout les agriculteurs et les PME lors des héritages).

---

* Le taux de croissance potentielle est estimé à 3,5 %, avec des gains de productivité horaire du travail tendanciels de 2,4 % et une croissance de 1,1 % de la population active.

** Pour un bilan de la politique budgétaire au cours de la dernière décennie, voir l'article dans la même revue de Baudchon, Creel, Touzé et Ventelou. Un lexique est disponible en fin d'article, ainsi qu'une annexe sur la *Social Security*.

16. États-Unis : résumé des prévisions

	Niveaux 1998 mrds de $ 1996	Variations par rapport à la période précédente, en % *															
		1999				2000				2001				1998	1999	2000	2001
		T1	T2	T3	T4	T1	T2	T3	T4	T1	T2	T3	T4				
Consommation des ménages	5 678,7	1,4	1,4	1,2	1,4	1,8	0,8	0,7	0,7	0,8	1,0	0,7	0,8	4,7	5,3	5,1	3,2
Dépenses publiques	1 486,4	0,9	0,2	1,2	2,1	– 0,3	1,2	0,5	0,5	0,4	0,4	0,4	0,4	2,1	3,3	3,2	1,9
FBCF totale	1 486,3	2,2	2,1	2,0	1,8	4,0	2,8	2,5	2,2	2,0	1,9	1,6	1,7	11,8	9,2	11,2	8,5
dont : – logement	346,1	2,0	1,4	– 0,8	0,1	0,8	0,3	– 0,5	0,0	0,0	0,0	0,0	0,5	8,3	6,4	0,8	0,0
– hors logement	1 140,3	2,3	2,3	2,8	2,3	4,9	3,5	3,3	2,8	2,5	2,3	2,0	2,0	13,0	10,1	14,3	10,7
Exportations de biens et services	1 003,6	– 2,0	1,4	2,5	2,5	1,5	3,4	2,3	2,0	1,9	1,9	1,5	1,5	2,3	2,9	9,5	8,2
Importations de biens et services	1 224,6	1,1	3,8	4,0	2,6	2,9	4,3	2,2	2,2	2,2	2,6	2,0	2,2	11,9	10,7	13,3	9,8
Variations de stocks, en mrds de $ 1996	80,2	12,0	3,3	9,8	20,2	9,2	19,7	16,3	13,8	11,3	10,0	8,8	8,8	80,2	45,3	58,8	38,8
PIB	8 515,7	0,9	0,6	1,4	2,0	1,2	1,4	0,8	0,8	0,7	0,8	0,7	0,7	4,4	4,2	5,3	3,3
Prix à la consommation		0,4	0,8	0,6	0,7	1,0	0,9	0,7	0,9	0,6	0,6	0,6	0,6	1,6	2,2	3,3	2,8
Solde courant, en points de PIB		– 3,2		– 3,9		– 4,2		– 4,8		– 5,0		– 5,2		– 2,5	– 3,6	– 4,5	– 5,1

* A l'exception des lignes « variations de stocks » et « solde courant ».
Sources : Département du commerce-Comptes nationaux, BLS, prévisions OFCE.

Japon : forces contradictoires

Le Japon émerge d'une période où seule la dépense publique jouait à contre-courant des penchants déflationnistes. Aujourd'hui les forces au sein de la sphère privée jouent de façon plus contradictoires. Le bilan est indéniablement meilleur, mais ne permet pas de dérouler sans réserve un scénario de reprise auto-entretenue.

L'activité a certes très vivement rebondi dans la première moitié de 2000, mais ceci doit être rapproché du plongeon qui précédait. Au delà du caractère spectaculaire des chiffres (2,5 % au premier trimestre, suivi de 1 % au deuxième), la tendance sur un an est redevenue positive mais demeure au voisinage de 1 %. Ce profil, anticipé lors de la précédente prévision a définitivement coupé court au pessimisme déflationniste qui prévalait encore au cours de la seconde moitié de 1999. Ces chiffres ont replacé le consensus pour 2000 au voisinage de 2 % de croissance [5].

Ce retour à un relatif optimisme est corroboré par la vigueur dont a témoigné l'activité industrielle au fil des mois. La production industrielle a retrouvé ses niveaux de la mi-1991 et a dépassé de 8,3 % en août son niveau de l'année précédente. C'est du côté des biens à fort contenu technologique, des biens d'équipement électriques, des biens durables et notamment de l'automobile que se situent les principaux moteurs de la hausse. Les enquêtes continuent de confirmer ce redressement quels que soit la taille ou le secteur des entreprises.

Ce redressement de l'offre est accompagné d'une forte reprise de la demande de biens d'équipement. Les commandes de machine-outil incitent à penser que l'investissement en équipement constitue l'une des composantes les plus porteuses de la reprise. C'est en cela qu'elle apparaît auto-entretenue. Après des années de marasme, Une reprise franche, renforcée par une diffusion positive à l'investissement, aux salaires et à l'emploi pourrait sembler le scénario le plus recevable. La croissance japonaise paraît néanmoins soumise à des forces contradictoires qui nous conduisent à un scénario plus mitigé.

Le tournant durablement restrictif de la politique budgétaire est aujourd'hui acquis. Le sursaut confirmé de l'économie au deuxième trimestre tient à la forte concentration, pour raison électorale, d'investissements publics dont la contribution à la croissance du PIB est de 1 point. Notre précédente prévision reposait sur l'hypothèse que la politique budgétaire serait neutre sur l'année fiscale 2000. Il est clair maintenant que le gouvernement ne tiendra pas cet engagement en terme d'année fiscale et encore moins en terme d'année calendaire. Le budget supplémentaire annoncé en septembre et chiffré à 3 trillions de

5. L'objectif gouvernemental de 1 % de croissance pour l'année fiscale 2000 apparaissait comme improbable pour beaucoup de prévisionnistes lors de la présentation du budget, l'an dernier.

yens intervient trop tard et sera d'un trop faible montant pour prendre la relève des précédentes injections. Au mieux, il devrait se concrétiser au premier trimestre 2001. En attendant, les indicateurs de commandes publiques suggèrent qu'au second semestre l'investissement public sera en retrait de près de 10 % par rapport à ses niveaux de l'an dernier, chiffre qui sera du même ordre de grandeur pour l'ensemble de l'année. La contribution de l'investissement public sera donc nettement négative au cours des deux trimestres à venir.

Concernant l'investissement privé, la reprise continue des commandes de biens d'équipement (sur un rythme annuel de 20 % depuis le début de l'année) et les enquêtes auprès des entreprises, ne laissent aucun doute sur la réalité du redressement. S'agit-il pour autant de la mise en jeu d'un enchaînement vertueux qui amplifierait la croissance d'une demande de capacités nouvelles ? Une décomposition par produits montre que cette reprise est davantage d'ordre autonome, liée à une demande spécifique pour les produits liés aux technologies de l'information. Elle est sectoriellement inégale et reste en partie contrariée par les freins que constituent un ajustement financier inachevé du secteur privé, toujours surendetté, et l'inertie de certaines composantes de l'accumulation. L'infrastructure lourde, et en particulier le bâtiment ne s'inscrivent pas encore sur une tendance haussière. Les commandes du secteur privé dirigées vers la construction opèrent même un recul très prononcé depuis avril. Cette composante explique le recul surprenant de l'investissement productif enregistré au deuxième trimestre dans les comptes nationaux (– 3,3 %).

La forte remontée des faillites depuis le début de l'année rappelle que le Japon n'est pas encore sorti de sa longue phase d'ajustement structurel (graphique 14). Les ratios de rentabilité des entreprises nippones, demeurent très en deçà des normes internationales. Les niveaux élevés des PER, en dépit de la remontée des profits (au rythme de 30 à 40 % depuis le début de l'année, mais sur une base très faible), témoignent également du défaut de productivité du capital et n'effacent pas le diagnostic de suraccumulation qui est au cœur de la crise structurelle.

Ce flux de faillites alimente le stock de créances douteuses. Ceci en dépit du fait que 128 institutions financières ont liquidé 52 trillions, soit 60 % de l'encours depuis mars 1999. Les questions de solvabilité financière demeurent néanmoins latentes. En août l'ensemble des créances douteuses totalisaient encore 82 trillions de yens. Par ailleurs, d'après *le Fuji Research Institute*, 12 % du passif des entreprises privées (64 sur 550,4 trillions de yens) apparaît excédentaire au regard de la valeur de marché de l'actif. L'essentiel se concentre dans l'immobilier et la distribution. Le redressement présent de l'investissement ne doit pas faire oublier que le financement de la nouvelle économie, continue et continuera à être concurrencé par l'apurement des bilans.

14. *Faillites au Japon*

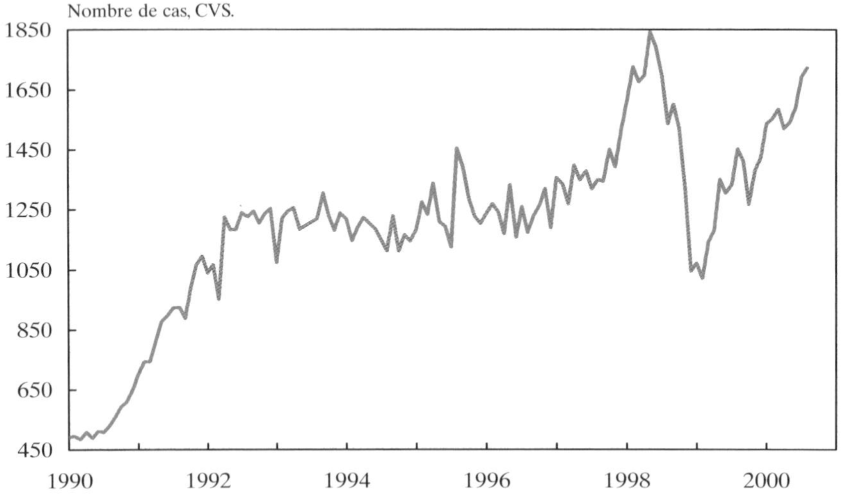

Source : Tokyo Shoko Research.

Lorsque l'on cherche les moteurs d'une reprise durable, les forces en jeu apparaissent à nouveau contradictoires. Du côté des ménages, on assiste indéniablement à une embellie du côté des salaires après une phase catastrophique de contraction nominale des revenus au cours de 1999. La partie régulière du salaire progresserait d'environ 2 % en réel, 1 % en nominal. Mais lors des versements de bonus, en décembre et juin-juillet les entreprises demeurent soucieuses de reconstituer leur rentabilité au détriment des salaires. Les doutes restent donc prononcés du côté de la consommation des ménages. Sa reprise est à bien des égards balbutiante. Le volume des ventes des grandes chaînes de distribution se dégrade toujours. Les données plus larges (enquête auprès des ménages, ventes de détail) se tiennent mieux mais indiquent une rechute de la consommation en été. Les immatriculations sont en recul sensible au troisième trimestre après leur sursaut de début d'année. Le divorce prononcé entre les données fournies par les grandes chaînes commerciales et les chiffres de comptabilité nationale rappelle que les japonais utilisent de plus en plus des circuits de distribution concurrents. La mutation de la vente en ligne et du commerce discount ne se fait pas sans casse pour les chaînes commerciales, et pour leurs marges. Le recul continu depuis deux ans des prix à la consommation sur un rythme de – 0,5 à 1 % témoigne d'une concurrence accrue.

Concernant l'investissement résidentiel, la part financée par les agents privés confirme son redressement mais ne parvient pas à compenser le recul de la participation publique au financement du logement social. Une fois achevé ce recul, dont le niveau actuel des mises en chantier indique qu'il touche à sa fin, un mouvement de reprise léger devrait se dessiner au tournant de 2000 et 2001.

Par ailleurs, le secteur exposé doit affronter le renchérissement du yen vis-à-vis de l'euro. Les exportations vers la zone euro (20 % des exportations) reculent nettement depuis l'été. Les exportations, qui étaient un moteur important de reprise des débouchés pour l'industrie, ont interrompu depuis deux trimestres leur franche reprise initiée au début de 1999 (graphique 15). Le secteur exportateur devra par la suite affronter le probable ralentissement de l'économie américaine.

15. Exportations et importations de marchandises au Japon (en volume)

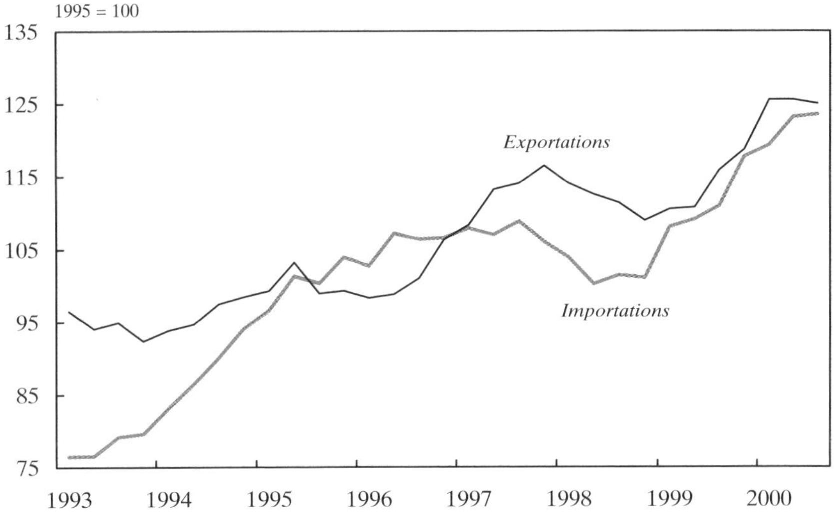

Source : Ministère des Finances.

On peut attendre un recul du PIB aux troisième et quatrième trimestres sous l'impulsion des exportations, de la consommation et de l'investissement public. L'acquis de croissance devrait donc être quasi nul pour 2001. L'ampleur du déficit et de la dette publique est devenu depuis peu un sujet de préoccupation réaffiché par les pouvoirs publics après une pause depuis 1998. Le rebond de l'activité devra donc se faire l'an prochain sans l'appui de la demande publique et dans un contexte extérieur dégradé par rapport à 2000.

Pour l'heure les taux longs demeurent contenus en deçà de 2 %. Mais le stock d'endettement privé expose particulièrement les entreprises au risque de renchérissement de la charge de la dette. Néanmoins ce risque demeure minime tant que les entreprises n'émettent que peu de titres. Jusqu'ici les intermédiaires financiers n'ont essentiellement que du papier public pour alimenter leurs portefeuilles et l'argent drainé par les circuits publics d'épargne permet un financement sans douleur du déficit. Le faible coût du capital favorise l'émergence de nouvelles structures, mais le Japon demeurera tiraillé en 2001 entre destruction et création.

17. Japon : résumé des prévisions

	Niveaux 1998 Mrds de Yens 1990	Variations par rapport à la période précédente, en %*															
		1999				2000				2001				1998	1999	2000	2001
		T1	T2	T3	T4	T1	T2	T3	T4	T1	T2	T3	T4				
Consommation des ménages	282 278	0,9	1,1	– 0,2	– 1,6	1,7	1,1	– 0,5	– 0,3	0,6	0,8	0,4	0,5	– 0,6	1,2	1,1	1,3
Consommation publique	45 564	0,8	– 1,3	0,9	– 0,1	0,8	– 1,3	1,3	0,0	0,3	– 0,6	0,3	0,3	1,5	1,3	0,4	0,4
FBCF totale	140 334	3,3	1,3	– 4,0	– 0,6	1,5	1,4	1,4	– 0,4	1,6	0,7	0,3	– 1,0	– 7,5	– 0,9	1,0	2,8
dont : – productive privée	83 860	2,3	– 2,1	– 1,6	3,2	4,8	– 3,3	6,5	2,0	0,4	0,4	0,4	0,4	– 7,5	– 6,1	7,1	4,8
– logement	18 451	1,4	12,9	– 3,2	– 5,8	6,6	– 0,8	– 1,5	– 0,5	1,0	0,7	0,7	0,7	– 14,6	1,1	1,8	0,7
– publique	38 233	6,2	2,8	– 8,5	– 5,4	– 7,5	13,6	– 7,5	– 6,0	5,0	1,5	0,0	– 5,0	– 3,5	9,3	– 10,9	– 0,8
Exportations de biens et services	65 614	0,0	1,5	5,0	0,7	5,7	3,9	– 0,5	0,2	0,7	0,9	1,2	1,2	– 2,5	1,9	12,3	3,2
Importations de biens et services	53 279	2,4	2,6	2,8	5,0	– 0,1	4,9	0,5	0,0	1,0	0,9	0,7	0,7	– 7,6	5,3	9,8	3,7
Variations de stocks,en mrds yens 1990	– 36	135	804	136	– 4	362	972	1000	800	700	500	400	300	– 36	268	783	475
PIB	480 605	1,5	1,0	– 1,0	– 1,6	2,5	1,0	0,1	– 0,3	0,8	0,6	0,4	0,1	– 2,5	0,3	1,7	1,6
Prix à la consommation		– 0,5	– 0,4	0,1	– 0,2	– 0,1	– 0,5	0,2	0,2	0,2	0,1	0,0	– 0,1	0,6	– 0,3	– 0,5	0,4
Solde courant, en points de PIB		2,7		2,4		2,9		2,5		2,3		2,5		3,2	2,5	2,7	2,4

* A l'exception des lignes « variations des stocks » et « solde courant ».
Sources : EPA, prévisions OFCE.

Zone euro : la croissance, malgré le pétrole...

Poursuite de la phase d'expansion

L'économie européenne poursuit sa phase de croissance soutenue amorcée en 1997, même si le maintien à un haut niveau du prix du pétrole en 2000 va quelque peu grever la croissance cette année. La croissance du PIB devrait ainsi s'établir à 3,5 % dans la zone euro en 2000 et à 3,3 % en 2001. La phase d'expansion actuelle aura connu deux tassements, au début de 1999 du fait du ralentissement du commerce mondial engendré par la chute de la demande en Asie et en Amérique latine, et au milieu de l'année 2000 en raison du renchérissement de l'énergie. Comme le premier, ce second choc ne devrait être que transitoire et n'affecter que peu la dynamique cyclique.

La rapide expansion de l'économie européenne au premier semestre 2000 (le PIB de la zone euro a crû de 3,5 % par rapport au premier semestre de 1999) s'explique par une demande intérieure vigoureuse et par la croissance soutenue de la demande mondiale. En effet, l'accélération de la croissance mondiale en 2000 et les gains de compétitivité induits par la dépréciation de l'euro en 1999 et 2000 ont bénéficié aux exportations, qui augmenteraient de plus de 11 % en 2000. En 1999, la consommation privée et l'investissement avaient été les principaux moteurs de la croissance. L'indicateur de confiance des ménages a atteint au premier semestre 2000 des niveaux supérieurs à ceux du précédent pic de 1990. Cette amélioration est largement liée à la progression favorable de l'emploi depuis deux ans. La décrue du chômage est particulièrement rapide en 2000, en liaison avec une croissance sensible de l'emploi qui a progressé dans la zone euro au premier semestre de 2000 à un rythme proche de 2 % l'an. Si le taux de chômage est encore élevé à 9,0 % en août 2000 (tableau 18), il est bien inférieur à son pic de 11,7 % atteint en 1997. Par ailleurs, la reprise de l'investissement des entreprises au début de l'année 2000 a été vigoureuse, notamment en Allemagne et en Italie au premier trimestre, et en France sur l'ensemble du premier semestre de 2000 (+ 7 % sur un an). La vigueur de l'investissement productif devrait se poursuivre, les enquêtes dans l'industrie se maintenant à de hauts niveaux.

18. Dispersions dans l'Union européenne en 2000

	PIB [1]	Inflation (IPCH, GA) [2]	Production industrielle [1]	Prix à la production (GA) [3]	Taux de chômage harmonisé [3]	Salaire horaire (GA)
Allemagne	3,6	1,8	4,5	3,4	8,3	1,8
Autriche	4,1	1,9	9,0	4,2	3,2	2,0
Belgique	4,4	3,4	3,6	9,8*	8,6	2,2
Espagne	3,9	3,6	5,5	5,6	14,5	2,0
Finlande	4,5	2,9	9,5	10,0	9,4	2,1
France	3,4	2,0	4,9	6,9	9,6	3,5
Irlande	—	5,7	—	—	4,4	—
Italie	2,6	2,6	7,1	4,4	10,5*	2,0
Luxembourg		3,7	3,1	0,0*	2,2*	
Pays-Bas	4,2	2,5	3,0	6,7	2,5*	2,4
Portugal		3,6	1,0	20,3	3,8	
Zone euro	**3,7**	**2,3**	**6,1**	**5,2**	**9,0**	**2,7**
Danemark	3,6	2,2	7,9	5,4**	4,8	3,4
Grèce		2,9	0,5	8,4**	n.d	1,9
Royaume-Uni	3,2	0,6	2,5	5,9**	5,4***	4,1
Suède	3,9	1,4	4,3	4,0	5,9	4,8
UE	3,7	2,0	5,7	5,3	8,3	2,9

1. Glissement annuel en T2 2000.
2. En août 2000.
3. En août 2000 sauf * juillet, ** en juin et *** en avril.
Sources : Instituts de statistiques nationaux, Eurostat.

Un tassement de la croissance lié à l'augmentation du prix de l'énergie

Au deuxième trimestre de 2000, les chiffres de croissance du PIB de la France (0,7 %), de l'Italie (0,3 %), des Pays-Bas (0,7 %) ont été décevants. Ils reflètent un tassement de la consommation des ménages et une croissance moindre de la production. Les dépenses des ménages auraient rapidement réagi au renchérissement du pétrole. Ce phénomène serait masqué en Allemagne par des facteurs accidentels (report au deuxième trimestre d'achats effectués d'ordinaire au premier).

La hausse du prix du pétrole (+ 125 % en euro au premier semestre 2000 sur un an) représente un prélèvement de 1 point de PIB pour les pays de la zone. Elle a joué plus rapidement sur l'activité que lors des précédentes hausses compte tenu de la politique monétaire actuelle. La production industrielle a crû moins rapidement dans la zone euro au deuxième trimestre de cette année (+ 0,8 % par rapport au premier trimestre de 2000, contre des rythmes trimestriels supérieurs à 1,5 % au cours des deux trimestres précédents), ce en dépit d'exportations toujours très dynamiques. Les autorités monétaires ont réagi rapidement à la baisse de l'euro et au renchérissement du prix du pétrole Le durcissement de la politique monétaire (sept hausses de taux successives, soit une hausse de 2,25 points du taux de base de la BCE depuis novembre 1999) et l'augmentation des coûts de production ont eu un impact significatif sur l'activité.

Pourtant, seules quelques enquêtes permettent de percevoir un léger tassement de la croissance. Ainsi, l'indicateur de confiance dans l'industrie s'est légèrement tassé dans les dernières enquêtes, mais il demeure à de très hauts niveaux, proches du niveau record atteint au début du deuxième trimestre de 2000 (voir indicateur de l'OFCE dans l'encadré 2). L'indice synthétique de la Banque nationale de Belgique, qui s'était tassé en juin et juillet, s'est redressé en août et se rapproche de nouveau des maxima atteints au printemps. L'indice de climat général de l'Ifo a baissé pendant trois mois consécutifs, tout en restant à de très hauts niveaux. Le *Purchasing Manager Index* de la zone euro, calculé à partir d'enquêtes réalisées dans 6 pays européens, a quant à lui baissé pendant 4 mois consécutifs. L'opinion des industriels belges sur les stocks (graphique 16) confirme cette tendance au ralentissement de la croissance. Ils sont jugés de plus en plus lourds depuis le deuxième trimestre de 2000, exprimant un stockage involontaire des chefs d'entreprise belges au milieu de l'année 2000. La santé de l'économie belge est traditionnellement un indicateur avancé de l'activité européenne du fait de sa spécialisation dans les industries de biens intermédiaires.

16. Retournement de l'opinion des industriels belges sur les stocks

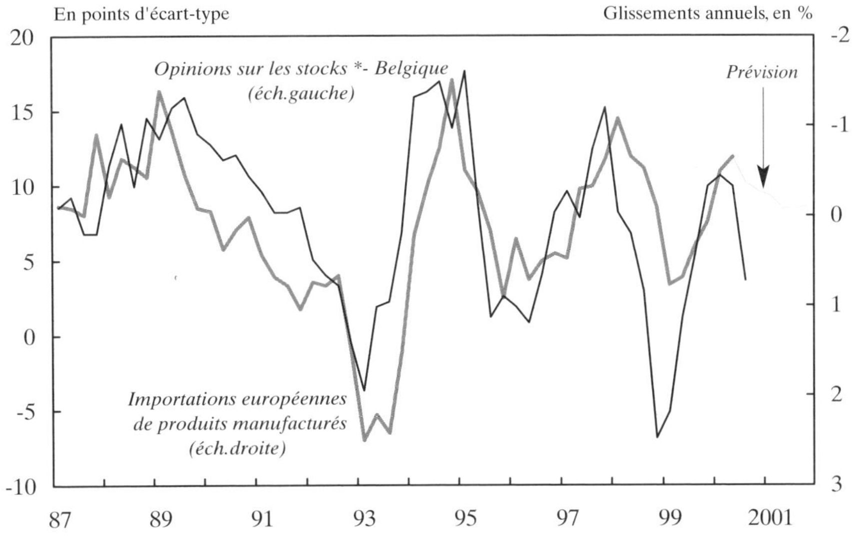

* Soldes d'opinion CVS centrés-réduits.

Sources : Commission européenne, OCDE, sources nationales, calculs et prévisions OFCE.

Les autres enquêtes européennes dans l'industrie font plutôt apparaître l'émergence de tensions sur l'appareil de production qu'un ralentissement de l'activité industrielle. Les taux d'utilisation des capacités de production restent élevées à 83,6 %, contre une moyenne de 81,7 % sur la période 1987-1997. Les contraintes sur les capacités de production se sont encore amplifiées au troisième trimestre de 2000 (graphique 17). Les perspectives d'emplois restent bien orientées et les perspectives de production demeurent proches du maximum historique, en accord avec des carnets de commandes globales et étrangères toujours bien garnis.

La tendance récente exprime certes un tassement de la croissance, mais les perspectives de rebond rapide de l'activité semblent également bien perçues par les chefs d'entreprises. Le ralentissement de la croissance au milieu de l'année 2000 ne serait que transitoire, une fois absorbée la ponction pétrolière. Le PIB de la zone euro croîtrait ainsi de 3,5 % cette année. En 2000, tous les pays de l'Union européenne enregistreraient des taux de croissance voisins ou nettement supérieurs à 3 % (de 2,9 % en Italie à + 10 % en Irlande).

17. Tension sur les prix de vente industriels dans la zone euro

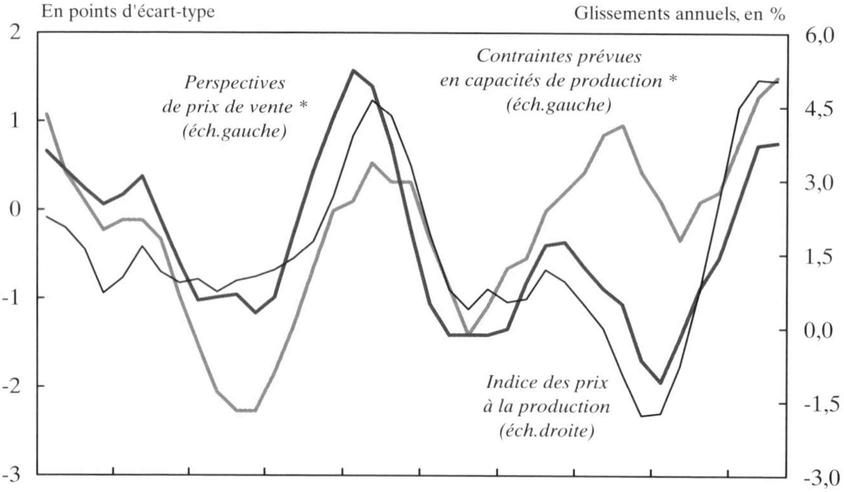

* Soldes d'opinion CVS centrés-réduits.
Sources : Commission européenne, Eurostat.

Des tensions inflationnistes ?

Pour la première fois depuis l'instauration de la monnaie unique, l'inflation a été supérieure à 2 % dans les 11 pays au mois de juillet. Un an plus tôt, tous les pays de la zone (y compris l'Irlande) enregistraient des taux d'inflation inférieurs à 2 % ; les débats portaient encore sur les risques de déflation. L'inflation dans la zone euro a atteint 2,3 % au mois d'août 2000 ; elle devrait encore augmentée en septembre (tableau 18). En particulier, l'augmentation de prix du poste énergie s'est établie à 12,7 %. L'inflation sous-jacente, encore voisine de 1 % au début de l'année, a légèrement accéléré pour s'établir à 1,4 % cet été, sans que cette évolution ne soit pour l'instant alarmante compte tenu de la vigueur de la reprise. L'inflation globale devrait ainsi se maintenir au dessus de 2 % d'ici la fin de l'année et décroître ensuite progressivement avec la baisse du prix du pétrole et la remontée de l'euro.

Les prix de production industrielle ont, quant à eux, augmenté beaucoup plus vite (tableau 18). Alors que les contraintes sur les capacités de production étaient de plus en plus visibles, les prix à la production ont rapidement répercuté l'inflation importée (graphique 17).

Des tensions sur le marché du travail apparaissent dans certains pays et dans certains secteurs d'activité. La baisse rapide du taux de chômage masque des disparités importantes entre les pays européens. Le taux d'offres vacantes d'emploi croît depuis le début de 1999 au Portugal, aux Pays-Bas, et même en Allemagne. Aux Pays-Bas où il est particulièrement élevé [6], les difficultés à l'embauche se sont généralisées. Ce sont les secteurs « informatique et des technologies de l'information » qui éprouvent le plus de difficultés à trouver une main-d'œuvre qualifiée dans tous les pays européens. Cependant dans la zone euro, ces premières tensions sur le marché du travail ne sont pas traduites par une accélération des salaires. Par contre, l'augmentation de l'inflation en 2000 pourrait engendrer des revendications salariales plus importantes lors des prochaines négociations. Ainsi, en Irlande, par exemple, les partenaires sociaux et les pouvoirs publics avaient fixé en novembre 1999 les orientations des évolutions salariales pour les trois ans à venir ; ils avaient prévu une augmentation des salaires annuelle de 5,5 % compte tenu d'une prévision d'inflation de 3,5 %. Cet accord pourrait être très rapidement remis en cause au vu de la confirmation d'une inflation supérieure à 5 % en 2000, même si le gouvernement minimise l'impact de l'inflation sur le pouvoir d'achat des salariés, ceux-ci bénéficiant par ailleurs de baisses d'impôts.

L'évolution des prix dans la zone euro a fortement convergé dans les années 1990. En 2000, les évolutions ont sensiblement divergé et ce pour différentes raisons. Certaines mesures fiscales induisent des divergences de court terme : introduction de l'éco-taxe, hausse de la taxe sur le tabac en Irlande, baisse de la taxe intérieure sur les produits pétroliers en Finlande. Certains pays sont encore dans une phase de transition qui justifie des évolutions d'inflation différenciées, en fonction de la croissance de l'activité et de la vitesse de rattrapage du niveau de développement des partenaires. Ainsi, l'inflation irlandaise, la plus élevée

6. Il s'élevait à 3,7 % fin mars 2000 ; 200 000 emplois étaient vacants, tandis que l'économie comptait moins de 180 000 chômeurs, selon le Centraal Bureau voor de Statistiek.

en Europe actuellement, est le reflet de la convergence vers le niveau de prix européens ; elle devrait se modérer dans les années à venir, si la modération salariale reste de mise. Par ailleurs, les divergences d'inflation actuelles, de 1,8 % en Allemagne à 5,7 % en Irlande en août 2000 en glissement annuel, sont équivalentes à celles constatées entre des villes américaines, par exemple. La divergence des taux d'inflation actuelle en Europe n'a donc rien d'exceptionnel ni d'alarmant et ne remet pas en cause la politique monétaire commune.

2001 : une croissance robuste

En 2001, les freins à la croissance de la zone euro se relâcheraient. Grâce à l'amorce d'une baisse du prix du pétrole et une politique monétaire plus accommodante, l'activité accélérerait tout autant qu'elle s'est ralentie au milieu de l'année 2000. Dans plusieurs pays, la demande intérieure serait entraînée par les réformes fiscales (tableau 19). En particulier, la consommation privée progresserait de 3 % en 2001, après 2,6 % en 2000. Les investissements dans les nouvelles technologies et les perspectives de favorables d'évolution de la demande devraient permettre de conserver en 2001 un rythme d'investissement supérieur à 5 % pour la quatrième année consécutive. L'investissement bénéficierait de la bonne santé financière des entreprises.

19. Réformes fiscales dans les petits pays de zone euro

Belgique	Suppression de la Contribution complémentaire de crise (CCC) ; baisse de certaines TVA ; allégement des charges sur le travail ; Programme sur trois ans d'allégement de l'impôt sur le revenu.
Espagne	Programme sur 3 ans de réduction de l'impôt sur le revenu et de la taxe professionnelle pour les petites entreprises ; baisse de l'impôt sur les plus-values ; augmentation des dégrèvements pour les dépôts sur les fonds de pension et certains investissements.
Finlande	Programme sur dix ans de réduction des recettes fiscales, de 47 points de PIB à 43. Réduction de l'impôt sur le revenu, conjointement à la recherche d'accords salariaux de long terme avec les syndicats.
Irlande	Programme sur trois ans de réduction de l'impôt sur le revenu de 10 %.
Luxembourg	Programme pour 2001 et 2002 de baisse du taux d'imposition des sociétés ; réforme de l'impôt sur le revenu : augmentation du seuil d'exonération, baisse des taux.
Pays-Bas	Importante réforme fiscale incluant une baisse sensible de l'impôt sur le revenu, un élargissement de l'assiette fiscale et un allégement des charges sur le travail ; introduction de la taxe environnemental et hausse de la TVA.
Portugal	Réforme de l'impôt sur le revenu ; relèvement des tranches d'imposition et réduction des taux d'imposition.

En effet, les taux de marge des entreprises européennes se sont redressés au cours des années 1990 (graphique 18). Ils étaient élevées en 1999. Au vu des premiers indicateurs, ils ne semblent pas s'être dégradés en 2000, la ponction pétrolière ayant été absorbée par la modération salariale. La tendance serait plutôt à la stabilisation des taux de marges des entreprises, ce qui permettrait encore une progression importante de l'investissement en 2001.

18. Taux de marge des entreprises européennes

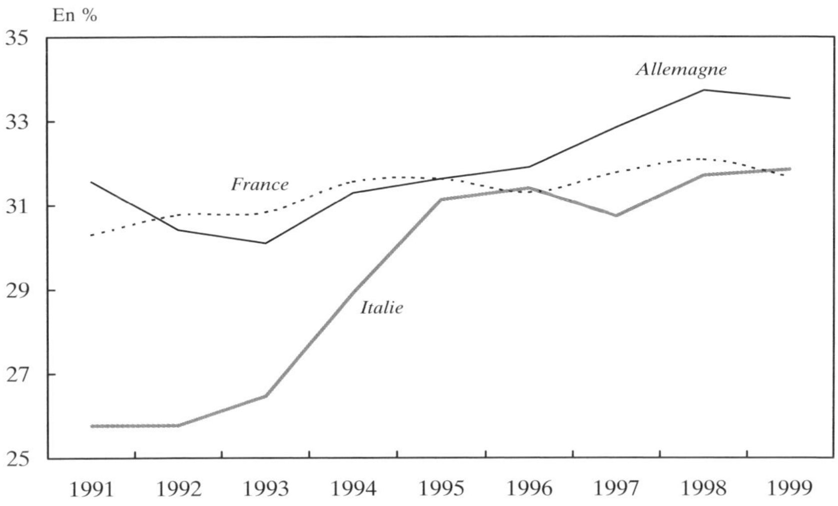

Sources : Comptes nationaux-Istat, INSEE, Office statistique fédéral allemand.

Du fait de la vigueur de la demande intérieure, les importations continueraient à croître à un rythme élevé (+ 9,2 % en 2001). La contribution du commerce extérieur, positive en 2000 (+ 0,5 %) serait nulle en 2001, compte tenu d'un ralentissement sensible des exportations. En effet, la remontée attendue de l'euro réduira une partie des gains récents de compétitivité des exportateurs européens. En outre, le ralentissement de l'économie américaine engendrera un tassement des exportations vers les États-Unis. Le dynamisme des autres zones (Amérique latine, PECO, Asie) devrait toutefois atténuer la dégradation du solde extérieur européen.

L'entrée dans le nouveau millénaire serait marquée par une croissance soutenue. La croissance du PIB de la zone euro, composée de douze pays à partir de 2001 avec l'entrée de la Grèce, se maintiendrait encore à un rythme supérieur à 3 %.

Des politiques budgétaires pro-cycliques

L'embellie de l'activité améliorant automatiquement les budgets publics, la rigueur a marqué le pas. L'objectif principal ne réside plus dans la réduction rapide du déficit mais dans la diminution conjointe de la part des dépenses et des recettes dans le PIB. Même si les ajustements des dépenses publiques se poursuivent, des baisses d'impôts ont été annoncées dans la plupart des pays européens (tableau 19).

Les programmes de stabilité présentés à la fin de 1999 et au début de 2000 prévoyaient une baisse régulière de la part des recettes dans le PIB jusqu'à l'horizon des prévisions. Fondés sur des prévisions de croissance prudentes, ces programmes sont déjà obsolètes. Les marges de manœuvre supplémentaires libérées par la croissance plus forte que prévue ont permis l'annonce et la mise en œuvre de réformes fiscales plus amples dans tous les pays de la zone euro [7]. Une certaine forme de concurrence fiscale explique en partie la surenchère des annonces. L'ampleur de la réforme fiscale allemande a incité les autres pays européens pour alléger la charge fiscale, soutenir la consommation des ménages et encourager l'investissement. Ces plans devraient dynamiser durablement la demande intérieure, d'autant plus efficacement qu'ils sont programmés approximativement sur la même période : 2001-2003 et qu'ils concernent tant les ménages que les entreprises. Les réformes fiscales annoncées au troisième trimestre de 2000 (tableau 18) sont beaucoup plus ambitieuses que celles présentées dans les programmes de stabilité 2000. Ainsi, l'impulsion budgétaire, quasi neutre en 2000, serait positive et pro-cyclique en 2001 (tableau 20). Elle est obtenue au détriment d'une poursuite de l'amélioration des positions budgétaires.

*20. Impulsions budgétaires **

En points de PIB

	1998	1999	2000	2001
Allemagne	– 1,1	– 1,1	0,0	0,7
Autriche	0,5	– 0,4	0,2	0,2
Belgique	– 0,4	0,3	0,1	0,2
Espagne	0,5	– 0,2	0,4	0,4
Finlande	– 1,3	– 0,3	0,2	0,4
France	– 0,5	– 0,7	0,3	0,1
Irlande	1,2	2,9	2,5	0,2
Italie	0,5	– 0,2	0,0	0,0
Pays-Bas	0,4	– 0,4	1,1	1,5
Portugal	1,2	0,1	0,2	0,3
Zone euro	**– 0,2**	**– 0,5**	**0,2**	**0,4**
Danemark	– 0,3	– 2,1	0,2	0,0
Grèce	– 0,4	– 0,2	0,9	0,4
Royaume-Uni	– 2,3	– 0,3	0,5	0,4
Suède	– 3,3	0,8	0,5	– 0,1
Union européenne	**– 0,6**	**– 0,5**	**0,3**	**0,4**

* Opposé de la variation du solde budgétaire structurel hors charges d'intérêt. Un chiffre positif signifie une politique expansionniste.
Sources : OCDE, sources nationales, calculs OFCE.

7. Les réformes fiscales allemandes, françaises et italiennes sont détaillées dans les fiches pays correspondantes.

2. Un léger ralentissement

L'estimation d'Eurostat pour le deuxième trimestre 2000 a porté la croissance du PIB dans la zone euro à 3,8 % en glissement annuel, après 3,4 % pour le premier trimestre. L'indicateur avancé, élaboré par l'OFCE pour le compte de huit instituts de conjoncture *, a correctement anticipé ce sursaut depuis sa première publication en mars : les prévisions et estimations successives pour ce trimestre étaient toutes comprises entre 3,7 % et 4 %.

Des révisions en hausse de la statistique d'Eurostat ne peuvent être exclues, comme c'est souvent le cas en période de reprise. Ainsi, la croissance au premier trimestre 2000 dans la zone euro, évaluée initialement à 3,2 %, s'établit-elle maintenant à 3,4 %. L'indicateur suggérait, lors de la première publication des comptes Eurostat, une croissance un peu plus dynamique, à 3,6 %.

L'indicateur anticipe une activité moins soutenue au troisième trimestre, avec une hausse du PIB de 3,6 % par rapport au même trimestre de 1999. La composante « enquêtes » est en léger recul en septembre mais demeure à haut niveau dans tous les sec-teurs (graphique 1) : le climat des affaires s'est tassé dans l'industrie et le commerce de détail, il est inchangé dans la construction. Le « bloc financier », indicateur avancé de deux trimestres, cumule l'effet prononcé de la dépréciation de l'euro vis-à-vis du dollar en début d'année et le maintien de conditions monétaires toujours favorables à la croissance, en dépit de hausses de taux intervenues. Le « bloc réel » se replie significativement sous l'influence de la chute des immatriculations d'automobiles au cours des deux premiers mois du troisième trimestre. En revanche le ralentissement américain n'est pas suffisamment engagé pour affecter la croissance européenne.

1. Glissement annuel du PIB de la zone euro, prévision à 1 trimestre et contributions associées

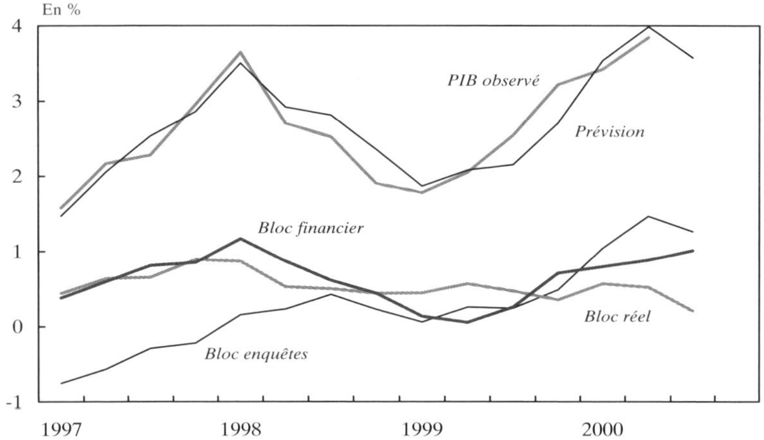

Sources : Eurostat, calculs OFCE.

* CPB (La Haye), DIW (Berlin), ETLA (Helsinki), IFW (Kiel), NIESR (Londres), OFCE (Paris), Prometeia (Bologne), et WIFÖ (Vienne).

La première prévision du quatrième trimestre 2000 signale un léger rebond de la croissance, avec une hausse du PIB de 3,8 % par rapport à T4 1999 (graphique 2). Toutefois, les prévisions sont effectuées avec des équations différentes. L'enchaînement des estimations peut ainsi conduire à des divergences apparentes. La hausse des prix du pétrole a commencé à ponctionner les revenus dans tous les pays non producteurs. La contribution de l'industrie est nulle au quatrième trimestre, celle du commerce de détail en léger repli. Seul le secteur de la construction reste dynamique. Le resserrement de la politique monétaire en Europe contribue au ralentissement de la croissance à hauteur de 0,3 point. La contribution du taux de change s'est stabilisée à haut niveau : le recul récent de l'euro n'aura d'effet positif sur les exportations européennes qu'au début 2001.

2. Glissement annuel du PIB de la zone euro et prévision à 2 trimestres

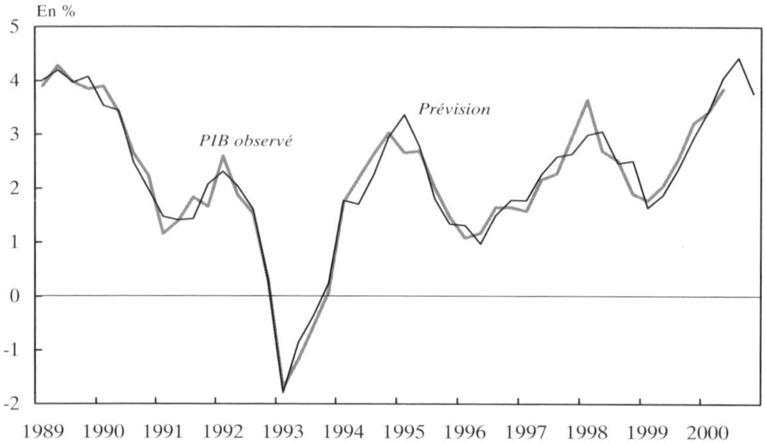

Sources : Eurostat, calculs OFCE.

Tout compte fait, le taux de croissance prévu peut toujours être considéré comme satisfaisant. Il est au-dessus des anticipations des marchés, toujours trop prompts à proclamer la fin de la phase d'expansion.

Espagne : une croissance plus équilibrée

La croissance espagnole s'est montrée particulièrement tonique au premier semestre 2000. Pour l'année, le chiffre devrait être légèrement supérieur à celui de 1999 (4 % au lieu de 3,7). Cette performance provient principalement du dynamisme des exportations (+ 4,4 % au deuxième trimestre). La dégradation de la contribution de la demande intérieure (+ 2,3 % au premier semestre) dérive principalement du tassement de la consommation des ménages au deuxième trimestre (+ 0,3 %), après la bonne performance en 1999 due à la croissance de l'emploi et à la réforme de l'IRPP, tassement qui s'explique par le prélèvement pétrolier.

La production manufacturière croît à un rythme élevé, confirmé par un climat de confiance dans l'industrie qui revient à son pic de 1997. La production de biens intermédiaires a retrouvé le même rythme de croissance que lors de la forte expansion de 1997. Elle a anticipé la récente accélération de la production de biens d'équipement. Le ralentissement des créations d'emploi est confirmé (+ 0,4 % au deuxième trimestre), mais avec moins d'emplois précaires et plus d'emplois à temps partiel. Compte tenu de l'augmentation de la population active du fait du plus haut taux de participation féminine, la baisse du taux de chômage (14 % au deuxième trimestre) devrait ralentir.

L'enquête sur les salaires montre une progression dans l'industrie en retrait des accords négociés (+ 2,3 au deuxième trimestre contre 2,7 selon la convention collective), contrairement aux services (+ 3,4 % pour les salaires effectifs contre 2,8 % pour les salaires conventionnels). La modération salariale dans l'industrie, vitale pour la compétitivité, ne semble pas remise en cause. L'accélération des prix à la consommation (3,6 % en août) s'est localisée dans les composantes les plus volatiles de l'indice. La composante structurelle de l'inflation est limitée en août à 2,7 %. La hausse des prix de production (+ 5,1 % en glissement en août) se cantonne aux biens intermédiaires (+ 10,2 %), la hausse des prix des biens de consommation (+ 0,6 %) et d'équipement (+ 1,8) restant faible. Cependant l'écart d'inflation avec la zone euro (+ 1,3 % en août) augmente et l'accélération des prix à la production dégrade légèrement la compétitivité espagnole face aux pays de l'Union européenne.

En 1999 le déficit public s'est réduit de 1,5 point de PIB pour atteindre 1,1 % avec un ratio dette/PIB de 63,5 %. Les autorités ont laissé jouer les stabilisateurs automatiques du côté des recettes et la politique délibérée de baisse des dépenses courantes a donné à la politique budgétaire un ton légèrement restrictif. Le dernier programme de stabilité prévoyait pour 2000 un déficit de 0,8 point de PIB. La révision à la hausse de la croissance permet de ramener l'objectif de déficit à 0,4 point de PIB ; l'équilibre prévu pour 2002 pourrait être réalisé en 2001.

La hausse du revenu des ménages en 1999 ralentirait en 2000 et 2001 du fait de la décélération des créations d'emploi et de la hausse de l'inflation.. La consommation des ménages progresserait de 3,8 % en 2000 et de 3,4 % en 2001. La croissance de l'investissement (5,9 % en 2000) s'appuie sur le dynamisme de la demande extérieure et le degré élevé d'utilisation des capacités. Celle de 2001 (6.9%) résulterait de la forte amélioration de la rentabilité des entreprises. Grâce à un soutien encore net des exportations (+ 10,1 % en 2000 et + 8,9 % en 2001, la croissance se maintiendrait à 3,9% en 2001

21. Zone euro : résumé des prévisions

	Niveaux 1999 mrds de 95	Variations par rapport à la période précédente, en % *															
		1999				2000				2001				1998	1999	2000	2001
		T1	T2	T3	T4	T1	T2	T3	T4	T1	T2	T3	T4				
PIB	5 787,1	0,7	0,6	0,9	0,9	0,9	0,8	0,8	0,7	0,7	0,8	0,9	0,9	2,7	2,4	3,5	3,3
Consommation privée	3 263,8	0,8	0,3	0,7	0,6	0,8	0,7	0,6	0,5	0,8	0,8	0,9	0,9	2,9	2,7	2,6	3,0
Consommation publique	1 149,3	0,4	0,2	0,4	0,4	0,6	0,1	– 0,1	– 0,1	0,6	0,3	0,4	0,4	1,1	1,4	1,2	1,1
FBCF	1 236,9	1,7	1,5	1,7	0,4	1,9	0,7	1,3	1,6	1,1	1,4	1,4	1,5	4,9	5,1	5,1	5,4
Exportations	2 016,7	0,0	2,5	3,8	2,8	2,4	3,0	2,3	2,2	2,0	2,0	2,0	2,0	6,7	4,2	11,3	8,8
Importations	1 909,0	0,3	2,5	2,4	3,0	1,8	3,2	2,2	2,0	2,2	2,3	2,1	2,1	9,4	5,8	10,3	9,2
Balance commerciale	1 036,7																
Demande intérieure	5 649,9	0,9	0,6	0,9	0,5	1,0	0,6	0,7	0,6	0,8	0,9	0,9	0,9	2,9	2,9	2,9	3,2
Variation des stocks	43,0	– 0,1	0,0	– 0,4	0,4	– 0,3	0,3	0,1	0,1	0,0	0,0	0,0	0,0	0,4	– 0,1	0,1	0,2
Déficit public, en points de PIB														– 2,1	– 1,1	– 0,8	– 0,8
Prix à la consommation (IPCH)		0,3	0,6	0,3	0,3	0,8	0,7	0,6	0,5	0,4	0,4	0,4	0,4	1,1	1,1	2,3	1,9

* à l'exception de la ligne « variations de stock ».
Sources : Eurostat, 11 instituts de statistiques nationaux, OFCE, prévisions OFCE.

Allemagne : l'effet bénéfique de la réforme fiscale

La croissance allemande a été vigoureuse au premier semestre 2000. Le PIB a progressé de 1,7 %, après 1,2 % au second semestre 1999. Après un tassement dans le courant du second semestre 1999, la production industrielle s'est nettement réorientée à la hausse depuis le début de l'année, la hausse sur un an atteignant 5,5 % en juillet. La reprise de la demande intérieure et le commerce extérieur y ont tous deux contribué.

Les commandes à l'exportation s'étaient essoufflées au second semestre 1999, elles se sont très nettement réorientées à la hausse depuis le début de l'année 2000. En juillet, les commandes étrangères se sont gonflées de près de 15 % sur un an, une performance inégalée depuis le début des années 90. Au premier semestre, la contribution la plus importante vient de la zone euro, dans un mouvement quasi-général de hausse. En dépit de l'accélération des importations, les échanges extérieurs ont à peine moins contribué à la croissance qu'au second semestre 1999 (0,5 point). La conjoncture qui prévaut depuis la mi-1999 (faiblesse de l'euro, restockage et reprise du cycle d'investissement en Europe, vigueur de la croissance américaine) a été particulièrement favorable aux exportations allemandes. Une certaine normalisation devrait cependant se produire au cours des prochains mois : le restockage européen a atteint son point haut à la mi-2000, le rythme des importations américaines a déjà commencé à se ralentir, le prélèvement pétrolier se fait sentir sur la croissance et le commerce mondial. La remontée de l'euro inscrite dans la présente prévision à partir du premier trimestre ne pénaliserait les parts de marché qu'à la fin 2001. Quelques signes de fléchissement se font déjà sentir dans les enquêtes. Les soldes d'opinions sur les carnets de commandes étrangères continuent de se redresser, mais plus lentement que dans le courant 1999 et les perspectives d'exportation à trois mois se stabilisent depuis le début de l'année.

Comme au deuxième semestre 1999, la consommation des ménages a assez bien résisté à l'accélération de l'inflation. Les dépenses des ménages se sont accélérées par rapport au second semestre 1999 (+ 0,9 % après 0,6 % au second semestre 1999). Les évolutions trimestrielles ont été plus heurtées : le relèvement de l'éco-taxe et la hausse des prix du pétrole ont contribué à la chute de 5 % des immatriculations automobiles au premier trimestre et des effets saisonniers ont freiné les dépenses de consommation au premier trimestre. Un net rattrapage a été observé au deuxième. La consommation bénéficie beaucoup de la reprise de l'emploi. Les nouvelles séries publiées en août 2000 par l'Office statistique fédéral ont révisé en hausse le rythme des créations d'emploi : 2 % l'an à la mi-2000, contre 0 % avant révision. Pour beaucoup, il s'agit de « petits boulots » (les emplois « 630 DM »), pour lesquels l'Office fédéral dispose depuis avril 1999 de nouvelles statistiques, et dont les effectifs ont été relevés de 1,8 million pour l'année 1999, soit 5,1 % de l'emploi total. En juin, l'Allemagne compte 3,28 millions de chômeurs, près de 170 000 de moins qu'avant la révision. A l'Ouest, le taux de chômage (au sens du BIT) atteindrait désormais 6 % (pour 7,9 % dans l'ensemble de l'Allemagne).

L'augmentation de la part de ces emplois va de pair avec une réduction de la durée moyenne du travail, qui atténue la progression des salaires par tête vis-à-vis des salaires horaires. Néanmoins, une augmentation des salaires horaires conventionnels de 2,5 % s'est soldé au premier semestre par la progression de la masse salariale la plus forte depuis 1995 (2,1 % par rapport au second semestre 1999). Cette progression a permis de compenser la stagnation des transferts au ménages (notamment sous l'effet du plan d'économies du gouvernement pour 2000) et la réduction de moitié de l'abattement à la base sur les produits financiers, entrée en vigueur en début d'année. La consommation a en outre profité d'une baisse de 0,3 point du taux d'épargne au premier semestre, qui a annulé la moitié de la remontée du deuxième semestre 1999. Les quelques indicateurs disponibles laissent à penser que la croissance de la consommation serait modérée au troisième trimestre. En juillet, le chiffre d'affaires du commerce de détail reste inférieur de plus de 2 % au niveau très haut du second trimestre ; le climat dans le commerce de détail s'est redressé en août, mais il reste à un niveau très inférieur au début de l'année. Au troisième trimestre, la ponction exercée sur le pouvoir d'achat par la hausse des prix du pétrole aura été relativement forte, tandis que les intentions d'épargne se sont redressées depuis le début de l'année.

La bonne tenue de la consommation et le dynamisme des exportations ont stimulé les investissements. Au premier semestre, l'investissement en équipement a été particulièrement dynamique (+ 6,8 % par rapport au second semestre 1999) et le taux d'investissement a retrouvé son niveau élevé de la mi-1992. Ces évolutions sont en ligne avec les indicateurs. Les commandes intérieures en biens d'équipement croissent depuis le deuxième trimestre 1999 à un rythme trimestriel proche de 2,5 % ; les intentions d'investissement pour 2000 ont été révisées à la hausse dans l'enquête de printemps. La reprise de l'investissement en équipement a été tardive (1998) et concomitante au trou d'air provoqué par les crises asiatique, puis russe. Un certain ajustement s'est opéré en 1999. A la mi-2000, plusieurs facteurs plaident pour une franche reprise du cycle d'investissement : dans le secteur manufacturier, la reprise engagée à la mi-1999 a tiré le taux d'utilisation des capacités de production au dessus de sa moyenne de longue période ; les taux de marge sont élevés, ils sont restés stables au premier semestre 2000 ; les entreprises (au moins les PME) savent désormais qu'elles bénéficieront d'allégements de fiscalité au cours des prochaines années. A plus court terme, les entreprises sont incitées à anticiper des dépenses prévues en 2001 pour bénéficier des taux d'amortissement encore élevés de l'année fiscale 2000.

Les stocks excédentaires ayant été éliminés au second semestre 1999, les variations de stocks ont contribué positivement à la croissance au premier semestre 2000 (0,3 point). Le mouvement de restockage toucherait cependant à sa fin : de mai à août, les soldes d'opinions sur les stocks de produits finis se sont redressés.

La situation dans le bâtiment est beaucoup moins favorable. L'investissement a reculé pendant trois trimestres consécutifs. De mauvaises conditions météorologiques ont ralenti les travaux au premier trimestre 2000 ; aucun rattrapage n'a été opéré ensuite. A court terme, les signes d'amélioration font défaut : les permis de construire ont chuté de près de 7 % au premier semestre. La chute est concentrée dans sur le secteur résidentiel. Dans les anciens *Länder*, l'évolution des permis de construire au début 2000 laisse attendre pour les prochains mois une stabilisation de l'activité pour les immeubles d'habitation et une baisse de régime pour l'habitat individuel, après la reprise des trois dernières années.

19. Climat général et glissement du PIB en Allemagne

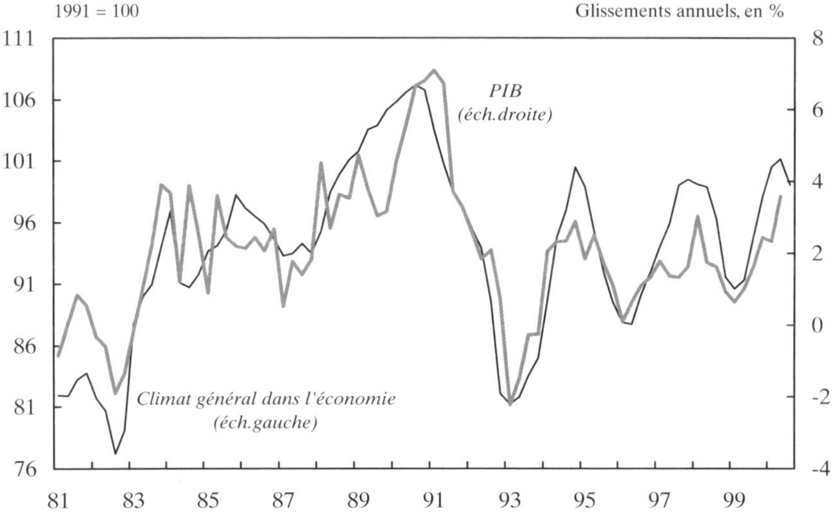

Sources : Deutsche Bundesbank, IFO.

Les éléments précédents éclairent l'évolution récente du climat général IFO dans l'ensemble de l'économie (anciens *Länder*), qui s'est contracté pendant trois mois consécutifs pour l'appréciation des perspectives à 6 mois, deux mois consécutifs (juin et juillet), avant de se stabiliser en août, pour l'appréciation de la situation présente. Les perspectives à six mois et l'appréciation de la situation présente sont assez bien corrélées, les unes avec avance, l'autre avec retard, avec les inflexions du rythme de croissance. Au deuxième trimestre, le glissement annuel du PIB a atteint 3,6 %, un record depuis 1992 (graphique 19). Le climat annoncerait un retour à un rythme de croissance plus modéré au cours des prochains mois.

Des tensions inflationnistes localisées

Qu'on les mesure au niveau des importations, de la production ou de la consommation, les tensions inflationnistes sont restées jusqu'à présent limitées aux prix énergétiques et aux prix des autres biens intermédiaires. Plusieurs facteurs y ont contribué. D'une part, le poids de la zone euro dans les importations allemandes (un peu plus de 42 % des importations) atténue l'effet de la hausse du dollar, d'autant que l'intensification de la concurrence au sein de la zone a pu contribuer à limiter la hausse des prix pratiqués par les fournisseurs extérieurs à la zone. La reprise de l'activité, depuis 1999, s'effectue d'autre part dans un contexte de tensions encore faibles au niveau interne, tant sur les capacités de production (dans le secteur manufacturier, les tensions sont parmi les plus faibles de la zone euro) que sur les salaires. Les coûts salariaux unitaires sont encore largement contenus. Les augmentations de salaires horaires conventionnels sont en retrait par rapport à 1999 et les salaires effectifs progressent depuis 1997 moins vite que les salaires conventionnels. Le ralentissement des gains de productivité horaire constaté depuis 1998 ne s'est ainsi pas répercuté sur les coûts unitaires, qui restent globalement stables depuis 1993. En outre, l'éco-taxe a permis entre avril 1999 et janvier 2000 de réduire d'un point le taux de cotisation retraite (20,3 à 19,3 %), pour moitié à charge des entreprises. Le contrôle des coûts unitaires a limité la pression sur les marges, qui ne se sont pas dégradées depuis le début des hausses de prix des biens des matières premières importées, début 1999. Au niveau de la consommation, la hausse du prix des importations énergétiques, couplée au relèvement de l'éco-taxe, majore le glissement annuel des prix à la consommation de l'ordre de un point à la mi-2000, mais le rythme sous-jacent reste contenu, encore légèrement inférieur à 1 % en août 2000, largement en deçà des rythmes constatés à la fin des années 80. L'accélération observée depuis le début 1999 sur les produits manufacturés (le glissement était nul début 1999, il atteint 2,7 % en août) est amplement compensée par la modération des prix des services et de l'alimentaire, qui représentent près de 60 % de l'indice des prix à la consommation : en août 2000, le glissement est nul pour le poste alimentaire, il est proche de 1,3 % pour les loyers et les services. La libéralisation du prix des télécommunications et la situation encore déprimée dans le secteur résidentiel ont ainsi contribué à freiner le prélèvement inflationniste sur les ménages.

L'inflation importée devrait s'atténuer au cours des prochains mois. La plupart des branches ont négocié en 2000 des augmentations salariales sur deux ans (2,3 % en moyenne pour les salaires horaires conventionnels pour 2001), dont le pouvoir d'achat serait grevé en cas de poursuite de la hausse des prix des importations. Au cours du second semestre 2000, la consommation des ménages devrait cependant moins progresser, ce qui serait compensé par un fort dynamisme de l'investissement en équipement. La contribution des échanges extérieurs à la croissance resterait encore légèrement positive, mais s'atténuerait en fin d'année. En 2001, la croissance allemande bénéficiera de la forte impulsion budgétaire provoquée par l'entrée en vigueur de la réforme fiscale.

Enfin un relâchement de la politique budgétaire

En juillet 2000, la résolution adoptée par le Bundesrat a fixé les contours définitifs de la réforme fiscale des entreprises et a confirmé l'avancement d'un an de l'étape prévue initialement pour 2001 de la réforme de la fiscalité des ménages. Le cumul des mesures engagées sur la période 1998-2005 se solde par un allégement net de 2,3 % du PIB (tableau 22). En 2000, la politique budgétaire est neutre, les allégements de fiscalité étant compensés par le programme d'économie de dépenses (limitation des hausses de retraites à l'inflation, restriction de l'aide sociale des personnes ayant épuisé leur droit à l'assurance chômage). En 2001, la politique budgétaire renouera, pour la première fois depuis la réunification, avec une impulsion franchement expansionniste, de l'ordre de 0,7 point de PIB. Pour les ménages, les réductions de fiscalité représentent une baisse de 1,7 point du taux d'imposition des salaires en 2001. Pour les entreprises, l'abaissement du taux de l'impôt sur les sociétés est en partie compensé par le durcissement des conditions d'amortissement.

Le calendrier des mesures fiscales soutient l'investissement en 2000. En 2001, il bénéficiera particulièrement aux dépenses de consommation, qui augmenteraient de 2,9 % en moyenne annuelle. Le redressement de l'investissement en bâtiment compenserait un investissement en équipement un peu moins dynamique. En 2001, la croissance serait tirée par la demande intérieure ; elle atteindrait 3,1 % en 2000, 3 % en 2001.

*22. Impact net cumulé des réformes fiscales 1998-2005 (mrds de DM) **

	Total	Ménages	PME (y c. entreprises unipersonnelles)	Grandes entreprises
Fiscalité des revenus	– 95	– 66,9	– 29,8	1,7
Éco-taxe	+ 9,9	—	—	—

* Un signe moins correspond à un allégement net de fiscalité.
Source : Ministère des Finances.

23. Allemagne : résumé des prévisions

	Niveaux 1998 mrds DM de 1995	Variations par rapport à la période précédente, en % *															
		1999				2000				2001				1998	1999	2000	2001
		T1	T2	T3	T4	T1	T2	T3	T4	T1	T2	T3	T4				
Consommation des ménages	2 077,5	1,6	– 0,3	0,5	0,5	0,0	1,3	0,3	0,5	0,7	0,9	0,8	0,7	1,9	2,5	1,8	2,9
Consommation publique	707,7	0,1	– 0,5	0,2	0,0	1,7	– 0,5	– 0,8	– 0,8	1,2	0,3	0,3	0,3	0,5	– 0,1	0,8	0,5
FBCF totale	810,2	2,0	0,8	2,1	– 0,8	2,0	– 1,2	1,3	2,0	0,6	1,4	1,4	1,4	2,3	2,9	2,9	4,7
Dont : autres	40,0	5,9	3,6	2,1	3,6	2,4	1,5	2,7	2,5	2,5	2,5	2,5	2,5	10,9	12,4	10,5	10,2
équipement	291,6	2,2	0,2	2,9	– 1,0	7,0	0,6	3,0	4,5	0,5	2,3	2,3	2,3	8,4	6,2	11,2	9,2
bâtiment	478,7	1,6	0,9	1,6	– 1,1	– 1,3	– 2,6	– 0,1	0,0	0,5	0,6	0,6	0,6	– 1,7	0,1	– 3,1	0,7
Exportations de biens et services	1 076,4	0,4	3,5	3,7	2,8	3,3	3,1	2,9	2,5	2,0	2,0	2,0	2,0	6,3	4,6	13,1	9,4
Importations de biens et services	1 016,8	2,0	3,0	2,0	2,7	2,0	3,2	2,3	2,2	2,4	2,5	2,2	2,4	8,1	7,8	10,2	9,9
Variations de stocks, en mrds DM 1995		7,8	6,0	1,9	7,4	3,6	10,5	11,0	11,0	11,0	11,0	11,0	11,0	15,6	23,0	36,1	44,0
PIB	3 670,6	0,9	– 0,1	0,9	0,8	0,8	1,1	0,6	0,7	0,7	0,7	0,8	0,7	1,8	1,4	3,1	3,0
Prix à la consommation		– 0,3	0,5	0,3	0,4	0,5	0,3	0,7	0,4	0,3	0,2	0,4	0,4	0,9	0,6	1,9	1,4
Solde courant, en points de PIB		– 0,7		– 1,2		– 1		– 1,3		– 1,3		– 1,4		– 0,2	– 0,9	– 1,2	– 1,3

A l'exception des lignes « variations de stocks » et « solde courant ».
Sources : Deutsche Bundesbank, prévisions OFCE.

Italie : une croissance plus européenne

La croissance italienne se rapproche enfin de celle de ses partenaires européens. Avec un glissement annuel de 2,6 % au deuxième trimestre 2000, elle s'écarterait du rythme de 1,4 % de la période 1991-1999 pour atteindre 2,9 % en 2000 et 3,0 % en 2001. La forte impulsion de la demande intérieure après la décélération de 1999 s'inscrit dans une tendance établie depuis 1997. La consommation privée accélère pour progresser à un rythme plus proche de celui des autres pays européens, bénéficiant comme eux d'une politique budgétaire moins restrictive. La charge d'intérêt de la dette publique devrait augmenter du fait de la hausse des taux en Europe, mais aucune mesure correctrice sur le solde primaire ne serait prise compte tenu de la prochaine échéance électorale (encadré 3). La dynamique du solde extérieur s'améliore marquant une contribution positive en 2000 et une faible dégradation en 2001, lorsque l'effet de l'euro faible s'estompera. Le différentiel d'inflation avec le noyau de la zone euro dont la tendance à la baisse s'est inversé reste le facteur de risque le plus significatif.

Le renforcement de la reprise débutée fin 1999 est confirmé par l'accélération de la valeur ajoutée, qui enregistre au premier semestre un acquis de croissance de 2,7 % dans l'industrie et de 2,3 % dans les services. L'indice de production industrielle au premier semestre, se situe à un niveau supérieur aux pics atteints à la période correspondante des reprises de 1995 et 1997. L'indicateur du climat de confiance dans l'industrie est au plus haut ainsi que les perspectives de production à un trimestre. Le solde d'opinions sur les carnets de commande et les perspectives de commandes se consolident, tant pour la composante étrangère qu'intérieure. Les commandes étrangères restent très dynamiques ainsi que les perspectives d'exportation.

Le solde d'opinions sur les stocks de produits finis a atteint en mars le plus bas point de la décennie et a faiblement augmenté depuis. La baisse de la contribution des stocks au premier trimestre devrait s'arrêter et la production devra s'accroître pour faire face aux besoins de reconstitution des stocks.

Au premier trimestre 2000, le taux d'utilisation des capacités est revenu au niveau d'avant la crise de 1998. Le pourcentage d'entreprises connaissant des contraintes de capacité a augmenté. L'enquête investissement montre depuis trois semestres une augmentation de l'investissement destiné à accroître les capacités de production au détriment de l'investissement de remplacement ou de rationalisation. Cette réorientation est apparue subitement en cours de 1999, face aux pressions croissantes de la demande. La fiscalité reste favorable à l'investissement avec un coût du financement en baisse (le coût d'utilisation du capital passe de 7,5 % à 5,8 % par effet de l'introduction de l'impôt régional sur la valeur ajoutée des entreprises et de la *Dual Income Tax*).

Avec un taux de croissance de la FBCF totale de 7,3 % en 2000 et de 5,9 % en 2001 le cycle de l'investissement serait inhabituel par sa durée et son intensité, d'autant plus que le taux d'investissement a atteint le pic enregistré en début de décennie.

Contrairement à la période 1997-1999 où la croissance s'était accompagnée d'une forte accumulation de capital mais d'une stagnation de l'emploi, l'actuelle phase d'expansion est caractérisée par une plus grande capacité de la production à générer de l'emploi, malgré la persistance de contractions de l'emploi dans les grandes entreprises industrielles (– 0,2 % en juin en glissement annuel). En juillet 2000 l'emploi total a augmenté de 2 % en glissement annuel, tiré par les services (+ 3,1 %) et, pour la première fois depuis le début 1999, par une croissance positive dans l'industrie (+ 0,3 %). Toutefois l'adéquation de l'emploi au dynamisme de l'activité s'est faite en partie par une intensification du degré d'utilisation de la main-d'œuvre déjà employée ou temporairement inutilisée. Les heures effectivement travaillées par employé dans les grandes entreprises augmentent au premier semestre 2000 de + 7 % dans l'industrie et de + 0,8 % dans les services, le recours à la *Cassa Integrazione Guadagni* (chômage temporaire) baisse de 11 % dans l'industrie et de 18 % dans les services. Mais l'épuisement des marges d'utilisation de la main-d'œuvre permet d'affirmer que l'élasticité de l'emploi à la production devrait se stabiliser sur les niveaux des deux dernières années. On peut donc envisager une progression de l'emploi de 1,4 % en 2000 et 1,5 % en 2001. Le faible taux de chômage enregistré dans le nord du pays (4,3 %) pourrait faire apparaître des contraintes d'offre au niveau local et pour les PME. Depuis le second semestre 1999 le nombre d'entreprises indiquant des pénuries de main-d'œuvre a fortement augmenté. Compte tenu du taux d'accumulation du capital, de la croissance de l'emploi et de l'existence de facteurs encore inutilisés, la phase de croissance se poursuit cependant sans qu'aucun signe de blocage ne se manifeste du côté de l'offre.

La logique de modération salariale, qui continue à caractériser le dialogue entre les partenaires sociaux, ne laisse pas envisager une forte accélération de la part des salaires au détriment des profits. La préférence pour l'augmentation de l'emploi plutôt que des salaires semble prévaloir autant du côté des syndicats que des entrepreneurs. Au mois d'août la hausse des salaires nominaux conventionnels par tête est de 1,9 % en glissement annuel dans l'industrie et de 1,8 % dans les services. Sur la base des augmentations salariales prévues dans les accords en vigueur la progression des salaires devrait décélérer dans les services privés (1,5 %), accélérer dans les administrations (+ 2,2 %) et progresser au même rythme de 1,9 % dans l'industrie. Cette évolution plus modérée que celle des prix en 2000 est confirmée par l'évolution du salaire nominal brut par tête dans les grandes entreprises de l'industrie (+ 2,2 %) et des services (+ 0,2 %). Au mois d'août les accords salariaux en attente de renouvellement constituent 38 % du total, dont 68 % dans l'administration publique. De ce front viendraient les hausses les plus importantes, car la négociation porterait sur la récupération du différentiel entre inflation programmée et inflation réalisée en 2000 et sur l'adéquation à l'objectif d'inflation relevé à 1,7 % pour 2001. La hausse du coût salarial nominal par tête serait de 2,3 % en 2000 et de 2,9 % en 2001.

Tendanciellement l'Italie connaît une hausse des coûts par unité produite plus soutenue que ses partenaires européens. Mais au premier trimestre 2000 les données de comptabilité nationale montrent une accélération de la productivité et une baisse importante du coût du travail par unité produite. Cette dernière est plus rapide dans les services que dans l'industrie, montrant ainsi la fragilité des récentes performances de ce secteur. L'évolution des coûts internes permet de réduire l'impact de la hausse des prix des inputs intermédiaires sur les prix de production (+ 6,5 % en glissement annuel en août). En 2001 en présence d'une décélération des prix à l'importation le rôle des facteurs endogènes d'inflation serait plus important. A l'augmentation du coût du travail pourrait s'ajouter l'évolution pro-cyclique habituelle du taux de marge, dont la progression récente a été plus rapide que pour les principaux partenaires. Le transfert de la hausse du prix de l'énergie aux autres postes de dépense n'a pas eu lieu à l'exception du logement et des transports. Toutefois, malgré la stabilisation du taux d'inflation depuis juillet (+ 2,6 % en glissement annuel en septembre) et des anticipations d'inflation des consommateurs, l'augmentation du différentiel d'inflation avec le noyau de la zone euro demeure le risque le plus significatif.

Au second semestre 2000 les pertes de pouvoir d'achat engendreraient un tassement de la consommation des ménages (+ 2,3 % en 2000). De plus la croissance de la masse salariale serait limitée par la modération salariale (+ 3,7 % en 2000 contre + 4,4 % en 2001) et la hausse de l'emploi ne développerait pas pleinement ses effets sur la confiance des ménages à cause du caractère précaire des nouveaux emplois. Par contre le revenu disponible (+ 1,5 % en 2000 et + 2,6 % en 2001 en termes réels) bénéficierait du relâchement de la politique budgétaire et la hausse des taux d'intérêt. La reprise du pouvoir d'achat en 2001 viendrait aussi du moindre impact de l'inflation (2,2 % en 2001 contre 2,6 % en 2000) et de l'accélération des salaires.

Une modification du comportement de consommation est en cours, du fait d'une augmentation du crédit à la consommation favorisée par la baisse du coût de l'argent et surtout par le développement de l'offre du secteur bancaire. Elle s'explique aussi par la plus faible rémunération de l'épargne et par un cadre macroéconomique plus stable, qui ne justifie plus l'épargne de précaution (fin des anticipations des ponctions fiscales, baisse du chômage). La hausse de la propension à consommer se poursuivrait et la consommation des ménages atteindrait en 2001 un taux de croissance de + 2,7 %.

L'accélération des échanges extérieurs au cours du premier semestre 2000 (+ 3,9 % pour les exportations et + 4,1 % pour les importations) se consoliderait en cours d'année selon les indications les plus récentes. La hausse de 8,8 % autant des importations que des exportations permettrait de retrouver la contribution légèrement positive du solde extérieur (0,1 point de PIB en 2000) déjà enregistrée au deuxième trimestre 1999. La croissance des exportations se renforce en direction de la zone euro, alors qu'elle décélère vers la zone extra-euro. Elle reste plus faible que la progression de la demande adressée, prolongeant ainsi la baisse des parts de marché en 2000 et 2001. En 2001, la décélération des exportations (+ 8,1 %) ne compenserait la plus forte hausse des importations (+ 9,5 %) tirée par le dynamisme de la demande intérieure et par la reprise de l'accumulation des stocks. La contribution du solde redeviendrait négative (– 0,3 point de PIB).

3. La loi de finance 2001

La croissance des recettes au premier semestre 2000 a été supérieure à ce qui était nécessaire pour atteindre le déficit programmé dans le programme de stabilité. 13 000 milliards (0,7 point de PIB) de baisse d'impôts à valoir pour le quatrième trimestre 2000 se sont ajoutés aux 10 300 milliards déjà comptabilisés dans la loi de finance 2000. Le dernier document de programmation intègre des informations nouvelles qui jouent en sens inverse sur les comptes ; d'un côté la révision à la hausse de la croissance, de l'autre la hausse du taux d'intérêt. Cette dernière n'a pas fondamentalement modifié le programme de finance publique, car les prévisions précédentes, systématiquement prudentes sur la charge de la dette, prenaient déjà en compte un coût élevé. L'assainissement structurel réalisé au cours de la décennie devrait permettre pour la première fois en 2001 au solde tendanciel de correspondre à son objectif de – 0,8 point de PIB sans besoin d'aucune correction. La réduction de la dette (106,6 % en 2001) se poursuivrait sans nouvelle charge pour l'économie. Entre deux options pour l'utilisation de la cagnotte fiscale (soutien de la croissance et restitution du pouvoir d'achat aux ménages contre assainissement de la dette) le gouvernement a tranché en faveur de la première. Soutenue par la majorité gouvernementale en logique préélectorale, cette orientation favorise aussi le consensus syndical nécessaire au maintien de la modération salariale. La cagnotte fiscale de 28 000 milliards (1,4 point de PIB), sera attribué pour les deux tiers aux ménages et pour un tiers aux entreprises. Seulement 16 000 milliards constituent de nouvelles baisses d'impôt, 12 000 milliards étant imputables aux effets sur 2001 des mesures entreprises en 2000.

L'allégement de l'IRPP se poursuit par la réduction des taux appliqués à la deuxième tranche de 25,5 % à 24,1 % et à la troisième tranche de 33,5 à 32,1 %. Le taux appliqué aux deux tranches supérieures est réduit d'un demi point (à 39 % et 45 % respectivement). Une forte hausse des déductions pour enfant à charge est aussi programmée. Tous les contribuables bénéficient désormais de l'exonération de la taxe d'habitation principale et la déduction de 36 % des frais pour le renouvellement de l'habitat est prolongée. A cela s'ajoute la réduction d'un quart de l'impôt sur les successions. Pour réduire l'inflation importée 3 300 milliards sont dévolus à la baisse de l'impôt sur l'essence et aux tarifs sur le gaz.

Pour les entreprises la loi prévoit une réduction forfaitaire de la base imposable de l'impôt sur la valeur ajoutée des entreprises (IRAP), la baisse d'un point (de 37 à 36 %) du taux de l'impôt sur les bénéfices, l'IRPEG, ainsi que l'abolition du plancher minimum de 27 % du taux moyen d'imposition. A cela s'ajoute un crédit d'impôt pour les créations d'emploi dans le sud du pays et une réduction des cotisations employeur de 0,84 point.

Un montant de 7 000 milliards supplémentaires (0,3 point de PIB) venant de réduction des dépenses des administrations est redistribué aux dépenses sociales et de santé. Les mesures en faveur de la politique sociale sont marginales avec 2 150 milliards (1 400 au soutien du minimum vieillesse et 350 à l'extension du RMI) et s'éloignent de plus en plus du grand projet de réforme qui était l'un des principaux objectifs du premier gouvernement de centre gauche.

24. Italie : résumé des prévisions

	Niveaux 1998 mrds ITL 1995	Variations par rapport à la période précédente, en % *															
		1999				2000				2001				1998	1999	2000	2001
		T1	T2	T3	T4	T1	T2	T3	T4	T1	T2	T3	T4				
PIB	1 867 797	0,3	0,6	0,7	0,5	1,1	0,3	1,0	0,7	0,7	0,8	0,8	0,8	1,5	1,4	2,9	3,0
Consommation des ménages	1 110 974	0,4	0,4	0,3	0,1	1,1	0,5	0,6	0,4	0,7	0,7	0,9	0,9	2,3	1,7	2,3	2,7
Consommation des APU	335 573	- 0,1	0,2	0,4	0,5	0,2	0,2	0,1	0,1	0,3	0,2	0,2	0,2	0,7	0,8	1,0	0,8
Consommation totale	1 446 546	0,3	0,3	0,3	0,2	0,9	0,4	0,5	0,3	0,6	0,6	0,7	0,7	1,9	1,5	2,0	2,2
FBCF totale	358 036	1,4	2,0	1,3	2,0	2,1	1,6	1,6	1,3	1,3	1,5	1,5	1,5	4,1	4,4	7,3	5,9
Variations de stocks*	20 060	- 0,3	0,3	- 0,9	0,3	- 0,7	0,5	0,3	0,3	-0,1	0,0	- 0,1	0,0	0,6	0,4	- 0,2	0,3
Exportations de biens et services	534 963	- 1,2	1,7	3,7	1,6	2,1	1,8	2,3	1,6	2,0	2,1	2,1	1,9	3,3	- 0,4	8,8	8,1
Importations de biens et services	491 809	- 1,7	2,9	- 0,3	3,1	0,0	5,1	2,5	1,9	2,0	2,1	2,1	2,4	9,1	3,4	8,7	9,5
Solde extérieur*	43 154	0,1	- 0,3	1,1	- 0,4	0,6	- 0,9	0,0	- 0,1	0,0	0,0	0,0	- 0,1	- 1,3	- 1,0	0,1	- 0,3

* A l'exception des lignes « variations de stocks » et « solde extérieur », contributions en points de PIB.
Sources : Istat, prévisions OFCE.

Royaume-Uni : sur un sentier étroit

Au premier semestre 2000, l'économie britannique a poursuivi sa route sans heurt apparent. Le sentier est étroit puisque le gouvernement de M. Blair s'est fixé l'objectif de réduire l'ampleur du cycle économique. Il a pour ce faire donné à la Banque centrale une cible de prix de 2,5 % pour l'indice des prix de détail hors intérêts hypothécaires (RPIX), avec une fourchette de +/_ 1 %. Il s'est aussi donné des contraintes budgétaires qui impliquent qu'au cours d'un cycle les dépenses courantes ne peuvent pas être supérieures aux recettes. Le rythme soutenable de croissance de moyen terme est évalué à 2,5 % dans le dernier budget.

A la mi-2000, les objectifs de référence sont satisfaits. L'inflation est inférieure à la cible depuis avril 1999. Elle n'était que de 1,9 % en août, soit 0,6 % seulement en indice des prix à la consommation harmonisé (IPCH), comme depuis le début de l'année la plus faible de tous les pays de l'Union européene [8]. Depuis le dernier trimestre 1999, la progression du PIB est voisine de 3 % en glissement, mais cela fait suite au ralentissement du tournant de 1998-1999, qui avait conduit à une croissance du PIB de 2,2 % en 1999. Le taux de chômage poursuit sa baisse régulière. Il n'était plus que de 3,6 % en août dernier selon le concept national (un peu plus de 5 % au sens du BIT), soit une baisse de 0,6 point en un an et le niveau le plus bas enregistré depuis octobre 1975. Le solde public était excédentaire de 1,3 point de PIB en 1999 au sens de Maastricht (0,2 en 1998). La dette continuait de diminuer (45,7 points de PIB en 1999, 48 un an plus tôt). Par contre, le solde courant, déficitaire de 1,2 point de PIB l'an dernier, s'est légèrement creusé au premier semestre 2000 (1,4 point de PIB).

Le Comité de politique monétaire (CPM) de la Banque d'Angleterre avait relevé son taux directeur de 0,75 point entre novembre 1999 et février dernier. En l'absence d'accélération de des prix de détail, le CPM avait été particulièrement attentif à la résurgence de tensions des prix de l'immobilier et des salaires. Mais les prix de l'immobilier ont ralenti depuis février (la progression de l'indice Halifax étant passée de 15 % sur un an en février à 7 % en août). Après avoir culminé à 6 % en début d'année, à cause de rémunérations exceptionnelles liées au passage à l'an 2000, la progression de l'indice des rémunérations n'était plus que de 3,9 % en juillet. L'objectif de prix ne semblant pas menacé, le CPM a maintenu son taux à 6 %.

La livre Sterling suit depuis début 1999 une trajectoire intermédiaire entre le dollar et l'euro. La baisse de la livre par rapport au dollar était de 5 % sur un an au deuxième trimestre 2000, son appréciation de 8 % par rapport à l'euro. Le taux de change effectif nominal de la livre s'est

8. L'écart entre les deux indices résultait en août principalement de la prise en compte dans le RPIX de composantes liées au coût logement exclues de l'IPCH (0,6 point) et de la méthode d'agrégation (0,7 point).

apprécié de 5 %, sur un an, le taux de change réel (en termes de prix à la consommation, mesuré par l'OCDE) de 3 %, laissant la livre surévaluée de 15 % par rapport à la moyenne des vingt dernières années. L'amélioration de l'environnement international au premier semestre, notamment en Europe, est venue fort opportunément offrir des débouchés aux exportations, pénalisées par le haut niveau de la livre. Ceci a facilité un certain rééquilibrage des demandes interne et externe et a contribué au *statu quo* de la politique monétaire.

Les taux d'intérêt sont actuellement supérieurs de plus d'un point à ceux suggérés par une règle de Taylor [9] et leur resserrement passé, combiné au haut niveau du taux de change, devraient peser sur l'activité dans les mois à venir. Une hausse des taux directeurs semble peu probable à court terme. A l'horizon de la prévision, le ralentissement américain, et la baisse des taux qu'elle initierait outre-Atlantique, la baisse plus modeste des taux en Europe, et la baisse des prix du pétrole, conduiraient la Banque d'Angleterre à un assouplissement de 0,5 point de la politique monétaire britannique à partir de la mi-2001, ramenant les taux en fin de période vers un niveau plus neutre pour l'activité. Dans le mouvement d'appréciation de l'euro face au dollar, la livre garderait une position médiane et son taux de change effectif se déprécierait légèrement en fin de période.

La croissance du PIB a été de 0,5 % au premier trimestre et de 0,9 % au second. Elle serait en retrait au troisième trimestre. Les informations conjoncturelles montrent depuis le début de l'année des signes de stabilisation ou de ralentissement de l'activité. Au tournant de l'an 2000, les enquêtes se sont stabilisées dans l'industrie avant de se dégrader au printemps. Les opinions des industriels sur les perspectives de production et les carnets de commande étaient cependant à nouveau orientés à la hausse pendant l'été (graphique 20). L'indice des directeurs d'achat indiquait une légère progression de la production manufacturière en juillet et août. La production manufacturière garderait à court terme des rythmes de croissance modérés (actuellement de 1,5 % par an, contre 3,5 % dans les services).

La consommation des ménages reste, le principal moteur de la croissance de ce cycle. Elle a cependant ralenti au premier semestre 2000, retrouvant un rythme de l'ordre de 3,2 % par an, après plus de 4 % au cours des deux années précédentes. L'indice de confiance des consommateurs s'est dégradé régulièrement depuis le début de l'année. La progression des ventes de détail en volume, après avoir atteint 6 % en janvier 2000, s'est installée depuis sur des rythmes de 4 %. Le taux d'épargne a continué de baisser et n'était plus que de 3 % au deuxième

9. Avec une inflation de 2 %, pour une cible de 2,5 ; un écart de production à peine supérieur à 0 selon les estimations du Trésor (1 selon l'OCDE), et une constante de 2 (taux réel d'équilibre de longue période que Taylor considère proche du taux de croissance tendancielle), une règle de Taylor suggère un taux proche de 4 % (4,5 %).

20. Opinions des industriels sur la production et les carnets de commande au Royaume-Uni

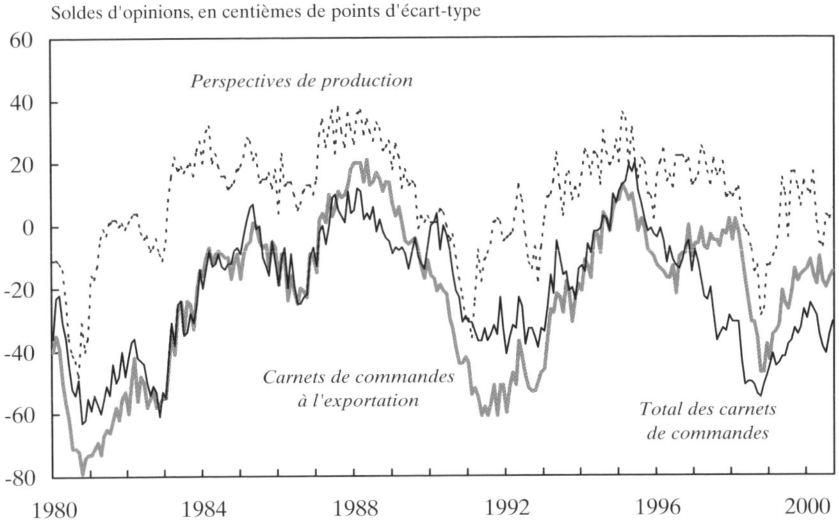

Source : CBI.

trimestre. Cette baisse s'explique en partie par un effet richesse [10]. En 1999, la richesse des ménages a atteint un niveau record : sept années de revenu. En 2000, les prix des actifs boursiers se sont stabilisés à un haut niveau, et les prix immobiliers ont continué à augmenter. A l'horizon 2001, l'effet richesse serait, du fait de l'évolution des prix des actifs, beaucoup plus faible. La modération de la croissance des salaires et des emplois conduiraient à une moindre hausse du revenu réel des ménages. La consommation des ménages ralentirait et une reconstitution du taux d'épargne s'amorcerait (de l'ordre de 1,5 point).

Les entreprises ont accéléré leurs investissements de 1995 à 1998 ; en 1999 le taux d'investissement s'est stabilisé à un niveau exceptionnellement élevé. L'amélioration, et le niveau élevé, du taux de marge des entreprises au cours de cette période ont facilité les décisions d'investissement, que l'arrivée de l'an 2000 (équipements informatiques), et l'apparition des produits de nouvelles technologies (téléphones mobiles,...) rendaient nécessaires. Un effet de « nouvelle économie » à l'américaine, où l'on assisterait à la poursuite de rythmes élevés d'investissements en équipements ne semble pourtant pas être d'actualité au Royaume-Uni. Les comptes nationaux des derniers trimestres indiquent une très faible progression de l'investissement des entreprises. Les soldes d'opinions des enquêtes auprès des industriels sur leurs investissements au cours des prochains mois, en équipement et en bâtiment, sont bas. La profitabilité des entreprises s'est dégradée en 1999 et au premier

10. *Cf* Houizot et *alii*, *Revue de l'OFCE* n° 73, avril 2000.

semestre 2000 dans l'industrie manufacturière. La baisse est moins marquée dans les services. Ceci, accompagné de taux d'intérêt réels relativement élevés, conduirait à une progression des investissements moindre qu'entre 1995 et 1998 [11].

Les hausses de prix continuent à être modérés. Le glissement des prix à la consommation ponctuellement tiré vers le bas en août par la baisse des prix du pétrole, devrait mécaniquement être plus élevés en septembre. Mais la tendance sous-jacente est celle d'une baisse des prix des biens. Les prix de services liés au logement — eau, et dans une moindre mesure, électricité, gaz, téléphone — ont baissé au cours des derniers mois. Le renforcement de la concurrence devrait continuer à peser dans les mois qui viennent. La baisse des prix du pétrole et celle modérée de la livre laisseraient les prix à la consommation proches de la cible de politique monétaire.

L'industrie manufacturière n'avait pas enregistré de gains de productivité du travail de 1995 à 1998. Depuis le début de 1999, la productivité a accéléré et les gains sont de plus de 4 % depuis un an. Ils sont aussi en augmentation dans l'ensemble de l'économie : 2,5 % en glissement sur un an au deuxième trimestre 2000, soit un peu plus que les 2 % de productivité tendancielle des dix dernières années. Avec un rythme de 2,5 % de productivité, une accélération des salaires nominaux à des rythmes de 5 % ne poserait pas de problèmes aux entreprises. Ce d'autant que dans la période récente, ce sont les rémunérations des secteurs des services, auparavant plus rapides que celles de l'industrie manufacturière, qui ont ralenti (3,5 % en juillet sur un an) tandis que celles du secteur manufacturier étaient à peu près stables (4,7 %). L'amélioration de la productivité, en réduisant les créations d'emplois nécessaires, réduirait aussi les risques de tensions sur le marché du travail. Un effet « nouvelle économie », jusqu'ici masqué par les fluctuations du cycle d'activité, est peut-être à l'œuvre. L'économie britannique, considérée comme proche du plein emploi par le gouvernement et par l'OCDE, a peut-être maintenant une croissance potentielle plus élevée.

La demande privée ralentirait, mais les dépenses publiques prendraient le relais. La politique budgétaire a été restrictive depuis 1997. L'impulsion budgétaire cumulée a été négative de 4,8 points de PIB de 1997 à 1999. Selon le dernier budget 2000, l'impulsion budgétaire serait positive cette année et l'an prochain (0,5 point par an). Les dépenses publiques de consommation et d'investissement ont été faibles et très volatiles dans la période récente selon les comptes nationaux. La mise en place de procédures pluri-annuelles de dépenses limite par ailleurs la visibilité *ex ante* sur les dépenses qui seront effectivement engagées chaque année. Les dépenses de consommation courantes doivent évoluer au même rythme que la croissance, soit 2,5 % par an

11. On considère ici les entreprises hors celles du secteur pétrolier. Ces dernières ont connu une très forte amélioration de leur profit avec la remontée des prix du pétrole.

en volume à l'horizon 2004. Le plan de dépenses à l'horizon 2004 (*Spending Review*, juillet 2000) a confirmé les options du budget 2000. L'accent sera mis sur les dépenses d'éducation et de santé qui augmenteraient de 6 % par an en terme réels à l'horizon de 3 ans. Le budget prévoit une augmentation des investissements des administrations de l'ordre de 20 % par an à l'horizon 2000. L'objectif est de faire doubler l'investissement public net, d'ici 2003-2004, pour qu'il représente 1,8 point de PIB (graphique 21).

Du côté des recettes, qui ont été plus élevées que prévu dans la période récente, les principales mesures entrées en vigueur en 2000 ont été la baisse d'un point du taux d'imposition de base à partir d'avril, une revalorisation du WFTC (*Working Family Tax Credit*, crédit d'impôt pour les familles dont les parents travaillent et ont des enfants de moins de 16 ans), une très faible revalorisation des retraites et la suppression des réductions d'impôts pour les remboursements d'emprunts. L'abattement dont bénéficiaient les couples mariés a été supprimé en avril, s'y substituera un crédit d'impôt pour enfant en avril 2001. La progression de la fiscalité pétrolière a été réduite.

Le salaire minimum horaire doit être relevé de 3,6 à 3,7 livres en octobre. Dans le pré-budget de novembre, le gouvernement pourrait annoncer des baisses d'impôts supplémentaires (élargissement de la tranche à 10 %) et une revalorisation plus décente des retraites. Des allégements de la fiscalité de l'énergie sont réclamés par les routiers, qui avaient levé les barrages à l'entrée des raffineries en attendant des propositions du gouvernement.

21. Part de l'investissement public net dans le PIB au Royaume-Uni

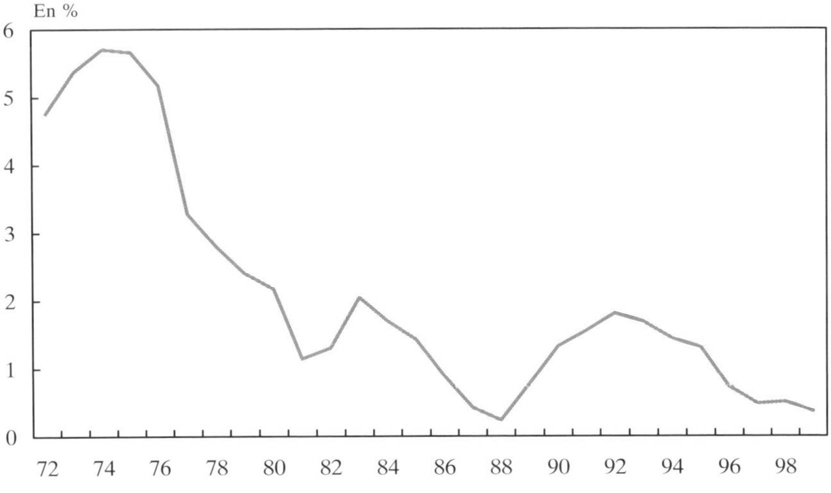

Source : ONS.

La dette publique continue de diminuer. Elle ne représentait plus que 45,7 points de PIB en 1999 (au sens de Maastricht). Elle serait de plus réduite par les versements des licences de téléphones mobiles de troisième génération. Ces paiements se montent à 22,5 milliards de livres en 2000, soit 2,3 points de PIB. 12,4 milliards ont été versés en mai, le restant devant l'être fin septembre. Dans un premier temps, en juin, l'ONS a estimé que ces recettes devaient être considérées comme un loyer versé sur des actifs non reproductibles (comme les terres, par exemple) à répartir sur la durée de vie des licences (20 ans). En juillet, Eurostat a décidé que ces recettes devaient être considérées comme une vente d'actifs, enregistrée pour sa totalité au moment de la naissance de la créance. En août, l'ONS décidait de maintenir sa décision initiale, en espérant convaincre Eurostat. En septembre, l'ONS annonçait que les 10 milliards devant être reçus fin septembre seraient affectés à la réduction de la dette. Si l'ONS se range aux dispositions d'Eurostat, le solde public britannique en sera amélioré de 2,3 points de PIB. Hors effets des recettes UMTS, l'excédent public se réduirait à l'horizon 2001, mais le solde resterait proche de l'équilibre.

La croissance serait proche de 3 % cette année et l'an prochain (tableau 25). La baisse du taux de change effectif de la livre permettrait aux exportateurs de reconstituer une faible partie de leurs marges à l'exportation et de limiter leurs pertes de parts de marché. La contribution du solde extérieur à la croissance cesserait d'être négative. Au-delà du processus de rééquilibrage entre composantes internes et externes de la demande, le fait marquant serait le rééquilibrage entre dépenses privées et publiques. La politique budgétaire aurait un impact expansionniste qui, à l'horizon 2001, ne constituerait pas un risque de surchauffe, dans la mesure où la demande privée ralentirait dans le même temps. Les gains de productivité permettraient d'absorber la hausse des salaires réels. Les créations d'emplois et la baisse du taux de chômage en seraient limitées. L'inflation resterait proche de 2,5 %.

25. Royaume-Uni : contributions à la croissance du PIB

En points	1999	2000	2001
Consommation des ménages	2,8	2,3	1,6
Consommation publique	0,6	0,5	0,8
FBCF totale	1,1	0,3	0,8
Exportations de biens et services	1,0	2,5	2,5
Importations de biens et services	– 2,6	– 3,0	– 2,6
Variations de stocks	– 0,7	0,5	0,0
PIB	2,2	3,0	3,1

Sources : ONS (UK output, income and expenditure, 2nd quarter 2000, 27 septembre 2000), prévisions OFCE.

26. Royaume-Uni : résumé des prévisions

	Niveaux 1998 mrds £ 1995	Variations par rapport à la période précédente, en % *															
		1999				2000				2001				1998	1999	2000	2001
		T1	T2	T3	T4	T1	T2	T3	T4	T1	T2	T3	T4				
Dépenses de consommation finale des ménages (1)	509,5	1,6	1,0	0,8	1,5	0,7	0,8	0,6	0,6	0,6	0,6	0,5	0,5	4,0	4,3	3,5	2,4
Dépenses de consommation finale des administrations publiques	143,1	2,3	- 0,1	0,0	0,3	- 0,7	2,1	1,5	1,5	0,8	0,8	0,8	0,8	1,1	3,3	2,2	4,5
FBCF	144,9	2,4	1,4	0,0	1,7	- 1,0	0,4	0,7	1,0	1,1	1,1	1,2	1,2	10,4	6,0	1,6	4,1
Variations de stocks, en mrds £ 1995	423,0	0,2	- 1,5	- 0,6	0,4	0,6	0,8	0,6	0,6	0,6	0,6	0,7	0,8	4,2	-1,3	2,6	2,7
Exportations de biens et services	242,5	- 0,8	2,7	5,6	- 1,4	2,3	2,0	1,9	1,8	1,8	1,8	1,7	1,6	2,6	3,3	7,8	7,4
Importations de biens et services	266,3	2,0	0,2	4,8	2,0	1,2	2,2	1,8	1,7	1,6	1,6	1,5	1,5	8,8	7,6	8,4	6,8
PIB	778,0	0,4	0,8	1,0	0,7	0,5	0,9	0,7	0,8	0,7	0,7	0,8	0,7	2,6	2,2	3,0	3,1
Solde courant, en points de PIB		- 1,5		- 0,9		- 1,4		- 1,4		- 1,4		- 1,0		0,0	- 1,2	- 1,4	- 1,2

* A l'exception des lignes « variations de stocks » et « solde courant ».
1. Y compris ISBLSM.
Sources : ONS, prévisions OFCE.

ANNEXE I

Quelles évolutions des taux d'intérêt aux États-Unis ? *

Nous présentons ici un cadrage de notre scénario de prévision de politique monétaire aux États-Unis. Nous ferons appel à la règle de Taylor avant de présenter les résultats économétriques de deux estimations de fonctions de réaction.

Taylor (1993) a proposé une règle de politique monétaire américaine ad hoc, portant sur la période 1997-1991 [1], règle qui s'est depuis lors imposée pour juger du caractère restrictif, neutre ou expansionniste de la politique monétaire américaine. Selon cette règle, la Fed fixe ses taux d'intérêt en fonction de l'inflation et de l'évolution de l'activité par rapport à sa tendance.

$i = 2 + \pi + 0{,}5(\pi - 2) = 0{,}5e$

avec :

i : taux des *Fed funds.*

p : inflation mesurée par le taux de croissance du déflateur du PIB en glissement sur un an

e : écart de production en %, $e = (Y - Y^*)/Y^*$, avec *Y* : PIB en volume et Y^* : PIB tendanciel, que Taylor estime être sur une tendance de 2,2 %.

Cette règle, qui offre le grand avantage d'être très simple en apparence, pose en pratique un certain nombre de difficultés, bien connues, liées à la mesure des variables explicatives. Ainsi en est-il de la mesure de l'écart de production. Si l'on compare le PIB effectif au potentiel évalué par l'OCDE en juin 2000, l'écart de production était de près de 4 points de PIB au deuxième trimestre dernier. Par contre, l'estimation d'un écart de production selon un filtre HP (en retenant l'hypothèse d'une croissance potentielle de l'ordre de 3,5 % pour les trimestres à venir) indique un écart de production de l'ordre de 1 point. Ces différences d'écarts de production représentent 1,5 point de taux d'intérêt dans la règle de Taylor. Avec un glissement sur an de 2,1 % pour le déflateur du PIB au deuxième trimestre, le taux des *Fed funds* indiqué dans le premier cas est de 6,1, soit un taux proche du taux observé. Il ne serait que de 4,8 dans le deuxième cas. La prise en compte d'indicateurs de prix différents peut aussi amener à des appréciations différentes, notamment comme au cours de la période récente où, poussé par la hausse des prix du pétrole, l'indice des prix à la consommation a accéléré (3,3 % au deuxième trimestre au lieu de 2,1 % un an plus tôt) plus rapidement que l'indice sous-jacent (2,4 % au lieu de 2,1 %).

* Cette annexe a été rédigée par Catherine Mathieu et Émilie Raynaud, stagiaire à l'OFCE.

1. Taylor John B., 1993 : « Discretion versus policy rules in practice », *Carnegie Rochester Conference Series on Public Policy 39*, pp 195-214.

Deux fonctions de réaction pour prévoir les taux d'intérêt à court terme aux États-Unis

Nous avons modélisé les taux des bons du Trésor à trois mois, qui diffèrent peu des *Fed Funds*, mais sont moins volatils et offrent des résultats économétriques plus robustes. Dans une première équation, les taux d'intérêt dépendent de l'inflation, mesurée par le déflateur du PIB en glissement sur un an, et de l'activité récente, mesurée par la seule croissance du PIB en volume en glissement sur un an.

L'équation a été estimée sur données trimestrielles, du troisième trimestre 1979 au premier trimestre 2000. Le troisième trimestre 1979 marque l'arrivée de P. Volcker à la tête de la Réserve fédérale et le début d'une inflexion de la politique monétaire américaine vers une lutte accrue contre l'inflation. Une variable muette porte sur la période 1991-1994, pendant laquelle les taux d'intérêt ont été maintenus à de faibles niveaux pour faciliter la résorption de la crise des caisses d'épargne aux États-Unis.

Les résultats de cette équation sont (équation 1) :

$$i_t = \underset{(1,62)}{0,53} + \underset{(7,86)}{0,62}\,\pi_t + \underset{(5,0)}{0,22}\,y_t + \underset{(8,2)}{0,52}\,i_{t-1} + \underset{(3,64)}{0,92}\,ID_{1991:1-1994:1}$$

$$SEE = 0,73 \quad \bar{R}^2 = 0,94$$

La Réserve fédérale accorde, selon cette équation, un poids plus élevé à l'inflation qu'à l'activité économique. Le modèle retrace bien l'évolution des taux d'intérêt sur la période (graphique AI.1).

Dans notre prévision (voir partie États-Unis), l'inflation diminue à partir du premier trimestre 2001 (et n'est plus que de 1,8 % à la fin 2001), tandis que le taux de croissance du PIB accuse un net ralentissement pendant toute la période de prévision (jusqu'à 3 % à la fin 2001, graphique AI.2). Ceci implique une baisse des taux d'intérêt de 0,3 point par trimestre jusqu'à la fin 2001. Le modèle surestime les taux de 0,3 point au troisième trimestre 2000 ce qui entraîne une légère surévaluation des taux en début de période de prévision, du fait du caractère autorégressif du modèle.

Une fonction de réaction, plus proche de la règle de Taylor, a également été testée. Elle prend en compte l'inflation, toujours mesurée par le déflateur du PIB, et un écart de production. Ce dernier est mesuré par l'écart du PIB à sa tendance, calculée par filtre HP. Nous avons retenu une équation à correction d'erreurs, avec une cible : $\iota_t = a_0 + a_1\pi_t + a_2y_t$, et une règle d'évolution :

$$(i_t - i_{t-1}) = b_1\,(i^*_{t-1} - i_{t-1}) + b_2\,(i^*_t - i^*_{t-1}).$$

Sur la période 1979:3 – 2000:1, on obtient (équation 2) :

$$(i_t - i_{t-1}) = \underset{(3,7)}{0,19}\,[\underset{(3,2)}{2,5} + \underset{(6,8)}{1,3}\pi_{t-1} + \underset{(1,8)}{0,45}\tilde{y}_{t-1} - i_{t-1}]$$

$$+\underset{(2,7)}{0,5}[\underset{(6,8)}{1,3}(\pi_t - \pi_{t-1}) + \underset{(1,8)}{0,45}(\tilde{y}_t - \tilde{y}_{t-1})] + \underset{(2,5)}{1,0}.ID_{1991:1-1994:1}$$

$$SEE=0,61 \quad \bar{R}^2 = 0,96$$

Ce modèle a une erreur moyenne plus faible que le précédent, mais il présente une inertie plus forte, liée à l'introduction de l'écart de production au lieu du taux de croissance du PIB (graphique AI.1). De fait, si les simulations de l'équation en prévision font bien apparaître une baisse des taux, son ampleur est un peu plus faible qu'avec le modèle précédent. Dans la mesure où la réactivité de la Réserve fédérale s'est accrue ces dernières années, et vu les incertitudes qui entourent les évaluations de croissance potentielle, il est peut-être plus approprié de retenir, dans le cadre de prévisions, un modèle qui où la Banque centrale réagit rapidement.

A titre indicatif, les taux anticipés par les coefficients de la règle de Taylor ont été représentées sur le graphique AI.1. L'écart de production retenu est celui obtenu par un filtre HP. La baisse à l'horizon de la fin 2001 est proche de 1,4 point. Elle est sensiblement la même si l'on retient le potentiel de l'OCDE.

Une baisse d'un point des taux directeurs de la Réserve fédérale semble donc envisageable à l'horizon 2001, compte tenu de nos hypothèses de croissance et d'inflation.

AI.1 Bons du Trésor à 3 mois, plusieurs estimations

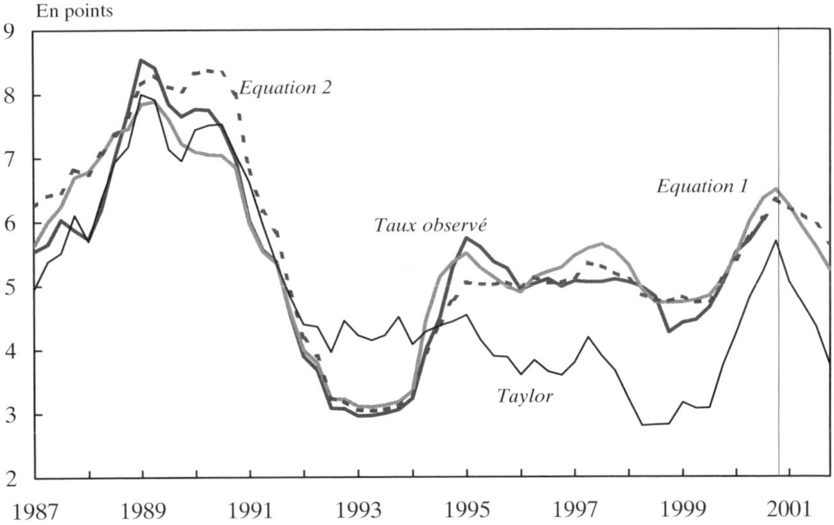

Sources : Fed, estimations et prévisions OFCE.

AI.2 PIB et déflateur du PIB aux États-Unis

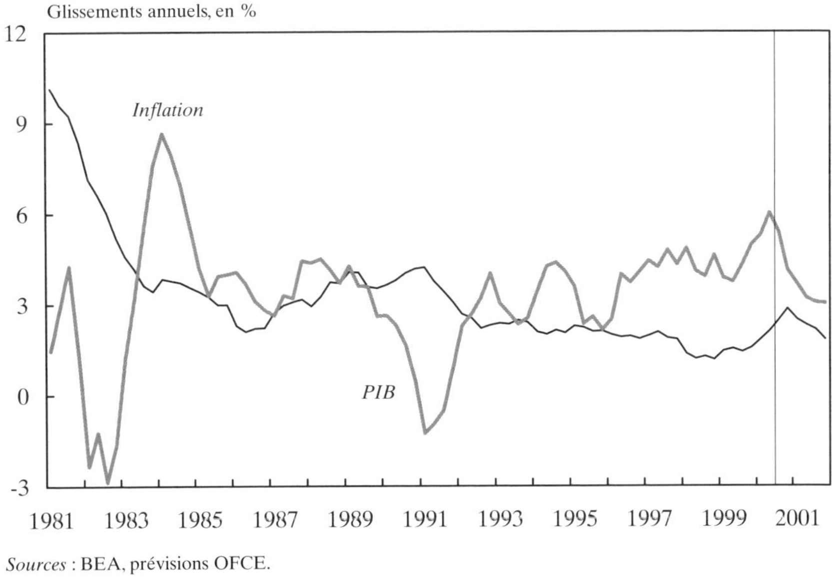

Sources : BEA, prévisions OFCE.

ANNEXE II

PER et surévaluation boursière aux États-Unis

La Bourse américaine a connu une très forte progression depuis 1995 (tableau, graphiques AII.1 et AII.2). Aussi, les ratios traditionnels d'évaluation du prix des actions s'écartent du niveau moyen enregistré sur le long terme. Cette dérive reflète-t-elle une bulle sur les actifs, un changement des fondamentaux ou une remise en cause des conventions d'évaluation ? L'émergence de la nouvelle économie est souvent évoquée pour expliquer cette rupture. Le prix des actions serait alors le reflet des perspectives de développement exceptionnelles des activités nouvelles de services combinées à une efficacité renforcée des secteurs traditionnels par la diffusion des nouvelles technologies et les changements d'organisation qu'elles induisent.

Performance comparée des indices à la fin décembre 1999

En %

	Poids dans la capitalisation américaine, fin 1999	Progression annuelle sur 10 ans	Progression annuelle sur 5 ans	Progression annuelle sur 3 ans
Indices généraux				
Total des SQS	100,0	17,1	25,2	23,6
Total des SQS résidentes (FOF)	91,1	17,2	25,9	24,1
Wilshire 5000		14,9	24,3	23,0
Russell 3000	~ 78,0	14,9	24,1	22,4
Total market	71,6	16,9	27,0	25,8
S&P500	63,6	15,3	25,5	24,2
Dow Jones industrial	21,8	15,3	24,1	20,0
Indices technologiques				
Nasdaq	27,6	24,4	39,6	44,8
S&P technologiques	19,0	28,2	49,8	53,3
PIB (en valeur)		5,5	5,8	6,2
Profit net des SQS		11,8	7,3	6,9

Sources : Datastream, Fed-Flow of Funds, Bureau of Economic Analysis.

AII.1 Évolution des indices globaux depuis 1990

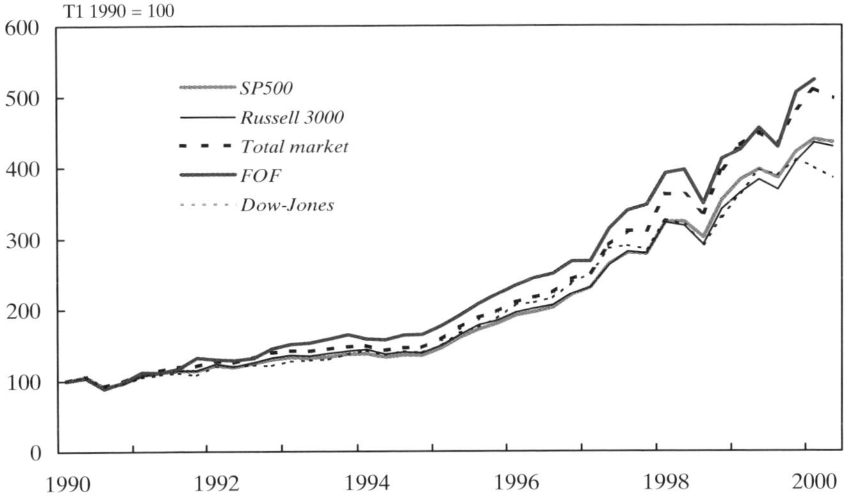

Sources : Datastream, Fed-Flow of Funds.

AII.2 Évolution des indices technologiques

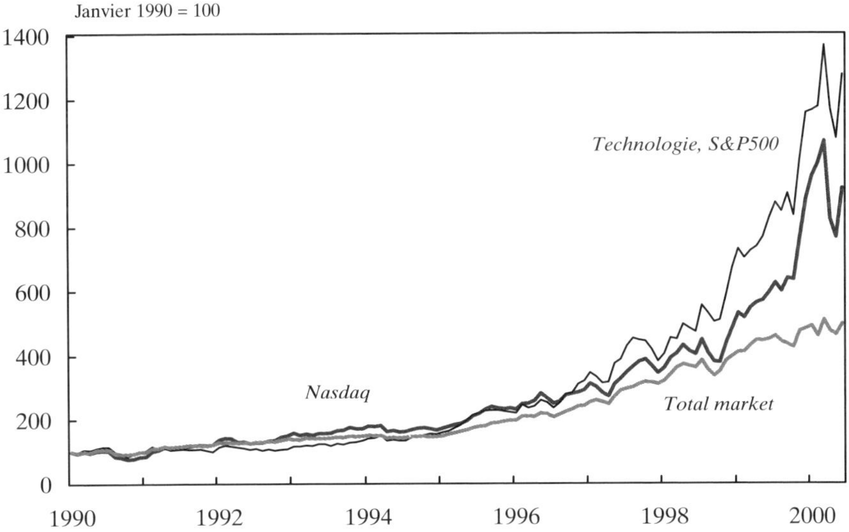

Source : Datastream.

C'est le PER (ratio entre le cours boursier et les profits) qui est généralement utilisé pour juger du niveau des cours. Les épargnants ont le choix entre un placement sans risque en bons du Trésor, qui rapporte un taux d'intérêt r et un placement boursier. Comme ce dernier est risqué, il faut qu'à l'équilibre la rentabilité anticipée du placement boursier dépasse celle du placement sans risque d'une certaine prime de risque, ρ. Soit V_t, le cours boursier au début de la période t, D_t, les dividendes versés au cours de la période, P_t, les profits de l'entreprise au cours de la période. La rentabilité *ex post* du placement boursier sera :

$$\pi = \frac{(V_{t+1} + D_t)}{V_t}$$

Ex ante, on doit donc avoir : .

$$V_t = \frac{(V^a_{t+1} + D^a_t)}{r_t + \rho}$$

Mais cette formule ne permet pas de déterminer V_t, puisque celui-ci dépend de V_{t+1} qui lui même dépend de D_t. Une entreprise qui a de bonnes perspectives de développement peut choisir de réinvestir la totalité de ses profits, sans distribuer de dividendes ; une autre qui est sur un créneau en régression peut choisir de tout distribuer.

Supposons que l'entreprise est dans une phase de maturité. Supposons que son profit est évalué de façon satisfaisante. Sa valeur, après distribution des bénéfices et avant investissement, est égale à la valeur initiale corrigée de l'inflation. La condition d'équilibre s'écrit alors :

$$(1) \qquad \frac{P_t}{V_t} = r_t - \pi_t + \rho$$

Supposons que l'entreprise en croissance régulière au taux g, distribue tout ses profits à chaque période, mais émet des titres pour investir. Dans ce cas, sa valeur à la fin de la période sera : mais les actionnaires initiaux n'en posséderont qu'une part de 1/(1+g) de sorte que la même condition d'équilibre s'applique. Si par contre les profits augmentent au taux g_p tandis que le capital augmente au taux g_k, la formule devient :

$$(2) \qquad \frac{P_t}{V_t} = r_t - \pi_t + \rho + g_p - g_k$$

Le PER (le ratio entre la valeur de l'entreprise et son profit) devrait donc être égal à l'inverse de la somme du taux d'intérêt réel et d'une prime de risque. Le point délicat est que cette équation n'est vraie que pour une entreprise en croissance régulière. Imaginons une entreprise qui ne rapporte aucun profit pendant 5 ans, puis qui rapportera régulièrement un profit P. Sa valeur initiale est :

$$V_0 = \frac{1}{(1 + r - \pi + \rho)^5} \frac{P_5}{(r - \pi + \rho)}.$$

Son PER, mesuré avec le profit courant, est donc infini.

Une forte baisse de l'inverse du PER par rapport au taux d'intérêt réel peut donc s'expliquer : soit par une baisse de la prime de risque (qui pourrait être induite par le développement de la gestion collective ou par une illusion à la Minsky due à l'oubli des facteurs de risque) ; soit par une anticipation de forte hausse des profits futurs ; soit par une surévaluation effective.

Si on considère que jadis le PER normal était de 18 pour un taux d'intérêt réel de 3 points, la prime de risque aurait été de 2,6 %. Un PER de 30 (pour un taux d'intérêt de 3 points) peut signifier une disparition de la prime de risque ou une surévaluation de 40 % ou une anticipation de hausse permanente des profits de 2,2 point l'an de plus que le capital.

Si on sépare l'économie américaine en un secteur « *nouvelle économie* » et un secteur traditionnel, le PER apparaît extrêmement élevé dans le secteur technologique (graphique AII.3, AII.4 et AII.5), mais on sait que cette mesure n'a pas grand sens pour un secteur en forte croissance. Dans le secteur traditionnel, le PER est à 22 au lieu de 16. Tout dépend alors de l'impact de la nouvelle économie sur le secteur traditionnel. Si on croit à un effet d'éviction, la nouvelle économie aurait dégradé les perspectives de croissance de l'économie traditionnelle et le PER aurait dû diminuer. Si on croit à un effet d'entraînement, la nouvelle économie impulserait une croissance plus vigoureuse dans le secteur traditionnel lui-même.

AII.3 PER S&P500 et PER de l'ensemble de l'économie

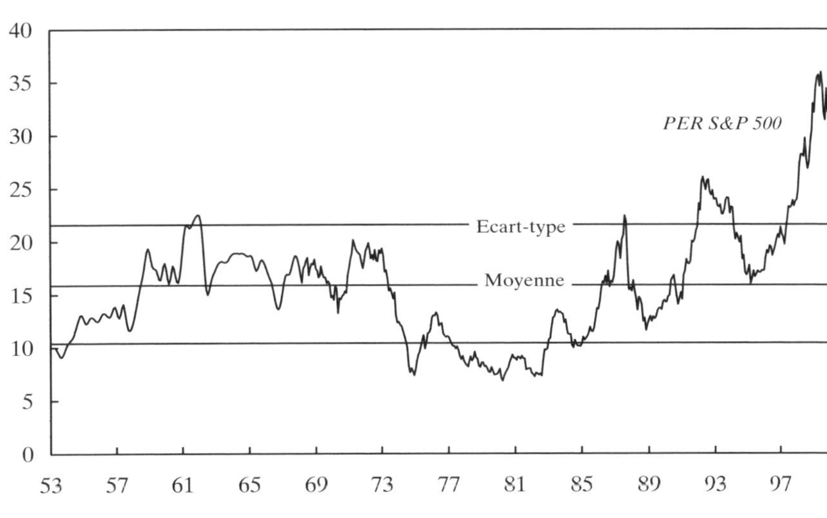

Sources : Datastream, Fed-Flow of Funds, calculs OFCE.

AII.4 PER du secteur technologique

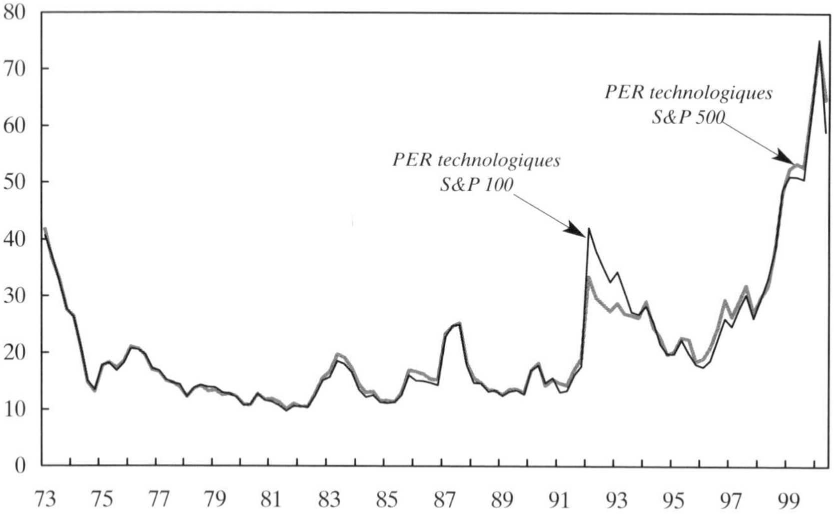

Sources : Datastream, Fed-Flow of Funds, calculs OFCE.

AII.5 PER du secteur traditionnel

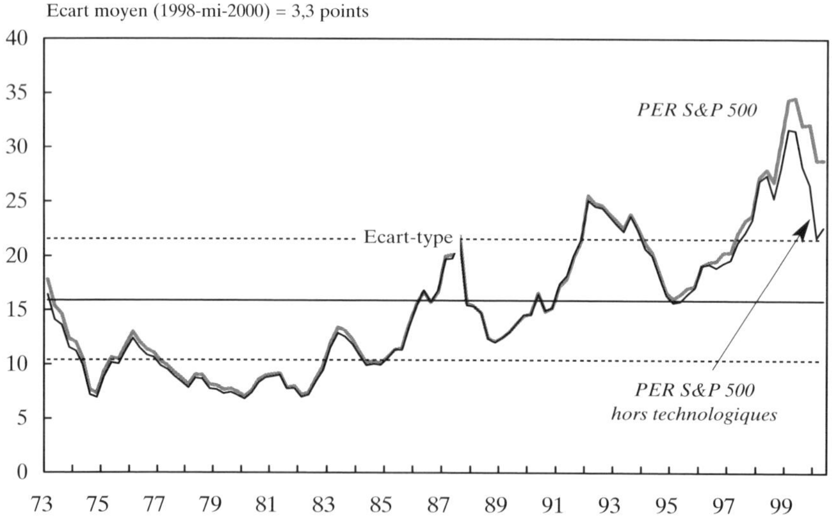

Sources : Datastream, Fed-Flow of Funds, calculs OFCE.

AII.6 Croissance sur trois ans des profits des entreprises américaines

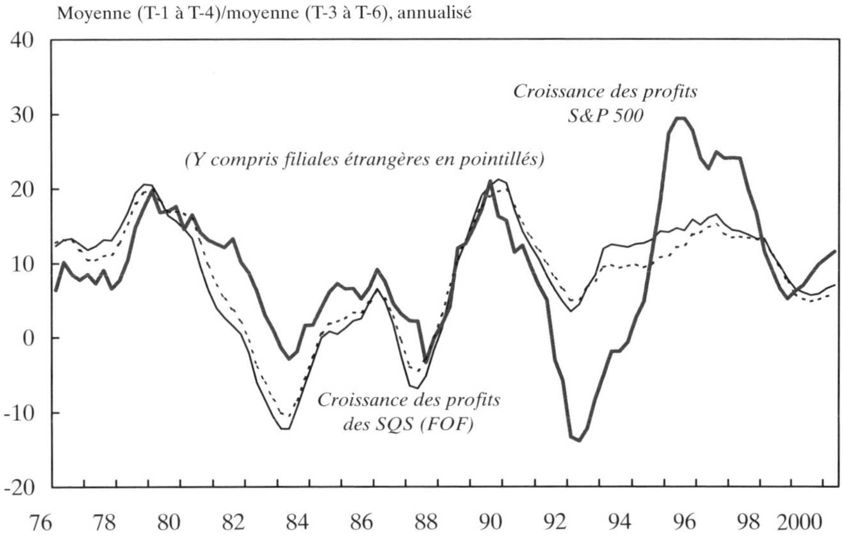

Sources : BEA-NIPA, Fed-Flow of Funds.

ANNEXE III

Croissance et diffusion des technologies de l'information et de la communication : éléments pour une comparaison France/États-Unis *

Il est tentant de considérer la croissance vertueuse des dix dernières années aux États-Unis comme un cycle long explicable par la diffusion d'un nouveau paradigme technologique induit par les technologies de l'information et de la communication (TIC). Les modèles d'innovations génériques (*General Purpose Technologies)* permettent de comprendre la déconnexion entre l'apparition des innovations et l'élévation du taux de croissance. Dans une période critique, l'innovation est coûteuse en terme de croissance ; elle est suivie par une phase d'accélération lorsque suffisamment de firmes utilisent les nouveaux équipements et lorsque l'apprentissage de la nouvelle technologie est terminé. Les États-Unis pourraient avoir dépassé cette période critique, alors que la France y serait encore.

Deux approches sont possibles pour évaluer l'impact des TIC sur la croissance : un simple calcul de contribution à la croissance ou une évaluation de leur contribution aux gains de productivité. Les calculs de contribution des TIC à la croissance donnent une fourchette assez large, résultant essentiellement des différences de méthodes et dans une moindre mesure des différences de champ et de période couverts. La méthode la plus simple évalue la part de croissance expliquée par la croissance du secteur des TIC, mais elle néglige tous les effets d'éviction ou d'entraînement. Selon elle, les TIC auraient contribué pour 1,3 point par an à la croissance américaine au cours des quatre dernières années, et pour 0,4 point à la croissance française en 1998 [1]. Une méthode plus satisfaisante procède de la comptabilité de la croissance : la contribution à la croissance d'un facteur de production s'exprime comme le produit du taux de croissance du stock de capital de ce facteur par sa part de rémunération dans le revenu total, égale au produit du stock de ce facteur par son taux de rendement brut. Les premiers résultats sur données américaines évaluaient ainsi, sur la période 1987-1993, à seulement 0,15 point la contribution à la croissance du matériel informatique [2]. Sur la période 1996-1998, cette contribution serait comprise entre 0,35 et 0,6 point par an selon le taux de rendement brut retenu (37 ou 68 %), et serait de 1,08 point pour l'ensemble des TIC [3]. Pour la

* Cet encadré résume un article de Hélène Baudchon et Olivier Brossard à paraître dans la prochaine revue.

1. US Department of Commerce (2000), INSEE (2000).
2. Sichel (1997).
3. Soit R le taux de rendement brut, r le taux de rendement net et d le taux de dépréciation. Dans le calcul de Sichel (1999), $R = r + d = 37$ %, avec $r = 12$ % et $d = 25$ %

France, la contribution des TIC est évaluée à 0,2 point sur l'ensemble de la période 1967-1998 et à 0,3 point sur la période 1995-1998. La contribution du matériel informatique est elle estimée à seulement 0,1 point quelque soit la période retenue [4].

La contribution des TIC à la croissance est plus forte aux États-Unis qu'en France, et sur les dernières années l'écart ne fait que s'accentuer. Ce n'est donc pas uniquement une question de retard « technologique » : cela confirme la plus grande rapidité de diffusion des TIC aux États-Unis, qui s'appuie sur l'importance plus grande des TIC dans la dynamique du capital fixe productif (tableau) et aussi sur un environnement institutionnel plus favorable à l'innovation et plus réceptif aux nouvelles technologies.

*Dépenses d'investissement en TIC en France et aux Etats-Unis **

	Part dans l'investissement hors bâtiment, *en %*				Part dans le PIB, *en %*			
	1970	1980	1990	1998	1970	1980	1990	1998
France								
Matériels informatiques	3,7	3,6	4,6	5,4	0,3	0,3	0,4	0,4
Logiciels	2,5	3,2	5,2	10,4	0,2	0,2	0,4	0,7
Matériels de communication	6,0	6,3	6,1	7,8	0,5	0,5	0,5	0,6
États-Unis								
Matériels informatiques	4,0	5,5	9,0	10,3	0,3	0,4	0,7	1,0
Logiciels	3,4	4,7	11,7	17,5	0,2	0,4	0,9	1,6
Matériels de communication	9,8	11,3	11,1	9,7	0,6	0,9	0,8	0,9

* Données en valeur
Sources : tableau 1 de Cette et *alii* (2000), BEA.

Aux États-Unis, le maillon central du caractère vertueux de la croissance est l'accélération des gains de productivité horaire du travail depuis 1995. Dans quelle mesure les TIC contribuent-elles à cette accélération ? Il faut distinguer l'effet sur l'intensité capitalistique et l'effet sur la productivité globale des facteurs (PGF). Pour chacun de ces effets, les études américaines distinguent les gains provenant des secteurs producteurs des gains provenant des secteurs utilisateurs. Il y a consensus sur le fait que les secteurs producteurs dégagent des gains de productivité

(c'est-à-dire que les ordinateurs perdent 25% de leur valeur chaque année). Dans le calcul d'Oliner et Sichel (2000), $R = r + d - p = 68\ \%$. r est ici un taux de rendement net réel, évalué à 4% ; $d = 30\%$ et p un terme reflétant la variation du prix relatif du matériel informatique par rapport au prix du PIB, évaluée à – 34%. La rentabilité d'un investissement doit donc être élevée non seulement pour compenser l'obsolescence rapide de ces matériels mais également pour compenser le fait que d'une année sur l'autre leur prix baisse fortement relativement aux autres équipements.

4. Cette et *alii* (2000).

du travail soutenus par une accélération de la PGF. Le débat porte sur le fait de savoir si les secteurs utilisateurs bénéficient d'une accélération des gains de productivité horaire du travail. Si oui, cela signifie qu'il y a diffusion des effets favorables des TIC. L'enchaînement serait le suivant :

— Gains de productivité du travail et globale dans les secteurs producteurs d'ordinateurs et de semi-conducteurs.

— Baisse du prix de ces équipements.

— Investissements dans ces équipements.

— Mise en place de réseaux de communication grâce à ces investissements et accroissement de l'utilité de ces investissements par la mise en place de l'Internet.

— Baisse des coûts des entreprises appartenant à ce réseau, utilisant ces technologies.

— Diffusion aux autres entreprises qui s'aperçoivent de l'avantage à appartenir à un tel réseau.

— Investissement de ces entreprises dans les TIC, etc.

Reste à savoir ensuite si cette accélération des gains de productivité du travail dans ces secteurs va au-delà de celle engendrée par l'augmentation de l'intensité capitalistique, et donc si une rupture de la PGF au niveau de l'ensemble de l'économie est détectée.

Selon les études américaines les plus récentes, l'accélération des gains de productivité horaire du travail semble durable, soutenue par un processus de diffusion des TIC. Non seulement les secteurs utilisateurs de TIC bénéficieraient d'une accélération des gains de productivité horaire du travail, mais aussi le taux de croissance de la PGF se serait accéléré depuis 1995 et cette accélération ne serait pas limitée aux seuls secteurs producteurs [5]. Les estimations de la contribution des TIC à l'accélération des gains de productivité horaire du travail se situent entre 0,5 et 0,7 point. Une telle diffusion permet d'envisager qu'un pays non producteur de TIC puisse s'engager, comme les États-Unis, dans un cycle de croissance vertueuse.

En France, le recul est encore moins important qu'aux États-Unis. Aucune étude sur données agrégées n'a encore mis en évidence une rupture du trend de la PGF. Le paradoxe de la productivité, à l'origine des débats aux États-Unis, n'existe pas vraiment en France, l'investissement en TIC étant plus récent et les gains de productivité horaire du travail étant brouillés par des problèmes spécifiques (incitation à l'emploi de travailleurs non-qualifiés, baisse de la durée du travail).

L'information sectorielle peut cependant être mobilisée. Nous avons mené une étude économétrique de l'impact des TIC sur la productivité de l'industrie française, divisée en 51 secteurs, de manière à évaluer la part qui revient aux TIC et celle qui revient à d'autres facteurs relatifs

5. Malgré les résultats positifs des études les plus récentes, l'absence d'un recul statistique plus grand justifie encore l'emploi du conditionnel.

à l'organisation du travail. Les réponses à l'enquête COI du Sessi (Changements Organisationnels et Informatisation) ont été utilisées. Plusieurs types de régressions ont été effectuées :

– Une première régression en coupe sur l'année 1997 dont le résultat est qu'une augmentation du taux d'utilisation de l'Internet [6] d'un point de pourcentage conduit à une hausse de la productivité en niveau d'environ 0,6 %.

– Une seconde régression en coupe sur l'année 1997 teste l'hypothèse de complémentarité entre réorganisation et informatisation. Les résultats montrent que les secteurs combinant l'usage de l'internet et un recours à l'organisation en centres de profit bénéficient d'une productivité significativement plus élevée.

– Une régression en panel utilise des données pour 1994 et 1997 de manière à avoir des données empilées sectorielles-temporelles. L'impact positif du taux d'utilisation de l'interface informatique est significatif quelque soit la dimension retenue et son coefficient varie peu d'une régression à l'autre.

Ces différentes régressions font ressortir un impact positif des TIC qui semble assez robuste puisqu'il résiste aussi bien à la prise en compte de l'intensité capitalistique et des tensions sur les capacités qu'à l'introduction de variables relatives aux changements organisationnels. C'est lorsque les changements organisationnels et l'informatisation se combinent que la productivité est la plus accrue. Néanmoins, l'impact des TIC existe même en l'absence de réorganisation, ce qui est plus étonnant. La généralisation de la diffusion des TIC devrait donc avoir un impact sensible sur la productivité en France.

6. Mesuré par le pourcentage d'entreprises du secteur déclarant utiliser l'Internet pour au moins un des trois usages proposés par l'enquête COI.

Références bibliographiques

CETTE G., J. MAIRESSE et Y. KOCUGLU, 2000 : « La diffusion des technologies de l'information et de la communication en France : mesure et contribution à la croissance », à paraître dans *Economie et Statistique*, version provisoire datée du 8 juin.

INSEE : *L'économie française 2000-2001* .

OLINER S. D. et D. E.SICHEL, 2000 : *The resurgence of growth in the late 1990s : is information technology the story ?*, disponible sur www.sf.frb.org/conf2000/papers/resurgence.pdf, février.

SICHEL D. E., 1997 : *The computer revolution : an economic perspective* , Brookings Institution Press, Washington.

SICHEL D. E., 1999 : « Computers and aggregate economic growth : un update », *Business Economics*, volume XXXIV, n° 2, avril.

US DEPARTMENT OF COMMERCE, 2000 : *The digital economy*, juin.

Achevé de rédiger le 13 octobre 2000

L'État pare-chocs

*Perspectives 2000-2001 pour l'économie française **

La prévision de croissance de l'OFCE est de 3,4 % pour l'année 2000 et de 3,7 % pour l'année 2001. La dynamique vertueuse de croissance enclenchée en France et en Europe depuis 1997 se poursuit. La hausse des produits pétroliers opère une ponction d'environ 0,5 point de PIB en 2000. En diminuant la fiscalité indirecte, l'État amortit l'impact inflationniste de ce choc, d'autant que l'inflation anticipée reste faible. L'alourdissement de la facture pétrolière n'enraye pas les moteurs de la croissance que sont la consommation et l'investissement. L'emploi reste dynamique du fait de l'activité et de la diffusion des 35 heures. Il garantit la progression du pouvoir d'achat des ménages et donc de la consommation. Par ailleurs, la modération salariale a permis que la hausse du prix des produits importés n'entame pas les marges des entreprises au niveau global. Celles-ci poursuivraient leurs investissements, ce qui stabiliserait les tensions sur l'appareil productif. Les administrations publiques utilisent les marges dégagées par la croissance pour réduire les impôts : le taux des prélèvements obligatoires baisserait pour la première fois depuis 1992.

La conjoncture de l'année 2000 est marquée par un choc imprévu, provenant de l'environnement international, diminuant la croissance par rapport aux scénarios les plus optimistes (tableau 1). Les produits pétroliers se sont fortement renchéris depuis 1999, opérant un transfert de richesse des pays consommateurs vers les pays producteurs.

Les mécanismes de ce choc pétrolier sont comparables à ceux qu'avait connus l'économie mondiale en 1973 et en 1979. Mais le transfert de revenu est cette fois très inférieur (environ le quart du choc de 1973) : la hausse, en terme réel, du prix du pétrole est plus faible, et les économies sont moins dépendantes du pétrole qu'elles ne l'étaient à l'époque.

* Cette prévision a été réalisée à l'aide du modèle trimestriel de l'économie française, **e-mod.fr**, par une équipe composée de Valérie Chauvin, Gaël Dupont, Éric Heyer et Xavier Timbeau. L'indicateur avancé est réalisé par Françoise Charpin et Hervé Péléraux. La prévision tient compte des informations disponibles à la fin septembre 2000 et intègre les comptes nationaux trimestriels de septembre 2000, à savoir le compte emplois ressources jusqu'au deuxième trimestre 2000 et les comptes d'agents jusqu'au premier trimestre 2000. La prévision et le modèle reposent sur les données et les concepts de la comptabilité nationale base 95 dans le cadre du SEC95. Le modèle est estimé sur la période 1978-1999.

1. Contribution à la croissance du PIB

Moyennes annuelles en %	1998	1999	2000	2001
Dépenses des ménages	2,0	1,6	1,8	2,0
Investissements des entreprises	1,0	0,9	0,8	0,9
Dépenses des administrations	0,2	0,7	0,5	0,4
Variations de stocks	0,6	– 0,4	0,1	0,2
Total de la demande intérieure	*3,8*	*2,8*	*3,2*	*3,5*
Solde extérieur	*– 0,6*	*0,1*	*0,2*	*0,2*
Taux de croissance du PIB	**3,2**	**2,9**	**3,4**	**3,7**

Sources : INSEE, comptes trimestriels ; prévision OFCE en 2000-2001.

Un choc pétrolier est d'abord un prélèvement sur la richesse nationale : on peut, à court terme, difficilement substituer une autre source d'énergie au pétrole. La hausse des prix est subie par les utilisateurs (consommateurs ou entreprises), qui doivent soit puiser dans leur épargne, soit réduire leur consommation en volume. Les pays producteurs de pétrole imposent ainsi aux pays consommateurs une augmentation de leur rente pétrolière.

Ensuite, le choc pétrolier se transmet à l'économie si les agents affectés cherchent à reconstituer leur revenu réel : les entreprises en augmentent leurs prix de vente ; les ménages exigent des hausses de salaire. Dans une économie purement concurrentielle, la hausse du prix des *inputs* se transmet au prix de d'offre. Les marges de profit sont réduites au minimum. Lorsque la concurrence est imparfaite, une partie peut être absorbée par des variations de marges.

Les salariés, s'ils intègrent dans leurs revendications salariales, la perte de pouvoir d'achat due au prix du pétrole, initient une spirale inflationniste. Les entreprises transmettront alors la hausse de coût dans les prix, hausse de prix justifiant des revendications salariales supplémentaires. Chacun cherche à compenser une perte de revenu (en pouvoir d'achat), mais ne pourra au mieux que la limiter. Le conflit de répartition du revenu est en effet alimenté par un prélèvement de l'extérieur et se traduit par l'inflation.

La Banque centrale réagirait alors en augmentant fortement les taux d'intérêt afin de ralentir l'économie et de surimposer au choc d'offre récessif un choc de demande désinflationniste pour assurer la stabilité des prix. Le résultat serait un ralentissement de la croissance, éventuellement sans rapport avec le prélèvement initial opéré par les pays producteurs de pétrole, et une hausse du chômage nécessaire pour briser les revendications salariales.

Ce scénario noir doit être écarté. La première raison est que le point d'impact du choc pétrolier est concentré sur quelques catégories : il touche les secteurs de l'économie où les substitutions entre énergie pétrolière et autres formes d'énergie ont peu joué : par exemple les transports (que ce soit pour les entreprises ou les ménages) sont directement affectés alors que d'autres gros consommateurs d'énergie, comme l'industrie, le sont moins. Concernant initialement moins d'agents économiques, le choc pétrolier présente un moindre risque de dérapage inflationniste.

La seconde raison est que les chocs pétroliers des années 1970 étaient venus alimenter une inflation déjà présente. Les comportements ont changé ; la menace de la réaction de la Banque centrale est présente dans les esprits. Enfin, les pouvoirs publics ont consenti des baisses d'impôts qui viennent atténuer le choc pétrolier. La suppression de la vignette, le nouveau mécanisme de TIPP fluctuante et les mesures catégorielles ont un impact rapide et inverse au choc pétrolier. Plus généralement, la baisse sans précédent des prélèvements obligatoires au dernier trimestre 2000 et en 2001 (plus d'un point de PIB), compense partiellement le prélèvement pétrolier : ce dernier est pris en charge en partie par l'État, qui joue le rôle d'un pare-chocs pétrolier. Le déficit se creuse mais le risque d'une spirale inflationniste est écarté.

L'année 2001, à l'opposé, devrait connaître un début de retour à la « normale » du marché pétrolier. La ponction pétrolière s'atténuerait alors et la conjoncture serait, à nouveau, dominée par le mécanisme de croissance à l'œuvre depuis 1997.

Depuis 1997, la croissance en France s'établit sur un rythme de 3,1 % par an en moyenne alors que de 1990 à 1997, elle a été en moyenne de 1,2 %. L'accélération est nette depuis 1997 et trouve sa source dans deux composantes : d'abord la consommation des ménages et ensuite l'investissement des entreprises.

L'emploi est le soutien le plus fort à la consommation des ménages. Les créations d'emplois se sont maintenues à un niveau élevé avec la montée en puissance de la réduction du temps de travail au début de l'année 2000 ; la seconde loi Aubry s'applique assez largement et plus d'un tiers des salariés sont maintenant concernés. Le mouvement de baisse du chômage continue à un rythme en moyenne un peu inférieur à 1 point par an, alors que pendant la première partie de la décennie il augmentait d'un demi-point par an. C'est bien parce qu'ils bénéficient d'un revenu plus important que les ménages consomment plus. Le taux d'épargne baisse légèrement, de 16,2 depuis 1997 à 15,4 % en 2000, mais il demeure très au-dessus de sa moyenne lors du cycle d'expansion de la fin des années 1980. Il est probable qu'il reste une défiance par rapport au chômage, dont la trace se trouve dans un taux d'épargne des ménages élevé.

1. Confiance des ménages, le retour à la raison

La confiance des ménages a fortement diminué entre juillet et septembre 2000, de 10 points. Depuis 1987, un mouvement d'une ampleur supérieure à 8 points à la hausse ou à la baisse n'a été observé qu'à cinq occasions (mars 1998, juin-juillet 1997, septembre à décembre 1995 — plan Juppé, juin 1993 - récession, mars 1991, septembre 1990 — guerre du Golfe). Les mouvements n'ont pas duré, sauf lors de l'épisode de septembre à décembre 1995. A cette date, l'augmentation brusque et importante les prélèvements obligatoires s'était combinée à une remise en cause du système de retraite.

Le rapprochement de l'indice INSEE avec la confiance dans le gouvernement en place est malaisé sur la moyenne période (graphique 1) : l'un ou l'autre des indices est avancé selon les périodes. En particulier depuis l'arrivée de Lionel Jospin comme Premier ministre, l'indicateur INSEE n'a cessé de s'améliorer, alors que la cote de popularité du gouvernement était étale.

1. Confiance des ménages et popularité du gouvernement

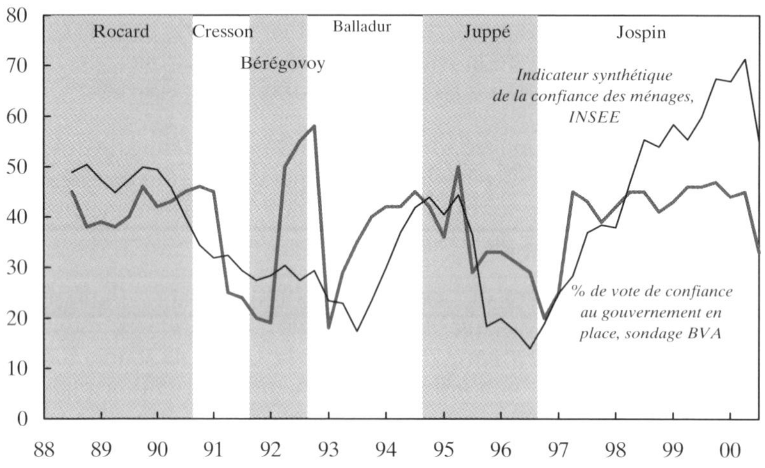

Sources : INSEE, BVA.

La baisse de l'indice de confiance synthétique marque plutôt une révision de la perception par les ménages des revenus qu'ils reçoivent. Depuis quelques mois, ils se déclaraient très optimistes sur leurs revenus, sans doute trop (graphique 2) ; l'enquête de septembre met en accord leurs déclarations et leur pouvoir d'achat. Elle n'annonce pas un ralentissement de leurs ressources, ni même une consommation moindre, dans la mesure où l'impact de l'enquête ne ressort pas dans la modélisation du comportement des ménages. En effet, la consommation des ménages s'est déjà ralentie depuis quelques trimestres et le commerce de détail ne fait pas état d'une dégradation supplémentaire de son activité en septembre. La brusque baisse de l'indicateur de confiance ne coïnciderait apparemment pas avec une baisse de la consommation. La confiance des ménages revient à un niveau comparable à ceux des autres pays européens, après s'être envolée durant le début de l'année 2000, peut être sous l'effet de la baisse du chômage. Elle reste à un niveau supérieur à ceux observés lors des précédentes phases de croissance vive, à la fin de la décennie 1980 et en 1994-1995.

2. Pouvoir d'achat et enquête auprès des ménages

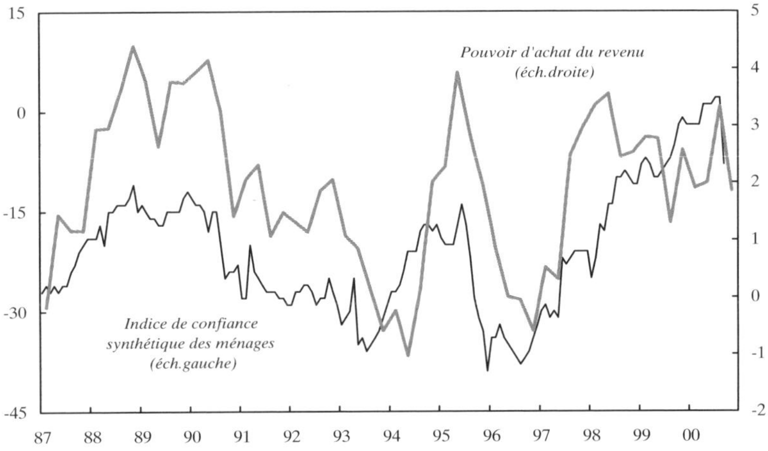

Source : INSEE.

Plusieurs facteurs peuvent motiver l'écart récent observé entre l'enquête et l'évolution du pouvoir d'achat. Tout d'abord, les périodes de décalage entre les deux sont récurrentes — l'enquête est plutôt un indicateur retardé de l'évolution du pouvoir d'achat du revenu disponible. Ensuite, les ménages ont bien perçu les évolutions passées des prix, mais, comme la plupart des experts (dont ceux de l'OFCE...), ils n'anticipaient pas que la hausse du prix du pétrole se poursuivrait. Les grèves des professionnels les ont probablement sensibilisés à l'ampleur et à la durée du choc qu'ils avaient subi. Cependant, les mesures d'allégement fiscal prises par le gouvernement (extinction de la vignette, baisse de la TIPP,...) compensent à peu près la ponction initiale (22 milliards) et devraient permettre la stabilisation de la confiance.

L'autre source de croissance se trouve du côté de l'investissement des entreprises. La décennie 90 a été celle de la croissance molle et du sous-investissement. Depuis 1997, les entreprises investissent plus. Le taux d'investissement, qui est le ratio entre l'investissement des entreprises et leur valeur ajoutée, augmente régulièrement. L'investissement croît plus rapidement que la production parce que les entreprises investissent aujourd'hui à la fois pour suivre l'augmentation de la demande et pour rattraper le faible investissement passé. La « nouvelle économie » intervient à ce stade de l'analyse : une génération de biens d'équipement à base de technologies nouvelles, aux prix de plus en plus bas, est disponible et renforce le besoin en capital productif des entreprises.

Le rattrapage de l'investissement justifie que la croissance de l'économie française se situe au-dessus de son rythme potentiel. Le taux d'investissement compatible avec le rythme de croissance potentiel de l'économie devrait être atteint, d'après nos estimations, au cours de l'année 2001. L'investissement des entreprises assurerait alors une croissance des capacités égale à la croissance de la production. Cependant, l'estimation de ce taux d'investissement repose sur des hypothèses quant à la productivité du capital et quant au rythme de déclassement de celui-ci. Or ces hypothèses sont fragiles et la « nouvelle économie » peut ajouter encore à l'incertitude. L'investissement pourrait alors être supérieur à la croissance de la production pendant encore plusieurs années. La situation financière des entreprises et leur faible niveau d'endettement est aujourd'hui favorable à un tel effort d'investissement et permettra aux entreprises de soutenir des taux d'autofinancement plus bas.

La montée des taux d'utilisation des capacités, mesurée dans la seule industrie, est cohérente avec la remontée du taux d'investissement. Tant que le taux d'investissement n'a pas atteint le niveau suffisant pour assurer des capacités en rapport avec le niveau de production, le taux d'utilisation remonte. Il est le signe d'une meilleure utilisation des capacités et d'une plus grande rentabilité du capital, toutes choses égales par ailleurs, tant que le niveau atteint ne correspond pas à celui où de fortes inefficacités pourraient surgir.

Cependant, cette remontée des taux d'utilisation suscite une autre interprétation sur le système productif français : la croissance actuelle buterait sur des capacités de production insuffisantes, par ailleurs réduites par le passage aux 35 heures. La croissance en serait compromise, puisqu'à la fois les créations d'emplois et l'investissement pourraient pâtir d'un retournement dans le comportement des agents : le soufflé se dégonflerait aussi vite qu'il est monté.

A l'appui de cette thèse on peut citer : 1. l'allongement des délais de livraison, 2. la hausse des taux d'utilisation, 3. la détérioration du solde extérieur, 4. le ralentissement de l'indice de la production industrielle, voire, selon certains, 5. la diminution du nombre d'heures travaillées et 6. le ralentissement de la productivité par tête.

Les points 1 et 2 cadrent aussi avec le scénario que nous décrivons et le diagnostic d'étouffement de l'offre n'est pas cohérent avec les rythmes de croissance observés pour l'investissement ou ceux indiqués par la dernière enquête investissement. Ces derniers indiquent plutôt que les industriels continuent de fonder leurs décisions sur une anticipation de croissance haute. Le point 3 est lié à l'alourdissement de la facture énergétique et au fort dynamisme des importations, plus qu'à une perte de parts de marché de l'industrie française à l'importation ou à l'exportation. Le point 4 est également lié au prélèvement pétrolier, et il entraîne une détérioration, très relative, de la confiance des industriels.

L'argument 5 sur les heures travaillées est inexact : il découle d'une illusion statistique. Les entreprises qui sont passées à 35 heures dans le cadre des accords Aubry II l'on fait en redéfinissant généralement la durée du travail (les temps de pause, de trajet, etc... [1]). Elles déclarent maintenant dans l'enquête ACEMO qu'elles sont à 35 heures alors qu'auparavant elles déclaraient 39 heures. La redéfinition de la durée du travail n'est pas prise en compte dans l'enquête. Elle conduit à surestimer la réduction effective de la durée : celle-ci représente environ la moitié de celle déclarée. Autrement dit, en employant l'ancienne définition, les entreprises seraient plutôt à 37 heures aujourd'hui, ou, en employant la nouvelle définition négociée dans chaque entreprise, elles sont passées de 37 heures à 35 heures aujourd'hui. Si on corrige la baisse de la durée de cette sur-estimation, ainsi que des effets de champ (l'enquête ACEMO concerne les entreprises de plus de 10 salariés qui sont davantage passées à 35 heures que les moins de 10 salariés), le nombre d'heures travaillées augmente.

Le passage aux 35 heures s'accompagne d'une baisse induite de la productivité par tête. Cela ne signifie pas que l'on est dans la phase du cycle où le ralentissement de la production entraîne, par l'inertie de l'emploi, le ralentissement de la productivité. Au contraire, la productivité horaire du travail augmente par le jeu de la productivité induite (l'annualisation) et des retards d'embauche au cours du passage à 35 heures. L'ampleur de l'accélération dépend de la mesure de la durée du travail et plus cette mesure surestime la baisse effective, plus les gains horaires de productivité sont grands.

La prévision de croissance de l'année 2000 est revue à la baisse de 0,8 point par rapport à la prévision de mars 2000 (tableau 2). L'écart s'explique par le choc pétrolier (pour un peu plus d'un demi point). Le reste de l'écart est lié à l'erreur de prévision et à l'incertitude statistique concernant les deux premiers trimestres 2000. La prévision de l'OFCE est en effet ancrée sur l'estimation de l'INSEE pour le début de l'année 2000. Les comptes nationaux trimestriels sous-estiment traditionnellement la croissance dans les phases de reprise.

La prévision pour l'année 2001 est pratiquement inchangée. Elle repose néanmoins sur une contribution extérieure plus modérée, les informations récentes nous ayant amené à réduire l'impact favorable de la faiblesse de l'euro sur la compétitivité (tableau 3).

1. Heyer E. et X. Timbeau, « Réduction réduite » , *Revue de l'OFCE*, n° 73, juillet 2000.

2. Révisions successives de la prévision de l'OFCE pour 2000

Prévision pour l'année 2000 faite en..	Mars 1999	Septembre 1999	Mars 2000	Septembre 2000
Contributions à la croissance du PIB				
Dépenses des ménages	2,1 *	1,4 *	2,0 *	1,8 *
Investissements des entreprises	0,7	0,9	1,0	0,9
Dépenses des administrations	0,1 *	0,6 *	0,6 *	0,5 *
Variations de stocks	0,3	0,3	0,4	0,1
Total de la demande intérieure	3,2	3,2	3,9	3,2
Solde extérieur	0,0	0,3	0,3	0,2
Taux de croissance du PIB	**3,2**	**3,5**	**4,2**	**3,4**

* La prévision de mars 1999 est fondée sur les concepts et les données de la base 80 ; celle de septembre sur les concepts et les données de la base 95, avec un modèle estimé sur la base 80 ; celle de mars et de septembre 2000, sur les concepts et les données de la base 95 avec un modèle estimé sur la base 95. Les données présentées dans ce tableau ne sont pas strictement compatibles dans leurs définitions d'une prévision à l'autre. En particulier, le changement de base a modifié le partage entre dépenses des administrations et dépenses des ménages. Il est préférable d'additionner les deux contributions afin de comparer les prévisions.
Source : calculs OFCE.

3. Révisions successives de la prévision de l'OFCE pour 2001

Prévision pour l'année 2001 faite en..	Mars 2000	Septembre 2000
Contributions à la croissance du PIB		
Dépenses des ménages	2,0	2,0
Investissements des entreprises	0,8	0,9
Dépenses des administrations	0,4	0,4
Variations de stocks	0,1	0,2
Total de la demande intérieure	3,3	3,5
Solde extérieur	0,5	0,2
Taux de croissance du PIB	**3,8**	**3,7**

Source : calculs OFCE.

2. Retour sur la consommation du deuxième trimestre 2000

Les comptes trimestriels font état d'une croissance de la consommation des ménages extrêmement faible, à 0,2 % en glissement entre le premier et deuxième trimestre. Ce résultat est étonnant et provient de postes particulièrement volatils, comme l'alimentation et l'énergie.

Effectivement, la consommation en produits manufacturés a ralenti par rapport à l'année 1999 et au premier trimestre 2000, passant d'un rythme de croissance moyen de 1 % par trimestre à 0,7 % aux deuxième et troisième trimestres. Le mouvement est net dans l'indicateur des ventes dans le grand commerce publié par la Chambre de Commerce. On peut aussi le mettre en évidence dans les achats d'automobiles, après avoir tenu compte de la disparition du millésime en juillet 2000. En effet, de nombreux acheteurs reportaient leur dépense de mai-juin à juillet, afin de bénéficier d'un nouveau modèle. Ce phénomène disparaît cette année et change donc la saisonnalité de la série, ce que les statistiques corrigées des variations saisonnières prennent en compte. Ce changement a par ailleurs pu modifier la saisonnalité d'autres séries, du fait de substitution entre achats. Il est possible alors que les dépenses des ménages aient été légèrement sous-évaluées au deuxième trimestre et qu'elles soient plutôt surévaluées au troisième.

Cependant, le mauvais résultat du deuxième trimestre provient de la baisse importante de deux postes volatils de la consommation : l'énergie (dont la volatilité s'explique par exemple par les conditions climatiques et a baissé au deuxième trimestre de – 1,8 %) et l'alimentaire (– 1,2 %) qui représentent respectivement 8 % et 19 % de la consommation totale. La faible consommation d'énergie s'explique partiellement par un hiver plutôt doux et le report d'achats à cause de la hausse du prix des produits pétroliers. Le simple maintien de la consommation alimentaire ou énergétique à leur niveau moyen de 1999 rajouterait 0,3 % à la consommation totale du deuxième trimestre.

3. Indicateur avancé

En avril 2000, l'indicateur avancé anticipait une croissance de l'activité beaucoup plus vigoureuse que celle fournie par des comptes nationaux. Des variations du PIB respectivement de 4,3 % et 4,8 % aux premier et deuxième trimestres étaient attendues, contre 3,5 % et 3,4 % selon les estimations actuelles de l'INSEE. A l'image du climat d'optimisme dans l'industrie, qui avait atteint des niveaux exceptionnels, l'ensemble des composantes était très bien orienté et laissait présager, pour la première moitié de 2000, des rythmes de croissance voisins de ceux enregistrés lors de la reprise de la fin des années 1980.

Ces prévisions ont été déçues. Le choc pétrolier qui a marqué l'environnement de l'économie française a en effet bridé la croissance aux premier et au deuxième trimestres. L'indicateur, qui n'incorporait pas les prix du pétrole, n'a pu prévoir ce tassement. Ainsi, s'il est malaisé d'intégrer dans les estimations cette variable enregistrant des mouvements de forte amplitude non récurrents, on peut tenter d'évaluer son impact récent sur la croissance. Les équations utilisées pour prévoir la croissance ont été réestimées en introduisant comme variable explicative le taux de variation sur un an du prix réel du pétrole exprimé en francs. Pour l'équation de prévision à un trimestre par exemple, les résultats d'estimation sont les suivants :

Estimation de l'équation de prévision à 1 trimestre

	Coefficient	T-student
Facteur industrie [1]	3,8	7,1
Variation du facteur	3,2	3,7
Consommation [2]	0,09	5,1
Chômage partiel (– 1)	– 0,004	4,4
Crédits à l'habitat (– 6)	0,22	9,8
Bourse (– 2)	– 0,01	– 5,8
Dollar (– 2)	0,018	5,1
Écart taux longs-taux courts (– 1)	0,11	3,1
Prix du pétrole (– 1)	– 0,004	– 3,1
constant	2,0	30,0

Période d'estimation 80q3-00q2
Nombre d'observations : 80
SEE = 0,35, $\bar{R}$ = 0,93, DW = 1,56.
1. Premier facteur d'une analyse en composantes principales des six questions de l'enquête mensuelle dans l'industrie.
2. Moyenne des trois derniers mois connus (début octobre par exemple, moyenne de juin, juillet et août).

Cette nouvelle variable apparaît significative pour le rôle qu'elle joue en 1999 et en 2000. Mais ces résultats demeurent fragiles, la période d'estimation couverte n'offrant pas d'autre exemple de choc pétrolier. L'ordre de grandeur de l'impact d'un choc paraît toutefois vraisemblable : un triplement du prix du pétrole par exemple (une hausse de 200 % en glissement annuel), entraîne un recul de la croissance de 0,8 point. Par rapport à une équation estimée sans pétrole, la perte de croissance aurait été comprise entre 0,5 % et 0,6 % au premier et au deuxième trimestres 2000 (graphique 1).

Les effets négatifs de la hausse des prix du pétrole devraient s'atténuer au troisième trimestre 2000, compensant ainsi la légère dégradation de la composante industrie observée au mois de septembre. Par ailleurs, les autres composantes de l'indicateur restent bien orientées. Au-delà de ses irrégularités au mois le mois, la consommation des ménages est encore dynamique, et le volume des crédits à l'habitat contractés

1. Écart de croissance

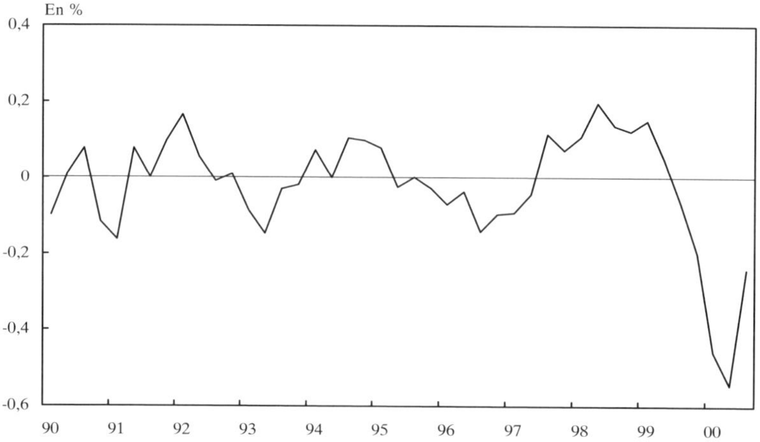

Sources : INSEE, calculs OFCE.

l'année dernière devrait soutenir l'investissement-logement. Les conditions monétaires, internes et externes, ne pénaliseront pas la croissance : les effets positifs retardés de la hausse du dollar se feront désormais sentir avec plus d'acuité et surpasseront l'impact du resserrement de la politique monétaire. Enfin, aucun signe de ralentissement n'est donné par l'évolution du recours au chômage partiel.

Ce diagnostic se modifie peu pour le dernier trimestre 2000. Au total, la croissance en glissement annuel ne devrait pas être très différente de celle du deuxième trimestre pour la fin de l'année, 3,5 % et 3,6 % respectivement pour les deux derniers trimestres 2000 (graphique 2).

2. PIB observé et prévu

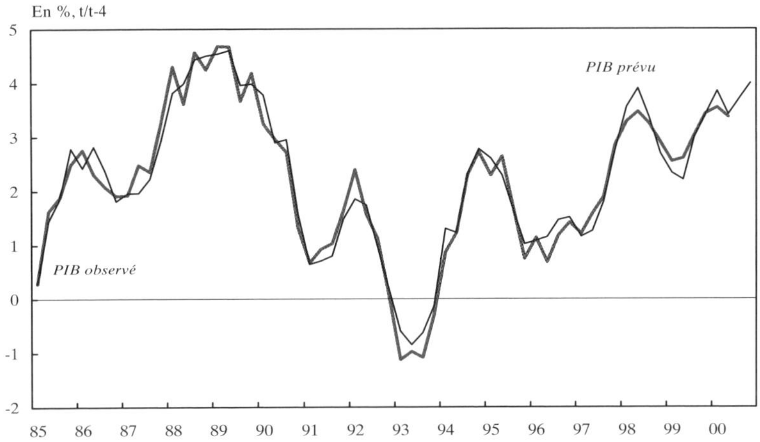

Sources : INSEE, calculs OFCE.

Impact de la hausse du prix du baril exprimé en francs

Réagissant à la crise asiatique et à son extension aux pays d'Amérique latine et à l'Est, le cours du pétrole avait chuté jusqu'à des niveaux bas (autour de 10 $ le baril). Les pays de l'OPEP ont alors resserré leur production, si bien que, dans un excès inverse, le prix du baril a dépassé 36 dollars au cours du mois de septembre. Cette remontée a été doublée d'une dépréciation de l'euro qui a renchéri encore le coût du pétrole, de 62,5 francs le baril au troisième trimestre 1998, à 226 francs au quatrième trimestre 2000. Cependant, la première partie de la hausse, jusqu'au premier semestre 1999 inclus, ne fait que corriger le niveau très bas du prix du pétrole atteint en début d'année 1999, probablement intenable à terme.

Nous nous concentrerons donc sur la période allant de la mi-1999 à la mi-2000, que nous comparerons aux précédents épisodes de hausse du prix du pétrole, en 1973 et 1978. La ponction opérée par une augmentation de même ampleur (en %) du prix des produits pétroliers a fortement diminué avec le temps (tableau 4). Confrontés à un niveau du prix du pétrole durablement plus élevé, les agents ont modifié les technologies utilisées et se sont réorientés vers des sources d'énergie moins coûteuses. Cette réorientation a été encouragée par les pouvoirs publics, particulièrement en France, avec le développement du nucléaire pour la production d'électricité et les programmes d'économie d'énergie. Ces changements de technologie et de comportement ont modifié la répartition de l'impact entre les différents agents.

4. Différents épisodes de forte hausse du prix du baril exprimé en francs

	1973:3-1974:3	1979:1-1980:1	1999:2-2000:2
Hausse du prix du baril exprimé en francs	331 %	170 %	170 %
Hausse de la facture énergétique en % du PIB	3,9	1,7	0,7

Sources : INSEE, comptes trimestriels ; calculs OFCE.

La hausse du prix du baril a d'autant plus d'effets que le pétrole n'a pas de substitut à court terme. Au-delà de différés d'achats, les ménages comme les entreprises ont besoin de produits pétroliers. La hausse du prix de tels produits est donc à court terme presque intégralement reversée aux pays producteurs. Chaque agent transmet ensuite ce coût supplémentaire qu'il a subi, à l'aide de diverses stratégies : augmentation des prix de production ou revendications salariales. L'industrie pétrolière est en première ligne, parce qu'elle achète le pétrole brut et le transforme avant de le vendre aux autres agents. C'est l'effet de premier tour.

Cet effet de premier tour a beaucoup évolué entre 1979 et 1999. Ainsi, les comportements de marges dans le secteur de l'énergie se sont nettement atténués au cours du temps. Pour une même augmentation de la facture énergétique normalisée à 1, la valeur de la production progressait de 1,6 alors contre 1,1 actuellement (tableau 5). Le secteur énergie augmentait alors ses prix plus que proportionnellement à la hausse du prix du pétrole brut. Par ailleurs, suite à une plus grande intensité énergétique de l'économie, les consommations intermédiaires en énergie progressaient alors de 2,2 contre 1,6 aujourd'hui. Les marges commerciales et de transport sont stables alors qu'elles augmentaient en 1979.

En revanche, l'ampleur de la transmission a peu varié pour les ménages (0,5 en 1979 contre 0,4 en 1999) et le surcroît d'impôt est du même ordre (0,2) aux deux périodes.

5. Répartition ex ante de la hausse de la valeur des importations en énergie

	1979	1999
Importations	1,0	1,0
Production	1,6	1,1
Consommations intermédiaires (dont administrations publiques)	2,2	1,6
Consommation des ménages	0,5	0,4
Exportations	0,1	0,3
TVA et TIPP	0,2	0,2
Marges commerciales et de transport	0,2	0,0

Pour une même augmentation de la facture énergétique normalisée à 1, la valeur de la production progressait de 1,6 en 1979 contre 1,1.
Sources : INSEE, comptes trimestriels ; calculs OFCE.

Ces différences expliquent en partie la lenteur de la diffusion de la hausse du prix du pétrole sur les prix hors énergie : la pression du prix des matières premières sur les coûts des producteurs hors du secteur énergie est moindre que lors du choc pétrolier de 1979. La hausse récente du prix du pétrole a entraîné une augmentation des importations énergétiques de 55 milliards de francs (schéma). Une partie de ces importations est transformée par le secteur énergie. La hausse des cours contribue donc à la progression des prix de production de l'énergie (63 milliards). L'autre partie des importations est vendue directement aux utilisateurs. La consommation des ménages est renchérie de 22 milliards, les consommations intermédiaires du secteur privé hors énergie, de 26 milliards. Les administrations publiques ont vu leurs dépenses augmenter de 22 milliards et leurs recettes sur les produits pétroliers progresser de 9 milliards. Les variations de stocks en valeur ont progressé de 2 milliards, les exportations de produits énergétiques de 15 milliards.

Les comportements de deuxième tour ont aussi beaucoup évolué entre 1979 et 1999. Les secteurs utilisateurs, notamment les transports, n'ont pas totalement répercuté les hausses du prix de l'énergie sur leur prix de production (graphique 1). Cette modération des prix peut être liée à un surcroît de concurrence dans ce secteur, mais elle est favorisée par une stabilité des coûts salariaux unitaires. La hausse du prix des carburants sera aussi partiellement prise en charge par les administrations publiques, qui ont réduit la taxation des produits pétroliers à hauteur d'environ 3 milliards [2]. Cependant, la compression des marges des secteurs utilisateurs incitera à réduire encore les coûts salariaux, soit à diminuer les dépenses d'investissement ou l'épargne des entreprises.

2. Les mesures fiscales récentes liées à la hausse du prix des produits pétroliers sont décrites plus en détail dans « La réforme fiscale en France : bilan et perspectives » de Dupont et *alii* de cette même Revue.

Effet de premier tour de la hausse du prix du baril en francs en France

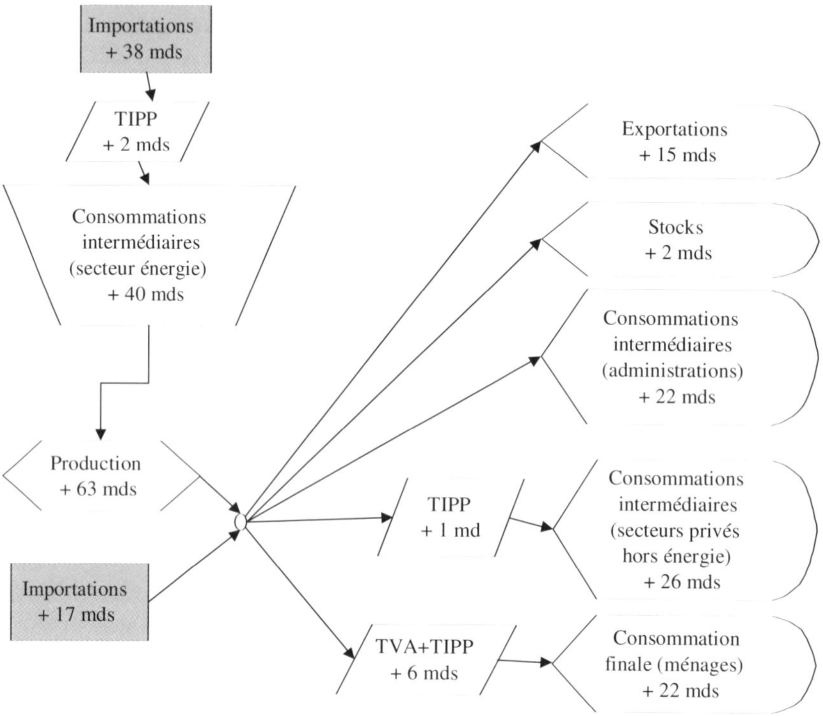

1. Marges dans les transports

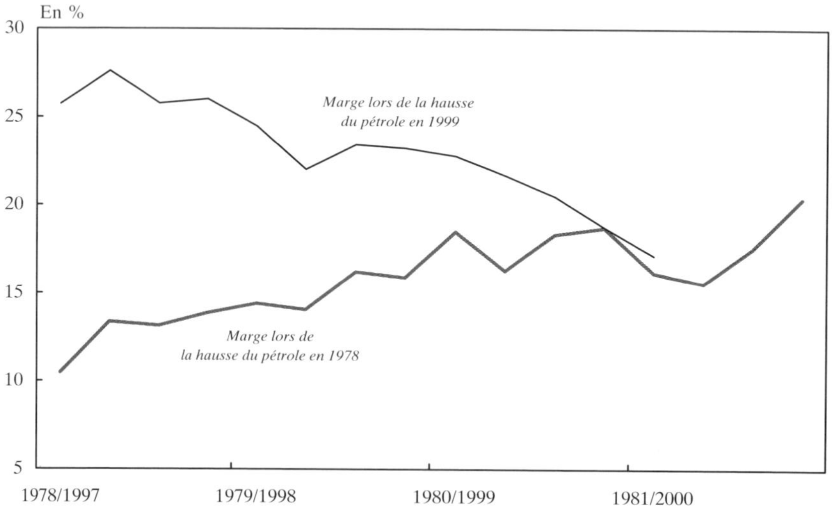

Sources : INSEE, comptes trimestriels, prévisions OFCE, *e.mod.fr*.

Pour ce qui est des ménages, l'impact sur le pouvoir d'achat a la même proportion de l'impact initial qu'en 1979, mais il représente une part plus faible de leur revenu (0,4 % en 1999 contre 1,3 % en 1979). Comme pour les entreprises, la perte de pouvoir d'achat sera presque totalement compensée par des mesures fiscales : extinction de la vignette automobile (12,5 milliards de francs), réduction de la TIPP sur le fioul domestique à partir du 21 septembre 2000 (3,5 milliards en année pleine), allègement supplémentaire de la TIPP sur tous les carburants à partir du premier octobre 2000 (20 centimes par litre, soit 10 milliards). Les réductions de TIPP seront prises en compte dans l'évolution de l'indice des prix, ce qui aura pour effet de limiter les arguments des salariés lors des négociations salariales.

Légère accélération de l'inflation sous-jacente

La hausse du prix du pétrole ravive le débat sur l'inflation importée. La baisse de l'euro a alourdi la facture énergétique. Elle contribue plus généralement au renchérissement des importations (tableau 6). Inversement, les baisses de fiscalité indirecte (baisse du taux normal de TVA de 20,6 à 19,6 %, réduction du taux de TVA sur les gros travaux dans le bâtiment, baisse de la TIPP sur les carburants et le fioul domestique) sont venues en déduction des hausses de prix. L'inflation sous-jacente telle qu'elle est calculée par l'INSEE est proche de l'évolution des prix observée dont on a ôté les effets du prix du pétrole et de la fiscalité. Dans notre scénario, elle accélère légèrement de 1,1 % en moyenne en 2000 à 1,5 % en 2001 en raison d'une utilisation accrue des facteurs de production.

6. Décomposition de l'inflation

	Variation de la variable		Impact attendu sur le taux d'inflation*	
	1999-2000	2000-2001	1999-2000	2000-2001
Dollar	+ 15 %	– 4 %	+ 0,9	+ 0,2
Pétrole en $	+ 58 %	– 5 %	+ 1,0	+ 0,3
TVA, *dont :*				
20,6 ➤ 19,6 %	18 mds	13 mds	– 0,6	– 0,2
BTP	20 mds			
TIPP			0	– 0,1
Total des effets			+ 1,3	+ 0,1
Total des effets hors euro			+ 0,4	0
Inflation			+ 1,5	+ 1,5
Inflation sous-jacente			+ 1,1	+ 1,5

* Impact simulé par les variantes de Mimosa pour le pétrole et le dollar, de Mosaïque pour la TVA et la TIPP.
Source : cahier de variantes, Mimosa et Mosaïque.

Par ailleurs, les variantes de hausse du dollar réalisées avant la création de l'euro, donnent un impact sur l'inflation qui est très supérieur à celui observé aujourd'hui. Cela traduit plusieurs phénomènes. Premièrement, les politiques de désinflation, comme l'intensification de la concurrence, ont modifié les mécanismes de formation des prix au sein de chacun des pays de l'Europe. Deuxièmement, l'euro favorise les substitutions entre production européenne et importations. Il favorise aussi les substitutions entre importations originaires de la zone dollar et celles de la zone euro. Par exemple, certains échanges commerciaux avec l'Asie se font en euro et se substituent progressivement à des échanges en dollar. Troisièmement, l'euro encourage certaines entreprises extérieures à l'Europe à y implanter des sites de production, ce qui limite l'impact d'une hausse du dollar sur le prix des importations à court terme.

Un revenu des ménages dynamique

Suite à des augmentations salariales modérées, le pouvoir d'achat des ménages progresserait essentiellement du fait des créations d'emplois, comme c'est le cas depuis 1999 (tableau 7). Les baisses d'impôts engagées et annoncées viennent renforcer le dynamisme de la masse salariale. Cependant, l'impulsion budgétaire sur le revenu des ménages est moins forte qu'il n'y paraît car ces baisses d'impôts sont concomitantes au ralentissement des prestations sociales (hors prestations santé) : le nombre de bénéficiaires des allocations chômage se réduit et les prestations vieillesse et famille sont peu dynamiques (graphique 2).

7. Croissance du revenu réel des ménages

Moyenne annuelle (en %)	1999	2000	2001
Excédent brut d'exploitation	1,8	1,3	3,1
Dont :			
Entrepreneurs individuels	0,9	1,5	3,5
Salaires nets	3,1	3,0	3,5
Dont :			
Salaires bruts	3,2	3,0	3,5
Cotisations	4,4	2,6	3,5
Revenus de la propriété et de l'entreprise (nets)	5,1	3,0	4,2
Prestations sociales	2,8	0,5	0,6
Impôts directs (y.c. CSG)	6,0	1,0	1,5
Somme des prélèvements sociaux et fiscaux	5,4	1,8	2,1
Revenu disponible réel	2,5	2,0	2,8
Prix à la consommation	0,5	1,6	1,5

Sources : INSEE, comptes trimestriels ; prévision OFCE en 2000-2001.

2. Prélèvements directs et indirects sur les ménages et prestations reçues

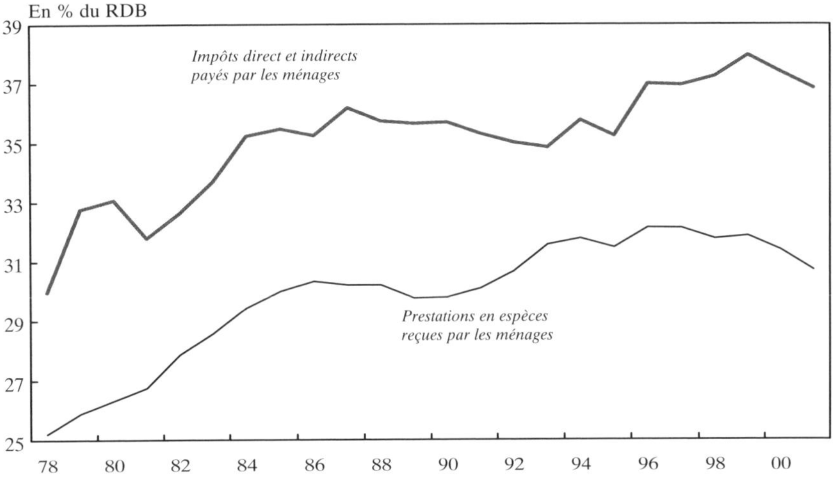

Source : INSEE, comptes trimestriels, prévisions OFCE, *e.mod.fr.*

Depuis la mi-1999, les ménages ont financé une part croissante de leurs dépenses (consommation et investissement en logements) en recourant au crédit. Ils ont tiré parti de l'assainissement de leur situation financière depuis le milieu des années 1990, de taux moins élevés et du dynamisme de leur revenu. Dans notre prévision, la croissance des crédits aux ménages ralentirait et le taux d'endettement progresserait modérément.

L'investissement logement, après avoir été soutenu par l'annonce de la fin des mesures Périssol puis la baisse du taux de TVA sur les travaux d'entretien, devrait ralentir à l'horizon de la prévision. Le taux d'épargne financière des ménages diminuerait au cours de l'année 2000, puis se stabiliserait autour de 5,9 % (graphique 3).

3. Taux d'épargne des ménages

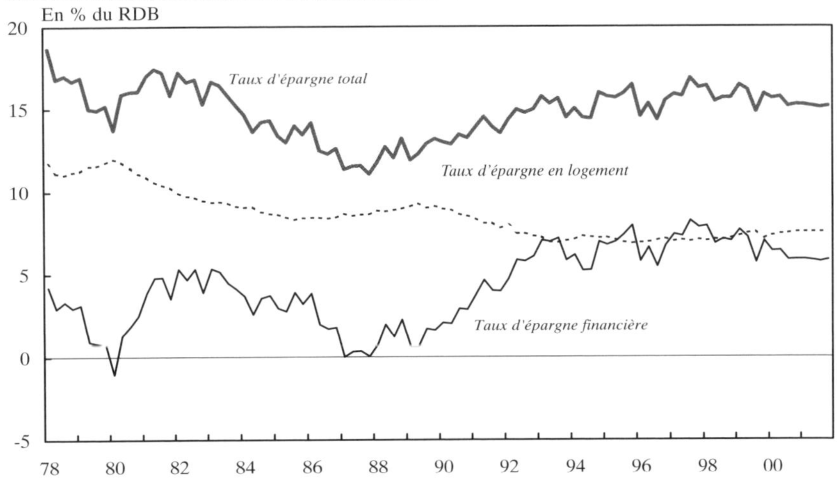

Source : INSEE, comptes trimestriels, prévisions OFCE, *e.mod.fr.*

L'investissement des entreprises est moteur

Du premier trimestre 1997 au deuxième trimestre 2000, l'économie française a crû à un rythme moyen annualisé de 3,1 %, alors qu'elle n'avait connu de 1990 à 1997 une croissance de 1,2 %. Le taux d'utilisation des capacités de production dans l'industrie a progressé (graphique 4), pour avoisiner au deuxième trimestre 2000 son maximum historique, et les délais de livraison se sont fortement allongés. Cette situation est habituelle dans le cycle. Elle permet aux entreprises d'utiliser leurs facteurs de production dans une situation de rentabilité maximale. Elle est donc souhaitable, tant qu'elle n'aboutit pas à une résurgence de l'inflation. En l'absence d'inflation, les délais de livraison s'allongent, la saturation des capacités de production empêche une accélération de l'activité, mais la croissance est soutenable.

4. Taux d'utilisation des capacités de production avec embauche

Sources : INSEE, comptes trimestriels, prévisions OFCE, *e.mod.fr*.

L'économie française se trouve dans cette situation : les entreprises n'envisagent pas de relever fortement leurs prix malgré les tensions auxquelles elles sont soumises, que ce soit dans l'industrie ou les services. Par ailleurs, l'effort d'investissement qu'elles mènent depuis 1997 permet d'accroître le stock de capital (graphique 5). Aussi, le taux d'utilisation des capacités de production se stabiliserait à un haut niveau à l'horizon de la prévision.

Ce scénario est d'autant plus envisageable que la situation financière des entreprises est bonne. Dans l'industrie, les résultats d'exploitation et leurs perspectives d'évolution se maintiennent à un haut niveau

5. Taux d'investissement des sociétés non financières

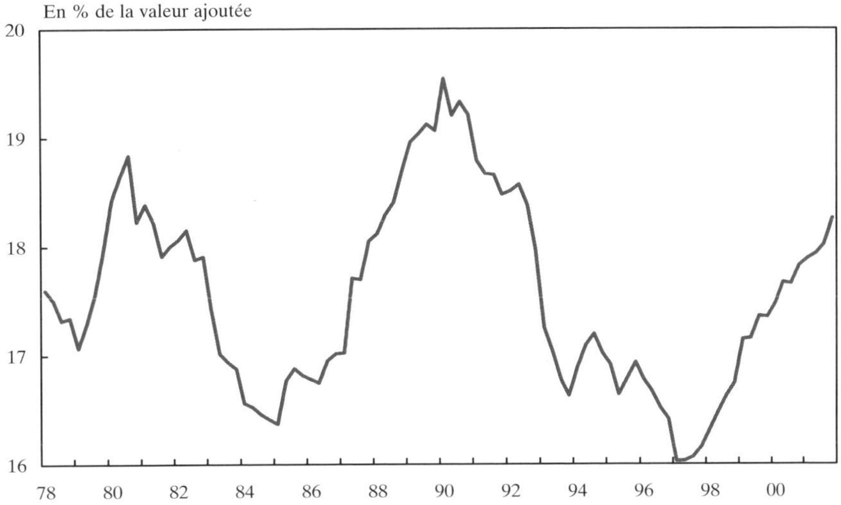

Sources : INSEE, comptes trimestriels, prévisions OFCE, *e.mod.fr*.

(graphique 6). La part des entreprises déclarant avoir des difficultés de trésorerie est à son plus bas niveau historique, atteint lors de la précédente phase de croissance en 1989-1990. Dans l'ensemble de l'économie, le taux de marge s'est redressé depuis 1999. Il s'améliorerait encore légèrement à l'horizon de la prévision. Par ailleurs, les entreprises se sont largement désendettées au cours de la précédente décennie. L'allégement du poids de la dette et la baisse des taux d'intérêt ont

6. Résultat d'exploitation dans l'industrie

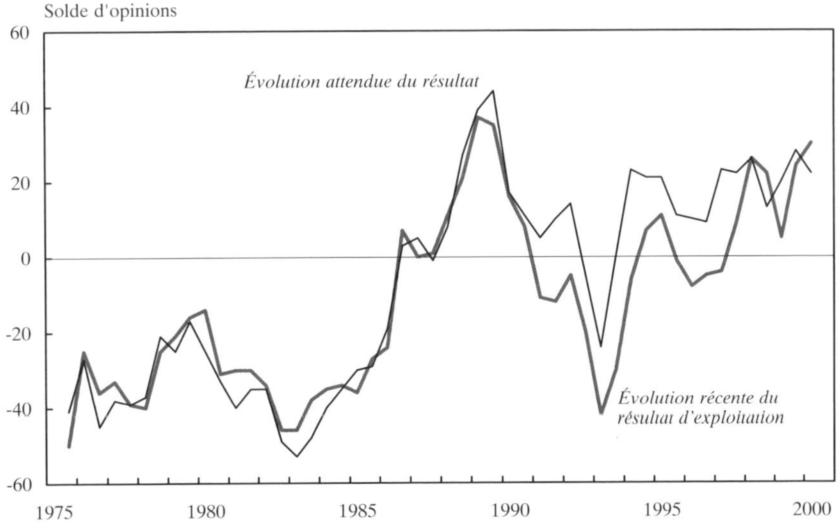

Source : INSEE.

ramené la charge des intérêts versés à seulement 8,1 % de leur valeur ajoutée. Les entreprises peuvent donc recourir à l'endettement pour financer leur investissement, alors qu'elles l'ont largement autofinancé jusqu'à présent.

Le rythme de progression de l'investissement des sociétés non financières ralentirait légèrement à 5 % par an en 2000. Avec l'atténuation de la ponction pétrolière et le raffermissement de l'activité, il se redresserait vers 8 % par an en 2001.

De fortes créations d'emplois

Avec 1,9 %, le taux de croissance de l'emploi total en 1999 a dépassé le pic de la précédente phase d'expansion conjoncturelle (1,7 % en 1989). Dans la foulée de la fin d'année 1999, les deux premiers trimestres 2000 enregistrent des taux de croissance particulièrement forts (0,7 %). A l'horizon de notre prévision, les créations d'emplois resteraient très importantes pour deux raisons : d'une part, l'accélération de la croissance en 2000 et son maintien à un niveau élevé en 2001 ; d'autre part une politique active de l'emploi.

Plus de 500 000 emplois seraient ainsi créés par an en 2000 et 2001 dans les secteurs marchands. Les emplois jeunes contribueraient pour près de 10 % à la croissance de l'emploi total au cours de ces deux années afin d'atteindre l'objectif de 350 000 postes dans le courant 2001. Enfin, les créations d'emplois liées au 35 heures seraient de 350 000 à la fin 2001, en cumulant les trois années 1999 à 2001 (tableau 8).

8. Emploi et chômage en fin d'année

	Variation 1999		Variation 2000		Variation 2001	
	%	Milliers	%	Milliers	%	Milliers
Effectifs						
Secteurs marchands, dont	2,3	331	3,6	524	3,3	504
– Industrie	0,4	22	1,9	103	1,7	92
– Services	3,4	309	4,5	421	4,2	412
Secteurs non marchands, dont	1,8	116	1,4	88	1,3	85
– Emplois aidés (CES, emplois jeunes)	14,3	62	10,1	52	14,2	78
Emploi total	1,9	442	2,6	609	2,4	577
Population active						
– potentielle	0,6	155	0,6	159	0,6	167
– effective [1]	1,2	305	0,8	225	1,0	274
	Niveau	Variation	Niveau	Variation	Niveau	Variation
Taux de chômage BIT	11,2	– 0,7	9,7	– 1,5	8,4	– 1,3

1. Calculée à partir du chômage BIT.

Sources : INSEE et ministère du Travail ; prévision OFCE.

La baisse du chômage se poursuit ; après avoir perdu 0,8 point en 1999, il perdrait 1,5 point en 2000 et 1,3 point en 2001, pour atteindre 8 % au dernier trimestre 2001 (graphique 7). La diminution du chômage est ainsi plus forte qu'on ne pouvait le prévoir il y a quelques années. Cette performance exceptionnelle résulte de la conjonction d'une forte croissance et d'une politique pour l'emploi vigoureuse.

D'après nos prévisions, le niveau du taux de chômage devrait atteindre d'ici 2001 le taux de chômage qui serait associé à un taux constant de hausse des salaires nominaux (NAWRU) ou de l'inflation (NAIRU) en l'absence de chocs d'offre temporaires. Variable centrale dans l'explication du lien entre la variation de l'inflation et le chômage, ce concept reste malheureusement difficile à définir dans la pratique. Cette difficulté se traduit par des estimations assez différentes du NAIRU.

7. Taux de chômage en France

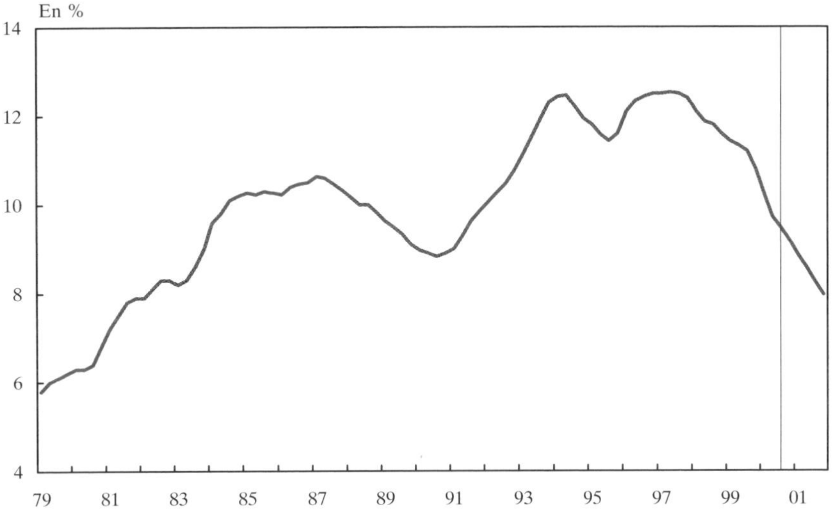

Sources : INSEE, comptes trimestriels, prévisions OFCE, *e.mod.fr.*

NAIRU : quelques estimations récentes

Cette norme de taux de chômage sert de référence à moyen terme à la conduite de politique économique et a fait l'objet d'abondantes controverses quant à ses soubassements théoriques mais également sur sa validité empirique [3]. Les évaluations les plus récentes sont résumées

3. Pour une analyse plus détaillée sur les différents concepts et mesures du taux de chômage d'équilibre, le lecteur pourra se référer par exemple à Le Bihan H. et H. Sterdyniak (1998) : « Courbe de Phillips et modèle WS-PS, quelques remarques », *Revue Économique*, vol.49, n° 9.

dans le tableau 9. Ces différentes mesures, réalisées à l'aide de méthodes d'estimation et de soubassements théoriques divers, concluent à un taux de chômage d'équilibre compris entre 9,1 et 12 %.

9. Quelques évaluations récentes du NAIRU pour l'économie française

Auteur	Méthode d'estimation	NAIRU
OCDE (2000) [1]	Courbe de Phillips NAIRU variable au cours du temps	10,1 %
FMI (2000) [2]	NAIRU variable au cours du temps	10 %
Artus et Kaabi (2000) [3]	Approche structurelle Taux de chômage d'équilibre variable au cours du temps	9,5 % [4]
Irac (2000) [5]	Courbe de Phillips NAIRU variable au cours du temps	10 – 11 %
L'Horty et Rault (1999) [6]	Approche structurelle Taux de chômage d'équilibre variable au cours du temps	Environ 12 %
Heyer et *alii* (1999) [7]	Courbe de Phillips Approche structurelle	9,1 %
Cotis et *alii* (1998) [8]	Taux de chômage d'équilibre de long terme variable au cours du temps	10 – 11 %

1. Richardson et *alii* (2000) : « Concept, policy-use and measurement of structural unemployment : estimating a time varying NAIRU across 21 OECD countries », *OECD Working paper*.

2. Fonds monétaire international (1999) : « Chronic unemployment in the euro area : causes and cures », *IMF World Economic Outlook*, chapitre 4

3. Artus P. et M. Kaabi (2000) : « A quel niveau se situe le NAIRU en France ? », *Flash*, CDC Marchés, n° 2000-28, février.

4. Dans le tableau de l'OCDE, le NAIRU affiché pour cette étude est 8 %. Ce niveau correspond en effet à celui annoncé dans l'article de Artus et Kaabi (2000). Cependant, il nous semble que cette évaluation est entachée de deux erreurs. Dans cette étude, le modèle retenu se résume de la façon suivante :

NAIRU = 10,8 - 3,45 (gains de productivité) + 0,48 (hausse du prix relatif des importations)

Premièrement, leur évaluation du NAIRU sur la période 1985-2000 est influencée par la remontée du prix du pétrole qui n'est pourtant qu'un phénomène transitoire. En l'absence de cet effet, le NAIRU serait selon eux de 5,6 %. Mais ce résultat provient d'une simple erreur de calcul : les gains de productivité sont des gains trimestriels et non des gains annuels. De sorte que, avec des gains de productivité de 1,5 % l'an et la stabilité des termes de l'échange, le NAIRU serait de 9,5 %.

5. Irac D. (1999) : « Estimation of time varying NAIRU for France », *Banque de France*, novembre.

6. L'Horty Y. et C. Rault (1999) : « Les causes du chômage en France : une ré-estimation du modèle WS-PS. », *Document de travail du Conseil Supérieur de l'Emploi, des Revenus et des Coûts*.

7. Heyer E. , H. Le Bihan et F. Lerais (1999) : « Relation de Phillips, boucle prix-salaire : une estimation par la méthode de Johansen », *Document de travail de l'OFCE*, n° 99.01,avril.

8. Cotis J.-PH., R. Méary et N. Sobczac (1998) « Le chômage d'équilibre en France : une évaluation », *Revue Économique*, vol. 49, n° 9, pp 921-935.

Source : Tableau tiré des *Études Économiques de l'OCDE*, France, juillet 2000, p. 83.

Évaluation du NAIRU

Issu de l'estimation d'une boucle prix-salaire, ce taux de chômage d'équilibre peut être évalué soit à l'aide d'une courbe de Phillips soit à l'aide d'une courbe de salaire (Wage Setting). Dans le modèle trimestriel de l'OFCE, *e-mod.fr*, l'équation de salaire se présente sous la forme d'une relation de Phillips :

$$\Delta W = \alpha\ \Delta P_c - \beta(U-\bar{U}) - \delta\Delta txcot + \rho\Delta\pi_{h_l} + \gamma + \varepsilon^{w} \qquad (1)$$

où W représente le salaire nominal
P_c représente les prix à la consommation
U représente le taux de chômage
$txcot$ représente le taux de cotisations employeurs
π_{h_l} représente la productivité horaire du travail

Cette relation est confirmée sur données françaises (graphique 8) même si elle est moins marquée en fin de période qu'au cours des années 1980.

En faisant l'hypothèse d'un NAIRU stable dans le temps, l'estimation de l'équation (1) est :

$$\Delta W = 0{,}78\ \Delta P_c - 0{,}11U - 0{,}26\Delta txcot + 0{,}44\Delta\pi_{h_l} + 1{,}47 \qquad (2)$$

Sous l'hypothèse d'un comportement de prix traditionnel (*mark-up* constant et part constante des importations dans la consommation), l'indexation des salaires sur les prix n'est pas unitaire, ce qui rend compte d'un arbitrage inflation/chômage. Il existe une relation entre un chômage

8. Courbe de Phillips en France depuis 1978

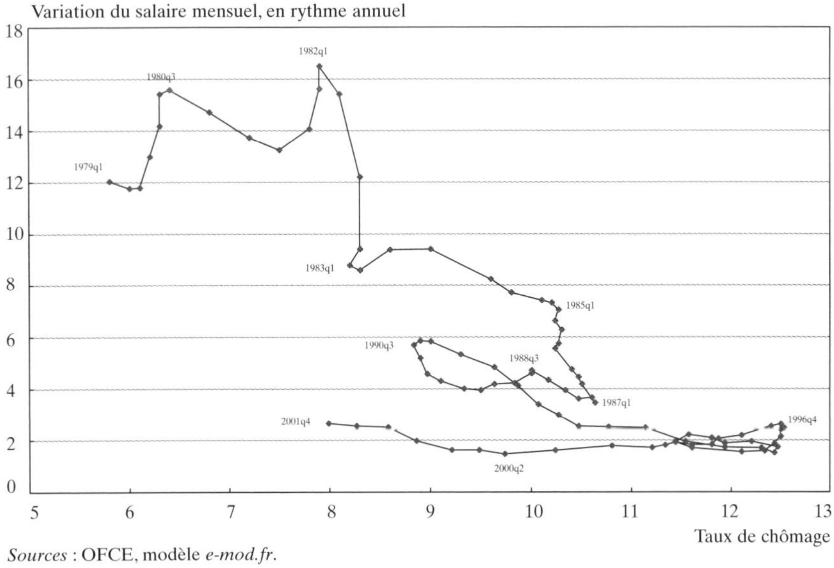

Sources : OFCE, modèle *e-mod.fr*.

d'équilibre (qui vaut 9,5 % pour la période 1978-1999) et le taux d'inflation. Pour une baisse de 1 point de chômage le taux de croissance annuel des salaires nominaux augmente de 1,2 % et l'inflation de 1 %. Nous avons essayé d'introduire d'autres variables de tension sur le marché du travail (difficultés de recrutement déclarées par les entreprises par exemple), mais aucune ne peut expliquer les variations du salaire. Le chômage est le seul indicateur satisfaisant.

La plupart des estimations du tableau 9 situe le chômage d'équilibre au-dessus du niveau de chômage observé. Or, on observe pas de dérapage salarial et on a donc certainement tendance à sur évaluer la valeur du chômage d'équilibre, probablement parce que celui-ci est variable dans le temps.

4. Instabilité du NAIRU

En 1994, Phelps* résume un courant de pensée initié par Layard, Nickell et Jackman de la façon suivante : « Premièrement il existe un taux naturel de chômage. Deuxièmement, ce taux naturel bouge ».

On distingue habituellement quatre grandes causes théoriques aux mouvement du chômage d'équilibre : 1. Le taux d'intérêt à long terme (Fitoussi et Phelps, 1987, *Slump in Europe*), 2. L'hystérèse, par exemple Muet, 1997, « Déficit de croissance et Chômage : le coût de la non coopération », estime qu'« (...) entre 2/3 et 3/4 du NAIRU s'expliquerait par le chômage accumulé », 3. Les gains de productivité du travail, 4. Les réformes institutionelles et structurelles du marché du travail (OCDE, 1998, 1999, *Perspectives de l'emploi*).

Empiriquement, comme c'est le cas dans certaines études récentes, on évalue un NAIRU variant dans le temps à l'aide de paramètres non structurels (Richarson et *alii*, 2000 ; Irac, 1999) en utilisant l'algorithme du filtre de Kalman.

* Phelps E. (1994) : *Past and prospective causes of hight unemployment : discussion of the paper by Paul Krugman. Comments for the Economic Symposium, Reducing for the Economic Symposium, Reducing Unemployment.* Federal Reserve Bank of Kansas, août.

Différentes méthodes se sont développées pour prendre en compte cette variabilité du NAIRU dans le temps, la plus prometteuse consistant à utiliser un filtre de Kalman (encadré 4). Une première approche de ce phénomène, consiste simplement à relier l'évolution du NAIRU avec le niveau du chômage. La relation (1) simplifiée s'écrirait alors :

$$\Delta W = \alpha \, \Delta P_c - \beta(U - \overline{U}\ (U)) + \gamma \qquad (3)$$

Les estimations de l'OCDE mettent en évidence une liaison entre les modifications du NAIRU durant la période 1990-98 et les variations du chômage sur la même période. Entre 1990 et 1998, la plupart des pays industrialisés dans lesquels le chômage a baissé ont également enregistré une forte baisse de l'estimation de leur NAIRU (graphique 9).

9. Variation du NAIRU et du taux de chômage dans les principaux pays industrialisés durant la période 1990-1998

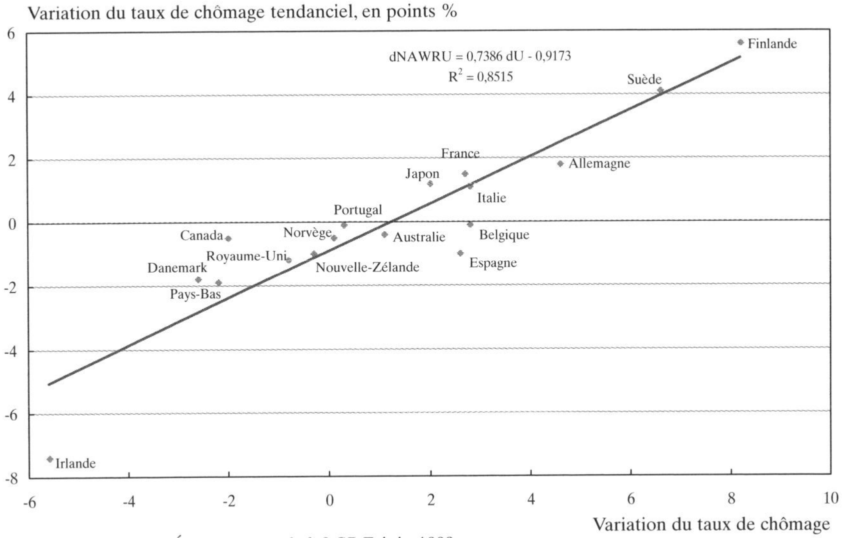

Source : *Perspectives Économiques de l'OCDE*, juin 1999.

L'élasticité du NAIRU par rapport au taux de chômage effectif sur ce panel de pays est de 0,75 ; une baisse de 1 point du taux de chômage effectif entraîne une baisse de 0,75 point du NAIRU. Cette élasticité est de 0,5 si l'on exclut les pays « extrêmes » (l'Irlande, la Finlande et la Suède).

Cette évaluation simpliste est sujette à caution. La causalité du chômage vers le NAIRU ne peut pas être affirmée sur la base de ces données. Elle nous permet seulement d'explorer l'hypothèse de l'influence du chômage sur le NAIRU en retenant une élasticité de 0,5. L'impact d'une baisse du chômage sur la croissance des salaires nominaux diminuerait de moitié par rapport à celui calculé à l'aide de la relation (2). Bien entendu, cette dernière relation ayant été estimée à NAIRU constant, le raisonnement est approximatif. Une estimation d'un *time varying NAIRU* évalué à l'aide d'un système du type (3) serait plus satisfaisante. Cependant, une telle évaluation montre à quel point le concept de NAIRU est fragile et son utilisation périlleuse pour la politique économique si, au bout du compte, il varie comme le chômage effectif.

Dans les limites de cet exercice, la relation inflation-chômage en France serait telle qu'une baisse d'un point du taux de chômage susciterait une hausse de 0,6 point du taux de croissance des salaires et de 0,5 de l'inflation. Un objectif d'inflation sous-jacente inférieure à 2 % pourrait s'accommoder d'une baisse d'au moins 2 points du taux de chômage.

D'après l'équation (2), le taux de croissance des salaires réels s'écrit de la manière suivante :

$$\Delta W - \Delta P_c = -0{,}22\Delta P_c - 0{,}11(U - \bar{U}) + \gamma \qquad (4)$$

En supposant la relation (3), une baisse d'un point du taux de chômage induirait une hausse annuelle de (– 0,5*– 0,44) – (0,22*0,6) soit moins de 0,1 % du taux de croissance des salaires réels.

Une faible part des salaires dans la valeur ajoutée

Depuis le début des années 1980, la part des salaires dans la valeur ajoutée a baissé régulièrement, se stabilisant aux alentours de 58 % en fin de période après avoir atteint 68 % au début des années 1980 (graphique 10).

Le haut niveau du chômage a freiné la croissance du salaire réel et explique l'évolution de la part des salaires. Depuis 1995, la part des salaires semble stabilisée à un niveau inférieur à la moyenne des années 1960. Les baisses de charges sociales entreprises depuis 1993 (allègement bas salaires successifs, transferts de cotisations sociales vers la CSG, allègements 35 heures) et la modération salariale brouillent l'analyse.

10. Part des salaires dans la valeur ajoutée

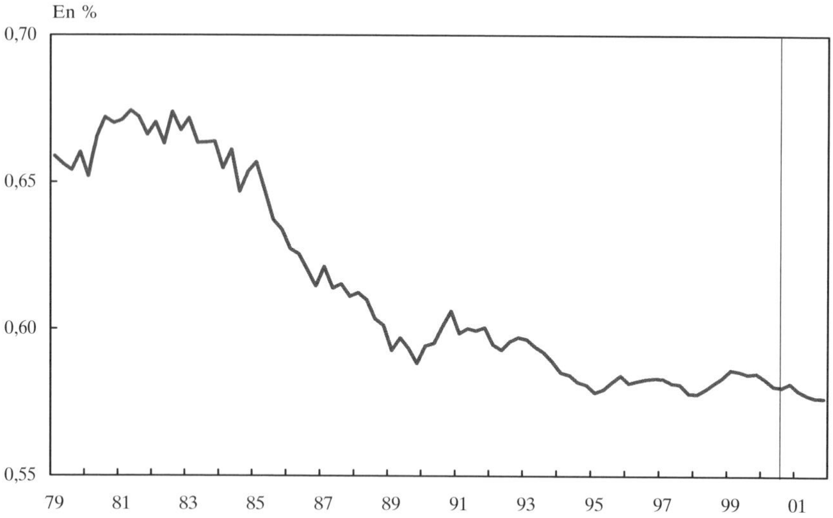

Sources : INSEE, comptes trimestriels, prévisions OFCE, *e.mod.fr*.

5. Les 35 heures

Le 1er février 2000, la seconde loi Aubry est entrée en vigueur. Depuis, les statistiques indiquent un net infléchissement de la durée du travail. La durée du travail, telle que mesurée par l'enquête ACEMO (menée auprès des entreprises du secteur marchand de plus de 10 salariés) baisse au premier trimestre 2000 de 2,2 %, soit 50 minutes par semaine (tableau).

Une telle évolution est compatible avec une diffusion assez rapide des 35 heures, qui s'est accélérée avec la mise en application de la loi. Cependant, ces chiffres sont à prendre avec précaution. Les entreprises qui appliquent la loi sur les 35 heures et qui souhaitent bénéficier des aides associées doivent présenter un accord où la durée du travail est de 35 heures par semaine. Cependant, elles sont libres de définir, dans certaines limites, ce qui constitue un temps de travail. Les temps de pause, de formation, d'habillage peuvent être exclus du temps de travail tout en étant rémunérés, par exemple. De plus, les entreprises peuvent inclure les jours de congés accordés au-delà du minimum légal de 5 semaines. La définition du temps de travail doit toutefois être négociée avec les salariés.

Évaluation de la durée du travail

	1999.1	1999.2	1999.3	1999.4	2000.1	2000.2
Durée du travail ACEMO	38,7	38,6	38,3	38,0	37,2	36,9
Évolution *(en %)*	– 0,1	– 0,2	– 0,8	– 0,7	– 2,2	– 0,8
Durée du travail DARES	36,5	36,5	36,4	36,2	35,9	35,8
Évolution *(en %)*	– 0,2	– 0,1	– 0,3	– 0,6	– 0,9	– 0,3

Sources : ACEMO, DARES.

Cette possibilité de re-définition du temps de travail à l'occasion du passage à 35 heures autorise les entreprises à réduire effectivement de moins de 4 heures par semaine la durée du travail d'autant que les aides accordées sont indépendantes de l'ampleur de la réduction engagée. Les données issues des enquêtes menées par la DARES et des analyses d'accords 35 heures montrent que, dans le cas d'entreprises ne faisant pas appel aux subventions incitatives de la loi Aubry I, la durée du travail n'est effectivement réduite que de 2 heures.

Les aides perçues au titre des 35 heures représentent, en moyenne, 3 % de la masse salariale. Pour une réduction de 5 % de la durée (i.e. 2 heures), il suffit à l'entreprise de dégager 2 % de productivité induite (par exemple par l'annualisation du temps de travail) pour effectuer la réduction de la durée sans modération salariale (le salaire mensuel est inchangé) et avec des coûts inchangés. Les données de la comptabilité nationale sur les comptes des entreprises (jusqu'au 1er trimestre 2000) montrent que les coûts salariaux ne dérapent pas. La hausse de la durée est compensée par l'évolution de la productivité du travail et la baisse des cotisations sociales. Ces éléments justifient un point d'accumulation des réductions dans le cadre de la loi Aubry II autour de 2 heures. Cette analyse est développée en détail dans « Réduction réduite » de E. Heyer et X. Timbeau, *Revue de l'OFCE*, n° 73, juillet 2000.

Le passage aux 35 heures dans le cadre de la loi Aubry II correspond donc à la fois à une réduction effective de la durée de 2 heures et à une rupture dans la définition de la durée du travail. Les statistiques mesurées par l'enquête ACEMO agrègent les deux et conduisent à sur-estimer la baisse effective. La DARES a reconstruit une durée (tableau) en tenant compte de la rupture statistique, de l'évolution du temps partiel et en élargissant au champ de l'ensemble des entreprises (l'enquête ACEMO porte sur les entreprises du secteur marchand de plus de 10 salariés et mesure la durée des salariés à temps plein). Cette série de durée corrigée est évidemment entachée de nombreuses incertitudes de mesure, mais elle donne assurément une meilleure image de la variation récente de la durée du travail.

Les variations de la durée du travail ainsi corrigées correspondent à environ 200 000 créations d'emploi induites par les loi de réduction de la durée du travail. Ce chiffre est par ailleurs compatible avec 4 millions de salariés concernés par un accord 35 heures à la fin du deuxième trimestre 2000 (chiffre annoncé par le Ministère du travail), soit environ 50 % du champ des salariés potentiellement concernés. Pour 8 millions de salariés à 35 heures, l'impact serait de 450 000 emplois. Notre scénario prolonge à la fin 2000 et en 2001 la diffusion des 35 heures avec un ralentissement graduel. A la fin 2001, 350 000 emplois seraient créés par les 35 heures. Il resterait alors les entreprises de moins de 20 salariés... et la fonction publique.

Les aides accordées au titre des 35 heures correspondent à une baisse du taux apparent de cotisations sociales employeurs de 2,7 points à la fin 2001. Ex ante, au titre des 35 heures, les baisses de charge sont de 27 milliards de francs en 2000, 50 en 2001 et 65 en année pleine.

Pas de contrainte extérieure sur la croissance

Depuis deux ans, l'excédent commercial continue de s'amenuiser. Au premier semestre, le solde des échanges de biens et services atteint 80,7 milliards de francs, soit une baisse de 23,8 % par rapport au deuxième semestre de 1999 (graphique 11). Cette baisse, tout en maintenant l'excédent à un haut niveau, s'explique pour partie par l'envolée du cours du pétrole brut. Par ailleurs, s'il est exact que la dépréciation de la monnaie unique favorise les exportations hors euro (celles-ci se sont accrues de 7,4 % sur les six premiers mois de l'année par rapport aux six premiers mois de 1999), cette dépréciation ainsi que l'évolution des prix du pétrole a également fait bondir la valeur des importations dans des proportions plus importantes (10,4 %).

11. Solde extérieur des échanges de biens et services

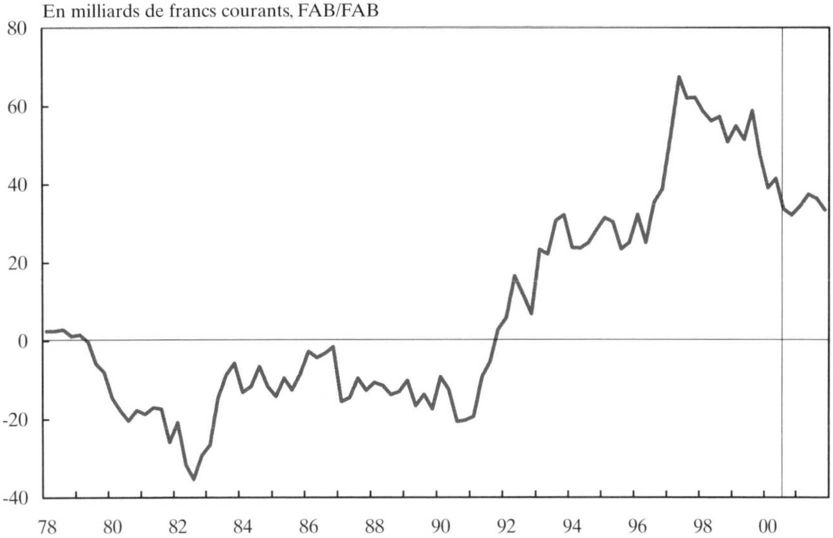

Sources : INSEE, comptes trimestriels, prévisions OFCE, *e.mod.fr*.

Forte croissance des prix des importations

Les échanges extérieurs de la France en 2000 auront été marqués par l'alourdissement de la facture pétrolière. Le déficit de la branche énergie, qui avait chuté en 1998 à la suite de l'effondrement des cours, s'est alourdi en 1999 de 15 milliards de francs et a atteint 71 milliards de francs au premier semestre 2000, niveau jamais égalé depuis la période précédent le contre-choc pétrolier de 1986. La dépréciation de l'euro (près de 11 % au premier semestre 2000) a favorisé la hausse des prix à l'importation y compris énergie (2,5 % au premier semestre 2000).

La facture énergétique n'est toutefois pas seule à s'alourdir. Répondant à l'accélération de la demande intérieure, les importations de biens de consommation et de biens intermédiaires progressent vivement (tableau 10), principalement au premier trimestre 2000 et en provenance d'Allemagne.

La dégradation des importations serait donc liée à la fois à la hausse du prix du baril et au décalage conjoncturel entre la France et ses principaux partenaires européens.

10. Contribution à la croissance des importations françaises

En %

	Poids	1999 t1	1999 t2	1999 t3	1999 t4	2000 t1	2000 t2
Ensemble	**100**	**- 0,6**	**3,4**	**4,5**	**4,3**	**5,9**	**3,8**
Dont							
Agro-alimentaire	10,3	0,0	0,1	0,0	0,2	– 0,2	0,2
Energie	7,5	– 0,1	1,0	1,1	1,5	2,1	0,2
Industrie	82,2	– 0,6	2,3	3,4	2,6	4,0	3,4
Dont							
BC [1]	15,4	– 0,1	0,6	0,4	0,6	1,1	0,4
Automobile	10,1	0,0	0,2	0,7	0,2	0,7	0,0
BE [2]	22,6	0,3	0,7	0,3	0,2	0,8	1,2
BI [3]	33,6	– 0,8	0,7	1,5	2,1	1,3	1,6
Divers	0,4	0,0	0,1	0,4	- 0,7	0,1	0,1

1. Biens de consommation.
2. Biens d'équipement civils.
3. Bien sintermédiaires.
Sources : Douanes, calculs OFCE.

Maintien des parts de marché dans un environnement dynamique

La faiblesse de l'euro, associée à la modération salariale, a stimulé les exportations françaises. Au cours du premier semestre, les entreprises françaises ont gagné en compétitivité face à la concurrence internationale. Cette amélioration permet à la France de maintenir ses parts de marché en volume dans un contexte de croissance du commerce mondial (graphique 12).

12. Évolution de la compétitivité-prix et des parts de marché en France

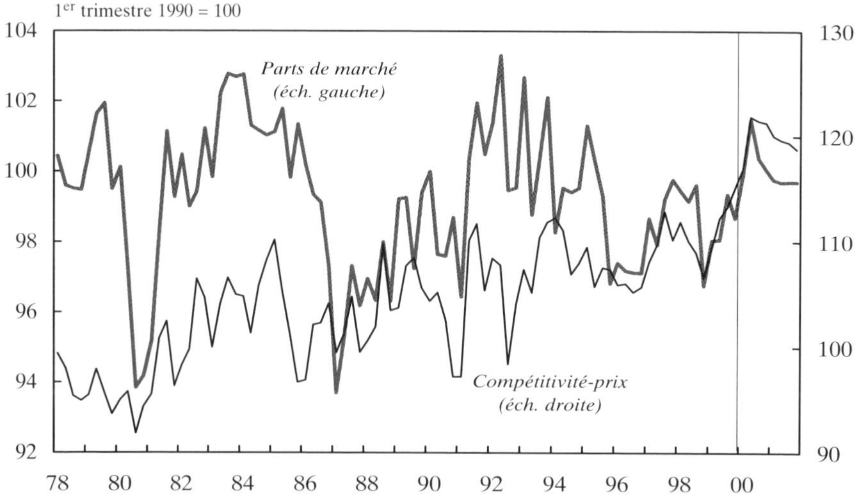

Sources : INSEE, comptes trimestriels, prévisions OFCE, *e.mod.fr*.

11. Contribution à la croissance des exportations françaises

		1999				2000	
	Poids	t1	t2	t3	t4	t1	t2
Ensemble	**100**	**- 1,0**	**3,0**	**5,6**	**1,3**	**4,0**	**5,2**
Dont							
Union européenne	**62,9**	- 0,2	1,9	2,9	2,0	0,9	2,5
Zone euro	*49,7*	*- 1,1*	*2,4*	*1,5*	*1,8*	*1,0*	*2,9*
OCDE hors UE	**18,1**	1,1	0,2	1,5	0,4	1,3	0,5
États-Unis	*7,3*	*0,0*	*0,3*	*0,5*	*0,4*	*0,9*	*0,3*
Asie hors Japon	***6,3***	- 1,0	0,2	0,7	- 0,4	0,3	1,0
Japon	**1,6**	0,1	- 0,1	0,2	0,1	0,1	0,0
Afrique	**5,4**	- 0,6	0,2	0,2	0,1	0,5	0,9
Reste du Monde (y.c. Moyen-Orient)	**5,7**	- 0,4	0,7	0,1	- 1,0	0,8	0,3

Sources : Douanes, calculs OFCE.

Par ailleurs, la hausse du prix du pétrole n'a pas que des effets négatifs sur nos échanges : les exportations vers les pays du Moyen-Orient ont fortement augmenté au premier semestre (tableau 11).

A l'horizon de notre prévision, nous faisons l'hypothèse que la demande mondiale restera dynamique. Sous l'effet conjugué de l'accélération de la croissance en Amérique latine et des pays de l'OPEP, la demande étrangère retrouvera un rythme de croissance voisin de celui atteint dans les années 1994-1995 aux alentours de 10,3 % en 2000 et 9,6 % en 2001.

Cet environnement porteur permettra une reprise des exportations (12,4 % en volume pour l'ensemble des biens et services pour l'année 2000), tandis que les importations, stimulées par une forte demande intérieure, augmenteront de 12,7 % (graphique 13). La contribution du commerce extérieur à la croissance française devrait se maintenir à 0,2 point en 2000 et 2001.

Pour l'ensemble des biens et services, la balance commerciale française devrait enregistrer un excédent de 150 milliards de francs en 2000 et 140 milliards de francs en 2001, contre 210 milliards de francs en 1999, 220 milliards en 1998 et 240 milliards en 1997. Le compte de transactions courantes de la balance des paiements française s'est soldé par un excédent de 228 milliards de francs en 1999, soit 2,6 % du PIB. L'excédent du compte de transactions courantes, qui mesure également la différence entre l'épargne et l'investissement intérieur, a confirmé le maintien à haut niveau de l'épargne nationale en 1999, malgré la progression rapide de l'investissement productif.

Sur le premier semestre 2000, l'excédent cumulé du compte de transactions courantes se situe au même niveau qu'au premier semestre 1999 (115 milliards de francs). Cette stabilité masque, toutefois, des évolutions divergentes, l'excédent des biens se contractant de plus de moitié, alors que les services et les revenus connaissent une amélioration équivalente (graphique 14).

13. Ensemble des échanges extérieurs

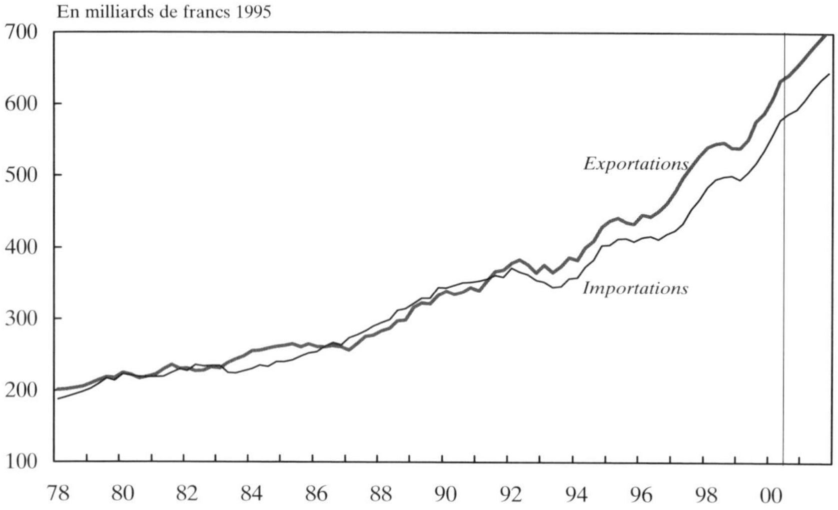

Sources : INSEE, comptes trimestriels, prévisions OFCE, *e.mod.fr*.

14. Balance des transactions courantes

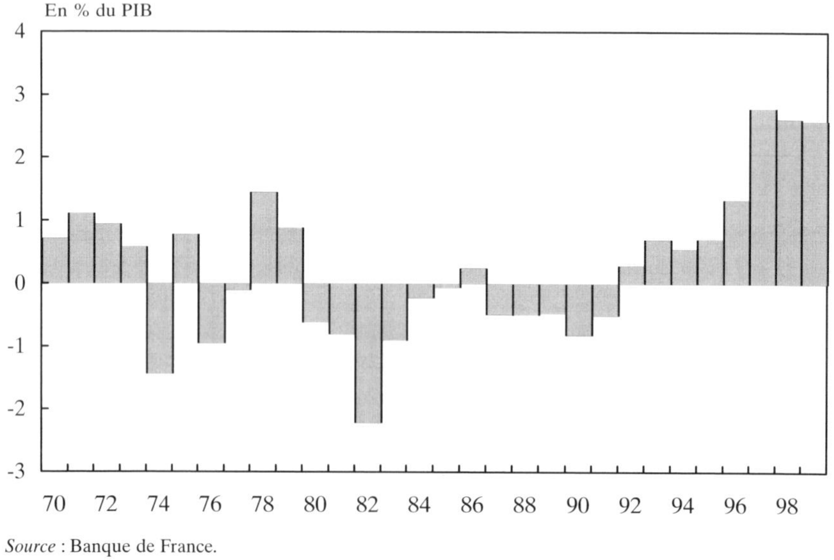

Source : Banque de France.

Cet excédent a donné lieu, en contrepartie, à d'importants placements financiers nets des résidents à l'étranger, notamment au titre des investissements directs, qui engendrent des versements de revenus et devraient ultérieurement stimuler les exportations et (graphique 15).

15. Investissements directs

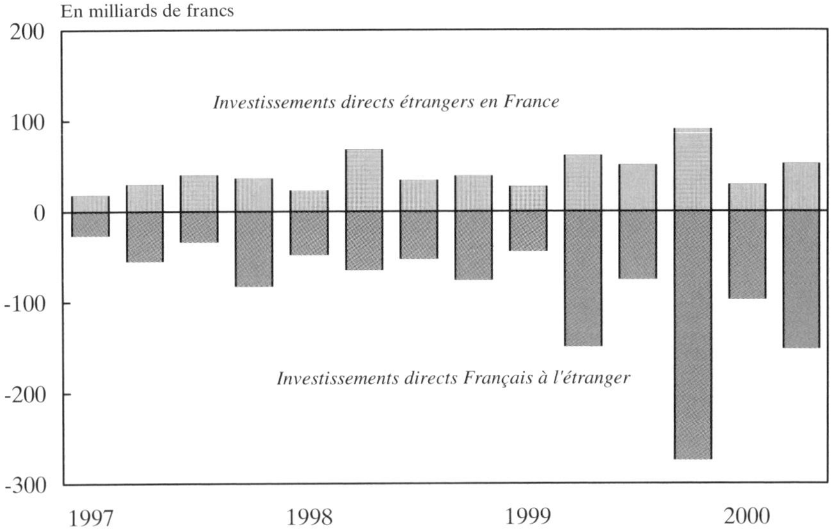

Source : Banque de France.

En 1999, les investissements directs à l'étranger ont progressé de près de 150 % par rapport à 1998, plaçant la France au troisième rang mondial sur ce plan, derrière les États-Unis et le Royaume-Uni, mais devant l'Allemagne [4]. Cette nouvelle accélération des flux d'investissements directs à l'étranger en 1999 est le reflet de deux phénomènes :

– d'une part, il traduit le changement de perspective des agents économiques et des investisseurs résidents, pour qui la zone euro s'est logiquement substituée au marché national comme champ d'action privilégié des opérations d'investissement. A la faveur de la disparition du risque de change et face aux exigences de la mondialisation, les investisseurs français, à l'instar de ceux de la zone euro, ont diversifié leurs placements dans d'autres pays. C'est ainsi que les investissements directs français à l'étranger ont été majoritairement tournés vers la zone euro (88 % de l'ensemble des investissements) ;

– d'autre part, il résulte de l'augmentation du nombre et de la taille des opérations de fusions et acquisitions internationales initiées par des entreprises françaises.

4. Rapport sur l'investissement publié par la Conférence des Nations Unies pour le commerce et le développement (CNUCED).

Symétriquement, recevant près de 10 % (50 milliards de francs) des investissements directs de l'étranger dans la zone euro, la France reste une terre d'accueil pour les investisseurs extérieurs à la zone euro. Au total, le flux brut des investissements directs étrangers en France, intra et extra-zone confondus, a atteint 230 milliards, en hausse de 39 % par rapport à 1998.

De son côté, la position extérieure nette de la France[5] s'est contractée pour la deuxième année consécutive, passant de 954 milliards de francs fin 1998 (11,2 % du PIB) à 326 milliards fin 1999 (3,7 % du PIB). Cette dégradation, malgré des placements nets à l'étranger en progression, provient de l'évolution des valorisations des investissements directs et de portefeuille. Ces valorisations ont été plus importantes en France qu'à l'étranger.

Politique économique : réduction sans précédent des prélèvements obligatoires

En 2000, la politique économique a été marquée par une très forte réduction des prélèvements obligatoires (110 milliards au total). Pour la première fois depuis 1992, le taux de prélèvements obligatoires aura baissé en 2000. En 1999, il avait atteint le niveau record de 45,7 % du PIB, malgré des baisses équivalant à 0,3 point de PIB : l'augmentation spontanée des prélèvements (hors mesures) a été supérieure à 1 point de PIB (tableaux 12 à 14).

Le gouvernement a annoncé son intention de poursuivre la réduction des prélèvements au cours des trois prochaines années. En 2001, la baisse des impôts et cotisations sociales devrait atteindre presque 1 point de PIB. Mais du fait de son augmentation spontanée liée à la croissance, le taux de prélèvements obligatoires serait de 44,4 % du PIB en 2001, soit une baisse limitée à 0,7 point de PIB. Les dépenses publiques restant sous contrôle, le déficit public pourra être réduit de 0,4 point en 2001 ; en 2000 et 2001, les dépenses publiques ralentiraient après une croissance de 3,1 % en 1999.

En combinant allègements fiscaux et modération des dépenses, la politique économique produira une impulsion positive de 0,3 point de PIB en 2000 et 0,1 en 2001.

5. La position extérieure nette de la France se mesure par la différence entre la valeur des actifs étrangers détenus par les résidents français et la valeur des actifs français détenus par les non-résidents.

12. Indicateurs de finances publiques

	1995	1996	1997	1998	1999	2000	2001
En points de PIB							
Dépenses publiques	55,2	55,5	55,0	54,0	53,9	53,1	51,8
Prélèvements obligatoires	43,7	44,8	44,9	44,9	45,7	45,1	44,4
Recettes non fiscales	6,0	6,6	7,0	6,4	6,4	6,4	6,4
Solde administrations publiques	– 5,6	– 4,1	– 3,0	– 2,7	– 1,8	– 1,5	– 1,1
Taux de croissance en volume							
Dépenses publiques	2,4	1,6	0,9	1,5	2,6	1,8	1,3

Sources : Comptes nationaux, prévisions OFCE.

13. Prélèvements obligatoires reçus par les administrations

	1999		Taux de croissance	
	en milliards de F	en points de PIB	2000	2001
TVA	646	7,3	2,5	2,6
Impôts sur les produits et la production	764	8,7	1,8	2,1
Impôt sur le revenu des ménages	740	8,4	3,1	2,6
Impôt sur les sociétés	229	2,6	4,5	5,9
Cotisations sociales reçues	1462	16,6	2,8	3,0
Dont cotisations employeurs	1016	11,5	1,9	2,3
Cotisations salariés	351	4,0	4,4	4,9
Total	4001	45,4	2,6	2,8

Sources : Comptes nationaux, prévisions OFCE.

14. Principales dépenses des administrations publiques

	1999		Taux de croissance	
	en milliards de F	en points de PIB	2000	2001
Rémunérations des salariés	1210	13,7	2,9	2,7
Consommations intermédiaires	487	5,5	4,0	1,6
Intérêts versés	296	3,4	0,3	0,1
Prestations sociales	2358	26,8	2,6	2,3
Subventions et transferts	445	5,1	0,0	0,0
FBCF	256	2,9	6,8	2,6

Sources : Comptes nationaux, prévisions OFCE.

Budget de l'État : priorité aux baisses d'impôts

Les mesures prises en 2000 et 2001 totalisent une réduction équivalant à 2 points de PIB, soit presque 200 milliards. Les réductions les plus fortes effectuées depuis le début des années 1980 étaient deux fois inférieures (0,5 point de PIB en 1987 et 0,6 en 1988). Le gouvernement prévoit de poursuivre les réductions de prélèvements obligatoires en 2002 et 2003 tout en les atténuant (baisse d'environ 40 milliards en 2002 et 30 en 2003) [6].

En 2001, les mesures nouvelles concernent essentiellement les ménages (tableau 15). Dès le dernier trimestre 2000, ils bénéficient de la réduction de la taxation du fioul domestique (3,5 milliards) et de la suppression de vignette (10 milliards et 2,5 milliards supplémentaires en 2001). La première étape de la réduction de l'IRPP constitue une réduction des prélèvements directs sur les ménages de 23,4 milliards en 2001, auxquels il faut ajouter la ristourne dégressive de CSG CRDS (9 milliards) qui profite aux ménages modestes. Les ménages bénéficient également de la baisse de la TVA réalisée en cours d'année 2000 : sur l'ensemble de l'année 2001, cette mesure induit une réduction des recettes de TVA de 13 milliards par rapport à 2000. Enfin, la réduction de la fiscalité sur les carburants devrait rapporter environ 10 milliards aux ménages en 2001. Outre ces réductions décidées par le gouvernement, on peut ajouter la réduction des cotisations salariales Unedic (3,5 milliards en 2001), contenues dans la troisième version du plan de réforme de l'assurance chômage, agréée par le gouvernement.

Les aménagements de la fiscalité pétrolière profitent aussi aux entreprises. Celles-ci bénéficient également de la réduction de l'impôt sur les sociétés (3 milliards). L'essentiel de la réduction des prélèvements obligatoires sur les entreprises correspond à des mesures prises antérieurement. La suppression progressive des salaires de l'assiette de la taxe

15. Baisses de prélèvements obligatoires annoncées fin 2000 et en 2001

Ménages (hors TVA)	**– 56**	**Entreprises**	**– 28**
Impôt sur le revenu	– 23	Taux impôt sur les sociétés	– 11
CSG CRDS	– 9	Autres mesures IS	8
Vignette	– 13	Taxe professionnelle	– 8
Fiscalité pétrolière	– 8	Fiscalité pétrolière	– 2
Cotisations Unedic	– 4	TGAP	4
TVA	**– 13**	Cotisations patronales	– 20
		Total général	**– 97**

Sources : MEFI, Unedic.

6. L'ensemble des mesures annoncées par le ministre des Finances pour les trois prochaines années sont commentées dans un autre article de la présente revue.

professionnelle se poursuit (8 milliards), ainsi que la réduction des cotisations sociales patronales : les cotisations patronales Unedic sont réduites de 0,19 point (3,5 milliards), et l'augmentation du nombre de salariés pouvant bénéficier des aides Aubry, du fait de la diffusion des 35 heures, implique des baisses supplémentaires de cotisations de Sécurité sociale financées par le fonds de réduction des cotisations patronales. Le gouvernement estime que ces baisses coûteront 16 milliards supplémentaires par rapport à 2001. Selon l'OFCE, le coût sera plus élevé : on estime les réductions de cotisations patronales supplémentaires à 23 milliards du fait de la rapidité de diffusion des 35 heures. Ces baisses de cotisations patronales ne constituent pas une réduction de la charge nette des entreprises car elles ont pour objet de compenser une partie du coût induit par la réduction du temps de travail. Le taux de contribution sociale sur les bénéfices ne sera pas augmenté et la taxe générale sur les activités polluantes (TGAP) sur les consommations intermédiaires d'énergie rapportera 4 milliards.

Le niveau du cours du pétrole porte un coup à la montée en puissance de la fiscalité écologique. Les baisses d'impôt et de cotisations sociales sur les ménages augmentent leur pouvoir d'achat, ce qui compense, on l'a vu, la hausse du cours du brut. Ces mesures permettent, autant que les réductions de TIPP, de compenser la perte de pouvoir d'achat induite par l'augmentation du prix des carburants, mais contrairement à l'allègement de la fiscalité sur les produits pétroliers, elles ont l'avantage de ne pas porter atteinte à la dimension incitative de la fiscalité écologique.

Une partie des réductions décrites plus haut porte sur les recettes de la Sécurité sociale et des administrations locales (une vingtaine de milliards chacune). Les baisses d'impôts locaux sont financées par des dotations budgétaires, tandis que les baisses nettes de recettes de la Sécurité sociale sont financées par l'affectation de taxes (tabac, alcool, taxes sur les véhicules de sociétés et les conventions d'assurance, cotisation sociale sur les bénéfices (CSB), TGAP).

Dépenses de l'État : forte limitation, au détriment des dépenses en capital

Le budget de l'État annoncé par le gouvernement respecte les engagements du programme pluriannuel de finances publiques : les dépenses doivent augmenter de 0,3 % en volume (tableau 16).

Comme à l'accoutumée, les dépenses en capital (et dans une moindre mesure les dépenses militaires) font les frais de la rigueur budgétaire. La remontée des taux d'intérêt pèse sur les charges de la dette. La hausse des dépenses primaires prévue par le gouvernement se limite à 0,2 % en volume. L'augmentation des moyens des services (essentiellement les rémunérations) représente à elle seule la moitié des 25 milliards de dépenses supplémentaires prévues. 11 337 emplois civils nets seront créés, auxquels s'ajoutent 5 187 emplois militaires créés dans le cadre de la professionnalisation des armées. Le nombre d'appelés et de volontaires se réduit de 34 573 personnes. Les postes seront essentiellement créés dans l'éducation nationale (6 601) et la justice (1 549).

Les interventions publiques constituent 34 % de la hausse des crédits budgétaires. Elles relèvent pour 40 % du ministère de l'emploi et de la solidarité. Le gouvernement poursuit sa politique de créations d'emplois-jeunes avec pour objectif le passage par ce dispositif de 350 000 personnes fin 2001. L'année prochaine, 22 milliards sont budgétés, soit une hausse de 3 %. Certains dispositifs, tels que les contrats initiative-emploi et les contrats emploi-solidarité, sont progressivement abandonnés. L'amélioration de la situation du marché du travail permet une stabilisation du budget du Ministère de l'emploi. Les exonérations de charges prennent une place de plus en plus importante du fait de l'augmentation des accords de réduction du temps de travail qui conditionnent les ristournes mises en place en 2000. A partir de 2001, le financement de ces baisses de charges est totalement déconnecté du budget de l'État : le fonds de financement des réductions de cotisations patronales est dorénavant entièrement financé par l'affectation de taxes. Cela ne change rien sur le plan économique, mais, sur le plan comptable, cela évite que la montée en puissance induise une forte croissance des dépenses de l'État.

16. Dépenses du budget de l'État

	LFI 2000	PLF 2001 à structure constante	Taux de croissance en valeur
Dette publique et garanties (14 %)	238,2	242,9	2,0
Dont dette publique nette (14 %)	234,7	239,7	2,1
Budgets civils (71 %)	1183,8	1202,2	1,6
Pouvoirs publics (0 %)	4,7	4,9	4,3
Moyens des services (38 %)	631,6	644,1	2,0
Interventions publiques (28 %)	466,6	475,0	1,8
Dépenses en capital (5 %)	81,0	78,2	– 3,5
Budget militaire (15 %)	242,8	244,7	0,8
Dépenses ordinaires y c pensions (10 %)	159,9	161,3	0,9
Dépenses militaires en capital (5 %)	83,0	83,4	0,5
Total budget général (100 %)	1664,9	1689,8	1,5

Source : MEFI.

Parmi les interventions sociales, les dépenses de RMI et d'allocation adulte handicapé augmentent respectivement de 3,3 % (à 29,6 milliards) et de 3,9 % (à 26,5 milliards). Pour la première fois, le nombre d'allocataires du RMI a diminué en 2000. La prestation devrait être revalorisée en janvier 2001. Les dépenses de l'État pour financer la couverture maladie universelle augmentent de presque 8 %.

Sécurité sociale : imperturbables dépenses de santé

En 2000, les comptes de la Sécurité sociale font apparaître une forte croissance des dépenses de santé (tableau 17). Les dépenses d'assurance maladie devraient croître de 4,9 %. Les soins de ville sont particulièrement dynamiques. Les dépenses prévues par le projet de loi de financement sont systématiquement dépassées, ce qui suscite des interrogations quant à l'intérêt du vote des parlementaires et à leur pouvoir. Rappelons qu'en 1999, le Conseil constitutionnel avait invalidé le système de pénalités collectives qui était prévu. En réaction à la dérive des dépenses d'assurance maladie pendant les six premiers mois de l'année, la Cnam a pris des mesures en juillet 2000, notamment la diminution des honoraires conventionnels des médecins. Et le gouvernement a prévu des compensations financières de la part des laboratoires pharmaceutiques. Par souci de réalisme, le gouvernement a décidé de fixer un objectif national de dépenses d'assurance maladie (Ondam) sur la base de la réalisation (et non de l'objectif) de l'année précédente. Etant donné les dérapages successifs, maintenir des objectifs en niveau impliquerait des baisses de dépenses. L'objectif de contrainte des dépenses a également été relâché, puisque pour 2001, il est de 3,5 %.

17. Évolution des dépenses de l'Ondam et du PIB en valeur

Croissance en %	Dépenses Ondam	PIB en valeur	Différence
Moyenne 1990/1996	4,6	3,1	1,5
Moyenne 1997/1999	3,1	3,9	– 0,8
1998	3,9	4,0	– 0,1
1999	3,0	3,3	– 0,3
2000	4,1	4,7	– 0,6

Source : Commission des comptes de la Sécurité sociale.

Finalement, le plan Juppé aura permis une réduction du niveau des dépenses de santé, mais n'aura pas infléchi durablement leur rythme de croissance. Il convient de préciser que le dynamisme des dépenses de santé n'est pas une particularité française. Par ailleurs, ces dernières années, les dépenses de santé (champs Ondam) croissent moins vite que le PIB, ce qui induit une réduction de leur part dans la richesse nationale créée. Il reste que cela s'explique essentiellement par le dynamisme de l'économie : entre 1997 et 2000, l'écart entre le taux de croissance des dépenses et le taux de croissance des prix du PIB a été en moyenne de 3,1 point par an.

En 2000, le Régime général connaît un excédent estimé à un peu plus de trois milliards, malgré le déficit persistant de la Cnam. Les dépenses de vieillesse et des prestations familiales croissent modérément. Les prestations vieillesse du secteur privé (Régime général, Arrco et Agirc) ont augmenté de 2,8 %, et la croissance des dépenses de la branche famille (CNAF) a été limitée à 1,9 %.

En 2001, la croissance des prestations sera limitée, en dehors des prestations santé. Les pensions retraites bénéficieront d'un « coup de pouce » de 0,5 point (pour un coût de 1,7 milliards), au-delà de leur indexation sur les prix. Le niveau de vie assuré par les pensions continue cependant à baisser relativement aux revenus d'activité. Les retraités non imposables bénéficieront en outre de l'exonération de CRDS. Cette mesure est l'équivalent (en plus modeste) des réductions de CSG-CRDS dont bénéficieront les salariés peu rémunérés. L'abondement du fond de réserve se poursuivra, pour atteindre 50 milliards fin 2001. Les dépenses nouvelles en faveur de la famille s'élèveront à 3 milliards, auxquels il faut ajouter le transfert à la Cnaf du financement de l'ensemble de l'allocation de rentrée scolaire et des majorations de pensions de vieillesse (+ 10 %) accordées au retraités ayant élevé trois enfants ou plus. Cette décision a suscité la désapprobation de la Cnaf. Actuellement, les majorations pour enfants (20 milliards) sont financées par le fonds de solidarité vieillesse (qui finance les prestations non contributives). Leur transfert progressif (3 milliards en 2001) sur le budget de la Cnav permettra d'accroître les excédents du FSV qui alimentent le fonds de réserve. Façon comme une autre de transférer une partie des cotisations famille au régime vieillesse...

Achevé de rédiger le 13 octobre 2000

I. Résumé des prévisions pour l'économie française

Moyenne annuelle (en %)	1999	2000	2001
En % de variation aux prix de 1995 :			
PIB	2,9	3,4	3,7
Importations	3,8	12,7	8,2
Dépenses de consommation des ménages	2,3	2,8	3,3
FBCF totale	7,2	6,3	6,1
dont : – Entreprises	7,7	6,2	7,2
– Ménages	8,2	6,9	4,7
– Administrations publiques	2,2	3,5	2,2
Exportations	3,8	12,4	8,2
Contribution des stocks à la croissance, *en %*	– 0,4	0,1	0,2
Demande intérieure totale	2,9	3,3	3,5
Demande intérieure hors stocks	3,3	3,2	3,4
Compte des ménages, *en termes réels %*			
Salaires bruts	3,2	3,0	3,5
Salaires nets	3,1	3,0	3,5
Prestations sociales	2,8	0,5	0,6
Prélèvements sociaux et fiscaux	5,4	1,8	2,1
Revenu disponible	2,5	2,0	2,8
Taux d'épargne, *en % du RDB*	15,8	15,4	15,2
Prix à la consommation *en glissement %*	1,0	1,7	1,5
en moyenne %	0,5	1,6	1,5
Compte des sociétés, *en %*			
Taux de marge	39,6	39,9	40,2
Taux d'épargne	15,6	16,0	16,1
Taux d'investissement	17,3	17,7	18,0
Taux d'autofinancement (hors stock)	84,5	84,7	83,2
Compte des administrations et du reste du monde			
Taux de prélèvement obligatoire, *en % du PIB*	45,7	45,1	44,4
Solde des administrations publiques, *en % du PIB*	1,8	1,5	1,1
Solde commercial, *en milliards de francs* [1]	212,3	146	142
Capacité de financement de la Nation, *en % du PIB*	2,1	1,4	1,4
Emploi salarié [2], *en glissement annuel %*	2,4	3,1	2,5
dont : – industrie	0,7	2,6	1,2
– tertiaire	3,0	3,3	2,9
Emploi total, *en glissement annuel %*	2,2	2,8	2,2
Chômage BIT, *en millions*	2,98	2,59	2,28
Taux de chômage BIT moyen, *en %*	11,2	9,7	8,4
Taux de change $/	1,07	0,93	0,96
Taux d'intérêt à court terme [3]	3,0	4,4	4,7
Taux d'intérêt à long terme [4]	4,6	5,4	5,4

1. FAB/FAB, au sens de la comptabilité nationale.
2. Emploi salarié dans l'ensemble des secteurs, emploi total hors contrats emploi-solidarité et emplois jeunes.
3. Taux PIBOR puis EURIBOR à trois mois.
4. Taux des OAT à 10 ans.

Sources : INSEE, comptes trimestriels ; prévision OFCE en 2000-2001, septembre 2000.

II. France. Ressources et emplois en biens et services, aux prix de 1995

	Niveau (Mds F 95)	Taux de croissance trimestriels en %												Taux de croissance annuels en %		
		1999				2000				2001						
	1999	T1	T2	T3	T4	T1	T2	T3	T4	T1	T2	T3	T4	1999	2000	2001
PIB	8487	0,5	0,8	1,0	1,0	0,7	0,7	1,0	0,8	0,9	0,9	1,0	1,0	2,9	3,4	3,7
Importations	2057	– 1,0	2,1	2,5	3,5	4,0	3,8	1,5	1,0	2,2	2,5	2,1	1,6	3,8	12,7	8,2
Dépenses de consommation des ménages	4570	0,2	0,6	0,9	0,6	0,8	0,3	1,2	0,3	0,9	0,9	1,0	0,8	2,3	2,8	3,3
Dépenses de conso. des administrations	2037	1,0	0,6	0,5	0,6	0,1	0,4	0,4	0,2	0,3	0,2	0,4	0,5	2,5	1,5	1,2
FBCF totale	1665	2,3	1,4	1,4	1,1	1,9	1,9	1,1	1,4	1,6	1,5	1,5	1,7	7,2	6,3	6,1
dont : – Entreprises	937	2,9	0,9	2,1	1,2	1,4	2,0	1,1	1,4	2,0	1,8	1,8	2,3	7,7	6,2	7,2
– Sociétés financières	70	4,0	2,7	3,0	3,7	3,5	4,5	2,1	2,9	2,6	3,1	3,6	2,6	15,6	14,3	12,3
– Ménages	405	2,1	3,3	0,3	0,9	2,9	1,6	1,1	1,5	1,1	0,9	1,0	1,0	8,2	6,9	4,7
– Administrations publiques	251	0,5	0,0	0,4	0,4	1,6	1,4	0,5	0,5	0,5	0,5	0,5	0,5	2,2	3,5	2,2
– ISBLSM	2	– 2,0	– 1,7	– 0,4	1,0	1,9	2,3	0,4	0,2	0,6	0,7	0,6	0,4	4,6	4,0	2,5
Exportations	2258	– 0,1	2,3	4,6	1,9	3,5	4,1	1,2	1,9	2,0	2,1	1,8	1,8	3,8	12,4	8,2
Variations de stocks *(en milliards de francs 95)*	*6*	*3,1*	*3,0*	*– 7,6*	*7,1*	*4,4*	*1,9*	*4,3*	*5,4*	*5,5*	*7,6*	*9,4*	*9,3*	*5,6*	*16,0*	*31,7*
Demande intérieure totale	8286	0,3	0,8	0,4	1,4	0,7	0,5	1,1	0,6	0,9	1,0	1,0	0,9	2,9	3,3	3,5
Demande intérieure hors stocks	8272	0,8	0,8	0,9	0,7	0,8	0,7	1,0	0,5	0,9	0,9	1,0	0,9	3,3	3,2	3,4

Sources : INSEE, comptes trimestriels ; prévision OFCE à partir du troisième trimestre 2000.

III. Prix de détail et taux de salaire horaire

	Taux de croissance trimestriels en %												Taux de croissance annuels en %		
	T1	T2	T3	T4	T1	T2	T3	T4	T1	T2	T3	T4	1999	2000	2001
Moyenne des prix	0,1	0,4	0,1	0,3	0,5	0,2	0,3	0,4	0,4	0,3	0,2	0,4	0,7	1,4	1,3
Moyenne du taux de salaire horaire	0,6	0,5	0,8	1,1	1,2	0,5	1,0	0,9	0,8	0,9	0,8	1,0	2,4	3,7	3,5

Sources : INSEE, comptes trimestriels ; prévision OFCE à partir du troisième trimestre 2000

IV. Effectifs salariés

	Taux de croissance trimestriels en %												Taux de croissance annuels en %		
	T1	T2	T3	T4	T1	T2	T3	T4	T1	T2	T3	T4	1999	2000	2001
Industrie au sens large															
Dont : – Effectifs	0,2	0,1	0,1	0,3	0,5	0,8	0,8	0,5	0,4	0,3	0,3	0,3	0,4	2,0	1,8
– Productivité par tête	0,5	1,1	1,3	1,3	1,1	0,4	0,8	0,8	0,8	0,9	1,0	1,0	2,3	3,9	3,4
Services marchands															
Dont : – Effectifs	0,8	1,0	0,9	1,1	1,3	1,1	1,2	1,2	1,1	0,9	1,0	0,9	3,4	4,5	4,3
– Productivité par tête	– 0,1	0,0	0,5	0,5	0,3	0,1	0,3	0,2	0,2	0,3	0,3	0,4	0,5	1,2	1,0

Sources : INSEE, comptes trimestriels ; prévision OFCE à partir du troisième trimestre 2000.

V. Eléments du compte des ménages

	Taux de croissance trimestriels en %												Taux de croissance annuels en %		
	T1	T2	T3	T4	T1	T2	T3	T4	T1	T2	T3	T4	1999	2000	2001
Salaires bruts [1]	0,8	0,7	0,6	0,8	0,7	0,5	1,1	0,9	0,8	0,8	0,9	0,8	3,2	3,0	3,5
Salaires nets [1]	0,8	0,6	0,6	0,7	0,9	0,5	1,1	0,9	0,8	0,8	0,9	0,8	3,1	3,0	3,5
Prestations sociales [1]	0,8	0,5	0,2	0,3	– 0,1	0,1	0,1	0,0	0,1	0,2	0,4	0,2	2,8	0,5	0,6
Revenu disponible réel [1]	1,2	0,3	– 0,8	1,8	0,5	0,2	0,6	0,4	0,9	0,8	0,8	0,8	2,5	2,0	2,8
Taux d'épargne *en % du RDB*	16,5	16,2	14,8	15,9	15,6	15,7	15,2	15,2	15,3	15,2	15,1	15,2	15,8	15,4	15,2
Taux d'épargne en logement	7,3	7,5	7,6	7,2	7,3	7,4	7,5	7,5	7,5	7,5	7,6	7,6	7,4	7,5	7,5
Taux d'épargne financière	7,7	7,2	5,7	7,0	6,4	6,4	5,9	5,9	5,9	5,9	5,8	5,9	6,9	6,1	5,9

1. En francs constants.

Sources : INSEE, comptes trimestriels ; prévision OFCE à partir du troisième trimestre 2000.

VI. Commerce extérieur et part de marché

	Taux de croissance trimestriels en %												Taux de croissance annuels en %		
	T1	T2	T3	T4	T1	T2	T3	T4	T1	T2	T3	T4	1999	2000	2001
Importations en volume	– 1,0	2,1	2,5	3,5	4,0	3,8	1,5	1,0	2,2	2,5	2,1	1,6	3,8	12,7	8,2
Prix des importations	– 0,3	1,2	1,4	1,0	1,7	0,7	1,3	1,7	0,0	– 1,1	– 0,6	0,7	0,2	5,1	1,1
Demande interne	0,5	0,9	0,8	1,6	0,7	0,9	0,7	0,3	1,6	1,9	1,4	0,9	3,3	3,7	4,9
Exportations en volume	– 0,1	2,3	4,6	1,9	3,5	4,1	1,2	1,9	2,0	2,1	1,8	1,8	3,8	12,4	8,2
Prix des exportations	– 0,3	0,0	0,4	0,2	0,4	0,5	0,3	0,5	0,4	– 0,4	– 0,6	0,0	– 0,6	1,4	0,5
Demande mondiale	– 1,4	2,3	3,2	2,6	2,2	2,5	2,3	2,2	2,3	2,2	1,8	1,8	4,0	10,3	9,0

Sources : INSEE. comptes trimestriels ; prévision OFCE à partir du troisième trimestre 2000.

VII. Taux d'intérêt et taux de change

	T1	T2	T3	T4	T1	T2	T3	T4	T1	T2	T3	T4	1999	2000	2001
Taux d'intérêt :															
A court terme [1]	3,1	2,6	2,7	3,4	3,5	4,3	4,7	5,0	4,9	4,8	4,6	4,5	3,0	4,4	4,7
A long terme [2]	3,9	4,2	5,0	5,3	5,6	5,4	5,4	5,4	5,4	5,4	5,4	5,4	4,6	5,4	5,4
Dollar-euro	1,12	1,06	1,05	1,04	0,99	0,93	0,91	0,87	0,90	0,95	1,00	1,00	1,07	0,93	0,96

1. Taux PIBOR puis EURIBOR à 3 mois.
2. Taux des OAT à 10 ans.
Sources : INSEE, Banque de France ; prévision OFCE à partir du troisième trimestre 2000.

Débat sur les perspectives

Les prévisions occupent une place particulière dans le débat public en économie. Elles sont généralement considérées comme des prédictions, qualifiées fréquemment d'optimistes ou de pessimistes, comme si elles dépendaient de l'humeur des équipes qui les réalisent. Certes, en un sens, la prévision est un art tant elle dépend des signes précurseurs que nous livre le présent, de l'interprétation des évolutions en cours, de la capacité des économistes de sélectionner les informations pertinentes parmi celles, multiples, dont l'intérêt n'est qu'anecdotique. Mais elle est surtout une science puisqu'elle consiste à déduire des informations dont on dispose sur le présent une vision de l'avenir. Elle ne peut être formulée en dehors d'un cadre général d'interprétation, c'est-à-dire d'une théorie qui met en relation les informations que l'on privilégie et les variables que l'on cherche à prévoir.

Parmi ces informations, certaines, cruciales, ne sont pas vraiment disponibles car, pour l'essentiel, elles dépendent de décisions à venir et qu'il n'existe pas vraiment de théorie permettant de déduire des données existantes ce que seront ces décisions. Il faut donc formuler des hypothèses alternatives et retenir celles qui nous paraissent les plus vraisemblables. Dès lors, les erreurs de prévision peuvent avoir au moins trois origines : une insuffisance d'information sur le présent, une mauvaise spécification théorique, la non réalisation de certaines hypothèses. De surcroît, il existe une incertitude irréductible au sens ou certains événements sont imprévisibles, alors même que leur conséquence sur l'activité économique est déterminante. Voilà pourquoi les chiffres associés à une prévision sont éminemment fragiles, qu'ils doivent être considérés comme conditionnels aux hypothèses que l'on formule, aux données dont on dispose et au cadre théorique dans lequel on raisonne.

Il m'a donc semblé nécessaire que les prévisions réalisées par l'OFCE soient publiées en même temps qu'un débat autour de ces prévisions. Cela offre le double avantage de rendre explicite le doute inhérent à tout exercice de prévision pour les raisons déjà exposées, et de participer au pluralisme nécessaire à l'indépendance et au sérieux des études économiques. Une prévision, pour rigoureuse qu'elle soit, n'est pas un exercice mécanique au terme duquel la vérité serait révélée, mais une « histoire » raisonnée du futur délivrant des résultats incertains. Il est utile d'en comprendre d'emblée les limites, pour ne point s'en servir comme d'un argument d'autorité, à l'instar de ce qui est trop fréquemment le cas.

Jean-Paul FITOUSSI

Participants au débat sur les perspectives à court terme du 20 octobre 2000

Christian de Boissieu : COE-CCIP

Guy Longueville : BNP-Paribas

Jean-Paul Fitoussi, Philippe Sigogne, Henri Sterdyniak, Xavier Timbeau : OFCE

L'économie mondiale

Guy Longueville : Au vu des indicateurs aujourd'hui disponibles, la prévision de croissance de l'OFCE me semble réaliste pour l'économie mondiale mais en revanche, un peu haute pour l'économie française 2000. Au second semestre 2001, l'économie mondiale ralentit : l'indicateur avancé des pays du G7 s'est retourné récemment, le commerce mondial est moins dynamique, le prélèvement pétrolier est sensible, l'économie américaine décélère, l'économie japonaise tarde à décoller et les Bourses mondiales sont en recul. Il s'agit donc de voir si ce ralentissement n'est que passager. De solides raisons, largement développées dans le texte de l'OFCE, permettent d'envisager une réaccélération en 2001, États-Unis excepté bien sûr. Je ferai quelques commentaires sur certaines hypothèses développées dans le scénario de l'OFCE.

En ce qui concerne **le prix du pétrole**, la prévision de l'OFCE est prudemment conservatrice. Toutefois, les estimations de stocks pétroliers réalisées par l'AIE (Agence internationale de l'énergie) manquent de fiabilité. Si le niveau de stocks de l'été dernier avait été sous-estimé, ce qui est probable, une baisse assez sensible du prix serait possible dès janvier-février. Il existe donc un biais baissier sur le prix du pétrole par rapport à une prévision centrale naturellement prudente. Par ailleurs, le risque d'une hausse du prix du pétrole consécutive au conflit israélo-palestinien me paraît faible.

Pour les **États-Unis**, doit-on prévoir un *soft landing* comme les données récentes le suggèrent ou un scénario plus tranché ? Nous devons à cet égard rester prudents. Ce n'est pas parce qu'un ralentissement économique s'est initié durant l'été dans un contexte d'ajustement boursier graduel et sélectif – donc sans krach préalable – que le scénario du *soft landing* est acquis. Jusqu'à présent, la croissance américaine a été soutenue par une profitabilité élevée des entreprises, justifiant, grâce à l'effet de levier, un ratio de dette sur fonds propres élevé et croissant (ce dernier a progressé sous l'effet du recours important à l'endettement bancaire et obligataire et de rachats massifs d'actions par les entreprises) . Cette profitabilité a donc favorisé – directement ou indirectement – la forte progression des dépenses en capital des entreprises.

Le ralentissement économique en cours peut, au bout de quelques mois, rompre cet équilibre dynamique fragile. Fléchissement du chiffre d'affaires d'une part, hausse du coût salarial unitaire d'autre part sous l'effet du cycle de productivité, diminueraient la rentabilité. La hausse des primes de risque constatée récemment renchérit déjà le coût de l'emprunt. Avec un retournement de l'effet de levier, les entreprises pourraient — du moins dans certains secteurs — vouloir améliorer leurs structures de bilan et freiner fortement leurs dépenses d'investissement et de stockage. Elles renonceraient aux rachats d'actions. La Bourse pâtirait d'une telle évolution. Ce scénario conduirait à un ralentissement économique plus sévère que celui qui est généralement anticipé aujourd'hui, voire à une récession. Au total, au lieu d'un enchaînement krach boursier-fort ralentissement/récession qui ne s'est pas produit, un enchaînement ralentissement/retournement de l'effet de levier-fort ralentissement/récession reste possible (dans le contexte actuel de bilans dégradés et de structure de financement du secteur privé malsaine).

Ce scénario représente une évolution alternative crédible au *soft landing* envisagé par l'OFCE, et que je retiendrai de même comme scénario central. N'oublions pas que, en cas de fort ralentissement, les marges de soutien de l'activité par la politique monétaire, budgétaire et de change, sont probablement les plus importantes de ces trente dernières années.

En ce qui concerne le **Japon**, le relais de la demande publique par la demande interne privée est loin d'être acquis, comme l'indique la prévision OFCE. Mais je ne partage pas le point de vue de l'OFCE sur le fait que la reprise en **Asie hors Japon** est assurée : les structures de bilan des banques et surtout des entreprises gardent la trace du surinvestissement des années 1990-1996, alors qu'apparaissent déjà des signes de surchauffe dans certains pays d'Asie de l'Est. Un nouveau cycle a bien été enclenché mais sans régler les problèmes de bilan du cycle précédent. Je suis donc plus réservé sur la solidité de la reprise, même si la situation diffère suivant les pays.

Pour **l'Europe,** la question des délais de réaction aux changements d'environnement me paraît importante pour la prévision. L'Europe fait face à plusieurs changements de son environnement, décrits dans le texte de l'OFCE : la hausse des taux d'intérêt de 200-250 points de base depuis un an, le choc pétrolier et l'inflexion de la politique budgétaire, devenue expansive depuis 2000 alors qu'elle était restrictive les années précédentes. Les prévisions OFCE expliquent que ces facteurs d'environnement sont défavorables en 2000 (excepté la politique budgétaire) et deviendront favorables en 2001 : la croissance pourra donc s'accélérer. De mon point de vue, la prévision OFCE sous-estime les délais de réaction des facteurs défavorables. La hausse des taux monétaires de 1999-2000 continuera de peser légèrement sur la croissance en 2001. Le prélèvement pétrolier de 2000 continuera de peser sur la demande des ménages et des entreprises en 2001.

Au total, il n'est pas évident que ces trois facteurs d'environnement puissent globalement exercer des effets favorables dès 2001.

Christian de Boissieu : Je suis en accord avec l'essentiel des hypothèses internationales de l'OFCE. En particulier sur le scénario de réduction de la **bulle pétrolière** : au cours actuel de 35 dollars le baril, on peut estimer qu'il y a 7-8 dollars de composante spéculative. Celle-ci peut se gommer, ce qui conduit à une hypothèse réaliste de 25 dollars, le prix « normal ».

Le début de convergence des signes de ralentissement de **l'économie américaine** date de mai-juin 2000, même si ceux-ci n'étaient pas homogènes : des signes sur l'emploi sont d'abord apparus, laissant croire que le *soft landing* s'amorçait, puis l'emploi s'est de nouveau accru, infirmant cette hypothèse. Nous avons actuellement davantage d'indicateurs convergents, mais nous sommes toujours dans un contexte de signaux contradictoires. Cependant, la proportion de signaux conduisant au *soft landing* augmente. Où va-t-on ? L'ensemble du texte de l'OFCE, sur les États-Unis ou l'Europe, pose la vraie question des grandeurs de référence : où se situe la croissance potentielle, où se situe le NAIRU ?

La vitesse d'ajustement des estimations du NAIRU américain est frappante. Certains considéraient encore il y a deux ans que les effets de la nouvelle économie étaient surestimés et que le NAIRU se situait à 5,5 ou 6 % ; les mêmes ont changé rapidement de discours et l'évaluent à 4 % actuellement ; la croissance potentielle, estimée alors à 2,5-3 %, est revue à 4 %.

Les travaux économétriques donnent des évaluations. Mais la difficulté est de définir comment les grandeurs de référence s'ajustent de façon endogène. Comment varie le NAIRU ? Comment agit, en sens inverse, le phénomène décrit dans les années 1980 et 1990 d'hystérèse du marché du travail, qui accroissait en Europe continentale le NAIRU ?

Intuitivement, je crois que la croissance potentielle américaine est autour de 3,5 % et que le NAIRU est au-dessus du taux de chômage effectif actuel de 3,9 %. D'où les interrogations sur les cercles vertueux associés à la nouvelle économie et la projection de ce débat dans le contexte européen : l'Europe pourra-t-elle bénéficier d'un même cercle vertueux, où le fait que le taux de chômage soit inférieur au NAIRU ne provoque pas la catastrophe attendue grâce aux gains de productivité ? Vous soulignez à juste titre qu'actuellement il n'y a pas d'enclenchement de la boucle prix-salaires dans le contexte européen (et français). Ainsi, les décalages de cycles États-Unis / Europe s'accompagnent de décalages de débats. La nouvelle économie est en Europe, mais les conséquences de la nouvelle économie sur le relèvement de la productivité du travail sont encore peu présentes. A l'inverse, aux États-Unis, le paradoxe de Solow est levé depuis 1995-1996.

Je suis également d'accord sur le scénario de **correction boursière** adopté par l'OFCE. Les conditions d'un krach ne sont pas réunies : il faudrait à la fois de fortes tensions inflationnistes (mais elles sont pour l'essentiel derrière nous), des mouvements importants sur les taux d'intérêt (et je pense comme l'OFCE qu'il sont aussi derrière nous, tant du côté américain qu'européen), et des effets de courbe de taux où la hausse des taux courts se répercute sur les taux longs (comme en 1987). Donc un krach style 1987 est peu probable. En revanche, on peut avoir une succession de corrections, entrecoupées de rebonds, avec en toile de fond le débat sur la volatilité.

Le texte de l'OFCE pose le problème mais ne développe pas suffisamment l'analyse des conséquences d'une forte volatilité.

Par exemple, sur la question des taux longs et des *spreads*, il faut aujourd'hui analyser ce qui se passe du côté de la courbe privée et non pas du côté des bons du Trésor et des obligations d'État, dont les taux sont perturbés aux États-Unis par la politique de rachat. La courbe des taux longs privés me paraît servir de canal de transmission principal du *policy mix*. La recherche de la qualité, voire de la liquidité, sera centrale : on enregistrera des corrections molles, mais dont certains effets seront ceux d'un krach brutal. La question des *spreads* de signature sera centrale au plan américain, japonais, mais aussi européen : la suppression du risque de change intra-zone euro, par un phénomène de vases communicants, amène certains investisseurs à mieux valoriser le risque de signature.

L'OFCE explique essentiellement la baisse de l'**euro** par le différentiel de croissance, auquel s'ajoutent d'autres facteurs, difficiles à pondérer : importance des flux d'investissements directs européens vers les États-Unis, facteurs politiques et institutionnels (carences de l'Europe), qui ne sont évoqués qu'entre les lignes.

Sur le ***policy mix* européen**, l'OFCE me paraît optimiste sur le calendrier de la baisse des taux. Depuis le second semestre 1998 (puisque la BCE existe de fait depuis le 1er juillet 1998, avant même la création de l'euro), on vit dans un jeu non coopératif entre les politiques budgétaires et la politique monétaire, qui s'apparente à un dilemme du prisonnier, où chacune des composantes, attendant le pire de l'autre, adopte un comportement de prudence. C'est le cas de la hausse récente des taux d'intérêt : la Banque centrale européenne estime que les politiques budgétaires sont trop laxistes et élève ses taux, tandis que les gouvernements ont tendance à assouplir plus que de mesure les politiques budgétaires, qui se révèlent alors « procycliques » selon vos propres termes, et peut-être même excessivement. Si cette hypothèse est vraie, on ne peut entrevoir de baisse des taux en Europe à l'horizon de la prévision, comme le fait l'OFCE.

Jean-Paul Fitoussi : Sur l'**euro**, chacun a son histoire, qui contient une contradiction interne. On souligne ainsi le différentiel de croissance entre l'Europe et les États-Unis, mais *quid* de celui entre l'Europe et le Japon ? Pourquoi le yen s'apprécie-t-il vis-à-vis de l'euro ? L'évolution du *policy mix* européen, en principe, est un *deus ex machina* pour faire apprécier l'euro : la politique monétaire se durcit, alors que la politique budgétaire s'assouplit. Ce sont les hypothèses théoriques idéales pour l'appréciation d'une monnaie.

Philippe Sigogne : Les ***spreads* américains** jouent effectivement un rôle important aujourd'hui, et sont un indicateur de pré-récession. Certes, échaudés par la situation de 1998, nous disons que la FED dispose de suffisamment de moyens pour réagir en détendant les taux d'intérêt, et éviter ainsi que ce signal de dégradation de l'investissement évolue trop négativement. Mais il y a effectivement un problème de surendettement privé, masqué par les discours sur la bonne rentabilité du capital ; or, si celle-ci reste globalement satisfaisante, il existe des endroits où il n'y a plus de crédit et d'obligations distribuées, ce qui est préoccupant.

Sur le **pétrole**, il est vrai que le prix d'équilibre n'est pas de 25 dollars, et reste en deçà de 20 dollars ; mais lorsque l'on a des tensions sur les capacités de production et que les producteurs marginaux mettent du temps à se manifester, on court toujours le risque que les producteurs coupent leur production à partir du moment où les marchés se rendent compte que les stocks se sont renforcés. C'est pourquoi nous ne retenons pas tout de suite le retour à un niveau de prix d'équilibre, hypothèse que nous avions adoptée lors de la précédente prévision et qui s'est révélée erronée. Nous n'avons pas voulu faire la même erreur cette fois-ci. D'autre part, l'analyse des stocks nous a montré qu'il y a une divergence totale entre ce qui est dit par l'AIE pour l'ensemble du monde et ce qui est déclaré au niveau de l'OCDE.

En ce qui concerne l'**euro**, on n'a pas réécrit les analyses développées antérieurement, et qui sous-tendent l'évolution anticipée des changes. Le différentiel de croissance est l'élément déterminant à court terme : une monnaie n'est forte que si elle peut soutenir des taux d'intérêt plus élevés, dans le présent et, dans l'anticipation des marchés, à un horizon plus lointain. Ceci recouvre un champ d'analyse qui va jusqu'à celui des déséquilibres des balances de base. Un pays dont la croissance est forte et se poursuivra puisque la rentabilité y est meilleure qu'ailleurs, voit les capitaux entrer et couvrir les déséquilibres commerciaux.

On ne s'écarte pas de ce schéma au **Japon**, mais la mobilité du capital y est imparfaite ; certains investisseurs préfèrent certes investir aux États-Unis, mais des comportements timorés conduisent à préférer des titres publics et à éviter ainsi des risques de change. Le système financier japonais n'est pas suffisamment rétabli pour prendre des risques, si bien qu'il n'a pas le comportement naturel qu'on pourrait lui prêter. L'excédent courant très important — lié au fait que la rentabilité du capital est mauvaise au Japon et donc l'investissement freiné — n'est pas recyclé, parce que le système financier n'a ni la capacité ni l'audace de le faire. Le fait que l'attrait d'une rémunération meilleure dirige les mouvements de capitaux, reste vrai. Mais aujourd'hui ce phénomène reste bloqué au Japon. L'introduction de firmes de courtage américaines au Japon va, à terme, faciliter ce recyclage, car elles ont les moyens financiers de supporter des risques de change. Jusqu'à présent, la dépréciation du yen que l'on aurait dû normalement connaître, ne se produit pas à cause de ce comportement frileux du système financier japonais.

Jean-Paul Fitoussi : On aboutit à deux monnaies qui s'apprécient relativement à l'euro, dont l'une est caractérisée par un déficit massif et par une croissance très forte, et l'autre par un excédent massif et une quasi-stagnation.

Henri Sterdyniak : La **politique budgétaire** en Europe apparaît procyclique actuellement. Le problème n'est pas la politique actuelle mais celle menée il y a quelques années, également procyclique, trop restrictive en période de chute d'activité. Désormais, certains pays engrangent spontanément des excédents potentiels importants grâce à la croissance, voient leur dette publique se réduire relativement au PIB et baissent les impôts. Ce n'est pas une dérive des politiques budgétaires qui justifierait un scénario de « poule mouillée » entre la politique monétaire et les politiques budgétaires, puisque jusqu'à présent la baisse des impôts renforce la croissance et n'a pas d'effet inflationniste. Hormis l'Allemagne et les Pays-Bas, les pays européens sont très sages en matière d'impulsion budgétaire. Les dépenses restent modérées. Il y a donc un problème de communication. L'euro pâtit du fait que les politiques monétaires se font sous la surveillance de marchés, de rumeurs et de conventions. Il ne faut pas, par conséquent, que la Banque centrale européenne se préoccupe du niveau de l'euro.

L'analyse des **écarts de taux d'intérêt** entre le court et le long terme, et entre le public et le privé, devrait effectivement être plus approfondie. Mais la signification des *spreads* sera modifiée s'il y a pénurie de titres publics, due à la réduction de la dette publique, et une montée de la demande de titres longs. Structurellement, l'écart entre les taux courts et les taux longs va baisser pour des raisons qui ne seront plus conjoncturelles. Le rôle de cet indicateur va donc se modifier. Existe-t-il des entreprises suffisamment stables pour émettre des titres à 20-30 ans ?

En ce qui concerne la **Corée**, effectivement on pourrait être plus pessimiste, en considérant que des déséquilibres persistent. Mais la crise asiatique apparaît maintenant, avec le recul, comme une bulle vers le bas ; les analyses qui avaient décrit l'incapacité de ces pays à retrouver une croissance vigoureuse sont désormais obsolètes : la persistance de déséquilibres financiers n'empêche pas la poursuite de la croissance.

Pour les **États-Unis**, nous avons choisi un scénario. Les indicateurs sont contradictoires, comme toujours en conjoncture : il y a encore des indices de bonne santé. Hormis les éléments structurels, qui peuvent conduire à penser que l'*output gap* n'est pas si positif, nous avons maintenu le scénario de *soft landing*, en considérant que la croissance est solide, et qu'il y a des apports continuels sur le marché des actions, faute d'alternative pour les épargnants, qui se résigneront pendant cinq-six ans à investir en Bourse avec une rentabilité nettement inférieure à celle du passé. Le taux d'épargne américain remontant, il ne soutiendra plus la croissance.

L'**Europe** est confrontée aux effets du choc pétrolier, très négatifs en 2000 et neutres en 2001, si nos hypothèses de prix se vérifient. La baisse de l'euro a un effet très favorable sur la croissance en 2000, mais, en 2001, on combine les effets favorables de l'année précédente et les effets défavorables de sa remontée anticipée ; l'impact global est donc neutre en 2001.

Guy Longueville : Il n'est pas sûr que la politique budgétaire ait un effet plus favorable sur l'activité en 2001 qu'en 2000. En 1999, elle était restrictive, avec une impulsion négative de 0,6 point selon l'OFCE. Elle devient expansive de 0,2 point en 2000 et de 0,3 point en 2001. La variation 2000/1999 est donc de 0,8 point ; elle devient négligeable en 2001/2000. Au total, plusieurs arguments (effet taux d'intérêt, pétrole, politique budgétaire) laissent penser que la croissance dans l'UE en 2001 sera peut-être moins soutenue que ne le prévoit l'OFCE.

Henri Sterdyniak : L'analyse des impulsions budgétaires est très difficile en 1999-2000-2001. Comment séparer en effet, parmi les rentrées fiscales exceptionnelles, ce qui relève d'une impulsion négative et ce qui est un phénomène passif ? L'estimation est donc fragile.

L'indicateur avancé de l'OFCE anticipe un ralentissement pendant deux-trois trimestres, puis une remontée. Notre message est que le cumul des chocs provoque une légère baisse du rythme de croissance actuellement, mais les facteurs favorables (bonne santé financière des entreprises, impulsion technologique, amélioration du marché de l'emploi) conduisent à une sortie favorable en 2001.

Christian de Boissieu : Dire que l'on peut craindre un jeu non coopératif des politiques économiques ne veut pas dire qu'on le souhaite. La Banque centrale européenne a eu tort d'augmenter récemment ses taux, et elle devrait au moins jouer le jeu de la stabilité. L'OFCE va plus loin en anticipant une baisse, précoce (en 2001). Lorsque l'on estimera la règle de Taylor sur la zone euro, ne faudra-t-il pas « l'augmenter » par la prise en compte du comportement de la Banque centrale européenne, en intégrant une variable de finances publiques, c'est-à-dire un écart entre le solde souhaité par les autorités monétaires et le solde constaté ?

Les taux de change dépendent du fonctionnement des marchés, de leur façon de pondérer les variables. Intuitivement, il me semble que les marchés sous-pondèrent actuellement le déficit extérieur américain. Or ils vont redécouvrir l'insoutenabilité de ce déficit le jour où le *soft landing* sera confirmé et que l'écart de croissance États-Unis-Europe sera atténué. Dès lors, ils vendront des dollars et rachèteront des euros. Le risque existe même qu'alors, il surpondèrent le poids du déficit.

Jean-Paul Fitoussi : Il y a, dans ce débat, une idée féconde, que l'inflexion de la croissance américaine ne signifie pas un *soft landing*, mais peut déboucher sur une rupture plus importante. C'est un phénomène que nous n'avons pas prévu...

Guy Longueville : ... qui transite par des comportements tenant à la profitabilité et aux structures de bilans — une dégradation sensible est possible avant un an — et aux comportements des entreprises qui en découlent.

L'économie française

La croissance, les contraintes d'offre et le NAIRU

Guy Longueville : La prévision de l'OFCE pour la France (3,7 % en 2001) me paraît un peu trop élevée. Une remarque d'abord : la décennie 1990 a montré une sensibilité particulière en France des agents privés aux changements d'environnement. Ainsi, la baisse récente de l'indicateur de confiance des ménages a été particulièrement marquée, suite au choc pétrolier. Les entreprises témoignent également d'une grande fragilité de comportement par rapport à l'environnement. La solidité de la reprise n'est donc pas affirmée.

Le problème principal de la prévision OFCE me paraît être celui de l'appréciation de la contrainte d'offre. Malgré la poursuite de la croissance industrielle, l'OFCE prévoit une stabilisation des taux d'utilisation des capacités de production dès 2001 grâce à la hausse du taux d'investissement. Si la production industrielle continue d'être le moteur de la croissance en 2001, les taux d'utilisation devraient poursuivre leur progression. Une ou deux années de redressement du taux d'investissement (1999-2000) succédant à huit années de taux historiquement bas (1991-1998), ne suffisent pas à accroître significativement le stock de capital et à en améliorer la productivité.

Dans la prévision de l'OFCE, les salaires progressent modérément (hausse nominale de 2 %) malgré une baisse du taux de chômage jusqu'à 8 % ; ce qui voudrait dire implicitement que le NAIRU est passé en dessous de 8 %. C'est une hypothèse un peu forte, et peu compatible avec l'estimation d'un NAIRU à 9-10 %. Les salaires ne vont-ils pas, au contraire, s'accélérer l'an prochain ?

Xavier Timbeau : La courbe de Phillips, qui lie le salaire nominal au taux de chômage, n'intègre pas l'impact des termes de l'échange ; en 2001, la désinflation importée par le contre-choc pétrolier fait qu'à court terme, on ne suit pas cette courbe : elle se déplace temporairement vers la gauche.

Guy Longueville : Comment s'explique le différentiel de croissance entre la France et l'Allemagne, qui reste important en 2001 dans votre prévision ? Enfin, point surprenant, les salaires réels progressent en France, mais baissent dans les autres pays européens, en 2001.

Henri Sterdyniak : Il s'agit de salaires horaires ; or les chiffres français intègrent l'effet des 35 heures.

Christian de Boissieu : L'OFCE a le mérite de ne pas être dans le consensus sur le profil de la croissance. En prévoyant une reprise rapide, vous obtenez une croissance en moyenne annuelle supérieure à celle des autres instituts, et supérieure à celle de cette année. Mais comment pondérer les causes qui conduisent à ce résultat ? Vous avez davantage de hausse du pouvoir d'achat des ménages, ce qui semble le fondement essentiel, et une baisse des taux d'intérêt à court terme, qui joue à la marge.

Les NAIRU donnés dans le tableau 9 sont-ils comparables, et sont-ils mesurés en moyenne ou en fin de période ? Le NAIRU en France est, semble-t-il, de 9 % selon votre analyse.

Xavier Timbeau : L'analyse suppose des NAIRU constants, mais qui sont calculés sur des données récentes, y compris les années 1990. En ce sens, les données sont à peu près comparables. Sous l'hypothèse habituelle de constance, et à partir de l'estimation d'une boucle prix-salaires, on arrive bien à ce résultat de l'ordre de 9 %.

Jean-Paul Fitoussi : C'est ce que l'on obtient si l'on utilise toutes les méthodes habituelles d'estimations… sans vraiment y croire !

Henri Sterdyniak : L'économétrie conduit inévitablement à une estimation de 9,5 %, sous l'hypothèse d'une hausse tendancielle de la productivité de 1,8 % et d'une inflation de 2 %. Aucune étude empirique ne permet à ce jour de l'infirmer.

Christian de Boissieu : Hors économétrie, on peut penser que le chiffre est inférieur à cette estimation. La question centrale est de savoir à quelles conditions et à quelle vitesse le NAIRU va baisser. Si le taux de chômage effectif passe en deçà du NAIRU, faut-il s'attendre au pire ? Or, déjà, nous sommes presque en deçà d'un NAIRU à 9,5 %, sans qu'il n'y ait de catastrophe et sans pour autant qu'il y ait d'accélération des gains de productivité en 2001. Le relèvement de la productivité du travail, attendu des nouvelles technologies, se produira d'ici deux ou trois ans en Europe.

Il faudrait aussi considérer la courbe de Beveridge, dans le contexte actuel de désajustement entre l'offre et la demande de travail…

Xavier Timbeau : …C'est impossible, car si la mesure des demandes est fiable, *via* l'indemnisation, la mesure des offres est insuffisante : le recensement de l'ANPE ne couvre que 15 % des offres effectives. Une approximation des offres par les difficultés de recrutement des entreprises ne concerne que l'industrie.

Christian de Boissieu : Enfin, les contraintes d'offre, qui sont un point très important du débat, sont écartées un peu trop rapidement par le texte de l'OFCE.

Philippe Sigogne : Les contraintes d'offres sont effectivement très importantes à analyser et approfondir. Les 35 heures viennent brouiller ce débat : on ne sait pas distinguer, dans les éléments de tensions existantes dans certains secteurs de l'appareil productif, ce qui relève de l'insuffisance de l'investissement passé ou des désordres à court terme causés par les réorganisations en cours — même si à moyen terme ces réorganisations ont des effets positifs sur la durée d'utilisation des équipements.

Xavier Timbeau : Si la prévision de l'OFCE est supérieure au consensus, cela tient à une différence d'analyse des contraintes d'offre. Le taux d'investissement remonte depuis 1997, à partir d'un minimum historique ; on peut se demander pourquoi et jusqu'où ? Mais si l'on décrit un modèle dynamique de constitution du capital aboutissant au taux d'utilisation des capacités, on obtient une relation de long terme entre le rythme de croissance et le taux d'investissement qui stabilise l'évolution des capacités, compte tenu de celle de la production. Le taux d'investissement obtenu dépend des hypothèses faites sur la productivité du capital et la durée d'utilisation des équipements ; elles sont certes fragiles. Mais il apparaît que si la remontée du taux d'investissement de 1997 à 2000 est encore insuffisante pour stabiliser les capacités, quand la croissance est de 3 %, elle va permettre d'atteindre prochainement le niveau qui freine la montée du taux d'utilisation et conduire en 2001 à sa stabilisation.

C'est ce qui nous permet de dire que le niveau du taux d'investissement est revenu à sa valeur qui permet de soutenir la croissance. Les discours sur les contraintes d'offre sont à la fois vrais et faux : oui l'économie française est à la charnière d'un régime d'offre, où la croissance est déterminée par celle des capacités de production, et non plus par un rattrapage de la demande d'investissement et de consommation. Mais cela ne veut pas dire que les contraintes d'offre vont venir stopper la croissance.

Cette analyse peut être remise en cause par la nouvelle économie : avec un rythme potentiel de croissance plus fort, l'économie française aura besoin d'un taux d'investissement plus élevé. La phase de rattrapage que l'on connaît depuis 1997 pourrait donc se prolonger au delà de 2001-2002 : il faudrait une remontée supplémentaire du taux d'investissement et une croissance plus soutenue que le potentiel, pour atteindre le sentier de croissance potentielle.

En sens inverse, on ne peut se contenter de dire que le taux de chômage d'équilibre, le NAIRU, est de 9 % à moyen terme. Intuitivement, on a l'impression qu'une situation saine du marché du travail correspond à un taux de chômage de l'ordre de 5 %. D'où l'interrogation sur le concept de NAIRU, dont on se sert pour l'analyse des salaires et des prix. Va-t-il empêcher l'économie française de revenir à un taux de croissance souhaitable à moyen terme? On a tenté d'illustrer que le niveau du NAIRU pouvait évoluer.

Jean-Paul Fitoussi : Toutes les estimations du NAIRU se sont avérées fausses : elles ont été révisées à la baisse chaque fois que le chômage baissait, et inversement. Ainsi, le concept n'apparaît pas être d'une grande utilité. Il faut donc interpeller la théorie sous-jacente. L'un des déterminants du concept de chômage d'équilibre de moyen terme est l'écart entre le taux d'intérêt réel et le taux de croissance. On comprend alors un peu mieux les mécanismes à l'œuvre.

Xavier Timbeau : Il augmente déjà moins vite actuellement qu'en 1997, car le taux d'investissement actuel est bien plus élevé qu'à l'époque, et il se stabiliserait à la fin de 2001, selon notre prévision.

Guy Longueville : On ne peut certes pas dire que la hausse du taux d'utilisation reflète une contrainte d'offre majeure, qui pèsera sur la croissance française; cependant, des contraintes d'offre sectorielles se développeront.

La politique fiscale

Christian de Boissieu : La comparaison des baisses d'impôts entre la France et l'Allemagne montre que les volumes sont certes comparables, par an. Mais pour un même volume, on a eu en France une diversification, voire un saupoudrage, ce qui pose un problème de seuil critique , alors que l'Allemagne a adopté une politique de concentration sur trois mesures — l'IRPP, l'impôt sur les sociétés et la détaxation des plus-values sur les prises de participation des entreprises. Ce problème n'est qu'évoqué par l'OFCE. Or il est important en termes d'efficacité de la politique fiscale.

Philippe Sigogne : L'argument d'efficacité de la concentration fiscale est juste. Nous l'avons nous-mêmes souligné dans de nombreux textes sur la fiscalité, sans éluder la critique du saupoudrage. Mais la réforme fiscale allemande est faussement vertueuse : la détaxation des plus-values a été intégrée par la bande dans un amendement, sans que personne ne se rende compte de son importance, sur le moment; après la réaction enthousiaste du système financier, on s'est aperçu de son impact massif. Quant à l'impôt sur le revenu, le système allemand a, à la base, le vice d'une faible indexation du barème, qui fait régulièrement monter les impôts avec l'inflation; il faut donc de temps en temps alléger cette charge, en remettant les compteurs à zéro. Enfin, le taux d'imposition sur les sociétés baisse, mais le fait d'autoriser moins d'amortissements alourdit le montant des impôts, ce qui va influencer l'investissement à la charnière des années 2000-2001.

Xavier Timbeau : La politique fiscale française est-elle un saupoudrage? Cette question n'est pas pertinente pour l'année 2001 : les baisses d'impôts sont effectives, et, même dispersées, elles ont un effet positif car c'est de l'argent réinjecté dans le circuit économique. Même si, à moyen terme, les effets sont pervers — comme l'est par exemple la suppression de la vignette automobile pour le contrôle de la pollution — ou si les mesures ne vont pas dans le sens de ce que la concurrence fiscale européenne nous impose — comme c'est le cas pour l'IS —, il n'en reste pas moins qu'à court terme des masses de baisses d'impôts sont distribuées et ont un impact positif sur la croissance. La différence entre saupoudrage et concentration est du second ordre, à court terme. C'est une analyse qui a sa place dans une étude spécifique de la fiscalité, comme nous en faisons par ailleurs, non dans l'analyse conjoncturelle.

Jean-Paul Fitoussi : Le texte de l'OFCE souligne « l'intelligence » du saupoudrage qui consiste à compenser les effets du choc pétrolier, en le faisant supporter par l'État plutôt que par les agents. En ce sens, la politique fiscale de saupoudrage a pour résultat d'atténuer la pression, notamment salariale. C'est une vision différente de celle qui ressortirait d'une analyse de la compétitivité globale des systèmes fiscaux ; sur ce plan, des voies de recherche sont ouvertes pour déterminer quels impôts devraient être modifiés et quelles incidences peuvent être attendues, dans le cadre d'une réflexion sur la meilleure efficacité.

Henri Sterdyniak : On peut soutenir le point de vue selon lequel il n'y a pas de saupoudrage, et qu'il existe une logique des mesures fiscales récentes et actuelles ; d'une part on ne modifie pas l'IS mais on baisse massivement les cotisations sociales employeurs pour favoriser le passage aux 35 heures ; d'autre part il y a une cohérence des mesures prises en 2000, celle de la suppression des trappes à inactivité : quatre mesures successives ont agi dans le même sens. On peut contester ce choix, au nom d'une conception libérale de la concurrence fiscale européenne qui conduirait à réduire l'IS et les tranches supérieures de l'IRPP, mais il existe et il a sa propre cohérence.

Jean-Paul Fitoussi : Dire qu'on ne fait pas de concurrence fiscale n'est pas juste : dès que l'on touche aux coûts salariaux, on en fait…

L'avenir de l'Europe : l'ambition d'un autre contrat social *

Jean-Paul Fitoussi

Professeur des Universités à l'Institut d'Études Politiques de Paris
Président de l'OFCE

L'ambition de l'Europe sociale, malgré les discours, est en voie de redéfinition, pour mieux satisfaire des critères d'efficacité et d'adaptation à la mondialisation. Cet article montre que le programme consensuel qui émerge des conférences européennes, même s'il tente de prendre aussi en compte les exigences de la cohésion sociale, est davantage adapté à la période de turbulences que l'Europe a traversée dans les deux dernières décennies qu'à la période qui s'ouvre devant nous. Nous abordons trop souvent nos réflexions sur l'avenir avec des réflexes hérités des temps de crise.

Or les conditions de la croissance européenne ont radicalement changé sous l'effet d'une part de l'adaptation des acteurs depuis la « fin de l'inflation » — notamment des salariés — et d'autre part de la création de l'euro. Les défis que l'Europe doit affronter pour l'avenir — la mondialisation, la « révolution » technologique — représentent, compte tenu de ces conditions nouvelles, autant d'opportunités. Il est d'autres critères possibles pour évaluer la réforme structurelle que celui de la seule efficacité. Mais l'Europe reste confrontée à un problème de souveraineté qui constitue sa principale faiblesse, et qui l'empêche de s'engager dans des réformes structurelles de plus grande ambition.

L'ambition de l'Europe sociale

Quelle peut, quelle doit être l'ambition de l'Europe sociale ? Il existe deux conceptions des relations entre cohésion sociale et efficacité économique. Selon la première, dominante aujourd'hui, il existerait un arbitrage politique entre les deux, au sens que l'une ne pourrait être obtenu qu'aux dépens de l'autre. Quelles que soient les précautions du discours qui véhicule cette conception, elle signifie, en effet, que le coût de la protection sociale amoindrit la compétitivité du pays. Mais il existe une seconde conception, dite de la complémentarité, selon laquelle au

* Cet article est une version révisée et augmentée d'une communication présentée à la conférence « Europe, Globalisation and the future of Social Policy », organisée par la présidence portugaise de l'Union européenne à Lisbonne les 5 et 6 mai 2000.

contraire, la cohésion sociale (c'est-à-dire la justice appréhendée comme lien social) est un facteur essentiel du développement économique et, partant, de la compétitivité. Les déficits des systèmes de protection sociale seraient selon cette conception non pas la cause, mais le symptôme du dysfonctionnement de notre système économique. La protection sociale pourrait même être un facteur productif effectif. La plupart des observateurs affirment cependant que le « modèle » continental de protection sociale prend eau de toute part et qu'il convient de le réformer pour mieux entrer dans nos temps modernes. L'ambition affichée par l'Union européenne procède plutôt de la seconde conception [1], puisqu'il s'agit de concilier justice et efficacité, en prenant en compte les différentes contraintes, notamment budgétaires, auxquelles les États sont soumis.

Il me semble pourtant qu'il faudrait aller plus loin : la politique sociale n'est pas, en nos systèmes, un simple appendice de la politique économique car elle est consubstantielle de la démocratie. Les critères généralement utilisés pour juger du bien fondé d'une politique ou d'une réforme sont des critères d'efficacité économique. Il y a déjà près de vingt ans, Dan Usher [2] proposait d'utiliser un autre critère. Telle ou telle réforme est-elle susceptible de renforcer la démocratie, ou au contraire de l'affaiblir, d'accroître l'adhésion des populations au régime politique ou au contraire de la réduire ? Depuis, j'en suis venu à penser qu'il fallait inverser radicalement la hiérarchie de nos critères. Nous vivons dans des démocraties de marché où pour l'instant les principes d'organisation différents qui régissent le système économique et le système politique se sont avérés compatibles. Mais je suppose que s'il fallait choisir entre démocratie et marché, ou, pour être moins radical, entre moins de démocratie et plus de marché, il ne se trouverait que très peu d'entre nous pour choisir le second terme de l'alternative.

Or c'est bien de démocratie qu'il s'agit lorsque l'on parle d'Europe sociale. Pourtant les réformes qui sont le plus généralement proposées sont des réformes à faible ambition, dont l'objectif est double, quelle que soit la rhétorique utilisée : répartir de façon « plus équitable » la précarité que mondialisation et progrès technique rendraient inévitable ; réduire le coût du système de protection sociale pour accroître la capacité d'offre de l'économie. Or l'un et l'autre de ces objectifs ne sont pas nécessairement de nature à renforcer l'adhésion à la démocratie. La généralisation de la précarité — même assortie de dispositifs ingénieux pour en atténuer les effets — et la réduction de la couverture des risques ne sont pas des mesures dont on puisse attendre qu'elles contribuent à renforcer le sentiment démocratique. En tout cas, si l'on prenait au sérieux le critère de Dan Usher, il faudrait en apporter la preuve.

1. Commission européenne (2000).
2. Usher (1981).

Une inversion des valeurs du même type se produit lorsque l'on se réfère à la notion (floue) de « modèles » de pays. L'observation révèle que la situation des pays au regard du chômage et des institutions est d'une grande diversité, beaucoup plus grande qu'on ne le croit et ne le dit [3]. Cette diversité est multidimensionnelle puisqu'elle concerne à la fois le niveau et l'histoire du chômage, sa structure, les systèmes de protection sociale et les modes de fonctionnement du marché du travail. La persistance du chômage de masse en Europe a produit un certain désarroi intellectuel qui a fréquemment conduit à ériger en modèle l'expérience d'autres pays. C'est ainsi, notamment que les Européens auraient gagné à être, tour à tour, Français dans les 1960, Suédois dans les années 1970, Allemands dans les années 1980, Anglo-saxons ou Hollandais dans les années 1990 ! La nationalité des années 2000 est encore indéterminée. Mais chaque expérience de pays est singulière : elle s'inscrit dans une tradition, une culture, un système anthropologique spécifiques. Elle est comme un précipité qui résulte de la combinaison d'éléments chimiquement purs dont le nombre, la qualité et la pondération sont déterminés par l'histoire du pays [4]. Extraire l'un de ces éléments, pour le mélanger à d'autres, provenant d'une histoire différente, ne pourra jamais donner le même précipité. Plus encore, c'est le travail permanent de la démocratie qui a conduit en chaque pays à des choix spécifiques en ces domaines. Interdire la diversité de ces choix reviendrait à restreindre l'espace de la démocratie. La recherche de recettes universelles, se fondant sur les meilleures pratiques, est pourtant à l'ordre du jour en Europe. Là encore, tout dépend du critère utilisé pour décider des « meilleures » pratiques. Or c'est celui de l'efficacité économique qui occupe une place prépondérante dans tous les discours, en particulier celui de la seule autorité économique fédérale en Europe, la Banque centrale européenne.

J'ai donc la conviction que le moment est venu de former une plus grande ambition pour l'Europe sociale. Cette conviction n'est pas seulement assise sur une autre hiérarchie des valeurs, mais sur des études empiriques et théoriques dont les résultats ne valident pas la croyance commune selon laquelle les institutions, et notamment le système de protection sociale, affecteraient les performances macroéconomiques des pays. En bref, les sociétés ont une liberté beaucoup plus grande qu'on ne le croit et ne le dit, pour choisir le degré de solidarité qui correspond le mieux à leur culture. Ce qui frappe, en effet, dans le discours structurel sur le chômage, c'est la distance, pour ne pas dire l'abîme, qui sépare la certitude des recommandations et la fragilité des données qui les fondent. En particulier, deux études [5] ont montré que la diversité des

3. Fitoussi, Passet (2000) ; Fitoussi (2000c) ; Fitoussi, Phelps, Jestaz, Zoega (2000).

4. Nous empruntons cette allégorie aux théoriciens de la croissance endogène qui l'utilisent pour expliquer la non-convergence des niveaux de revenu entre les pays du monde, alors qu'*a priori* tout processus matériel ou immatériel de production peut être copié ou importé.

5. Fitoussi, Passet (2000) ; Freeman (2000).

formes institutionnelles dans les pays de l'OCDE ne semblait pas avoir d'effets autres que mineurs sur les variables habituellement utilisées pour mesurer l'efficacité. « Ces résultats sont davantage en conformité avec l'opinion selon laquelle le capitalisme est suffisamment robuste pour permettre aux différences entre institutions du marché du travail de persister, qu'avec celle selon laquelle toutes les économies devraient converger vers une seule structure institutionnelle. » (Freeman, 2000). En bref, il est temps de réfléchir différemment à la question de la réforme structurelle : dans des économies et des sociétés en mutation perpétuelle, celle-ci est toujours nécessaire, mais son projet doit être de proposer un meilleur avenir aux populations, plutôt que de leur demander des sacrifices sur le seul critère d'une amélioration problématique de l'efficacité économique.

Un programme universel

Or le programme généralement proposé est celui qui fait l'unanimité dans toutes les conférences nationales ou internationales auxquelles il m'a été donné de participer. J'ai qualifié ailleurs ce phénomène de « consensus des malgré nous »[6]. Le consensus porte sur le triomphe absolu, radical, historique de l'économie de marché. Les économistes sérieux pensent, à quelques détails près qui reflètent les particularismes nationaux, la même chose. Même si l'on ne peut écarter l'hypothèse qu'ils pensent la même chose que les autres pour être admis dans le club des économistes sérieux, il n'en demeure pas moins que le phénomène est inhabituel. Les économistes les plus rétifs, confrontés à ce fait incontestable, sont malgré eux conduits à réviser leur position, et ne font plus entendre qu'une critique de détail. Ils n'osent plus, tant cela apparaît archaïque, se référer à ce que les marxistes d'hier disaient lorsqu'on leur parlait du miracle des Trente Glorieuses : « à quoi sert la prospérité matérielle pour des travailleurs aliénés ? »

Aux termes de ce programme [7], le *policy mix* optimal (c'est-à-dire la combinaison des politiques monétaires, budgétaires et sociales) devrait au moins comprendre les éléments suivants :

1. Une politique économique robuste, par quoi on entend la conjugaison de la rigueur monétaire et de la rigueur budgétaire, tutelle des marchés financiers oblige. Un siècle de développement de la macroéconomie pour en arriver là : les gouvernements doivent partout et toujours rechercher la stabilité des prix et l'équilibre budgétaire (aux fluctuations conjoncturelles près). Ou bien cette première recommandation est

6. Fitoussi (2000a).

7. Je prends comme emblématique de ce type de programme celui contenu dans le rapport réalisé par Maurizio Ferrera, Anton Hemerijck et Martin Rhodes, (2000). Il s'agit probablement de l'exposé le plus intelligent et le plus modéré du consensus actuel.

triviale — car qui pourrait préconiser l'inflation et les déficits ? — ou bien elle masque un certain renoncement aux objectifs naturels de la politique économique que sont le plein emploi et la croissance des niveaux de vie. Car elle signifie en tout cas que la politique macroéconomique ne peut plus être vraiment mobilisée pour combattre le chômage, et plus généralement pour « investir » en vue d'une croissance plus forte. Peut-être est-ce malheureusement vrai, mais cela mériterait alors d'être bien davantage documenté.

2. *La modération salariale et la flexibilité*. C'est presque devenu un pléonasme de dire que les évolutions salariales doivent être modérées. Mais que signifie une telle proposition ? Veut-elle dire que les salariés ne doivent plus participer aux fruits de la croissance et, si oui, au nom de quel principe économique ? La seule proposition raisonnable en la matière ne peut être que relative à la répartition des revenus entre profit, salaire et rente financière : les fruits de la croissance doivent être équitablement répartis. Nous habiterions autrement d'étranges sociétés, prises d'angoisse chaque fois que les salaires augmentent, mais applaudissant à tout rompre chaque fois que s'accroissent les profits. Mais là encore le glissement sémantique qui nous fait résumer par l'expression « modération salariale » la politique des revenus, est révélateur de l'importance du changement doctrinal que la lutte contre l'inflation dans les années 1980 a suscité. Il serait temps de réaliser que ce combat a été gagné depuis plusieurs années déjà, et qu'il serait peut-être beaucoup plus efficace aujourd'hui de redonner des perspectives d'avenir aux salariés.

3. Le reste des recommandations contenues dans ce programme « universel », reflète bien le consensus : *la flexibilité bien sûr ; la transformation des systèmes fiscaux et de protection sociale pour qu'ils deviennent plus incitatifs au travail ; la nécessité de contenir financièrement les dépenses sociales*, « car la capacité de les accroître est sévèrement restreinte – par la concurrence fiscale internationale, la résistance des contribuables et les contraintes sur les déficits publics » (p. 57).[8]

Le message est évidemment inquiétant, car l'exigence de flexibilité qui résulterait de la conjugaison des effets de la mondialisation et du progrès technique, est fréquemment synonyme de précarité. Il faut donc introduire dans le système un peu de générosité pour que la pilule soit moins amère, et réconcilier autant que faire se peut équité et efficacité. Plusieurs auteurs proposent à cet effet tout un dispositif visant à compenser le surcroît de flexibilité par un surcroît de sécurité : la *flexicurity*. Ce barbarisme à l'accent de nouveau concept, désigne une série de mesures dont certaines représentent des progrès (les droits de tirage sociaux) et d'autres des régressions. Mais c'est la philosophie générale du programme qui nous intéresse ici, et notamment ce qu'elle révèle du

8. Ferrera, Hemerijck et Rhodes (2000).

diagnostic consensuel sur les causes des déséquilibres actuels. L'une des exigences de la solidarité, affirment les tenants de cette thèse, est d'accroître la protection des plus fragiles, et le moyen privilégié d'obtenir ce résultat est de réduire la protection de l'emploi pour les « nantis » d'un contrat de travail à plein temps et à durée indéterminée, c'est-à-dire les *insiders*. De même il faudrait accroître la part des dépenses actives pour l'emploi, mais restreindre l'accès à l'indemnisation du chômage en en durcissant les conditions etc.

Le programme ainsi proposé semble avoir capturé toutes les modérations de l'air du temps : s'adapter à la nouvelle donne de l'économie mondiale, tout en préservant ce minimum de solidarité sans lequel l'inquiétude de l'avenir serait à ce point envahissante qu'elle bloquerait toute adaptation. Cela apparaît éminemment raisonnable, et peut-être de fait n'y a-t-il aucune alternative plus ambitieuse. Mais je voudrais, quitte à forcer le trait, expliciter le diagnostic sous-jacent, peut être même inconscient, sur lequel ce programme est fondé.

Le double triomphe de l'individualisme et du marché obligerait à réduire les prétentions redistributives des sociétés (la résistance du contribuable), et les prétentions interventionnistes des gouvernements. La recherche de la stabilité des prix et de l'équilibre budgétaire (à dépenses publiques décroissantes) sont les seules politiques propres à rassurer les marchés. Il s'agit là des composantes du libéralisme ordinaire. Je n'ai rien contre le libéralisme, s'il fait l'objet d'un choix explicite, politiquement assumé, comme dans les pays anglo-saxons. Mais généralement ce choix est présenté comme une contrainte qui s'impose implacablement à l'ensemble des gouvernements européens continentaux. « Il n'y a pas d'alternative ». Or les deux études dont je parlais en ouverture (Fitoussi-Passet, 2000 ; Freeman, 2000) montraient précisément qu'une telle évolution n'avait rien d'inéluctable, et que le capitalisme s'accommodait d'une très grande diversité des institutions et des politiques. Parmi les pays dont les prélèvements obligatoires sont les plus élevés, certains ont parfaitement réussi à maîtriser le chômage et d'autres non. La résistance des contribuables a donc bon dos.

Le second élément du diagnostic (implicite) est plus subtil. Ce seraient les salariés eux-mêmes qui porteraient la part de responsabilité la plus grande dans l'évolution du chômage : l'égoïsme des *insiders* conduirait à des évolutions salariales excessives aux dépens de ceux qui sont à la lisière du marché du travail ; la générosité des systèmes d'allocation-chômage inciterait les chômeurs à se complaire dans une sorte de « paresse indemnisée » etc. Ce discours de culpabilisation des salariés est trop caricatural pour être crédible : comme si, en nos sociétés, le conflit de répartition classique entre salariés et entrepreneurs avait disparu pour être remplacé par un conflit entre les travailleurs eux-mêmes. La « lutte des classes » ne séparerait plus capitalistes et salariés, mais les « nantis » d'un emploi et ceux contraints d'accepter un travail précaire. Peut-être, en effet, le conflit de répartition est-il devenu aujourd'hui multidimensionnel, mais les études empiriques sur le sujet n'offrent pas vraiment de résultats robustes en faveur de cette thèse.

L'avenir n'est plus ce qu'il était

Ce programme me semble davantage susceptible de résoudre les déséquilibres du passé que de préparer l'avenir. Nous abordons trop souvent nos réflexions sur l'avenir avec des réflexes hérités des temps de crise. Il faut comprendre les raisons pour lesquelles, depuis le début des années 1970, la gestion macroéconomique et le développement du système de protection sociale sont devenus en nos pays plus problématiques. Quatre chocs ont joué un rôle important dans l'explication des médiocres performances des économies européennes : les chocs pétroliers ; la fin du système de Bretton-Woods ; l'envolée des taux d'intérêt réels depuis le début des années 1980 ; l'inflexion du rythme de croissance de la productivité du travail depuis le milieu des années 1970, par ordre d'importance croissante.

Ces chocs caractérisent ce que j'appelle le second âge de la croissance européenne, le premier étant les Trente Glorieuses. Il fut caractérisé par de grandes turbulences — j'en parle au passé, car je crois qu'il est à présent terminé. Les historiens futurs en proposeront une datation avec plus de distance que je n'en suis capable, mais les divergences ne devraient pas être très grandes tant les facteurs qui le caractérisent me paraissent incontestables : de 1973 à 1997-1998. On pourrait appeler cette période « les Trente Médiocres », en arrondissant à la décennie supérieure, ou « l'âge de la traversée des turbulences ».

Les chocs pétroliers apparaissent aujourd'hui, avec davantage de distance, de conséquences bien moindres qu'on ne le jugea à l'époque. Certes ils furent défavorables de par leurs conséquences inflationnistes marquées, mais ils frappèrent de façon semblable la plupart des pays de l'OCDE.

Par contre, la fin du système de changes fixes eut des conséquences beaucoup plus défavorables et plus durables sur les pays de taille moyenne que sur les grands pays, les petits pays se trouvant en position intermédiaire. On en connaît les raisons. L'économie d'un grand pays (dont le taux d'ouverture aux échanges internationaux est forcément faible) est peu vulnérable aux variations de son taux de change, car sa prospérité dépend de façon privilégiée de ses ressources internes. La fin du système de Bretton-Woods allait donc avoir des conséquences asymétriques sur les pays, d'autant plus défavorables qu'ils sont de taille moyenne. En effet, un petit pays n'a pas d'autre alternative que de s'ajuster, car la dépréciation de sa monnaie a de trop fortes conséquences inflationnistes, en raison de son degré d'ouverture qui, par définition, est supérieur à 50 %. C'est donc dans les pays moyens que la flexibilité des changes suscite les dilemmes les plus difficiles, puisque leur degré d'ouverture étant de l'ordre de 25 %, la dépréciation de leur monnaie n'oblige pas en théorie à des politiques agressivement restrictives. C'est en ces pays, donc, que la stabilité est le moins bien assurée. Une étude récente a ainsi montré que la relation entre l'instabilité des prix et la dimension des pays suivait une courbe en cloche [9]. Or près de 80 % du PIB européen émane de pays de taille moyenne. La valse du dollar qui a caractérisé les Trente Médiocres, alors qu'elle permettait aux États-Unis de conduire des politiques de relance très actives, ne pouvait qu'avoir des effets néfastes sur l'Europe, collection de pays petits et moyens dont l'économie était très vulnérable aux variations de change.

Je reviendrai plus loin sur le troisième choc — l'élévation des taux d'intérêt — tant il mérite un développement séparé.

Le quatrième choc, le plus important en raison de la profondeur et de la diffusion de ses effets, eut aussi des conséquences asymétriques de part et d'autre de l'Atlantique. La baisse du rythme de la croissance tendancielle de la productivité du travail fut beaucoup plus prononcée en Europe qu'aux États-Unis. Pendant les Trente Glorieuses en effet, le taux d'augmentation de la productivité du travail fut considérable en Europe — plus de 4,5 % l'an — en raison d'un phénomène de rattrapage par rapport aux États-Unis. Parce que l'équilibre économique implique que les salaires évoluent au rythme de la productivité du travail, les évolutions salariales auraient dû aussi s'infléchir [10]. Mais il n'en a rien été. Les revendications salariales sont restées, au moins pour un temps, fondées sur l'hypothèse que le rythme de croissance de la productivité du travail allait se poursuivre sur sa tendance passée. Ces revendications excessives entraînèrent une diminution de l'emploi et une augmentation du chômage. Grâce à des taux d'intérêt proches de zéro, si ce n'est négatifs, l'effet de la réduction des profits sur l'accumulation du capital fut différé jusqu'au début des années 1980. Mais alors, taux d'intérêt élevés et coûts salariaux élevés conjuguèrent leurs effets pour ralentir à la fois l'accumulation du capital et la croissance de l'emploi. Dès lors la décennie 1980 devait être marquée par une importante élévation du chômage, en même temps que par la nécessité pour la plupart des pays européens de lutter contre l'inflation et les déficits extérieurs.

Mais cette période appartient presque, désormais, à l'histoire ancienne. Après deux décennies de croissance lente, les salariés ont manifestement pris en compte, et accepté, les conséquences sur l'évolution de leurs rémunérations du ralentissement de la croissance potentielle. Et aujourd'hui le progrès technique — le processus de diffusion des technologies génériques de l'information — laisse espérer,

9. Martin (1998).
10. Cette proposition ne vaut qu'en situation de plein emploi.

pour l'avenir, un rythme plus élevé de la croissance de la productivité tendancielle du travail.

De surcroît, la création de la monnaie unique européenne constitue une mutation radicale. Avec un peu de distance, on voit bien aujourd'hui que l'euro est la réponse optimale de l'Europe à la fin du système de Bretton-Woods. C'est pourquoi il me semble que nous sommes entrés dans un troisième âge de la croissance européenne, dont les conditions sont assez différentes de celles qui ont caractérisé les Trente Médiocres. L'avenir ne ressemblera pas au passé, l'Europe étant désormais beaucoup mois contrainte qu'elle ne le fut dans ses politiques macro-économiques et sociales. Le programme proposé est davantage adapté à un monde déserté par la croissance qu'à celui qui s'ouvre devant nous. L'euro rend nos pays beaucoup moins vulnérables aux turbulences extérieures, et donc beaucoup plus autonomes dans leur stratégie de croissance ; la récente inflexion, à la hausse cette fois, du rythme de croissance de la productivité, rend possible de nouveaux progrès sociaux.

Cela ne signifie pas que nous n'ayons plus de défis à affronter.

Les défis : entre rhétorique et réalité

La mondialisation

L'idée très répandue selon laquelle la mondialisation serait à la source de tous nos maux, procède surtout de la rhétorique. Les études empiriques sur le sujet offrent des conclusions contradictoires et se heurtent à un problème de relativité [11] : les évolutions constatées dans les échanges entre pays du Nord et pays du Sud ont été trop mineures pour expliquer des phénomènes de dimension aussi importantes que la montée des inégalités et du chômage dans nos pays. L'accroissement des importations nettes en provenance des pays en voie de développement dans les deux dernières décennies n'a été que de 1 %. Sur la même période, les flux de capitaux n'ont augmenté que de 7 à 9 % du PIB. Des évolutions aussi modérées ne peuvent avoir de conséquence aussi massives sur l'emploi et la pauvreté dans les pays riches.

Il est difficile d'imaginer que des variations aussi faibles puissent avoir d'aussi grandes conséquences. Encore que la thèse soit possible à soutenir, ce qui ne signifie pas qu'elle soit tout à fait convaincante. Car pour l'essentiel, la globalisation des marchés financiers a permis d'assurer au mieux le financement de la croissance américaine par l'Europe et le Japon. L'importance du déficit courant des États-Unis en est un indice évident. Mais l'allégorie de la concurrence des pays à bas

11. Fitoussi et Rosanvallon (1996).

salaires et à faible niveau de protection sociale peut servir de prétexte ou d'alibi à une intensification de la concurrence entre pays développés. Si ce qui menace l'emploi et la croissance chez nous, c'est le bas niveau des coûts salariaux dans les pays émergents, il n'y a pas d'autre alternative que la modération salariale *et* le renoncement partiel à la générosité de nos assurances sociales. Si chaque pays industrialisé tient le même raisonnement, il en résulte évidemment une généralisation de la concurrence fiscale et sociale au sein même des pays riches. La mondialisation ne désigne plus tant alors l'extension des échanges internationaux à l'ensemble des pays de la planète, mais la transition vers davantage de libéralisme dans les pays de l'OCDE.

La mondialisation semble ainsi un prétexte mis au service d'une « logique politique libérale ». La rhétorique de la mondialisation pourrait être beaucoup plus importante que sa réalité. L'occasion était en effet trop belle pour les zélateurs du libéralisme puisqu'elle leur permettait de plaider pour une cure d'amaigrissement des systèmes de protection sociale. Je voudrais donc m'attarder davantage sur ce point.

Depuis le début des années 1980, la mondialisation s'effectue sur toile de fond de taux d'intérêt réels anormalement élevés, c'est-à-dire en ayant pour décor un profond déséquilibre social. C'est l'augmentation brutale des taux d'intérêt qui crée une profonde rupture entre les évolutions qui se sont produites avant la fin des années 1970 et celles que nous connaissons depuis le début des années 1980. Il ne faut pas être grand clerc pour comprendre que dans un système capitaliste le taux d'intérêt est une variable cruciale, probablement la plus importante de l'économie. Car le taux d'intérêt est peut-être plus qu'une variable économique, une variable sociale. Son niveau commande, en effet, la perception qu'une société a de son avenir, en même temps qu'il détermine la répartition des revenus et des fruits de la croissance. Or le niveau anormalement élevé des taux d'intérêt pendant presque vingt ans a constitué un phénomène singulier dans l'histoire du capitalisme occidental. Il a modifié le rapport de force entre détenteurs du capital financier et producteurs de l'industrie, mais aussi entre entrepreneurs et salariés, dans un sens qui permet, tout aussi bien que la mondialisation, d'expliquer l'aggravation du chômage et des inégalités. Cette phase qui, répétons-le, fut la plus longue de l'histoire du capitalisme où les taux d'intérêt furent aussi élevés, fut un prélude au dysfonctionnement que nous connaissons aujourd'hui. Les taux d'intérêt sont une mesure de la dépréciation du futur, ou de façon synonyme de l'impatience. Des taux d'intérêt élevés privilégient le court terme. Il n'est dès lors pas étonnant qu'à cette phase ait succédé une période où les détenteurs de capitaux font valoir des exigences de retour sur fonds propres anormalement élevées, qui ne peuvent être satisfaites que transitoirement et qui poussent les entreprises à la croissance externe, quel qu'en soit le coût de long terme, parce qu'elle permet dans l'immédiat la valorisation de leur titre, c'est-à-dire une « création » de valeur (pour eux bien sûr et non pour la société dans son ensemble) [12].

C'est là qu'intervient la dimension idéologique de la mondialisation : le triomphe de l'économie de marché et du libéralisme. Car ce qui engendre les souffrances sociales, ce n'est pas la mondialisation en elle-même, mais le retour à une logique de pseudo-impuissance des États sous prétexte de tutelle des marchés. L'idéologie tient à ce que nous continuons de percevoir les marchés comme des lieux fictifs de coordination, alors qu'ils sont le lieu de rapports de force, lorsqu'ils ne sont pas médiatisés par les États. On a, semble-t-il, oublié que déjà au Moyen Âge, on faisait la distinction ente le principe du marché et le marché concret dont le fonctionnement exigeait l'intervention de la puissance publique.

Ce qui est encore plus préoccupant est que l'idée même de marché est dévoyée. Car en principe, ce qui légitime une économie de marché est que les acteurs soient de tailles relativement égales, de façon à ce qu'aucun d'entre eux n'ait de pouvoir sur les autres. Or le phénomène de croissance externe — de fusions et concentrations — auquel nous assistons, fondé sur une logique de rentabilité de court terme, crée des acteurs de taille considérable, des quasi chefs d'État privés, dont la puissance n'a rien à envier à celle des gouvernements. L'économie de marché et l'intensification de la concurrence supposées bénéficier aux consommateurs deviennent alors de pures fictions.

Or pourtant, partout se développe une théologie de la concurrence et de la compétitivité, qui exigerait notamment des gouvernements européens qu'ils déréglementent leur marché du travail. Toutes les critiques se focalisent sur ce dernier marché — et donc sur le système de protection sociale — comme s'il était le lieu ultime de résistance au libéralisme et donc à la modernité. Il est pourtant un marché bien plus concurrentiel que ne le sont nombre de marchés de produits. Ce qui conduit à ce déséquilibre — la valorisation du monopole ou de la prédation sur les marchés de biens et services, en même temps que l'éloge de la concurrence sur le marché du travail —, c'est évidemment le bouleversement du rapport des forces sociales entre travail et capital au profit du second.

La mondialisation en soi n'est pas un problème puisqu'elle peut engendrer des bénéfices importants, mais en se produisant dans un déséquilibre des rapports de force entre acteurs, elle produit de la souffrance sociale. C'est ce bouleversement qui va susciter la transformation des sécurités associées au travail, c'est-à-dire de façon implicite du contrat social (statut du travail, type de contrats, protection sociale).

12. Kechidi, Perez, Lejay, Tozanli (2000).

L'évaluation du travail va se faire dans une perspective de court terme, d'où l'exigence pressante de flexibilité du temps et des rémunérations et l'acceptation croissante de la précarité. Le paradoxe apparent est que la plus grande sujétion du travail que le nouveau rapport de forces implique, s'accompagne d'une plus grande autonomie du travail, c'est-à-dire d'une plus grande liberté donnée au travailleur de livrer le meilleur de lui-même (individualisation du temps de travail et des rémunérations) ! Le travail-projet devient travail-marchandise et le travailleur un « capital » qui ne vaut que par l'anticipation des flux de revenus futurs qu'il peut susciter. Certes cela n'est pas une nouveauté dans l'histoire du capitalisme. Ce qui est pourtant spécifique à notre époque c'est l'horizon court qui préside à cette anticipation. Comme les vues sur l'avenir sont instables, la valorisation présente du travail est appelée à de plus grandes fluctuations, d'où la demande de flexibilité. Les opinions sur l'avenir deviennent la source de toute chose, ce qui a le double effet de rendre le présent plus risqué et l'avenir plus incertain.

Dans ce monde plus risqué et plus incertain, les acteurs sont évidemment (car ainsi est la nature humaine) à la recherche de la plus grande des sécurités, ce qui les incite d'une part à dégager le plus vite le plus grand gain monétaire possible, et d'autre part à rechercher l'assurance la plus grande contre l'insécurité (concentration, pouvoir de monopole, rente de situation). Mais à ce jeu, les inégalités sont considérables entre ceux qui disposent du pouvoir de décision et les autres.

Or le « capital » humain n'est évidemment pas comme le capital physique. La fluctuation de sa « valeur » au gré des opinions versatiles sur le futur a des conséquences irréversibles sur le destin des personnes.

Ce facteur est déterminant : depuis longtemps les économistes savent que les déséquilibres que l'on observe sur un marché peuvent avoir leur source sur d'autres marchés. Au-delà des évolutions du système productif, d'avoir laissé les opinions versatiles sur le futur être la mesure de toute chose et le guide ultime de l'activité économique, me semble être le facteur explicatif essentiel des dysfonctionnements du marché du travail.

Les évolutions du système productif et leur finalité ont toujours produit des transformations dans l'organisation du travail, en général pour le meilleur. Lorsque c'est pour le pire, c'est qu'elles ne sont pas vraiment la cause des déséquilibres, mais qu'elles ont été mises à profit pour modifier la répartition présente et celle future des revenus. Une croissance qui ne profiterait qu'aux 10 % des plus riches est infiniment moins efficace qu'une croissance qui bénéficierait aux 10 % les plus pauvres. Le système productif n'est pas en cause, mais le sont les procédures de la répartition primaire et secondaire des revenus.

C'est ainsi que l'on peut mieux comprendre l'illusion de ce que l'on appelle le règne du consommateur que la mondialisation établirait. Le

« client-roi » est d'abord celui qui a triomphé en tant que producteur et/ou rentier, et dont les exigences pour être satisfait sont toujours plus grandes. Au contraire, le producteur fragilisé dans son emploi et ses revenus est tout sauf un consommateur triomphant. Ce n'est pas lui qui a accès à des biens et des services de plus en plus sophistiqués et différenciés. Car la fiction du « client-roi » dans une société de producteurs paupérisés ne tient pas une seconde, tant il est évident que le marché ne s'est jamais intéressé qu'à la demande solvable. Certains soulignent au contraire la « schizophrénie » de l'individu dont les exigences en tant que consommateur s'exerceraient à ses dépens en tant que producteur. C'est vite oublier que ces exigences sont elles-mêmes la conséquence de l'incertitude et de la modicité des revenus. Lorsqu'il faut compter tous ses sous, il n'y a pas d'autre choix que de chercher à s'approvisionner au prix le plus bas. Comment en est-on arrivé à un tel contresens ? Il y a là un exemple évident de retournement idéologique qui valorise les biens aux dépens des personnes.

Le progrès technique

La non-neutralité du progrès technique est tenue, peut-être plus que la mondialisation, pour responsable de la désaffection pour le travail non qualifié qui caractérise les économies industrialisées depuis le début des années 1980. Le progrès technique est non neutre en ce qu'il conduit à la production d'équipements et de formes d'organisation qui exigent la coopération d'un travail toujours plus qualifié, toujours plus compétent.

L'argument a une pertinence certaine, comme de nombreuses études et la simple observation l'ont montré. Mais il se peut qu'il soit mieux à même d'expliquer le passé que l'avenir. Comme Aghion et Howitt [13] l'ont souligné, les nouvelles technologies de l'information et de la communication représentent des innovations génériques au sens où elles sont applicables à tous les secteurs, à toutes les activités. Leur phase de diffusion génère des problèmes de restructuration — donc d'emploi — et d'inégalités. En effet, dans cette phase, les entreprises valorisent surtout le savoir qui est transférable d'un secteur à un autre, c'est-à-dire le travail qualifié. Mais au terme de la phase de diffusion, lorsque tous les secteurs se sont appropriés les nouvelles technologies, la pression inégalitaire disparaît et peut même s'inverser. Il est vrai que nous ne sommes pas encore, surtout en Europe, au terme du processus, et que les politiques de formation et de baisse de la taxation du travail peu qualifié, peuvent contribuer à en accroître la demande [14]. Mais les perspectives ouvertes par le retour de la croissance et l'effet des

13. Aghion et Howitt (1998).
14. Fitoussi (2000b).

nouvelles technologies de l'information et de la communication, montrent que nous avons les ressources internes pour ne point nous résigner au chômage de masse ou à une croissance insoutenable des inégalités.

On peut enfin montrer que ces défis, qu'il s'agisse de la mondialisation ou de l'effet des nouvelles technologies sur l'organisation du travail — quelle qu'en soit par ailleurs la réalité — ont aussi servi une logique politique, car les politiques européennes des années 1990 jusqu'à la création de la monnaie unique, si l'on tente de les évaluer objectivement, n'avaient, malgré les discours, aucunement pour projet de répondre à ces défis. La rhétorique et l'action faisaient le grand écart.

Lorsque l'on évalue, en effet, avec un peu de distance la stratégie européenne des années 1990, on ne peut qu'être frappé par son caractère paradoxal, sa contradiction interne par rapport aux objectifs qu'elle était censée poursuivre. Quels étaient-ils ? La modernisation et la compétitivité pour une meilleure adaptation à la mondialisation. Cela implique, au moins, deux choses si l'on veut que ces objectifs soient vraiment atteints. D'une part que la gestion des taux de change soit telle qu'elle ne défavorise pas la compétitivité des entreprises européennes. D'autre part, que l'incitation au travail et à l'investissement soit accentuée pour que l'offre productive se développe et permette la modernisation. En peu de mots, cela signifie qu'il fallait que le taux de change n'impose pas de handicap artificiel aux entreprises et qu'il importait, si ce n'est de réduire les prélèvements obligatoires, au moins de ne pas les augmenter. Or c'est exactement l'inverse qui fut fait. Drôle d'adaptation à la mondialisation que celle qui conduit à surévaluer le cours des monnaies par le moyen de taux d'intérêt anormalement élevés et à augmenter les prélèvements obligatoires pesant sur le travail ; ce qui revient à la fois à réduire la compétitivité et à pénaliser les coûts et les revenus d'activité, et qui, pour ces raisons, ne pouvait que conduire à un retard d'investissement et donc technologique. On ne pouvait rêver meilleure stratégie pour réduire à la fois la demande de travail et celle de capital. Doit-on alors s'étonner, et accuser le système social, si cette période nous a légué à la fois un taux de chômage trop élevé et un taux d'investissement trop bas ? Heureusement la monnaie unique est venue mettre fin à ce dysfonctionnement et introduire davantage de raison dans le *policy mix* européen.

La souveraineté de l'Europe

Il est, tout compte fait, très peu question d'Europe et de construction européenne dans le programme consensuel exposé plus haut. Les conséquences de la monnaie unique sont passées sous silence, et l'Europe est considérée comme une juxtaposition de modèles sociaux dont chacun pourrait peut-être délivrer quelques enseignements aux autres. Certes, il est question de coordination souple, « molle » devrait-on dire, mais la question de la souveraineté est soigneusement éludée.

Or les défis ne sont plus aujourd'hui de même nature que ceux qu'il a fallu affronter depuis la fin des années 1970. Durant les vingt-cinq dernières années, les objectifs nationaux pouvaient être résumés en quelques chiffres — la parité monétaire, la cible d'inflation, la contrainte extérieure, le déficit budgétaire etc. — et somme toute, les gouvernements disposaient des instruments pour les atteindre. Les politiques économiques furent certes maladroites, inutilement restrictives, coûteuses socialement, mais l'exercice avait quelque chose de rassurant. Il était de l'ordre d'un effort, volontairement consenti par chacun des pays, mais s'inscrivant dans une pratique éprouvée de la souveraineté nationale.

C'est de toute autre chose qu'il s'agit aujourd'hui : il faut réussir la transition d'une économie en chômage de masse à une société de plein emploi, ce qui représente une mutation qualitative radicale qui oblige à se poser de nouvelles questions sur les rapports sociaux et sur les institutions de la République. C'est là que la difficulté apparaît dans toute son ampleur. Qui est en charge de cette mutation ? Quelles sont les compétences de l'Europe et quelles sont celles des nations ? La souveraineté est aujourd'hui partagée : mi-européenne, mi-nationale, ou si l'on préfère ni vraiment européenne, ni vraiment nationale. L'Europe est une curieuse construction dans l'ordre du politique : les souverainetés nationales sont limitées par des règles politiques contraignantes adoptées de concert, mais c'est au nom de leur préservation que l'on empêche une souveraineté fédérale d'émerger.

Le long terme est donc bien engagé par le chemin que l'Europe, sans y avoir vraiment réfléchi, est en train d'emprunter. Les souverainetés nationales seraient évidemment encore réduites si la concurrence fiscale et sociale — qu'une absence de souveraineté européenne favoriserait — devenait une nouvelle norme. La conception de l'Europe-espace l'emporterait sur celle de l'Europe-puissance, (pour utiliser une terminologie introduite par le président Valéry Giscard-d'Estaing), ce qui certes faciliterait l'élargissement de l'Union, mais en réduirait encore la gouvernabilité. Ce n'est pas précisément ce type de destin que les promoteurs de l'idée européenne avaient à l'esprit : une Europe-espace dans un monde peuplé de puissances. Ce serait un leurre de penser que de toutes façons la mondialisation conduit à l'impuissance de tous les gouvernements de la planète. En aucune autre époque la prééminence des États-Unis n'a été aussi évidente et autant acceptée. C'est l'affaiblissement des souverainetés nationales en Europe, sans que l'on cherche à lui substituer le renforcement d'une souveraineté collective, qui, bien plus que la mondialisation, produirait un tel résultat.

Pourtant cet affaiblissement, ce manque d'emprise des gouvernements nationaux sur le destin des sociétés, ne prend que davantage de relief lorsque l'on considère le long terme. Le déséquilibre institutionnel entre une banque centrale indépendante (responsable devant aucun parlement) et une pluralité d'autorités budgétaires à l'action contrainte par le pacte de stabilité, est patent. Mais en matière de politiques structurelles, un déséquilibre similaire existe. Pour ce qui concerne la politique de la concurrence et donc la politique industrielle, la Commission cumule les pouvoirs législatif, exécutif et judiciaire, aux termes des différents traités européens. Ses pouvoirs peuvent sembler de surcroît discrétionnaires ou même arbitraires, car les traités ne contiennent aucune orientation précise en la matière.

C'est donc la Commission elle-même qui détermine la doctrine en vigueur. Elle se comporte en ce domaine comme une agence indépendante, mais avec la particularité que son statut ou ses missions ne peuvent être modifiés par aucun parlement national, à l'inverse de celui de toutes les agences dites indépendantes dans le monde. Les services publics n'échappent pas à cette compétence de la Commission, et la montée en puissance de la politique européenne de la concurrence a touché des pans entiers des secteurs et services publics nationaux. C'est ainsi que depuis la signature en 1987, de l'Acte unique européen, les services publics en Europe font l'objet d'une politique systématique de libéralisation, de privatisation et d'ouverture à la concurrence : télécommunications, transports aériens, transports ferroviaires, électricité, etc.

Une politique de la concurrence est parfaitement légitime, comme l'est une politique de libéralisation des services publics lorsque l'une et l'autre servent les intérêts des citoyens, c'est-à-dire lorsqu'elles permettent de resserrer le lien social. Or la question des services publics surtout, mais aussi celle de la politique industrielle, ne peuvent avoir d'autre lieu de détermination que la démocratie. Il faut ici d'emblée lever une ambiguïté. La Commission n'est en rien responsable de cet état des choses : même si elle n'était criticable ni quant à l'excellence de sa doctrine, ni quant à l'efficacité de sa mise en œuvre, il n'en demeurerait pas moins qu'elle légiférerait, exécuterait, jugerait sans aucun contrôle démocratique. C'est la « constitution » de l'Europe, telle qu'inscrite dans les traités, qui apparaît bien peu démocratique. D'avoir confié à des « Agences indépendantes » d'un nouveau type — dont le pouvoir est hiérarchiquement supérieur à celui des parlements nationaux — des pouvoirs aussi considérables en matière monétaire ou de régulation de la concurrence, conduit à un déficit tout aussi considérable de la démocratie.

D'un côté donc des structures de pouvoirs qui dominent les États, de l'autre des processus quasi-spontanés qui limitent encore le pouvoir de ces derniers. C'est le cas de la concurrence fiscale, ce pourrait l'être aussi de celle qui s'annonce dans les projets de réformes des institutions du marché du travail. « Tout pays qui essaierait de maintenir l'État-providence courrait à la faillite parce qu'il serait confronté à une émigration des plus chanceux, qui sont censés être les payeurs, et à une immigration des malchanceux qui sont censés être les bénéficiaires du système » (Hans Werner Sinn [15]). Une telle issue est d'autant plus probable que la pression sur les gouvernements pour qu'ils « réforment » structurellement le marché du travail et le système de protection sociale ne cesse de croître. Dans tous les sommets, dans toutes les réunions de spécialistes, dans toutes les recommandations des organisations internationales et de la Banque centrale européenne, la réforme structurelle — entendez l'affaiblissement de la protection du travail, la réduction de la générosité de l'indemnisation du chômage et autres mesures destinées à accroître « la souplesse » du marché du travail — est à l'ordre du jour.

En bref, la conjugaison de l'absence de gouvernement de l'Europe et de la montée en puissance d'institutions a-démocratiques, c'est-à-dire irresponsables politiquement, pourrait faire évoluer l'Europe vers un avenir que personne — ni les gouvernements, ni les populations — ne souhaite. Les processus à l'œuvre conduisent à des résultats non intentionnels, c'est-à-dire non optimaux tant en matière de provision de biens publics que de cohésion sociale. Il ne peut en être autrement si aucune orientation politique générale, assise sur des processus démocratiques, ne vient définir les objectifs de la construction européenne pour l'avenir.

L'Europe-espace, même si elle semble inscrite dans les évolutions en cours, dans les décisions d'élargissement déjà prises, ne me semble pourtant pas un futur probable. Il ne me semble guère imaginable, en effet, que l'Europe — tout à son désir d'imiter les États-Unis — devienne la seule région du monde à n'être gouvernée ni économiquement, ni politiquement. La construction européenne a toujours procédé de motivations politiques ; il serait curieux qu'au bout du compte elle aboutisse à un espace où le politique soit réduit à la portion congrue.

On le voit, la question de l'avenir de l'Europe sociale n'est pas susceptible d'une réponse technique. Il ne s'agit pas de déterminer quelle organisation sociale aurait la plus grande efficacité économique, mais comment faire en sorte que le modèle de société de l'avenir fasse l'objet d'un choix démocratique assumé politiquement. Dans la hiérarchie normale des valeurs qui est la nôtre, la question sociale renvoie de fait à celle de la souveraineté, c'est-à-dire à la constitution de l'Europe [16].

15. Hans Werner Sinn (1997).
16. Fitoussi, 2000c).

Références bibliographiques

AGHION P. et P. HOWITT, 1998 : *Endogeneous Growth Theory*, MIT Press Cambridge.

COMMISSION EUROPÉENNE, 2000 : *Building an Inclusive Europe*, Communication de la Commission, Bruxelles, DG V, Emploi et Affaires Sociales.

FERRERA M., A. HEMERIJCK et M. RHODES, 2000 : *The future of Social Europe*. Conférence « Europe, Globalisation and the future of Social Policy ». Conférence, Lisbonne 5-6 mai 2000.

FITOUSSI J.-P., 2000a : « La fin de l'économie », *Le Monde*, 26 février.

FITOUSSI J.-P., 2000b : « Payroll tax reductions for the low paid », *OECD Economic Review*, n° 31, traduit dans *la revue de l'OFCE*, n° 74, « Allégement des charges sur les bas salaires ».

FITOUSSI J.-P., (dir.) 2000c : *Rapport sur l'état de l'Union européenne 2000*, Fayard/Presses de Sciences Po.

FITOUSSI J.-P. et O. PASSET, 2000 : « Réduction du chômage : les réussites en Europe », *Conseil d'Analyse Économique*, n° 23, La Documentation française.

FITOUSSI J.-P., E. S. PHELPS, D. JESTAZ et G. ZOEGA, 2000 : « Roots of the recent recoveries : labor reforms, sound public finance or private sector forces ? », *Brookings Papers on Economic Activity n° 1*.

FITOUSSI J.-P. et P. ROSANVALLON, 1996 : *Le nouvel âge des inégalités*, Le Seuil.

FREEMAN R. B., 2000 : « Single Peaked vs. Diversified Capitalism : the relation between Economic Institutions and Outcomes », *NBER Working Papers series*, n° 7556.

KECHIDI M., R. PEREZ, V. LEJAY, S. TOZANLI, 2000 : « Les fusions et acquisitions en France et dans le monde 1997-1999, *Rapport d'étude pour le Commissariat Général du Plan*, mai.

MARTIN P., 1998 : « The Exchange Rate Policy of the Euro : A Matter of Size ? », *Journal of the Japanese and International Economies*, n° 12.

SINN H.-W., 1997 : « The Selection Principle and Market Failure in Systems Competition », *Journal of Public Economics*.

USHER D., 1981 : *The economic prerequisites of Democracy*, Columbia University Press.

La réforme fiscale en France : bilan et perspectives

Gaël Dupont et Henri Sterdyniak
Département analyse et prévision de l'OFCE

Jacques Le Cacheux et Vincent Touzé
Département des études de l'OFCE

La Loi de finances 2001 comporte la première phase d'un plan d'allégement des prélèvements obligatoires de grande ampleur, portant sur trois années. Cet article en présente les principales mesures, en les resituant dans le contexte plus général des perspectives budgétaires. Chacune des grandes mesures est ensuite étudiée plus en détail et évaluée à l'aune des différents objectifs que l'on peut souhaiter assigner à l'instrument correspondant. Après une présentation chiffrée des principales modifications de la fiscalité, sont examinées la fiscalité écologique, l'imposition des bénéfices des sociétés, puis l'autonomie budgétaire des organismes de Sécurité sociale et des collectivités locales. L'examen des prélèvements directs sur les revenus des ménages amène à discuter successivement de l'impôt sur le revenu, de l'impôt de solidarité sur la fortune et de l'imposition des revenus du capital, ce qui conduit à s'interroger sur la nouvelle législation applicable à l'épargne salariale et sur la fiscalité des stock-options. Enfin, la dernière partie analyse le système de prélèvement et de prestation des travailleurs pauvres et des exclus, et les réformes de ce système en cours ou souhaitables.

Quelle réforme fiscale ?

La plupart des économistes et des hommes politiques en France s'accordent sur la nécessité d'une grande réforme fiscale, à l'aune de laquelle chacun évalue les modifications effectivement introduites. Cependant, le contenu même de la réforme idéale est généralement peu explicité et les objectifs poursuivis sont contradictoires. Certains préconisent une forte réduction du niveau des prélèvements obligatoires (ce qui suppose de diminuer d'autant les dépenses publiques), susceptible de dynamiser l'économie française, en incitant les actifs à travailler davantage, les ménages à épargner, les entreprises à investir et à embaucher ; ils veulent rendre la fiscalité plus neutre, et, en particulier, diminuer les taux marginaux trop élevés. D'autres proposent au contraire de répartir plus équitablement la charge fiscale entre revenus du travail et revenus du capital, d'augmenter le caractère redistributif du système, de prendre des mesures spécifiques pour favoriser l'emploi, pour taxer les activités polluantes, etc. Ainsi en France comme ailleurs, les réformes fiscales se partagent-elles entre des réformes « libérales » visant à réduire la pression fiscale globale et les taux de prélèvements les plus élevées et les réformes à ambition plus sociale visant à favoriser l'emploi, la redistribution ou certains objectifs de politique économique.

De 1995 à 1999, on peut distinguer plusieurs axes dans les modifications de la structure des prélèvements obligatoires :

– Le plus important est la réduction des cotisations sociales employeurs sur les plus bas salaires, qui, à partir de 2000, vise aussi à aider les entreprises à financer la réduction du temps de travail.

– Les prélèvements sur les entreprises ne sont pas réduits, mais sont restructurés : suppression de la part salariale de la taxe professionnelle, baisse des cotisations employeurs, création de la CSB et de la TGAP.

– La montée en puissance de la CSG a permis de faire financer une partie de la protection sociale par les revenus du capital.

Pour les années à venir, le gouvernement fait de la baisse des prélèvements obligatoires l'objectif central de sa politique budgétaire. Cet allégement est rendu possible par la nette amélioration des finances publiques qui résulte d'un certain contrôle des dépenses, de la baisse des taux d'intérêt, et surtout de la reprise de la croissance : de 6 points de PIB en 1993, le déficit des administrations publiques a été ramené à 1,8 point en 1999. Aussi pourrait être enrayée, voire inversée, la hausse du taux de prélèvements obligatoires, passé de 42,7 % du PIB en 1992 à 45,7 % en 1999. Si la phase actuelle de croissance se maintient, les marges disponibles chaque année se situeraient entre 40 et 60 milliards de francs (de 0,4 à 0,6 point de PIB), de sorte qu'une réforme fiscale d'ampleur devient possible.

Un tel projet exige de nouvelles pressions sur les dépenses publiques, particulièrement délicates en période de forte croissance. Pourquoi ne pas faire profiter de la reprise économique les exclus, les chômeurs ou les retraités ? D'autant qu'une baisse des impôts, en particulier de l'impôt sur le revenu, profite toujours plus aux riches qu'aux pauvres. Pour qu'il en soit autrement, il faudrait imaginer des dispositifs tels qu'ils rendraient plus compliquée la fiscalité, au lieu de la simplifier. Aussi depuis l'apparition de ce qui a été appelé la « cagnotte fiscale », le gouvernement est partagé entre deux logiques contradictoires :

– prendre des mesures en faveur d'une nette baisse des prélèvements obligatoires, ce qui devrait l'amener à réduire particulièrement l'impôt sur le revenu, le plus directement ressenti.

— conduire une politique favorisant en priorité les classes populaires. Celles-ci payant peu d'impôts, il est difficile de leur en faire payer moins.

Reflétant cette contradiction, le plan d'allégement et de réforme des impôts présenté, fin août, par le gouvernement est de grande ampleur : 120 milliards de baisse d'impôts en 3 ans. Compte tenu des mesures décidées antérieurement (TVA, réductions des cotisations sociales patronales), les baisses prévues de 1999 à 2003 atteindraient 276 milliards en année pleine, soit 3 points de PIB (tableau 2). Elles reposent sur trois paris : le maintien d'une croissance vigoureuse, une gestion rigoureuse des dépenses publiques et la stabilité des cotisations sociales. Trois stratégies étaient envisageables. La première aurait consisté à baisser en priorité les taux marginaux les plus élevés — taux supérieur de l'impôt sur le revenu, ISF. Couplée avec une réduction plus marquée du taux de l'IS, elle aurait permis à la France de participer pleinement à la concurrence fiscale en Europe. Mais, elle aurait impliqué un recul important du rôle redistributif de l'impôt. Dans le plan Fabius, l'impôt sur le revenu diminue à partir de 2000, mais cette baisse n'est pas ciblée sur les taux les plus élevés. La deuxième stratégie se donnerait comme objectif de lutter contre le chômage de masse, en réduisant les charges pesant sur le travail, en particulier sur le travail non qualifié. Elle est poursuivie avec constance à partir de 2000, avec une certaine inflexion puisque les mesures visent à augmenter le salaire net des « travailleurs pauvres » et non plus à réduire le coût du travail. A partir de 2000, la lutte contre les trappes à inactivité se traduit par des réformes des allocations-logement, de la taxe d'habitation, puis par la création d'un seuil pour la CSG. La stratégie du saupoudrage consiste à redistribuer à l'ensemble des contribuables le surplus de recettes fourni par la croissance. Elle n'est pas absente du plan Fabius. Cherchant à concilier ces trois stratégies, tout en supprimant de nombreuses taxes à rendement relativement faible (vignette automobile, droit de bail, taxe sur l'examen d'obtention du permis de conduire, sur les cartes d'identité...), ce qui permet une concentration de la fiscalité, le plan d'allégement gouvernemental n'évite pas l'impression de dispersion.

Au total cependant, cet ensemble de réformes apparaît inspiré par la volonté de réduire la charge portant sur les travailleurs non qualifiés, plus que celle portant sur les salariés les plus qualifiés ou les contribuables les plus riches. Elles réduisent les cotisations sociales des employeurs plutôt que les impôts portant sur leur profit. C'est une particularité des réformes françaises.

Quelles marges de manœuvre ?

Les allégements d'impôts programmés représentent 2,9 points de PIB sur quatre ans (2000-2003). Compte tenu d'une dérive spontanée du taux de prélèvement obligatoire de l'ordre de 0,2 point chaque année (mais de 0,6 en 2000), la pression fiscale globale, qui avait augmenté de 0,8 point de PIB de 1997 à 1999, baisserait de 45,7 % en 1999 à 43,9 % en 2003 (scénario de croissance à 3 %). Si, de 2001 à 2003, la croissance dépasse 3 % l'an en moyenne, et si les dépenses publiques sont gérées rigoureusement (hausse limitée à 1,3 % en volume par an), les mesures annoncées sont compatibles avec l'annulation du déficit public d'ici 2003. Si la croissance est de 3,5 %, les administrations publiques seront excédentaires de 0,6 point de PIB en 2003 (tableau 1).

Ceci suppose une gestion très rigoureuse des dépenses publiques. Si tel n'était pas le cas, le déficit perdurerait en 2003, même avec une croissance forte : si les dépenses augmentent de 2 % par an en volume, le déficit serait 1,1 point de PIB (respectivement 0,4) en 2003 pour une croissance de 3 % (respectivement 3,5 %) par an. De même, si la croissance ralentissait durablement à 2,5 %, le déficit ne pourrait pas être sensiblement réduit, ce qui, compte tenu des engagements européens de la France, pourrait rendre nécessaire une remise en cause d'une partie des mesures annoncées : procycliques, puisque prises dans une période où l'activité est dynamique, elles présentent le risque d'obliger à effectuer des ajustements également procycliques en cas de ralentissement.

Si l'État compense, comme il s'y est engagé, l'ensemble des baisses de recettes des organismes sociaux et des collectivités locales, son budget propre restera déficitaire malgré la limitation à 0,3 % par an de la hausse

1. Scénarios de finances publiques

En %

	2000	2001	2002	2003
Hypothèse de croissance	3,4	3,0/3,5	3,0/3,5	3,0/3,5
1) *Scénario central (1,3 % de croissance en volume des dépenses publiques, mesures fiscales annoncées)*				
Mesures fiscales (en points de PIB)	– 1,2	– 0,9	– 0,5	– 0,3
Solde public (en points de PIB)	– 1,5	– 1,3/– 1,1	– 0,8/– 0,3	0,1/+ 0,6
2) *2 % de croissance en volume des dépenses publiques*				
Mesures fiscales (en points de PIB)	– 1,2	– 0,9	– 0,5	– 0,3
Solde public (en points de PIB)	– 1,5	– 1,7/– 1,4	– 1,5/– 1,0	– 1,1/– 0,4
3) *Solde nul en 2003 et marges budgétaires affectées à des mesures fiscales*				
Mesures fiscales (en points de PIB)	– 1,2	– 0,9/– 1,2	– 0,5/– 0,7	– 0,3/– 0,6
Solde public (en points de PIB)	– 1,5	– 1,3	– 0,8	0,0

Source : Calculs OFCE.

de ses dépenses (hors compensations) : dans le scénario à 3 % de croissance, le déficit budgétaire de l'État atteindrait 1,9 % du PIB, compensé par un excédent des autres administrations d'un même montant ; dans un scénario à 3,5 % de croissance, le déficit de l'État équivaudrait à 1,5 % du PIB, tandis que l'excédent des autres administrations serait de 2,2 % du PIB.

Le gouvernement utilise ainsi toutes les marges de manœuvre disponibles en affectant aux baisses d'impôts l'intégralité des « dividendes budgétaires » attendus de la croissance des prochaines années. S'il souhaite néanmoins poursuivre la réduction du déficit de l'ensemble des administrations publiques, comme il s'y est engagé dans le plan pluriannuel de finances publiques soumis à Bruxelles au début de l'année 2000, il ne peut autoriser aux autres administrations ni des baisses de prélèvements, ni une croissance de leurs dépenses supérieure à celle prévue dans le programme pluriannuel.

Les mesures fiscales sont notamment incompatibles avec les baisses de cotisations Unedic initialement prévues dans le plan Medef-CFDT, qui représentaient 0,8 point de PIB de réductions supplémentaires d'ici 2003 : si les deux plans s'étaient cumulés, le déficit des administrations aurait atteint 0,7 % en 2003 pour une croissance de l'économie de 3 %. Aussi, le gouvernement n'a-t-il finalement accepté qu'une baisse modérée des cotisations. Les mesures fiscales annoncées privent donc les organismes sociaux de marges de manœuvre quant à l'utilisation des dividendes de la croissance, créant ainsi des situations conflictuelles avec des partenaires sociaux, soucieux pour les uns d'amélioration des prestations, pour les autres de réductions des cotisations.

Compte tenu des évolutions démographiques futures, qui rendront nécessaires des augmentations de cotisations retraites à partir de 2005, il est logique que la CNAV n'utilise pas les excédents provisoires induits par la croissance pour réduire les cotisations et qu'elle abonde le fonds de réserve pour les retraites. Les excédents pourraient également servir à accélérer le remboursement de la dette sociale. Une gestion tripartite de la Sécurité sociale pourrait favoriser les compromis entre les souhaits des partenaires sociaux et le pilotage macroéconomique. A l'heure actuelle, le gouvernement cherche à utiliser à son profit les plus-values fiscales induites par la croissance en transférant aux organismes sociaux un certain nombre de charges : ainsi la CNAF, dont le budget présente actuellement le plus fort excédent, devra-t-elle progressivement prendre en charge le financement de l'ensemble de l'allocation de rentrée scolaire. La question de la conciliation entre la politique budgétaire et l'autonomie des organismes sociaux et locaux est posée.

2. Mesures fiscales prévues pour la période 2001-2003

	2000	2001	2002	2003	Total
Total	**- 110**	**- 88**	**- 49**	**- 30**	**- 277**
en points de PIB	- 1,1	- 0,9	- 0,5	- 0,3	- 2,9
Ménages (hors TVA)	- 40	- 46	- 25	- 21	- 132
Impôt sur le revenu	- 11	- 23	- 12	- 9	- 55
CSG-CRDS	—	- 9	- 10	- 10	- 28
Taxe d'habitation	- 11	—	—	—	- 11
Droits de mutation, vignette	- 15	- 3	—	—	- 18
Fiscalité pétrolière	0	- 8	1	1	- 7
Cotisation Unedic	—	- 4	- 2	- 1	- 6
Droit de bail, autres	- 4	1	- 2	- 2	- 7
TVA	**- 38**	**- 13**	**—**	**—**	**- 51**
Entreprises	**- 31**	**- 29**	**- 25**	**- 10**	**- 94**
Taux impôt sur les sociétés	- 12	- 11	- 13	- 10	- 46
Autres mesures IS	4	8	4	2	18
Taxe professionnelle	- 2	- 8	- 8	—	- 18
Fiscalité pétrolière	- 1	- 2	2	2	1
TGAP	1	4	3	3	11
Cotisations patronales	- 24	- 16	- 12	- 8	- 60
Cotisation Unédic	—	- 4	- 4	- 2	- 9
Contribution sur les bénéfices	4	0	4	4	13
Autres	- 2	0	—	—	- 2

CSG = Contribution sociale généralisée ; CRDS = Contribution au remboursement de la dette sociale ; IS = Impôt sur les sociétés ; TGAP = Taxe générale sur les activités polluantes. Remarque : si le cours du pétrole se réduit, la TIPP (Taxe intérieure sur les produits pétroliers) se trouvera augmentée. Dans le tableau, le mécanisme de flexibilité flottante n'est pris en compte qu'en 2001.
Source : MEFI, Unédic.

La politique fiscale du gouvernement

Le gouvernement ne s'est engagé dans des réductions de prélèvements obligatoires qu'à partir de 1999. Fin 1997 et en 1998, les impôts avaient été augmentés de 42 milliards au total, afin de satisfaire l'objectif de déficit public du traité de Maastricht. Ces hausses ont essentiellement porté sur les entreprises, notamment par la surtaxe sur les bénéfices des sociétés. En 1999, les impôts ont été réduits de 26 milliards, mais cette baisse a été masquée par une augmentation spontanée et inattendue des recettes. Le gouvernement a étendu les allégements de charges pesant sur le travail non-qualifiés. Il a aussi réalisé un toilettage du système fiscal en supprimant une quarantaine d'impôts et taxes, notamment le droit de bail. Mais cette rationalisation du système fiscal s'est souvent faite au détriment de l'autonomie financière des collectivités locales, principales bénéficiaires des taxes les plus anciennes (taxe d'habitation, droits de mutation, taxe professionnelle, vignette auto).

Ménages : des baisses de grande ampleur

La réduction des impôts directs pesant sur les ménages n'a été entreprise qu'à partir de 2000. Auparavant, le gouvernement avait quasiment supprimé les cotisations salariales maladie en augmentant la CSG afin de faire contribuer les revenus du capital au financement de la protection sociale. Avec un certain décalage, le gouvernement reprend la politique de réduction de l'Impôt sur le revenu des personnes physiques (IRPP) engagée par le gouvernement Juppé, en la ciblant toutefois davantage sur les contribuables modestes. Ceux-ci sont également favorisés par la réduction de la taxe d'habitation (-11 milliards de francs) décidée en mars 2000.

La réduction de la CSG sur les bas salaires, entre 2001 et 2003, est une mesure favorable aux plus bas salaires, qui a pour objectif d'accroître le supplément de ressources obtenu par les chômeurs retrouvant un emploi. En 2001 et 2002, les salariés bénéficieront aussi des réductions de cotisations sociales prévues dans le plan Unedic : leurs cotisations baisseront de 0,19 point début 2001 (3,5 milliards) et de 0,12 point en 2002 (2,7 milliards en année pleine).

Entreprises : la réduction du coût de travail

En 1999 et 2000, les mesures portant sur la fiscalité des entreprises induisent une réduction sensible du coût du travail. La part salariale de l'assiette de la taxe professionnelle est supprimée de manière progressive entre 1999 et 2002. Cette mesure permettra à terme aux entreprises d'économiser 26 milliards de francs par an. Le gouvernement a poursuivi la politique de réduction des charges patronales pesant sur les bas salaires : les entreprises bénéficient désormais d'une réduction de cotisations sociales pour l'ensemble des salaires inférieurs à 1,8 SMIC. L'objectif de ces mesures est de réduire le coût du travail, jugé responsable du chômage des moins qualifiés. Les cotisations sociales patronales ont également été allégées dans le cadre de la réduction du temps de travail sous la forme d'une aide pérenne forfaitaire de 4 000 F et d'autres aides incitatives : dans ce cas, il ne s'agit pas à proprement parler d'une réduction du coût de travail, puisque ces aides compensent une partie du surcoût lié à la réduction du temps de travail. En 2001, l'ensemble des réductions de charges conditionnelles à la mise en œuvre de la réduction du temps de travail aura un coût budgétaire estimé à 44 milliards. Enfin, les cotisations patronales à l'Unedic doivent baisser de 0,19 point en 2001 (3,5 milliards) et de 0,28 point en 2002 (5,9 milliards en année pleine).

Les baisses de cotisations patronales sont financées en partie par des dotations de l'État et par l'affectation de certains impôts. Mais le gouvernement a également augmenté d'autres prélèvements pesant sur les entreprises : celles dont le chiffre d'affaires est supérieur à 50 millions de francs paient désormais une cotisation sociale sur leurs bénéfices, dont le taux est actuellement de 1,1 % ; le gouvernement semble avoir renoncé pour l'instant à augmenter ce taux. La taxe générale sur les activités polluantes (TGAP) augmente dans le projet de budget 2001 et devrait continuer sa montée en puissance.

Entre 1997 et 1999, les entreprises d'une certaine taille subissaient une surtaxe temporaire sur leurs bénéfices. Il s'agissait d'un « impôt Europe » destiné à passer sous la barre des 3 % de déficit pour la qualification à l'euro, malgré une conjoncture encore peu dynamique. Le calendrier de suppression a été respecté (surtaxe réduite de 15 à 10 % de l'IS en 2000 et suppression en 2001). En 2000, le taux d'imposition des bénéfices des sociétés est ramené à son niveau de 1996 (hors CSB). Le ministre des finances a annoncé la poursuite de la baisse du taux de l'IS, qui devrait retrouver sont niveau de 1994 en 2003 : la surtaxe de 10 % mise en place par le gouvernement Juppé en 1995 sera supprimée. Les PME vont bénéficier, en outre, d'une réduction spécifique de leur taux d'imposition. Mais des mesures d'assiette auront induit une hausse des prélèvements de 30 milliards de francs portant essentiellement sur les grandes entreprises.

Impôts indirects : une réforme au milieu du gué

La TVA a d'abord été réduite de manière ciblée (baisse du taux sur les abonnements EDF-GDF en 1999, pour 5 milliards de francs ; puis sur les travaux dans les logements en 2000 pour 19,7 milliards de francs), puis générale (baisse d'un point du taux normal de TVA à 19,6 % en avril 2000). Toutefois, le gouvernement n'a pas profité des marges actuelles pour ramener le taux normal de TVA à son niveau de 1995 (18,6 %).

Les baisses ciblées de TVA présentent deux avantages par rapport à une réduction générale. La baisse des prix attendue est concentrée, donc plus facilement contrôlable. Elles permettent de favoriser des secteurs intensifs en main d'œuvre, de réduire les avantages du travail au noir sans induire de hausse des importations. En sens inverse, diminuer spécifiquement le taux portant sur tel produit ou service pour des raisons sociales, culturelles ou économiques est une voie dangereuse qui induit des demandes perpétuelles de traitement différencié. Ce genre de mesure entraîne un accroissement de la complexité fiscale, comme le montre la mise en place du taux réduit de TVA sur les travaux d'entretien des logements. Cette réduction devrait profiter essentiellement aux ménages situés dans les déciles supérieurs de revenus car ce sont eux qui effectuent principalement ce type de dépenses.

Les baisses ciblées sont théoriquement soumises à l'accord de Bruxelles ; mais l'application d'un taux réduit sur les secteurs abrités, à fort contenu en main-d'œuvre est autorisée. Les principaux secteurs qui pourraient bénéficier de réductions de TVA sont les hôtels, cafés, restaurants (coût 20 milliards), les réparations automobiles (13 milliards), les spectacles (13 milliards), les blanchisseries (1,2 milliards) et les coiffeurs et soins personnels (5 milliards). Mais, s'agissant, pour la plupart de services consommés relativement plus par les catégories les plus aisées, la mesure aurait des conséquences anti-redistributives. Aussi, le gouvernement n'a-t-il pas étendu l'application du taux réduit à d'autres secteurs.

Les hésitations de la fiscalité écologique

Une Taxe générale sur les activités polluantes (TGAP) a été mise en place en 1999, regroupant cinq anciennes taxes fiscales et parafiscales (qui rapportaient déjà 2 milliards de francs). L'objectif de la fiscalité écologique est d'inciter à la protection de l'environnement, en application du principe « pollueur-payeur ». La TGAP frappait initialement la mise en décharge de déchets ménagers, le stockage et l'élimination de certains déchets industriels la consommation d'huiles, la pollution industrielle de l'air et le bruit engendré par le trafic aérien. En 2000, elle a été étendue aux lessives, aux grains minéraux naturels, aux produits antiparasitaires à usage agricole. En 2001, le rendement de la TGAP doit atteindre 7 milliards de francs. L'extension porte sur les consommations intermédiaires d'énergie, afin de réduire les émissions de gaz à effet de serre. Le gouvernement prévoit qu'à terme la TGAP rapporte 12,5 milliards.

Les recettes de la TGAP sont affectées au financement des réductions de cotisations patronales selon le principe du « double dividende ». Une telle stratégie n'affecte pas globalement les coûts de production, donc les prix, tout en incitant les entreprises à utiliser plus de travail en économisant l'énergie et les produits polluants.

Les consommations d'énergie des entreprises sont relativement peu taxées en France, alors que la plupart des communes et des départements taxent les consommations d'électricité des ménages et que le fioul domestique est assez fortement taxé (par rapport aux autres pays européens). C'est la raison pour laquelle la TGAP-énergie ne concernera que les entreprises en 2001. Une telle taxation pose certains problèmes économiques : la consommation d'énergie est concentrée dans un nombre restreint de secteurs (les huit secteurs les plus utilisateurs consomment 75 % des consommations énergétiques de l'industrie alors qu'ils ne représentent que 28 % de la valeur ajoutée industrielle [1]). Si ces secteurs sont taxés comme les autres, il en résultera une hausse très forte de leurs coûts, donc de leurs prix relatifs. Celle-ci est souhaitable dans la mesure où les ménages seraient incités à réorienter leur consommation vers des produits les moins coûteux sur le plan environnemental. Accorder des réductions ou des exonérations fiscales aux entreprises les plus consommatrices d'énergie peut sembler absurde. Cependant, les entreprises appartenant aux pays « verts » seraient fortement pénalisées. Une fiscalité trop brutale risque de se traduire par la délocalisation des secteurs fortement consommateurs dans les pays où les taxes sur l'énergie sont faibles (ou nulles), ce qui serait sans effet sur les émissions de gaz à effet de serre à l'échelle mondiale et détruirait des emplois en France... L'harmonisation fiscale au niveau européen est donc importante ; c'est un des objectifs de la Commission européenne. Mais elle ne suffit pas. Une solution consisterait à ne taxer les consommations d'énergie qu'à la marge afin de réduire la charge fiscale globale, donc les hausses de coût, tout en maintenant les incitations aux économies d'énergie. Reste que la mise en place d'une taxation marginale est complexe et demande la mise en place d'une surveillance précise des techniques de production existantes et disponibles dans chaque secteur. Comme l'impôt rapporte moins, il ne permet plus de financer une baisse importante des cotisations employeurs.

En 2001, la seule part énergie de la TGAP doit rapporter 3,8 milliards. Elle concernera toutes les entreprises à l'exception des agriculteurs, pêcheurs, et sylviculteurs. Ces secteurs sont exonérés pour des raisons de survie économique. Un dispositif prévoyant à la fois la taxation de leurs consommations d'énergie et une aide forfaitaire aurait eu l'avantage d'inciter à l'économie d'énergie, mais l'inconvénient en est la complexité. Les entreprises bénéficieront d'une franchise à hauteur de 100 tonnes équivalent pétrole (TEP). En conséquence, selon le gouvernement, seulement 1,4 % des entreprises paieront la taxe. Celle-ci prendra la forme d'une accise : le fait générateur est la mise à la consommation sur le marché national après production nationale ou importation. Chaque type d'énergie fossile (fioul lourd, GPL, charbon...) se verra appliquer un taux calculé sur la base de 260 francs par TEP. Bien qu'elle soit essentiellement d'origine nucléaire et ne produise pas de gaz à effet de serre, l'électricité a également été soumise à la taxe avec pour objectif d'accroître l'efficacité énergétique.

En 2001, les gros utilisateurs d'énergie, qui consomment plus de 50 TEP par million de francs de valeur ajoutée créée, bénéficieront d'un abattement proportionnel (de 50 à 95 %) à leur consommation de 2000 [2].

1. *Livre blanc sur les modalités d'extension de la TGAP aux consommations intermédiaires d'énergie des entreprises*, novembre 1999.

2. Le taux d'abattement ira de 50 % pour une consommation comprise entre 50 et 100 TEP par millions de francs de valeur ajoutée à 95 % pour une consommation supérieure à 400 TEP par millions de francs de valeur ajoutée.

Appliquer le taux d'abattement à la consommation de 2000 favorise les entreprises particulièrement dispendieuses cette année, mais permet de taxer l'ensemble de la consommation marginale, contrairement à un abattement qui s'appliquerait à la consommation de 2001. A partir de 2002, les gros utilisateurs d'énergie bénéficieront de réductions fiscales en échange d'engagements d'amélioration de leur efficacité énergétique.

La plupart des pays d'Europe qui ont décidé d'accroître les taxes sur les consommations d'énergie, ont mis en place des dispositifs similaires. En Allemagne, les entreprises pour lesquelles les taxes sur l'énergie seront supérieures de plus de 20 % aux réductions de charges sociales bénéficieront de réductions fiscales. La consommation de charbon n'y sera pas taxée, ce qui est injustifiable.

Les mesures fiscales en faveur de l'environnement ne se limitent pas à la TGAP. La principale taxe *verte* reste la Taxe intérieure sur les produits pétroliers (TIPP). En 1998, le gouvernement avait prévu un relèvement progressif de la TIPP sur le gazole (7 centimes par an) destiné à atténuer en 7 ans son avantage fiscal par rapport au supercarburant en comparaison de ce qui se pratique en Europe. Une partie de la hausse est remboursée aux transporteurs routiers. Par contre, la TIPP sur l'essence sans plomb n'a pas été augmentée depuis 1999, ce qui induit une baisse relative de son prix. Par ailleurs, des incitations fiscales en faveur des énergies alternatives ont été prises (crédit d'impôt pour l'achat d'équipements d'énergie renouvelable tels que les panneaux solaires...). La réduction de la TVA sur les abonnements EDF-GDF n'était pas en contradiction avec l'objectif de réduction de consommation d'énergie car le coût marginal de la consommation n'est pas modifié.

Malheureusement, suite aux mouvements sociaux de septembre 2000 contre le coût élevé des carburants induit par la hausse du cours du brut (transporteurs routiers, mariniers, agriculteurs...), le gouvernement a accordé des réductions sensibles de la fiscalité sur les carburants en faveur des professions revendicatrices. Ces mesures sont en contradiction directe avec les objectifs écologiques, même s'il est vrai que le cours actuel du brut fait œuvre d'incitation financière à la réduction de la consommation de carburant.

En septembre 2000, l'augmentation de la TIPP sur le gazole prévue pour 2001 a été supprimée. Les transporteurs routiers ont obtenu l'exonération des hausses futures. Ils ont également obtenu que le remboursement de la TIPP de 8,62 centimes par litre dont ils bénéficient actuellement (dans la limite de 25 000 litres par semestre et par camion) soit porté à 35 centimes en 2000 et à 25 centimes en 2001. Les entreprises de transports publics routiers de voyageurs vont bénéficier des mêmes remboursements partiels de TIPP que les transporteurs routiers. La TIPP sur le fioul domestique a été réduite de 30,4 %, ce qui est favorable non seulement aux particuliers (et aux entreprises) qui se chauffent de cette façon, mais aussi aux entreprises qui l'utilisent comme carburant (agriculteurs, entreprises de BTP...). A l'inverse, les entreprises pétrolières subiront une taxation exceptionnelle de 5,5 milliards de francs : les provisions pour reconstitution de gisements sont supprimées pour les gisements situés hors de France et les provisions pour hausse de prix subiront un prélèvement exceptionnel de 25 %.

Enfin, a été mis en place un mécanisme de stabilisation de la fiscalité sur les carburants par le biais d'une modulation de la TIPP destinée à compenser les augmentations de TVA consécutives aux hausses de prix. Il peut paraître légitime d'éviter que la fiscalité amplifie les fluctuations de cours, d'autant que les élasticités-prix à court terme des consommations sont faibles. A condition que le mécanisme soit symétrique (augmentation de la TIPP lorsque les cours sont particulièrement bas), ce qui n'est pas le cas dans le dispositif actuel puisque la TIPP ne pourra pas être supérieure au taux voté, et à condition que le dispositif ne remette pas en cause la hausse tendancielle de la fiscalité sur les carburants. Le système proposé présente cependant deux limites : établi à partir d'une comparaison des cours moyens entre deux trimestres, il peut être totalement inadapté si les fluctuations de cours sont infra-annuelles, et ses effets sont tributaires des comportements de marge des distributeurs.

En fait l'existence d'une taxe dont le niveau ne dépend pas du prix hors taxe (la TIPP) permettait déjà d'atténuer la fluctuation des prix TTC (une augmentation de 20 % du prix hors taxe du super sans plomb se traduit par une hausse de moins de 8 % du prix TTC car la TIPP, qui représente 62 % du prix auquel s'applique la TVA, n'est pas modifiée). Remarquons aussi qu'il est erroné d'accuser le gouvernement de s'enrichir lorsque le cours du pétrole s'accroît : pour une part, les ménages réduisent leurs achats de biens et services autres que l'énergie pour compenser l'augmentation du prix de celle ci. Cela provoque une diminution des recettes de TVA sur les autres biens et services. Les recettes de l'État n'augmentent que si les ménages réduisent leur épargne. Les baisses de TIPP annoncées constituent donc bien une stimulation budgétaire et non la neutralisation de recettes excédentaires.

En septembre 2000, le gouvernement a décidé la suppression de la vignette automobile pour les particuliers (soit 12 milliards de francs). C'est une mesure peu justifiable, qui favorise la voiture individuelle au détriment des transports collectifs. La vignette avait en outre le mérite d'être une taxe progressive, qui mettait un frein à la montée en gamme, qui frappait spécifiquement un bien ostentatoire. De plus, les voitures les plus consommatrices étaient les plus taxées. Enfin, l'avantage fiscal d'exonération de vignettes, attribuée aux seuls véhicules non-polluants (GPL, électrique), est désormais caduc. Le gouvernement a donc sacrifié une grande part de sa politique environnementale en septembre 2000. On peut le regretter. La taxation écologique est un combat permanent puisque ses avantages sont diffus et à long terme ; ses inconvénients ciblés et immédiats.

La réduction de l'imposition des bénéfices des sociétés

Le gouvernement a annoncé la suppression de la surtaxe Juppé de 10 % d'ici 2003, ce qui permettra de réduire le taux de l'IS de 3,33 points. On retrouvera ainsi le taux de 1994 : 33 1/3, qui, compte tenu du taux de 50 % de l'avoir fiscal, permet d'éviter complètement la double imposition des dividendes distribués aux particuliers. Cependant, les entreprises devront payer une cotisation sociale sur les bénéfices (CSB) pour alimenter le Fonds de financement de la réforme des cotisations patronales (FOREC). Celle-ci s'élève à 3,3 % de l'impôt sur les bénéfices, soit 1,1 % des bénéfices imposés au taux normal, diminué d'un abattement de 5 MF. Cet abattement rend la cotisation progressive. Les PME (entreprises réalisant un chiffre d'affaires inférieur à 50 MF et détenues directement ou indirectement par des personnes physiques [3]) sont exonérées de CSB.

3. Taux de prélèvements sur les bénéfices des sociétés, 1994-2003

	1994	1995	1996	1997	1998	1999	2000	2001	2002	2003
IS	33,33	36,67	36,67	41,67	41,67	40,00	36,67	35,33	34,33	33,33
CSB*							1,1	1,1	2,2	3,3
IS+CSB	33,33	36,67	36,67	41,67	41,67	40,00	37,77	36,43	36,53	36,63

* Uniquement au dessus d'un seuil de 5 MF ; pour 2002 et 2003, il s'agit d'une hypothèse des auteurs.
Source : MEFI.

A terme, la CSB doit rapporter 12,5 milliards contre 4,3 milliards en 2000. Ceci nécessiterait un triplement du taux de la taxe. La CSB est l'équivalent des cotisations salariés pour le facteur capital. Mais à la différence de ces dernières, la CSB n'est pas exonérée d'impôt car elle n'est pas déduite de l'assiette de l'impôt sur les bénéfices. La non-déductibilité de l'assiette de l'IS permet d'éviter que cette montée en puissance pèse sur le rendement de l'IS. Par ailleurs, elle ne frappe pas la totalité du capital, puisqu'elle ne touche pas les intérêts versés, rémunération du capital emprunté.

Par contre, les petites entreprises bénéficient particulièrement des mesures annoncées par le gouvernement. En 2001, le taux d'imposition

3. Entreprises « dont le capital entièrement libéré est détenu de manière continue, pour 75 % au moins, par des personnes physiques ou par une société répondant aux mêmes conditions ».

des bénéfices des PME sera de 25 % pour la fraction des bénéfices inférieure à 250 000 F. En 2002, ce taux sera de 15 %.

La baisse des taux d'imposition coûte 33,8 milliards sur trois ans au gouvernement. Une partie (13,4 milliards) est financée par des mesures annexes. Le régime de l'amortissement dégressif est rendu un peu moins favorable. Le gouvernement poursuit sa politique de réduction de l'avoir fiscal attaché aux dividendes reçus par les sociétés non-mères. Au total, il sera passé de 50 % en 1998 à 15 % en 2002. Cela accroît fortement la double imposition. Il s'agit de pénaliser les placements purement financiers des entreprises, dans l'espoir de les inciter à réaliser des investissements productifs. Par contre, le régime « mère-filiales » qui permet à une société mère de percevoir des dividendes en franchise d'impôt est maintenu (le seuil de participation nécessaire étant cependant rationalisé : 5 % au lieu de 150 millions de francs ou 10 %).

Les décisions prises en matière d'imposition des sociétés doivent être analysées dans le contexte plus général de l'imposition des revenus du capital et d'une éventuelle concurrence fiscale en Europe dont les réformes annoncées dans plusieurs pays voisins — notamment en Allemagne — suggèrent qu'elle n'est plus uniquement virtuelle. Alors que l'adoption de l'Acte unique européen, en 1987, et la libéralisation des mouvements internationaux de capitaux avaient suscité, à la fin des années 1980, une réflexion sur la concurrence fiscale en matière de prélèvements sur le capital et ses revenus - taxation des intérêts, dividendes et plus-values des ménages, impôts sur le patrimoine des ménages ; impôts sur les bénéfices et impôts sur le capital des entreprises - et une première tentative d'harmonisation (voir, notamment, Sterdyniak *et alii*, 1991), peu de progrès ont été réalisés. L'intégration économique et financière croissante en Europe a favorisé le renforcement d'une concurrence fiscale, plus ou moins ouverte, destinée à attirer les placements financiers et les entreprises. Cette concurrence s'est traduite par un allégement spectaculaire des prélèvements sur les revenus de placement des ménages, au moins jusqu'au milieu des années 1990, par une tendance à la baisse des taux d'imposition des bénéfices des sociétés (Hugounenq, Le Cacheux et Madiès, 1999), et par la multiplication des régimes particuliers d'imposition dans les divers pays membres de l'Union européenne. Globalement, comme le soulignait une étude des services de la Commission (1998), ces évolutions ont abouti à un allégement sensible des prélèvements sur le capital et, corrélativement, à un alourdissement de ceux pesant sur le facteur peu mobile que constitue le travail, conformément à ce que prévoit l'analyse théorique de la concurrence fiscale.

Concernant l'imposition des bénéfices des sociétés dans l'Union européenne, il convient de distinguer deux types de comportements des entreprises multinationales en réponse à des écarts de fiscalité. Le premier relève du choix d'implantation d'activités de production : pour bénéficier d'une fiscalité plus avantageuse, une entreprise peut décider d'ouvrir un établissement dans un pays donné, ce qui constitue pour ce dernier un gain en termes d'emplois, de production et de recettes fiscales. Le second consiste en une pure optimisation fiscale : sans modifier autrement que marginalement la répartition géographique de leurs activités de production, les grandes entreprises peuvent profiter des régimes spéciaux mis en place par certains pays pour les sièges sociaux, les « centres de coordination », etc., et jouer avec les règles comptables et les prix de transfert entre établissements de différents pays, pour éviter l'imposition des bénéfices dans les pays où celle-ci est relativement plus lourde et ne l'acquitter que dans ceux où la fiscalité est légère. Au total les entreprises multinationales bénéficient de taux d'imposition plus faibles que celui des entreprises purement nationales, qui aboutit à fausser la concurrence.

Certes les gouvernements nationaux se sont entendus, depuis 1997, sur le principe d'un « code de bonne conduite », destiné à abolir toutes les pratiques considérées, selon la terminologie désormais courante au sein de l'OCDE, comme relevant de la « concurrence fiscale dommageable », c'est-à-dire les mesures dérogatoires du droit commun de la fiscalité des sociétés, discriminatoires au bénéfice de telle ou telle activité, visant spécifiquement à attirer les entreprises non-résidentes. Le récent « Rapport Primarolo » en recense quelques dizaines, épinglant tous les pays pour de telles pratiques, et pointant notamment du doigt les Pays-Bas pour la fiscalité des holdings financiers, la Belgique, pour celle des « centres de coordination », l'Irlande pour celle des zones franches, etc. Cette mise à l'index de pratiques douteuses est, certes, salutaire ; mais leur disparition effective est loin d'être acquise.

En outre, c'est aussi entre régimes de droit commun que s'exerce aujourd'hui la concurrence fiscale, tant par la manipulation des paramètres de l'imposition des bénéfices (assiette et taux nominaux) que par l'application des règles concernant la double imposition — qui relèvent de traités fiscaux bilatéraux —, dans le cas des entreprises multinationales. Déjà très dispersés à la fin des années 1990 (Hugounenq, Le Cacheux et Madiès, 1999), les taux d'imposition effectifs des bénéfices des sociétés le sont encore plus aujourd'hui et les annonces de réformes fiscales faites dans plusieurs pays au cours des mois récents — celle de l'Allemagne étant la plus spectaculaire, mais aussi l'Irlande, le Royaume-Uni, etc. — soulignent les dangers de la concurrence fiscale sur cet impôt.

Pour l'instant, la seule directive européenne pertinente en ce domaine est malheureusement la directive « Mère-Filiale », qui cherchait à éviter la double imposition des bénéfices des entreprises ayant des établissements dans plusieurs pays membres. En pratique, cette directive facilite les pratiques d'optimisation fiscale des grandes entreprises et encourage les montages juridiques complexes destinés à éviter l'impôt. La Commission est, aujourd'hui, préoccupée de la trop forte diversité des taux effectifs d'imposition des bénéfices ; mais c'est avant tout pour favoriser une plus grande intégration économique et financière. Certains gouvernements nationaux refusent, au nom du principe de subsidiarité et du droit de chaque pays de choisir sa fiscalité, de mettre un terme à cette concurrence fiscale qu'ils considèrent comme une saine émulation. Les autres ne semblent pas avoir la volonté politique d'intervenir avec la force nécessaire sur ce dossier.

L'autonomie budgétaire des administrations locales et sociales est-elle menacée ?

Plusieurs des mesures d'allégement des prélèvements obligatoires inscrites dans le projet de loi de finances 2001 s'inscrivent dans une tendance, amorcée depuis plusieurs années, de grignotage de l'autonomie budgétaire des administrations locales et sociales. Tant les organismes de Sécurité sociale que les collectivités locales voient, en effet, leurs ressources propres progressivement érodées par des réformes successives qui, sous couvert de simplification du système de prélèvements obligatoires ou poursuivant des objectifs de réduction des charges sur les bas salaires ou de prélèvements sur les bas revenus, restreignent peu à peu leur autonomie de financement et remettant en cause les principes de la gestion paritaire, du côté des organismes de Sécurité sociale, ou de la décentralisation, du côté des collectivités locales. En outre, la logique même des contraintes globales que fait peser sur le solde des administrations publiques le Pacte de stabilité européen, de même que celle des plans pluriannuels de finances publiques soumis par le gouvernement aux instances communautaires, accentuent la domination de l'État sur les décisions de financement et de dépenses des autres administrations publiques.

Fiscalisation du financement de la Sécurité sociale

Concernant le financement de la Sécurité sociale, le gouvernement Jospin a prolongé en les amplifiant les orientations prises par les gouvernements précédents dans les années 1990. Les sources de financement de la Sécurité sociale ont été diversifiées. La part des cotisations sur les salaires a été fortement réduite (poursuite des réductions dégressives de charges patronales, substitution de la CSG aux cotisations salariales maladies) au profit de financements alternatifs : revenus d'épargne des ménages, bénéfices des entreprises, consommations énergétiques et déchets (TGAP), consommation d'alcool et de tabac (tableau 4). En dix ans, la part des cotisations dans le financement du Régime général est passée de 91 à 62 %, tandis que les impôts et les taxes représentent aujourd'hui 32 % des ressources si on compte les versements du FOREC et de la section I du FSV, tous deux entièrement financés par des taxes. La modification de la structure des ressources vise à augmenter le rendement des prélèvements (compte tenu du dynamisme des revenus du capital) et à réduire le coût du travail, jugé responsable du chômage. A cet effet, les gouvernements ont introduit une progressivité des cotisations sociales patronales. A partir de 2001, les contributions payées par les salariés deviennent également progressives, afin d'accroître le revenu net des salariés les moins rémunérés sans alourdir le coût du travail. La progressivité du financement de la Sécurité sociale constitue une inversion radicale par rapport aux cotisations proportionnelles mais plafonnées de jadis.

4. Structure des ressources du régime général

En %

	1990	1995	2000
Cotisations effectives	91	82	62
dont cotisations employeurs	*62*	*55*	*50*
dont cotisations assurés	*29*	*27*	*13*
Impôts et taxes	2	5	23
Transferts	3	10	5
Contributions publiques	3	2	9

* : Les cotisations prises en charge par l'État et le Forec sont dans la ligne « contributions publiques ».
Sources : Comptes de la protection sociale 1990-1996 ; Commission des comptes de la Sécurité sociale, mai 2000.

Le remplacement de cotisations assises sur le salaire par des contributions portant sur l'ensemble des revenus se justifie sur le plan de la logique économique et sociale pour financer les prestations universelles ou de solidarité (famille, maladie), qui bénéficient à tous les résidents (voir Sterdyniak et Villa, 1998). La réforme a été poussée jusqu'au bout pour les cotisations des salariés, mais pas pour celles des entreprises, qui continuent à payer des cotisations famille et maladie assises sur la masse salariale. Au lieu d'une grande réforme, le gouvernement a préféré agir par petites touches : réduction des cotisations sur les bas salaires, création de la CSB et de la TGAP. La logique du système devient alors confuse.

Les aides à la réduction du temps de travail ont pris la forme de baisses de charges sociales (forfaitaires de 4 000 F par salarié). Ces baisses, dont le coût serait de 40 milliards à terme, devaient être financées par des prélèvements sur le régime de la Sécurité sociale, les régimes complémentaires et le régime d'indemnisation du chômage, qui compenserait les gains faits par ces organismes du fait de la réduction du chômage. Mais ces organismes ont refusé de financer des baisses de charges pour les entreprises. En fait, un système baroque où des cotisations proportionnelles aux salaires destinées à financer des prestations sociales seraient détournées pour financer des subventions forfaitaires à l'emploi ne paraissait pas viable. Une partie du problème provient du choix du gouvernement d'une baisse forfaitaire des cotisations pour augmenter l'incitation des entreprises à bas salaires à réduire la durée du travail : une baisse de 3 points aurait été beaucoup plus facile à mettre en œuvre puisqu'il suffisait de baisser les taux existants sans introduire de circuits supplémentaires.

Du fait de la réduction des ressources propres à la Sécurité sociale (cotisations sociales ou CSG) et de l'affectation de taxes, l'État intervient de plus en plus dans le financement de la protection sociale. L'exonération de CSG en faveur des bas salaires est par exemple mise en œuvre malgré l'opposition de toutes les caisses de Sécurité sociale. La complexité des mesures mises en œuvre induit une confusion entre impôts, cotisations sociales et subventions à l'emploi. Le risque est qu'après-demain, en situation de difficultés budgétaires, les compensations importantes versées par l'État soient remises en cause.

5. Charges pesant sur les salaires, finançant l'assurance-maladie

En %

	1996	1997	1998
Cotisations patronales	12,8	12,8	12,8
Cotisations salariés	6,8	5,5	0,75
CSG	0	1,0	5,1

Source : Loi de Financement de la Sécurité sociale.

Faut-il encore des impôts locaux ?

En principe compensées par des transferts budgétaires de l'État aux collectivités locales, les différentes modifications apportées depuis trois ans à la fiscalité locale - réduction des droits de mutation, suppression progressive de la part salariale de la taxe professionnelle des entreprises, suppression en 2000 de la part régionale de la taxe d'habitation et nouveau mécanisme de dégrèvement sur cette taxe (*cf. infra*), puis de la vignette automobile sur les véhicules des particuliers - aboutissent à réduire l'autonomie fiscale locale et soulèvent des objections véhémentes au nom de l'esprit de la décentralisation, dont la cohérence semble remise en cause [4].

Les justifications avancées sont, quant à elles, de deux ordres : d'une part, les impôts locaux pesant sur les ménages seraient peu équitables, à la fois parce que leur montant diffère d'une localité à une autre pour des ménages similaires et parce qu'ils pèsent relativement plus sur les

4. La Commission sur la Décentralisation, mise en place par le Premier ministre, présidée par Pierre Mauroy et composée d'élus de toutes tendances a, de même que le Président du Sénat, critiqué avec virulence ces amputations de l'autonomie fiscale locale.

certaines catégories à revenus moyens ou modestes de la population, réduisant ainsi la redistributivité des prélèvements ; d'autre part, la diversité des taux de certains prélèvements locaux et le poids qu'ils font peser sur certaines assiettes engendrent des inefficiences.

Une fiscalité locale inique ?

Le système français d'imposition locale [5] est effectivement critiquable à un double titre. En premier lieu, l'évaluation des valeurs locatives des logements sur laquelle s'appliquent les taux votés par les différentes collectivités territoriales ne reflète pas la véritable valeur économique du logement : celle utilisée aujourd'hui date en effet de .... 1971 ! Une révision des valeurs locatives avait été votée par le Parlement en 1991 et effectuée par les services du Cadastre depuis ; mais elle n'a jamais été mise en œuvre, les élus redoutant le mécontentement que pourrait susciter chez les contribuables qui en pâtiraient une redistribution du montant de cet impôt. En second lieu, on peut s'interroger sur le bien-fondé d'une imposition assise sur la valeur du logement occupé, qui ne reflète pas nécessairement le niveau de vie des contribuables qui l'occupent : ne vaudrait-il pas mieux choisir une autre assiette, comme l'avait décidé l'Assemblée nationale en adoptant, en 1990, un projet de loi instituant la taxe départementale sur le revenu en remplacement de la taxe d'habitation départementale ?

La réflexion sur cette réforme, jamais entrée en vigueur, renvoie, pour partie, à la question de l'équité verticale. Mais elle a également une dimension purement horizontale, et qui touche aussi à l'efficience en matière de gestion publique locale. En effet, dans le cadre de marchés fonciers et immobiliers raisonnablement libres et efficients, la valeur des logements devrait refléter, entre autres, la quantité et la qualité des services publics locaux dont bénéficient leurs occupants : asseoir l'imposition locale sur une telle base peut apparaître comme une solution garante à la fois de l'efficacité de la gestion locale, dans la mesure où elle permet une évaluation « marchande » des décisions prises en matière de dépenses publiques locales, et de l'équité horizontale, en ce sens que les différences de montant acquitté de taxe d'habitation refléteraient de réels écarts dans les services locaux.

Dans un cadre idéal où la mobilité résidentielle des ménages serait forte et peu coûteuse, on pourrait souhaiter que toutes les dépenses publiques locales soient financées par des prélèvements directs sur les ménages : une telle modalité assurerait à la fois l'équité horizontale, en ce sens que l'ensemble « prélèvements locaux et bénéfices retirés des services offerts » serait, en principe, uniforme, aux différences de

5. Développée ici à propos de la taxe d'habitation, cette critique s'applique également à l'impôt sur le foncier bâti, dû par le propriétaire du logement et assis, lui aussi, sur la valeur locative.

préférences près, et l'efficience, puisque la mobilité résidentielle garantirait que l'offre publique locale et son coût sont conformes aux préférences des contribuables : c'est le modèle idéal de la concurrence appliqué aux collectivités locales (l'analyse fondatrice de cette démarche est celle de Tiebout, 1956). Les hypothèses permettant une telle analyse sont cependant très restrictives. En particulier, il faut supposer que les services publics locaux procurent à tous les contribuables des bénéfices équivalents. Elle fait abstraction des différences de revenu, qui influent très probablement sur les préférences individuelles et les besoins en matière de services publics locaux — notamment dans le système français où les collectivités locales ont la charge de nombreuses politiques sociales — et, bien sûr, définissent les capacités contributives. Enfin, le financement sur ressources fiscales propres des collectivités territoriales françaises repose davantage, aujourd'hui, sur les prélèvements sur les entreprises — taxe professionnelle (154 milliards de francs en 1999, 170 si on ajoute les compensations versées par l'État) et taxe sur le foncier bâti (88 milliards de francs en 1999, dont plus de la moitié à la charge des entreprises), alors que les prélèvements acquittés par les ménages n'en représentent qu'un peu plus d'un tiers (72 milliards au titre de la taxe d'habitation et environ 30 au titre de la taxe sur le foncier bâti, acquitté par les ménages propriétaires de leur logement) : c'est donc bien plus la présence ou l'absence d'entreprises sur le territoire de la collectivité, que les décisions de dépenses en faveur des contribuables qui influent sur la charge fiscale pesant sur les ménages, ce qui brouille le lien entre pression fiscale locale et quantité et qualité des services publics locaux offerts et accroît l'iniquité effective du système de financement des collectivités territoriales, tendant même à le rendre franchement régressif dans de nombreux cas.

Problèmes d'efficacité des prélèvements locaux

Ces graves défauts de la fiscalité locale française sont encore accentués par la complexité et l'extrême morcellement de l'organisation territoriale, caractérisée à la fois par un grand nombre d'entités de petite taille — plus de 36 000 communes, dont la très grande majorité ne comprend que quelques centaines d'habitants, voire moins —, par la multiplicité des niveaux - la commune, les divers groupements de communes, le département, la région —, l'absence de hiérarchie entre ces niveaux et les nombreux domaines dans lesquels les compétences sont partagées. En outre, tous les niveaux, à l'exception de ceux nouvellement introduits (les communautés de communes à fiscalité propre) sont financés par les « quatre vieilles » (taxe d'habitation, taxe sur le foncier bâti, taxe sur le foncier non bâti et taxe professionnelle), chaque échelon prélevant sur ces quatre assiettes communes à un taux différent.

Cette organisation complexe a de nombreux inconvénients, notamment en termes d'efficacité. D'une part, elle rend opaque la gestion des élus locaux et ne facilite pas leur responsabilisation devant les électeurs/contribuables. D'autre part, elle favorise des formes de concurrence fiscale entre collectivités locales, notamment au niveau des agglomérations et des bassins d'emploi, en vue d'attirer des entreprises qui constituent, dans le système actuel, l'essentiel de la richesse fiscale des collectivités territoriales. En outre, la définition de l'assiette des prélèvements pesant sur les entreprises a une incidence sur les coûts relatifs des différents facteurs de production, le capital et la main-d'œuvre.

C'est pour remédier à certaines de ces inefficiences que plusieurs lois, depuis celle du 6 février 1992 portant sur l'administration territoriale de la République, ont cherché à promouvoir l'intercommunalité et la constitution de groupements de communes de dimension économiquement pertinente et prélevant une taxe professionnelle de zone (voir, notamment, Madiès, 1998). Cette politique de regroupement et de rationalisation reste cependant inachevée et incomplète, puisqu'elle ne concerne que les communes, sans modifier en quoi que ce soit les autres échelons, et ne porte que sur la taxe professionnelle. C'est également pour éliminer le surcoût qu'elle fait peser sur la main-d'œuvre que la part salariale de l'assiette de la taxe professionnelle est en voie de suppression.

Abolir la fiscalité locale ?

Faut-il aller plus loin, et entreprendre une refonte complète du financement des dépenses publiques locales ? Trois pistes sont envisageables. La première consisterait à réformer les assiettes des prélèvements locaux, pour les rendre plus conformes aux objectifs d'efficacité et d'équité discutés plus haut : votée par l'Assemblée nationale en 1990, mais jamais entrée en vigueur, l'institution d'une taxe départementale sur les revenus des ménages, en remplacement de la part départementale de la taxe d'habitation, irait dans ce sens ; plus généralement, on pourrait concevoir des systèmes de « centimes additionnels » aux impôts nationaux prélevés, de manière autonome, par les différentes collectivités locales.

La deuxième, que semble privilégier le rapport de la Commission Mauroy sur la décentralisation, irait dans le sens d'une spécialisation fiscale : à chaque niveau d'administration territoriale serait réservé l'un des prélèvements locaux, ce qui permettrait de limiter la concurrence fiscale, d'accroître la lisibilité du système pour les électeurs/contribuables, et d'améliorer ses performances en termes d'équité.

La troisième, enfin, consisterait à supprimer purement et simplement tout prélèvement fiscal local autonome, pour le remplacer par des dotations budgétaires de l'État. Les différentes mesures prises depuis trois ans vont dans ce sens. Une telle réforme, comparable à ce qui a été mis en place au Royaume-Uni depuis 1992, aurait l'avantage de simplifier grandement le système fiscal français, et de remédier à la plupart des défauts qui ont été soulignés plus haut. On lui objecte souvent qu'il s'agirait d'une profonde remise en cause de la décentralisation, puisque l'on priverait les collectivités territoriales de toute autonomie en matière de financement. Mais l'autonomie actuelle est plus illusoire que réelle pour la grande majorité de communes, trop petites et trop pauvres en entreprises pour pouvoir faire de vrais choix fiscaux, et qui, en pratique, sont déjà financés pour plus de moitié par des transferts en provenance du budget de l'État, au titre des différentes dotations — dotation globale de fonctionnement, dotation d'équipement, dotation de compensation de la taxe professionnelle, des dégrèvements, etc. Dès à présent, les transferts du budget de l'État sont nombreux et sont attribués selon des critères complexes, confus et parfois arbitraires, de sorte qu'ils ne parviennent ni à une péréquation effective de ressources entre collectivités locales riches et pauvres, ni à une meilleure efficacité dans l'affectation des fonds.

Un tel système de financement suppose la définition de critères clairs et objectifs de répartition des fonds, ainsi que des garanties quant à sa pérennité, pour lesquelles on pourrait s'inspirer de ce qui existe dans des pays tels que l'Allemagne, où près de 90 % des ressources des Länder provient de reversements de l'État fédéral. Certes il pourrait paraître moins décentralisé que le système actuel ; mais il présenterait d'importants avantages en termes d'équité, horizontale et verticale, et d'efficacité, tout en simplifiant sensiblement le système fiscal et en allégeant les coûts de prélèvement. L'autonomie du côté des dépenses n'en serait nullement réduite, et la sanction des électeurs locaux pourrait s'exercer plus efficacement en s'appuyant sur l'usage fait par les élus de sommes connues de tous et ne dépendant que de critères non manipulables.

Les impôts directs sur les ménages

Faut-il moins taxer les plus riches ?

Selon de nombreux observateurs, la fiscalité française sur les hauts revenus et patrimoines serait confiscatoire voire punitive : elle découragerait les plus productifs de travailler et condamnerait les plus riches à l'exil. L'actualité renforce souvent cette impression quand, à l'occasion du décès d'un écrivain populaire, les Français constatent que ce dernier résidait en Suisse ou, quand la presse colporte des projets de départs d'autres symboles nationaux. Qu'en est-il réellement ? Trois travaux récents ont étudié ce sujet.

Piketty (1999) analyse les comportements des individus disposant de revenus élevés, à la suite de forte modification des taux d'impôts marginaux qui les frappent. Tout en prenant de nombreuses précautions, compte tenu de la qualité des données et de la limite temporelle de son étude, il montre que le taux actuel des prélèvements sur les plus hauts revenus ne nuit pas au volume de recettes fiscales. « Maintenir son niveau de vie » serait généralement le soucis des revenus les plus élevés. Ainsi, lorsque les impôts augmentent, les ménages aisés cherchent à accroître leurs revenus avant impôt, notamment en accroissant leur offre de travail. Autrement dit, le système fiscal français se trouverait du bon côté de la courbe de Laffer. En sens inverse, une réduction du taux marginal d'imposition conduirait à une baisse de la masse de recettes fiscales, sans effet favorable sur l'activité. Toutefois, la nature des données utilisées ne permet pas de conclure quant aux éventuels impacts de long terme.

L'étude de la Direction générale des impôts (2000) évalue le nombre de départs vers l'étranger des contribuables les plus imposés. Le départ de contribuables dans les tranches de revenu et de patrimoine les plus élevées serait de l'ordre de 0,2 % par an des redevables de l'ISF au cours des années 1997 et 1998, soit environ 350 contribuables. Il en résulterait une perte en capital pour la France de 13 milliards de francs et une perte en impôt de 140 millions de francs (soit 1,3 % du rendement de l'ISF). Encore ce chiffre ignore-t-il les arrivées de fortunes étrangères. Le premier pays d'accueil est la Suisse [6]. Dans certains cas, les motivations de départ sont effectivement fiscales : un héritage important ou la liquidation d'un patrimoine professionnel qui deviendrait soumis à l'ISF amène à un départ dans un pays où la taxation des patrimoines est moins élevée. Aussi, la principale raison de ces départs n'est-elle pas l'IRPP mais l'impôt sur la fortune. Dans d'autres cas, il s'agit de meilleures possibilités professionnelles à l'étranger. Mais il pourrait être opportun de s'interroger sur les facteurs de ces meilleures possibilités professionnelles. S'agit-il du déroulement normal de certaines carrières ? Ou les entreprises étrangères seraient-elles en mesure de proposer des revenus (après impôts) supérieurs à ceux proposés par des entreprises basées en France pour un coût moindre ? Autre interrogation : la fiscalité française dissuade-t-elle les étrangers de s'installer en France ? Malheureusement, l'étude n'en dit mot.

Le rapport François-Poncet (2000) se préoccupe du départ à l'étranger des jeunes français de talent. Il argumente la thèse selon laquelle les plus brillants d'entre eux ont tout intérêt à travailler à l'étranger. La démonstration repose sur un recensement des principaux dispositifs facteurs de cette fuite. Au regard des différences de fiscalité (impôt sur le revenu,

6. La Suisse fait l'objet de nombreuses pressions internationales et notamment par le biais de l'OCDE qui a publié en 1998 un rapport intitulé « Concurrence fiscale dommageable — un problème mondial ». Ce rapport désigne la pratique du secret bancaire comme le principal facteur dommageable. Le Luxembourg est également concerné.

cotisations sociales, impôts sur la fortune, taxation des *stock-options)*, il peut paraître avantageux d'entreprendre sa carrière à l'étranger. De façon contradictoire, le rapport signale un point très important mais n'en tire aucune conclusion : en comparaison avec d'autres nations, la France manque d'ouverture internationale (2,9 % des Français résident à l'étranger contre 5 % des Allemands, 11,3 % des Italiens, 12 % des Suisses). Dans les motivations des jeunes expatriés, les avantages financiers ne viennent qu'au 4e rang, derrière la recherche d'un tremplin pour la carrière, celle de responsabilités accrues et les motifs personnels.

Fallait-il alléger l'impôt sur le revenu ?

Le Plan Fabius comporte un programme de baisse de l'impôt sur le revenu. Comme c'est l'impôt le plus ressenti psychologiquement par les ménages, et particulièrement par les plus riches, sa baisse est une composante obligatoire de tout plan de réduction de la fiscalité. Le risque était qu'un tel plan bénéficie surtout aux plus riches. Cela aurait été le cas si elle avait comporté une forte diminution du taux maximal de 54 % ou un fort élargissement des tranches à 43 et 48 %. D'un point de vue redistributif, la réforme choisie n'est pas la plus mauvaise possible : elle ne comporte pas de baisse spécifique du taux de 54 % ; les taux baissent d'autant plus qu'ils sont bas (de 3,5 points pour les deux plus bas à 1,5 pour les deux plus hauts, cf. tableau 6).

Le calcul de la décote est modifié. Elle bénéficiait auparavant aux ménages dont l'impôt selon le barème (ISB) était inférieur à 3 350,00 F Ceux-ci payaient un impôt égal à I=2*ISB-3350 F. La nouvelle formule étend la décote aux ménages dont l'ISB est inférieur à 4 900,00 F.

6. La réforme de l'impôt sur le revenu

	Impôts 1999	Impôts 2003
Tranches du barème		
De 26 230 F à 51 600 F	10,5	7
De 51 600 F à 90 820 F	24	20,5
De 90 820 F à 147 050 F	33	30,5
De 147 050 F à 239 270 F	43	40,5
De 239 270 F à 295 070 F	48	46,5
Plus de 295 070 F	54	52,5
Plafond du quotient familial		
Droit commun	11 060 F	13 020 F
1er enfant des femmes seules	20 370 F	22 530 F
Décote		
Plafond	3 350 F	4 900 F
Calcul	3 350 F – ISB	2 450 F – 0,5 ISB

Source : MEFI.

Ils payeront un impôt de I=1,5 *ISB –2 450,00 F Auparavant, un célibataire bénéficiait de la décote jusqu'à un salaire net mensuel de 6 303 F ; maintenant, jusqu'à 7 466,00 F Du fait de la décote, le taux marginal d'imposition au bas du barème était de 2 fois 10,5 %, soit 21 %. A terme, il passera à 1,5 fois 7 %, soit 10,5 %. Ceci permet d'augmenter légèrement le nombre de bénéficiaires de cet avantage et de réduire quelque peu l'impôt de personnes à bas salaires, qui en payaient déjà peu, aussi le gain est-il minime (le gain maximal est de 775 F par an). Reste que la décote est une complication inutile du système français, qui a des effets pervers (dans certains cas, un couple marié paie plus d'impôt que deux célibataires de même revenu). Une réforme simplificatrice la supprimerait quitte à relever quelque peu le plancher de la 1re tranche du barème (elle figurait d'ailleurs dans le plan Juppé).

En 1997, le gouvernement avait abaissé de 16 380 F à 11 000 F par demi-part le plafond de la diminution d'impôt induite par le quotient familial, soit une perte de 5 380 F par enfant pour les familles concernées. La réforme remonte ce plafond à 13 020 F (soit 32 % de la baisse initiale). Dans le cas des familles avec deux enfants, la mesure bénéfice à celles de revenu mensuel supérieur à 38 800 F. Le gain atteint 3 480 F pour les Familles d'un revenu supérieur à 43 500 F. Certes, ce retour en arrière partiel diminue l'impôt des familles les plus riches, mais il retrouve la logique de la progressivité de l'impôt qui doit tenir compte, pour taxer chaque foyer, de son niveau de vie, donc de son revenu et de sa taille (voir Hugounenq et Sterdyniak, 1999).

Par ailleurs, le gouvernement a choisi de ne pas toucher à l'ISF et la suppression de la CSG pour les salaires allant jusqu'à 1,4 SMIC permet aux ménages peu soumis à l'IR de bénéficier également de la réforme fiscale (voir plus loin). Reste que, en francs, les ménages gagnent d'autant plus qu'ils sont riches (tableau 7). A même niveau de vie, la baisse de la CSG bénéficie inégalement aux couples selon qu'il s'agit de ménages bi-actifs (SMIC + SMIC) ou mono-actifs (2 SMIC). Le pouvoir d'achat des premiers s'accroît de 10 % alors que les seconds doivent se contenter d'une hausse de 0,7 %. Les oubliées de la réforme sont certaines familles mono-actives, dont le mari gagne plus que 1,4 fois le SMIC, mais qui compte tenu de leur nombre d'enfants, ne sont pas imposables : par exemple, une famille avec trois enfants, où le mari gagne un salaire de 10 000 F par mois. Par contre, la hausse du plafond du quotient familial provoque un saut important du gain en revenu disponible entre 5 et 8 SMIC.

7. Les conséquences financières des mesures fiscales pour un couple avec deux enfants

Revenu d'un couple avec 2 enfants	Gain IRPP	Gain CSG	Vignette (*)	Gain total	Gain en % du RDB	Taux moyen IRPP 2000	Taux moyen IRPP 2003	Baisse du taux moyen en points
SMIC	–	6 480	–	6 480	9,4 %	0,0 %	0,0 %	0
SMIC + SMIC	463	12 960	200	13 623	9,9 %	0,3 %	0,0 %	– 0,3
2 SMIC	463	–	200	663	0,5 %	0,3 %	0,0 %	– 0,3
3 SMIC	1 736	–	300	2 036	1,0 %	3,2 %	2,4 %	– 0,8
4 SMIC	2 971	–	500	3 471	1,3 %	6,2 %	5,1 %	– 1,1
5 SMIC	4 205	–	800	5 005	1,5 %	8,3 %	7,1 %	– 1,2
8 SMIC	12 484	–	1 500	13 984	2,5 %	14,8 %	12,5 %	– 2,3
10 SMIC	14 801	–	2 000	16 801	2,4 %	18,2 %	16,0 %	– 2,2
15 SMIC	18 504	–	7 000	25 504	2,5 %	24,5 %	22,7 %	– 1,8
20 SMIC	22 208	–	10 000	32 208	2,3 %	28,1 %	26,5 %	– 1,6
30 SMIC	31 620	–	14 000	45 620	2,2 %	35,2 %	33,7 %	– 1,5
1 SMIC net = 68 583								

* : Notre calcul de la vignette est basé sur une évolution très progressive suivant le revenu (évaluation du pouvoir d'achat automobile). Le prix de la vignette plafonne à environ 14.000 F pour les plus grosses cylindrées (cas très rares). Dans notre exemple de couples avec deux enfants, on considère que le ménage peut disposer de plusieurs véhicules.

Source : Calculs des auteurs.

D'autres réformes possibles

L'IRPP est le seul impôt progressif du système fiscal français. Etant basé sur un bilan complet de la situation du ménage contribuable, il est naturellement complexe : il faut prendre en compte précisément la composition du ménage et les charges qu'il supporte.

Le principe de base devrait être que le revenu imposable représente au mieux le revenu dont dispose le ménage. Les dispositions d'abattement de revenu ou d'impôt ne sont justifiables que si elles s'inscrivent dans ce principe, non si elles le contredisent. Actuellement, certains revenus du capital continuent à jouir d'un statut privilégié (voir plus loin). Plusieurs dispositifs d'incitation fiscale ont été supprimés ou réduits dans la période récente. Il demeure cependant quelques dispositifs contestables : la déduction pour investissement dans le cinéma (d'un coût de 120 millions en 2000) ; celle dans les DOM-TOM (pour 1,5 milliard) ; la demi-part supplémentaire pour les contribuables seuls ayant eu des enfants à charge (pour 8,9 milliards) ; la non-imposition des majorations familiales de retraite (2,3 milliards). D'autres ont malheureusement été créées récemment, en particulier les amortissements Périssol et Besson (3,5 milliards). Ces dispositifs ont le défaut de favoriser spécifiquement les contribuables les plus riches.

Faut-il, comme on l'avait un moment envisagé à Bercy, refondre le barème de l'impôt en supprimant l'abattement de 20 % dont bénéficient les salariés et les retraités pour compenser leur moindre possibilité de fraude fiscale ? Au taux marginal théorique de 54 %, un salarié ne supporte en fait qu'un taux marginal effectif de 38,9 %, compte tenu des abattements de 10 et 20 % (sauf si son salaire dépasse 790 000 F, soit 65 833 F par mois). L'abattement de 10 % pour frais professionnels ne peut guère être remis en cause, sans entraîner un développement des déclarations de frais réels. Si l'abattement de 20 % était supprimé et les taux ajustés en conséquence (celui de 33 % passerait à 24,4 %, celui de 54 à 43,2 %), la quasi-totalité des salariés et des retraités payerait le même impôt. Cette mesure aurait surtout un effet psychologique en permettant d'afficher un taux marginal d'imposition plus faible. Toutefois, elle induirait une baisse de l'imposition des salariés qui dépassent le plafond de l'abattement de 20 % (ceux dont le salaire est supérieur à 65 833 F par mois) et des titulaires des revenus non-salariaux (notamment les revenus des entrepreneurs individuels, les revenus fonciers et les dividendes). La discrimination qui frappe actuellement les revenus non-salariaux est-elle justifiée ? D'un côté, la fraude sur ces revenus est importante (de 25 à 33 % selon le Conseil des Impôts). De l'autre, il est choquant d'infliger une amende collective, qui peut aussi être perçu comme un droit à tricher. Aussi une telle réforme devrait-elle être accompagnée d'une intensification de la lutte contre la fraude fiscale et d'un durcissement des sanctions. Pour que le nouveau mode de calcul ne diminue pas trop la taxation des plus hauts revenus, le gouvernement pourrait ajouter une nouvelle tranche (de 54 % par exemple) pour la part des revenus supérieurs à 790 000 F, de sorte que la réforme ne diminuerait pas l'impôt des plus riches. Ceci en atténuerait l'aspect anti-redistributif.

Actuellement la CSG-CRDS est déductible pour 5,1 points et non déductible pour 2,9 points. C'est une source de complication dont on pourrait se passer. Rendre la CSG totalement déductible a l'avantage de la simplicité ; cela évite de faire payer un impôt sur des sommes que les contribuables n'ont pas touchées ; l'inconvénient est que cela bénéficierait surtout aux plus riches. Selon le Conseil des impôts, cette mesure entraînerait une baisse de 26 milliards de l'IR. Considérons une famille avec 2 enfants (tableau 8). Le gain, nul si la famille n'est pas imposable, augmente progressivement avec le revenu. La mesure provoque une hausse de 0,3 % du revenu pour des salaires mensuels de 20 000 francs, de 1,5 % pour des salaires mensuels de 100 000 francs. La mesure inverse de simplification consiste à rendre la CSG-CRDS totalement non-déductible. L'État gagnerait alors 40 milliards d'impôt sur le revenu supplémentaire. Bien sûr, la mesure frapperait particulièrement les plus riches (tableau 8).

Dans les deux cas, la mesure pourrait être compensée pour être neutre sur le total des recettes fiscales. Cela ne peut se faire que par une modification du barème de l'IR (car on ne peut baisser la CSG qui est affectée aux organismes de Sécurité sociale). Comme le revenu imposable sera en moyenne diminué de 3,8 % (augmenté de 6,6 %), il faudrait alors augmenter (diminuer) tous les taux du barème de l'IR de 3,7 % (de 6,2 %). La mesure sera alors pratiquement neutre. Dans le premier cas, elle aurait l'inconvénient d'augmenter légèrement le taux marginal apparent, que l'on vient de faire baisser (de 52,5 à 54,4 % par exemple) ; dans le second, l'avantage de l'abaisser légèrement (de 52,5 à 49,2 %). Mais quel gouvernement se lancerait dans une réforme si compliquée pour aboutir à la fin à la neutralité de la réforme ?

8. Gain à la déductibilité/perte à la non-déductibilité de la CSG selon les salaires

En francs

Famille avec 2 enfants Salaires mensuels bruts	Impôt actuel	Gain à la déductibilité*	Perte à la non-déductibilité**
10 000	0	0	0
20 000	5 192	499	878
30 000	17 686	1 710	3 008
50 000	52 025	3 919	6 894
75 000	119 390	7 758	15 039
100 000	199 298	12 825	22 559

* : Baisse de l'impôt si la CSG-CRDS est totalement déductible.
** : Hausse de l'impôt si la CSG est totalement non-déductible.
Source : Calculs des auteurs.

Le barème est actuellement indexé sur les prix. Ceci permet une lente montée en puissance, relativement indolore, de l'impôt sur le revenu au fur et à mesure que le pouvoir d'achat des ménages augmente sous l'effet de la croissance économique. Faut-il s'en indigner ? Au contraire, faut-il se réjouir de voir ainsi augmenter le poids de l'impôt le plus redistributif ?

Un bilan du partage de la baisse des impôts

Au total à l'horizon 2003, l'essentiel des baisses d'impôts figurant dans le plan Fabius devraient bénéficier directement aux ménages (CSG, IR et vignette) pour 90 milliards de francs et indirectement pour 51 milliards (*via* la baisse des prix supposée répercuter complètement à terme la baisse de la TVA). Une ventilation des réductions d'impôt par quartile de la distribution des revenus des ménages (tableau 9 où Q1 désigne les 25 % des ménages les plus pauvres et Q4, les 25 % les plus riches) montre une répartition relativement égalitaire sur les trois premiers quartiles : chacun de ces quartiles devrait bénéficier d'environ 20 milliards, soit près de 14,5 % de la baisse totale. Par contre, le dernier quartile récolte 56 % de l'allégement fiscal. Les deux premiers quartiles sont les seuls à bénéficier de la baisse de la CSG ; le troisième quartile profite certes des baisses de la TVA et de l'IR, mais c'est le dernier quartile qui en concentre l'essentiel. De manière générale, il est très difficile qu'une baisse de la fiscalité ne profite pas principalement aux plus riches.

9. Répartition de la baisse des impôts par quartile de revenus des ménages

Quartiles	Réforme fiscale de type CSG		Réforme fiscale de type en IRPP		Réforme fiscale de type TVA		Réforme fiscale de type TVA		Total
	En % [1]	En Mds	En % [2]	En Mds*	En % [3]	En Mds	En % [4]	En Mds	
Q1	60	15	0	0	12	4	0	0	20 (14%)
Q2	40	10	5	3	19	6	5	1	21 (15%)
Q3	0	0	15	10	27	8	25	5	23 (16%)
Q4	0	0	20	52	42	13	70	14	77 (55%)
		25		65		31		20	141

* Y compris suppression de la vignette.
Les quartiles sont calculés sur les revenus des ménages non corrigés de la structure familiale. Aussi, des célibataires de Q2 peuvent être imposés alors que des familles nombreuses de Q3 pourraient ne pas l'être.
1. Indice de répartition du nombre de salariés entre SMIC et 1,3 SMIC (calculs OFCE d'après INSEE). Dans le premier quartile, on trouve des retraités alors les couples de salariés biactifs dont l'un gagne le Smic sont plutôt dans le deuxième quartile. C'est pourquoi, l'intégralité de la baisse de la CSG ne profite pas qu'au seul premier quartile.
2. Indice de répartition des recettes fiscales (calculs OFCE d'après INSEE-DGI).
3. Indice de répartition de la consommation totale (calculs OFCE d'après INSEE).
4. Indice de répartition de la consommation type travaux d'entretien du domicile (hypothèse OFCE).
Source : Calculs des auteurs.

Fallait-il réformer l'ISF ?

L'ISF est dû par les personnes physiques dont le patrimoine net excède, au 1er janvier de chaque année, un certain montant (actuellement 4,7 millions de francs). L'ISF complète le caractère progressif de l'IRPP. En taxant le capital, il permet d'avoir une appréciation plus large du niveau de vie effectif en tenant compte des plus-values latentes et du loyer implicite que procure la propriété de sa résidence, loyer que l'impôt sur le revenu ne taxe pas.

Comme l'addition de l'IR et de l'ISF peut excéder le revenu imposable, un plafonnement de leur cumul à 85 % du revenu imposable avait été introduit. Cependant, la loi de finances de 1996 a plafonné le plafonnement pour les contribuables dont le patrimoine excède la limite supérieure de la troisième tranche du tarif (soit 15,2 millions de francs) : la réduction d'impôt ne peut être supérieure à 50 % de l'ISF initialement dû. En raison du plafonnement du plafonnement, l'impôt total dû peut dépasser le revenu imposable. Pour payer l'impôt, le contribuable doit liquider une partie de son patrimoine. Ceci est souvent cité comme exemple de spoliation manifeste, qui justifierait le développement récent de l'exil fiscal. En fait, les choses ne sont pas si simples.

Le tableau 10 montre certaines particularités de l'IRPP et de l'ISF quand le patrimoine engendre des plus-values importantes. Considérons un célibataire propriétaire de plusieurs résidences et d'un patrimoine financier. Ses résidences lui fournissent un loyer implicite qui n'est pas soumis à l'impôt sur le revenu. Pendant l'année 1999, son patrimoine financier a été placé soit dans des actions (profil 1) soit dans des obligations publiques (profil 2). Les actions procurent de très faibles dividendes tout en offrant de fortes plus-values (17,6 % dans notre exemple). Dans les deux cas, le capital au 31 décembre 1999 est de 20 millions de francs. Le portefeuille 1 a rapporté un revenu imposable de 1,2 million de francs. Le total de l'impôt payé est de 40,6 % du revenu. Le portefeuille 2 rapporte un revenu imposable de 170 000 F. Compte tenu de la faiblesse du revenu imposable (puisque ni les loyers fictifs, ni les plus-values ne sont pris en compte), l'impôt exigé représente 1,42 fois celui-ci, ce qui ouvre doit à un plafonnement, qui de plus est plafonné. Finalement, l'impôt représente 87 % le revenu imposable, mais 5 % du revenu réel. Le portefeuille 2 a un revenu qui vaut 2,85 fois celui du portefeuille 1, mais ne paye que 30 % des impôts de celui-ci. De façon générale, le plafonnement n'est pas à lui seul une bonne mesure puisqu'il ne bénéficie qu'à des personnes qui ont un patrimoine important et peu de revenu imposable, donc qui déjà payent peu d'impôt sur le revenu, car ils touchent les revenus de leur patrimoine sous forme de loyers fictifs ou de plus-values latentes. Le plafonnement serait par contre justifiable après une réforme fiscale qui inclurait les loyers fictifs et les plus-values latentes dans le revenu imposable.

10. L'ISF selon la structure du portefeuille

	Placement obligataire	Placement boursier
Actif net au 31-12-1999		
Résidences	6 MF	6 MF
Titres financiers	20 MF	20 MF
(Valeur au 31-12-1998)	*(20 MF)*	*(17 MF)*
Total	**26 MF**	**26 MF**
Revenu imposable *	1 200 KF	170 KF
Revenu économique **	1 100 KF	3 130 KF
Prélèvements sociaux	120 KF	17 KF
IR	180 KF	36,8 KF
ISF théorique	187,6 KF	187,6 KF
Total	**487,6 KF**	**241,3 KF**
(IR+ISF)/Revenu imposable	40,6 %	142 %
ISF Plafonné à 85%		90,7 KF
ISF Plafond plafonné		93,8 KF
Total effectif	**487,6 KF**	**147,6 KF**
(IR+ISF)/revenu imposable	40,6 %	86,7 %
Impôts/revenu économique	44,3 %	4,7 %

* : 1.200 KF de revenu pour le premier profil correspond à une rémunération moyenne des obligations de 6% tandis que 170 KF de revenu pour le second profil correspond à un rapport dividende/cours de 1%.
** : Le revenu économique incorpore le revenu effectif (dividendes ou intérêts), le revenu potentiel (plus-values réelles) ainsi que le revenu implicite (équivalent -loyer de l'habitation principale, soit 300 KF). Concernant le second profil, les plus-values se chiffrent à 3 000 KF.
Source : Calculs des auteurs.

Faut-il réduire l'ISF sur les propriétaires de jeunes entreprises innovantes ? Si un jeune entrepreneur crée une entreprise, qu'il en détient moins de 25 % et que la valeur des parts de la société qu'il possède est par exemple de 10 millions de francs, il devra payer un ISF de 33 870 francs, ce qui est très peu si la valeur de cette entreprise provient de plus-values latentes qui n'ont pas été imposées à l'impôt sur le revenu et si elle continue à engendrer des plus-values qui ne sont toujours pas imposés. Là-aussi, une réforme ne paraît guère nécessaire.

La taxation des revenus du capital

La fiscalité des revenus financiers en France avait été progressivement allégée jusqu'en 1992 du fait de l'addition disparate de mesures visant à favoriser successivement telle ou telle forme de placements. En 1989, l'instauration de la libre circulation des capitaux a amené les pouvoirs publics à permettre aux institutions financières d'offrir un produit totalement exonéré d'impôt à l'épargne qui peut s'évader facilement, c'est-à-dire à l'épargne financière liquide : les SICAV de capitalisation ont été exonérées de toute taxation. Depuis, un retour de balancier est intervenu : les SICAV de capitalisation sont de nouveau imposées ; l'abattement de 8 000 F a été réservé aux seules actions ; les privilèges de l'assurance-vie ont été partiellement remis en cause : la CRDS-CSG frappe la plupart des revenus financiers. Ceux-ci restent soumis à cinq régimes.

1) Certains placements, dits populaires, restent non-imposables (livret A, Codevi), dans la limite de certains plafonds relativement bas.

2) La rémunération sous forme d'intérêts est soumise à un prélèvement libératoire de 15 % (au titre de l'impôt sur le revenu) et à un prélèvement social de 10 % : soit 25 % au total.

3) Certains placements échappent au prélèvement de 15 %, mais payent les prélèvements sociaux de 10 %. C'est le cas pour les Comptes d'épargne logement, les Plans d'épargne logement (avec un plafond de 400 000 F et une immobilisation pendant 4 ans), le PEP (avec un plafond de 600 000 F sous contrainte d'une durée de détention de 8 ans).

4) Les contrats d'assurance-vie (lorsque leur durée de détention dépasse 8 ans) supportent le prélèvement social (au taux de 10 %), plus un prélèvement libératoire au taux de 7,5 % (au delà d'une limite de 30 000 F par an), sauf s'ils sont investis en actions françaises. De plus, ils sont exonérés de droits de succession en dessous d'un certain seuil, ce qui constitue une évasion fiscale injustifiable [7].

5) La détention d'actions rapporte d'une part des dividendes, qui, compte tenu du niveau de l'avoir fiscal et du taux normal de l'impôt sur les sociétés, sont en principe imposés au seul impôt sur le revenu [8] (au-delà d'un l'abattement de 8 000 F), auquel s'ajoutent les 10 % de prélèvement sociaux ; d'autre part des plus-value non-imposables (dans la limite d'un seuil de vente de 50 000 F en 2000), mais qui représentent en principe des profits non-distribués sur lesquels l'entreprise a payé l'impôt sur les sociétés. Le Plan d'épargne en actions (PEA) permet d'investir jusqu'à 0,60 MF en actions françaises. La rémunération est exonérée d'impôt moyennant une durée minimale de détention de 5 ans ; elle paye toutefois les 10 % de prélèvements sociaux.

Si une entreprise réalise un profit de 100, elle paye 36,67 d'IS. Supposons qu'elle verse 20 de dividendes et conserve 43,33 (reflété en principe dans la hausse du cours de ses actions), l'actionnaire taxé marginalement au taux de 43 % (et ne payant pas d'impôt sur ses plus-values) supporte une taxation totale de 41,9 %, soit 36,7 % pour les profits non-distribués et 57,4 sur les dividendes. En deçà de l'abattement ou dans un PEA, son taux de taxation est de 29 %. Au-delà du seuil, la plus-value nominale est taxée à 25 % ; le taux de taxation total est de 52,8 %. Le taux d'imposition des actions reste donc nettement supérieur à celui des placements à revenus fixes, ce qui n'est guère logique.

7. L'avantage fiscal en cas de succession devrait être réservé aux seuls vrais placements d'assurance-décès, c'est-à-dire assurant, en cas du décès de leurs parents, le versement d'une rente soit à des enfants d'âge scolaire, soit à des descendants handicapés.

8. Cette propriété est vraie quand le taux de l'impôt sur les sociétés est de 33,33 %. Actuellement, il est de 36,7 %, compte tenu des contributions additionnelles.

La non-imposition de l'épargne contractuelle à moyen terme ne répond à aucune considération d'équité : elle profite surtout aux ménages aisés qui peuvent immobiliser durablement une partie de leur patrimoine. La fiscalité devrait être neutre par rapport aux types de placement, de façon à ce que les choix des ménages et les offres des institutions financières dépendent bien des rentabilités et des risques intrinsèques et non de considérations fiscales.

La comparaison entre la taxation des revenus du capital et celle du travail est cependant délicate. Considérons un titulaire de revenus obligataires. Il est taxé à un taux de prélèvement libératoire de 25 %, soit un taux de 33,3 % pour un taux d'intérêt de 6 % et une inflation de 2 %. Un célibataire dont le salaire mensuel est de 10 000 F coûte 14 080 F à son entreprise, dont 3 610 F de salaire différé (cotisations chômage ou retraite). Reste 10 470 F, dont 2 570 F de cotisations sans contrepartie directe (cotisations familles ou maladie). Il paye 918 F d'IR par mois. Son taux de prélèvement moyen est donc de 33,3 %. Son taux marginal est de 38 %. Soit, légèrement au-dessus du taux de taxation des revenus obligataires. Pour un salaire de 20 000 F, le taux moyen est de 41,1 %, le taux marginal de 48,7 %. Son travail est plus taxé que les revenus de son capital.

La fiscalité devrait tendre vers un schéma idéal où les cotisations sociales ouvrant des droits (cotisations retraite et chômage) seraient clairement distinguées des impôts et des contributions sociales qui financent des prestations universelles. Les premières devraient porter sur tous les éléments du salaire (il faut empêcher le développement des rémunérations annexes, qui permettent d'échapper aux cotisations sociales). Les impôts et les contributions sociales devraient porter sur tous les revenus des ménages, avec un aménagement pour tenir compte des intérêts réels et non nominaux et de l'instabilité des plus-values.

La fiscalité la plus équitable serait la taxation à l'impôt sur le revenu de l'ensemble des revenus financiers réels. La taxation des plus-values porterait sur les plus-values latentes enregistrées dans l'année et non sur les plus-values réalisées. Cette réforme permettrait de définir réellement le « revenu du ménage », alors qu'aujourd'hui celui-ci comporte des intérêts nominaux et oublie les plus-values latentes (et aussi les loyers fictifs). Mais cette mesure se heurtait à une très grande résistance des épargnants et des institutions financières. Elle serait dangereuse en situation de liberté de mouvement de capitaux, sans harmonisation fiscale européenne. La taxation des plus-values latentes est difficile car celles-ci varient fortement d'une année à l'autre : positives de 1 000 milliards en 1993 et 1996, négatives de 800 milliards en 1990 et 1994. De plus, les bénéfices non-distribués sont déjà taxés à 33,3 % normalement.

L'imposition des revenus du capital à un taux de prélèvement libératoire unique de l'ordre de 25 % est la mesure la plus simple dans le cadre d'un accord européen d'harmonisation. Ce n'est pas un système idéal puisque le principe de soumettre à un impôt progressif la totalité des revenus du ménage est abandonné, mais c'est un système relativement équitable puisqu'il correspond à un prélèvement de 33 % sur les revenus réels. En ce qui concerne les actions, les dividendes pourraient être exonérés de l'impôt sur le revenu en contrepartie de la suppression de l'avoir fiscal : ils seraient alors imposés au même taux que les profits non distribués (soit 33,3 %) par l'impôt sur les sociétés.

Avec le passage à la monnaie unique et le renforcement de l'intégration financière, la question de la concurrence fiscale se pose avec une acuité nouvelle, notamment en ce qui concerne la fiscalité sur les revenus du capital. Pour les personnes, c'est, en théorie, le principe de résidence qui s'applique en matière d'imposition des revenus de leurs placements, quel que soit le pays dans lequel ils sont réalisés. Mais en pratique, en l'absence d'un système déclaratif obligatoire pour les établissements financiers dans plusieurs pays européens, la fraude et l'évasion fiscale sur ce type de revenus est importante. Pour y remédier, la Commission a proposé une directive qui donne aux pays membres le choix entre un prélèvement à la source, libératoire, au taux de 20 % sur les intérêts versés par les établissements financiers aux non-résidents, et la levée du secret bancaire, avec déclaration des intérêts versés aux autorités fiscales du pays de résidence du détenteur du placement. Après des mois d'opposition acharnée du Luxembourg et du Royaume-Uni, une proposition de directive a été adoptée, dans son principe, sous la présidence portugaise, au sommet européen de Feira, en avril 2000.

L'accord de Feira prévoit qu'à terme les institutions financières de tous les pays européens devront déclarer les revenus financiers versés à des non-résidents européens à l'administration fiscale de leur pays de résidence. Dans une phase transitoire, les pays pourront choisir entre fournir ces informations et instaurer un prélèvement libératoire (dont le taux n'est pas précisé). Mais l'adoption de la directive définitive est différée jusqu'à fin 2002, et conditionnée à l'adoption de mesures similaires d'une part par les pays concurrents des places financières des pays de l'UE, tels que les États-Unis, la Suisse, le Liechtenstein, Monaco et Andorre, d'autre part par certains territoires associés à l'UE (Iles anglo-normandes, Caraïbes, île de Man). Tout dépendra donc de l'énergie avec laquelle la Commission recherchera cet accord et des moyens de pression qu'elle emploiera. Dans la période récente, les principaux pays industrialisés ont manifesté, notamment au sein de l'OCDE, une réelle volonté de lutter contre certaines conséquences nuisibles du secret bancaire, notamment le blanchiment de l'argent des trafics, et d'obliger les divers paradis fiscaux à mieux contrôler la nature et la provenance des fonds placés dans leurs établissements. On peut donc espérer que la question d'une imposition minimale des revenus de placements des ménages progresse au cours des années à venir.

Des plans dangereux ?

Le gouvernement a fait adopter en octobre 2000 une loi sur l'épargne salariale qui crée un « Plan partenarial d'épargne salariale volontaire » (PPESV). Selon le rapport Balligand-de Foucauld (1999), l'ensemble des dispositifs d'épargne salariale déjà existants (participation, intéressement, plan d'épargne entreprise) ont collecté en 1998 45 milliards de francs. Ces dispositifs sont favorisés par des exonérations de charges sociales et fiscales. Aussi, ces 45 milliards auraient-ils coûté 20 milliards d'exonération de charges sociales, 10 milliards aux caisses de retraites complémentaires et 5 milliards d'exonérations fiscales, soit 35 milliards au total.

Le PPESV étend et généralise la formule des Plans d'épargne entreprise (PEE). Ces plans auront une durée de 10 ans. Ils seront alimentés par des versements des salariés et un abondement de la part des entreprises (plafonné à 30 000 F par an). Les revenus du placement seront exonérés d'impôt (mais payeront les 10 % de contribution sociale). Il faut distinguer les sommes versées par les salariés de celle versées par l'entreprise. Les premières ont déjà subi les cotisations sociales et l'impôt sur le revenu. L'avantage fiscal dont elles bénéficient est le même que celui des PEA ou des PEP avec une durée d'immobilisation plus longue. Le produit n'est donc pas *a priori* intéressant.

Par contre, l'abondement des entreprises ne sera pas soumis à cotisations sociales, ne sera pas soumis à l'impôt sur le revenu, ne supportera que la CSG-CRDS. De plus, il ouvrira droit à une provision de 25 % à l'impôt sur les sociétés (soit une réduction de 8,3 % des sommes versées). Devant les inquiétudes des syndicats et des gestionnaires de caisses de sécurité sociale sur la perte de recettes sociales pouvant être induite par le projet, les parlementaires ont décidé que la part de l'abondement patronal qui dépasse 15 000 F par an sera soumise à une contribution au taux de 8,2 %, versée au Fonds de Solidarité Vieillesse.

Au bilan, la loi donne aux contributions patronales des privilèges fiscaux et sociaux exorbitants. Elle leur permet d'échapper totalement à la fiscalité et à la charge des contributions de solidarité (maladie et famille). En ce qui concerne les cotisations d'assurance, on ne peut accepter que les retraites par capitalisation se développent au détriment des ressources des retraites par répartition ou des caisses de chômage. Sinon, il faudra augmenter les taux de cotisations retraite et chômage sur les salaires. Chaque franc déposé dans les fonds sera payé pour les 2/3 par l'évasion fiscale (voir encadré). A la sortie les fonds ne seront pas imposables, ce qui est un privilège peu justifiable par rapport à des formules d'épargne retraite comme la Prefon, le CREF ou la loi Madelin. La création des PPESV constitue un nouveau élément de discrimination entre les salariés du public et du privé, qui rendra encore plus délicate la négociation sur la convergence des systèmes de retraite.

1. Placement et fiscalité

Supposons qu'un salarié soumis actuellement à un taux d'imposition de 40 % souhaite épargner pour dans 15 ans, période où il sera en retraite et soumis à un taux d'imposition de 30 %. Les salaires et les retraites payent une CSG au taux de 8 %. Les revenus financiers sont soumis à un prélèvement libératoire de 15 % et à une CSG au taux de 10 %. Le taux d'intérêt est de 4 %. Un placement sans avantage fiscal a une rentabilité après impôt de 3,2 % (cf. tableau ci-dessous). Un placement, comme le PEP, qui ne supporte que la CSG a une rentabilité de 3,7 % (1re colonne). Un placement de type Prefon, avec exonération de l'impôt sur le revenu des sommes épargnées et imposition à la sortie à l'impôt sur le revenu, aurait une rentabilité de 4,2 % (2e colonne). Par contre, plaçons-nous dans la législation retenue pour le PPESV. Les sommes versées par l'employeur ne seront pas soumises à cotisations. L'employeur a de plus une provision pour investissement de 25 % de son abondement. Il paye une taxe de 8,2 % sur la partie de cet abondement qui dépasse 15 000 F. Dans ce cas, l'employeur et le salarié peuvent convenir d'une baisse de salaire (ou d'une non-augmentation) de 100 en échange d'une augmentation de la contribution des employeurs aux fonds. A coût nul pour l'entreprise, la perte de revenu pour le salarié est de 48 à l'année 0, mais son surplus de revenu 15 ans après est de 212 (pour la partie inférieure à 15 000 F), de 196 pour la partie supérieure. En effet, elle permet d'échapper aux cotisations sociales maladie, famille, chômage et à l'impôt sur le revenu. L'économie en cotisation vieillesse se paye toutefois d'une retraite plus faible. La rentabilité de l'opération est alors de 10,4 % ou 9,8 % (3e colonne). Si l'opération est rentable au niveau individuel, elle ne l'est pas au niveau collectif puisqu'elle prive la Sécurité sociale et l'État de ressources. Les 2/3 du placement sont en fait payé par la collectivité. Il s'agit d'une évasion fiscale qui donne des avantages injustifiés aux PPESV.

Trois formes de placement

Placement	Normal/PEP		Préfon		PPESV	
	Année 0	Année 15	Année 0	Année 15	Année 0	Année 15
Coût salarial					0/0	
Placement/capital		180		180	137/127	
IS					-11/-10	
Taxe sur abondement					0/10	
CSG					14/13	
Cotisations employeurs					- 40	
Salaire/revenu			- 100		- 100	
Retraite						- 37
Cotisations salariés					- 12	
CSG		8		14	- 8	8/7
Revenu net					- 80	201/185
Impôt sur le revenu		12/0	- 40	50	- 32	- 11
Revenu disponible	- 100	160/172	- 60	112	- 48	212/196
Rentabilité du placement		3,2/3,7%	4,2 %			10,4/9,8%

Source : Calculs des auteurs.

Dans chaque entreprise, les salariés auront intérêt à renoncer à des augmentations de salaire en échange de versements patronaux aux PPESV. Ils pourront le faire d'autant plus facilement qu'il s'agit de cadres à forte capacité d'épargne. Leur épargne aura alors un rendement de 10 % au lieu de 3,7 % dans un PEP. Ce surplus de rentabilité sera payé par l'ensemble des autres salariés, en cotisations supplémentaires. Les PPESV fragiliseront le système de retraite par répartition. Ils constitueront un argument publicitaire fallacieux, mais important, pour de futurs fonds de pension.

Un traitement logique aurait consisté à soumettre l'abondement patronal à toutes les cotisations sociales, comme tout élément du salaire, et à imposer à la sortie les fonds à l'impôt sur le revenu. Il avait deux défauts : il nécessitait une remise en cause des privilèges injustifiables des Plans d'épargne entreprise déjà existant ; il faisait perdre tout intérêt au nouveau dispositif.

La fiscalité des plans d'options d'achat d'actions

La rémunération des dirigeants d'entreprise a été mise sous les feux des projecteurs de la fin de l'année 1999, lorsqu'à l'issue de l'OPA « inamicale » de Total sur Elf, le PDG de l'entreprise rachetée était en mesure de réaliser de pharamineuses plus-values grâce à ses actions acquises dans le cadre d'un plan d'options d'achat, plus couramment appelées *stock-options*. Le régime fiscal spécifique accordé à ces plans d'options a été modifié par la loi relative aux « Nouvelles régulations économiques ». La réforme vise, d'une part, à introduire plus de transparence et de contrôle dans l'attribution de *stock-options* et, d'autre part, à revoir la taxation de ce type de plus-values financières.

Les *stock-options* sont un mode d'intéressement lié à l'évolution de la valeur boursière de l'entreprise. Elles concernent essentiellement les cadres dirigeants [9], mais l'ensemble des salariés en bénéficient parfois, notamment dans les grandes entreprises américaines. Le détenteur des stock-options a la possibilité d'acheter des actions (option d'achat) de sa société à un prix fixé pendant la période dite d'attribution (cf. figure ci-dessous). Lors de la levée de l'option, l'entreprise, donc indirectement l'ensemble des actionnaires *via* la baisse du profit [10], prend à sa charge la « plus-value d'acquisition », PVA, c'est-à-dire la différence entre le prix d'achat de l'action au moment de la levée de l'option et la valeur d'attribution, c'est à dire le prix effectivement payé par le détenteur de

9. D'après Guimbert et Vallat (2000), en France, 35.000 personnes bénéficiaient de stock-options à la fin 1999, dont seulement 600 dirigeants. Ces derniers concentrent environ 22 % des plus-values potentielles.

10. Cela pose parfois des problèmes de rentabilité : aux États-Unis, parmi les entreprises qui connaissent un fort accroissement de leur capitalisation boursière, certaines dégagent de très faibles profits à cause de la levée d'options de leurs salariés.

l'option. La plus-value d'acquisition est une rémunération pour le dirigeant, qui devient, de ce fait, sensible à la valeur de l'entreprise. Si l'action est conservée après la levée de l'option et revendue plus tard, le dirigeant peut réaliser une « plus-value de cession » au moment de la vente de ses actions ; soit la différence entre le prix de vente et le prix d'achat de l'action. La rémunération que procure les *stock-options* est aléatoire puisqu'elle dépend de l'évolution de la valeur financière de la firme. Mais avant la levée de l'option, le bénéficiaire d'un plan de *stock-options* ne peut pas perdre de l'argent.

Dans de nombreux pays, les *stock-options* bénéficient d'une fiscalité particulière. De manière générale, une réflexion sur leur fiscalité doit répondre à une série de questions. Quelles sont les modes de rémunérations qui incitent les dirigeants à accroître la valeur boursière des firmes ? [11] Cet accroissement doit-il être le seul critère de gestion des entreprises ? Si effectivement la recherche d'une meilleure valorisation boursière des firmes mène à une élévation des niveaux de vie, par le biais d'une réduction des coûts et de l'apparition de nouveaux produits, faut-il s'offusquer des revenus importants que perçoivent les dirigeants des entreprises les plus performantes ? Autrement dit, faut-il, au nom de la solidarité, taxer relativement plus les dirigeants performants, ou au contraire, au nom de l'efficacité, faut-il les inciter à se montrer plus innovants, en récompensant les grandes réussites, et donc en encourageant les prises de risque, par une pression fiscale plus faible [12]?

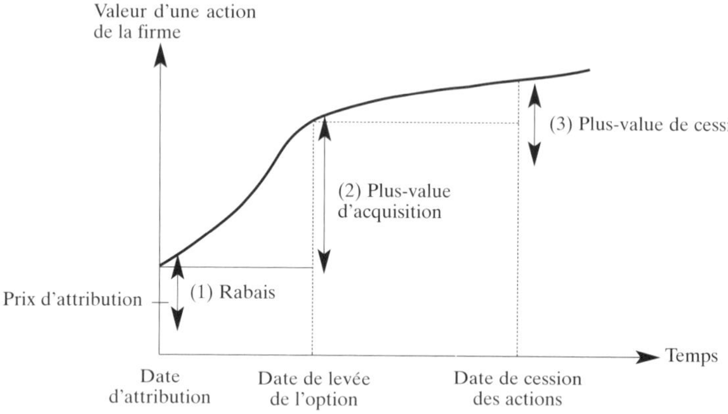

11. Parallèlement à la question de l'incitation des dirigeants à travailler dans des secteurs innovants, se pose celle de l'encouragement des épargnants à investir dans des domaines susceptibles de produire des innovations majeures (par exemple, les fonds communs de placement dans l'innovation –FCPI– ouvrent droit à une réduction d'impôt sur le revenu correspondant à 25 % de la somme investie dans l'année).

12. Dans certaines situations, récompenser les plus innovants, c'est aussi améliorer le sort des plus pauvres qui bénéficient du progrès techniques (critère de justice sociale), même les inégalités relatives (mesure statistique) se creusent : tout le monde profite des innovations mais pas de façon égale.

Ces questions de taxation optimale rencontrent de nombreuses difficultés pratiques tant en ce qui concerne la définition du « dirigeant d'entreprise » (qui sont-ils ?) que dans celle de « résultat » (quelle est la part de la création de valeur imputable au dirigeant ?). En situation de parfaite circulation des cadres dirigeants au sein de l'espace économique mondial, les solutions nationales peuvent être difficilement applicables car les choix étrangers restreignent les choix nationaux : vouloir « trop » taxer trop les dirigeants peut aboutir à une incapacité de taxation si ces derniers ont, comme leurs entreprises, tout loisir de franchir les frontières.

Le résultat de référence, sur lequel doit être indicé le revenu des dirigeants, est difficile à définir. L'accroissement de la valeur boursière de la firme, qui actualise les profits futurs anticipés par le marché, ne reflète pas uniquement les contributions des cadres dirigeants à l'amélioration de la rentabilité. La tendance haussière, observée sur plusieurs années et qui a fortement enrichi les détenteurs d'actions, provient en partie de la baisse des taux d'intérêt. Un statut fiscal trop favorable des *stock-options* récompense des dirigeants d'entreprises dont la responsabilité dans la performance boursière de l'entreprise est très faible. C'est pourquoi, il serait plus judicieux de ne récompenser que les surplus de réussite par rapport à la moyenne.

Dans la mesure où les dirigeants d'entreprise disposent d'une meilleure information sur la valeur réelle de l'entreprise et qu'ils en ont le contrôle, il devient de leur intérêt d'influencer le marché financier lorsqu'ils revendent les titres (risque de délits d'initié). Ils peuvent créer des filiales fictives dont la valeur serait gonflée artificiellement par la société mère afin d'accroître leurs plus-values. Pour éviter de telles dérives, la loi de mai 2000 oblige les entreprises cotées à attribuer des options d'achat sur la valeur de l'entreprise cotée en bourse et non sur ses filiales. Ce dispositif est gênant pour les très grandes entreprises qui chercheraient à lancer des filiales puisque l'intéressement d'un dirigeant dans la valorisation de son département étant dilué dans la masse.

La taxation des stocks-options

En France, la plus-value de cession est soumise au régime normal des plus-values sur valeurs mobilières : soit un taux de prélèvement de 16 % au dessus d'un seuil de 50 000 F de cession auquel s'ajoutent 10 % de contributions sociales. Le taux de prélèvement sur la plus-value d'acquisition dépend de la durée écoulée entre la date d'attribution et la date de cession de l'action (notée DAC). Le prélèvement est effectué l'année de la cession. Si l'action est revendue avant la fin de la période dite d'indisponibilité (cinq ans), le bénéficiaire est imposé au barème progressif de l'IRPP. La progressivité est réduite selon le mécanisme du quotient en fonction de la durée écoulée entre la date d'attribution de l'option et la revente des titres [13].

Au-delà du délai de cinq ans, le taux de prélèvement total est réduit à 40 % (30 % d'impôt sur le revenu [14] et 10 % de contributions sociales). Pour un ménage qui se situe dans la tranche d'imposition sur le revenu à 54 %, le taux de prélèvement est de l'ordre de 60 % si la cession a lieu avant cinq années pleines ; il se réduit au taux plancher de 40 % au-delà. Si la PVC est négative, elle vient en déduction de la PVA, puis, éventuellement des autres plus-values réalisées. La loi interdit les rabais supérieurs à 20 %. Tout rabais supérieur à 5 % est dit « excédentaire » : la partie du rabais qui excède 5 % est considérée comme du salaire et imposé comme tel l'année de la levée de l'option. Le rabais entre 0 et 5 % est taxé comme la PVA.

11. La taxation des plus-values d'acquisition

	Cotisations sociales	IRPP	Total
Avant la loi sur les nouvelles régulations économiques			
– 5 ans	Assimilé à un salaire*	52 à 63	
+ 5 ans	10	30	40
Loi sur les nouvelles régulations économiques			
– 4 ans	Assimilé à un salaire*	52 à 63	
+ 4 ans			
1) Actions conservées moins de deux ans			
PVA < 1 MF	10	30	40
PVA > 1 MF	10	40	50
2) Actions conservées plus de deux ans			
PVA < 1 MF	10	16	26
PVA > 1 MF	10	30	40
Bons de souscription de parts de créateurs d'entreprises			
Durée d'activité dans l'entreprise au moment de la cession			
– 3 ans	10	30	40
+ 3 ans	10	16	26

* Dans le cas où la PVA est requalifiée en salaire, le taux de taxation de la PVA est le suivant :

Salaire	Cotisations sociales	IRPP	Total
0,5 MF	20	32	52
1 MF	16	47	63
1,5 MF	8	51	59

Source : MEFI, calculs des auteurs.

13. « Le montant net imposable de l'avantage est divisé par le nombre d'années entières. Le résultat est ajouté au revenu global net. L'impôt correspondant à l'avantage est égal à la cotisation supplémentaire ainsi obtenue multipliée par le nombre utilisé pour déterminer le quotient ».

14. Le bénéficiaire peut opter pour la réintégration dans son revenu imposable.

La PVA représente un coût pour l'entreprise puisque c'est la part de l'achat d'action qu'elle finance elle-même [15]. Pourtant, elle n'est pas soumise à cotisations sociales lorsque l'action est cédée après la période d'indisponibilité. Dans le cas contraire, elle est requalifiée en salaire, et l'entreprise doit payer les charges sociales patronales. Aussi, les attributions de stock-options sont-elles en général assorties de clauses interdisant la cession avant cinq ans.

La réforme de mai 2000 a réduit la période d'indisponibilité à 4 ans mais a introduit une progressivité dans l'imposition des plus-values d'acquisition : désormais, la partie de la plus-value supérieure à un million de francs est soumise à un taux spécifique supérieure de 10 points au taux normal ; ceci accroît le taux de prélèvement sur les plus-values importantes au delà de la quatrième année. Toutefois, si le détenteur des *stock-options* conserve ses actions (portage) pendant au moins deux ans après la réalisation de ses options, il bénéficie d'une réduction de la fiscalité : les deux taux sont réduits respectivement à 16 % et 30 % (+ 10 % de contributions sociales). Le portage a l'avantage d'inciter les bénéficiaires à conserver des actions de l'entreprise donc à supporter un vrai risque : lorsque l'action est revendue au moment de la réalisation de l'option, le salarié ne peut pas subir de perte. Cependant, la conservation des actions suppose d'immobiliser des sommes équivalant au prix d'achat des actions, ce qui suppose de détenir un capital important ou de recourir à un emprunt.

Dans la loi de finances de 1998, le gouvernement a mis en place un régime fiscal des *stocks-options* particulièrement favorable en faveur des jeunes PME. La taxation de la plus-value d'acquisition est réduite à 26 % (y compris contributions sociales) lorsque le bénéficiaire exerce son activité dans l'entreprise depuis plus de trois ans. Elle s'élève à 40 % si la durée d'activité était inférieure à trois ans. L'objectif est de favoriser l'émergence de nouvelles sociétés à fort potentiel de croissance mais qui n'ont pas les moyens de verser des rémunérations élevées. Les entreprises concernées sont les sociétés non cotées et les sociétés cotées sur les marchés européens des valeurs de croissance. Elles doivent avoir été créées depuis moins de 15 ans, et au minimum 25 % du capital (en dehors de la part des structures de capital risque) doit être détenu par des personnes physiques. Sauf modification législative, ce dispositif prendra fin le 31 décembre 2001.

Fiscalité comparée des stock-options

Les comparaisons internationales en matière de fiscalité sont délicates du fait de la complexité des systèmes. Comme la France, la

15. Aux États-Unis, ce coût subi par l'entreprise n'est pas déductible du bénéfice imposable lorsque la rémunération par *stock-options* n'est pas considérée comme du salaire ; ce qui pèse plus lourdement sur la rentabilité nette.

plupart des pays ont une fiscalité des *stock-options* favorable par rapport à la taxation des salaires. La France est caractérisée par un délai d'indisponibilité particulièrement long. Dans la plupart des pays, la plus-value d'acquisition est taxée comme un salaire si le délai d'indisponibilité n'est pas respecté. En France, cette taxation est forte (environ 60 %) du fait du niveau élevé du taux marginal du barème.

Aux États-Unis et au Royaume-uni, la fiscalité est moins lourde qu'en France, mais l'attribution des options est plus transparente : la fiscalité est favorable à condition que les plans d'attribution soient qualifiés et, pour cela, respectent certaines contraintes (concernant la définition des personnes concernées, le rabais autorisé, le plafonnement des attributions...). Aux États-Unis, la PVA des options qualifiées est taxée à 20 % si l'option est réalisée après 2 ans et si les actions sont conservées un an. Il faut ajouter la fiscalité de l'État. La PVC subit la même taxation. Au Royaume-Uni, la PVA est exonérée (sous un plafond) si l'option est conservée au moins 3 ans et si trois années séparent chaque achat d'actions sur options. En 2000, le gouvernement a mis en place un régime fiscal favorable pour certains postes clefs dans les PME.

En Belgique, les plus values d'acquisition sont exonérées. C'est également le cas aux Pays-Bas, à condition que l'option soit levée au moins 3 ans après son attribution. Mais dans ces deux pays, une part de la valeur de l'action, correspondant à une évaluation forfaitaire *a priori* de la plus-value, est taxée à l'impôt sur le revenu au moment de l'attribution. En Belgique, la taxation porte en général sur 15 % de la valeur des actions. Aux Pays-Bas, selon la durée d'attribution des options, la part taxée varie de 20 % (5 ans) à 35 % (10 ans) [16]. Au total, la taxation reste faible. En Italie, les plus values (d'attribution et de cession) sont également faiblement taxées (12,5 %). En Allemagne, à l'inverse, les PVA sont taxées comme du salaire. Mais une réduction de la fiscalité des *stock-options* a été annoncée.

La plus-value de cession est en général taxée comme les autres plus-values de valeurs mobilières. Elle est plus lourde en France qu'à l'étranger. En Allemagne et dans les pays du Benelux, les plus-values mobilières sont exonérées sauf lorsqu'elles sont « spéculatives » (détenues moins de 6 à 12 mois). Dans ce cas, le régime de droit commun s'applique en général. Au Royaume-Uni, la PVC est taxée au taux marginal (40 %) après un abattement qui dépend de la durée de détention. A partir de 10 ans de détention, la taxation est de 24 %.

Stock-options et spéculations boursières

Accorder des niches fiscales favorisant l'attribution d'actions à des individus qui disposent d'informations sur l'évolution de la société peut

16. En cas de levée avant trois ans, le gain forfaitaire déjà imposé à l'attribution vient en déduction de l'IR.

encourager des comportements de délits d'initiés, notamment sur les stratégies d'annonce des résultats de l'entreprise en fonction des dates de ventes ou de levée d'option. La baisse de la Bourse américaine au début de l'année 2000 a fait suite à une série de spéculations sur les titres de la nouvelle économie, encouragées par des « experts » qui annonçaient des valorisations extraordinaires. La Bourse a fortement chuté : cela signifie que certains y ont perdu tandis que d'autres y ont gagné. Est-il aberrant d'imaginer que les perdants soient principalement les épargnants mal informés qui ont acheté trop chèrement des titres auprès de *stocks-optioners* mieux informés et avides de réaliser de fantastiques plus-values?

Le défunt projet Balladur

Le projet Balladur prévoyait d'étendre le dispositif fiscal sur les *stock-options* à l'ensemble des salariés, afin de renforcer le sentiment d'appartenance à un projet d'entreprise des salariés [17]. Dans la mesure où les efforts de chacun sont dilués dans la masse, peut-on encore parler de *stock-options* ? Il s'agit en fait plus d'un projet de « plan d'épargne dans l'entreprise » bis contractuel avec abondement indéterminé qui dépendrait des seules bonnes performances de l'entreprise et qui aurait l'avantage de profiter à l'ensemble des salariés. Cependant, les salariés à revenus bas ou moyens et à faible épargne n'ont guère intérêt à investir l'essentiel de leur patrimoine dans des titres dont la valeur est corrélée positivement à leur revenu salarial. Si l'entreprise se développe, tout va pour le mieux. *A contrario*, si l'entreprise rencontre de graves difficultés, ces derniers peuvent simultanément se faire licencier et assister impuissants à une forte dévalorisation de leurs faibles économies.

Quel sens pour une réforme ?

Les avantages fiscaux des *stock-options* reposent sur la prise en compte des bénéfices collectifs des innovations (les nouvelles technologies sont un facteur de richesse et de développement de la nation). Cependant, accorder un régime fiscal particulier qui taxe trop peu des revenus qui peuvent être le simple résultat de spéculations délibérées ou opportunes, ou de délits d'initiés, peut sembler injuste. La double réforme décidée par le gouvernement (BSPCE et NRE) a pour objectif de concilier une plus grande justice sociale (progressivité), le renforcement de l'incitation à la prise de risque (portage et BSCPE) et l'amélioration de la compétitivité fiscale de la France (taux à 26 %). L'objectif sera-t-il atteint ? Quoiqu'il en soit, une coordination européenne est nécessaire pour éviter une surenchère injuste.

17. A ce titre, le projet prévoyait de renforcer le rôle des salariés dans la gestion de l'entreprise dès lors qu'ils détiennent plus de 5 % du capital.

Taxe d'habitation : une première réforme

En 1998, la taxe d'habitation représentait 1,2 % environ du revenu des ménages. C'est un impôt proportionnel à la valeur locative du logement avec des abattements (pour charge de famille) et des dégrèvements (pour les bas revenus). Comme la valeur locative du logement augmente moins vite que le revenu, un tel impôt est légèrement dégressif. La taxe d'habitation pose deux problèmes spécifiques : d'assiette relativement frustre, elle ne devrait jouer qu'un rôle mineur par rapport à l'IRPP. Or, elle est passée de 14 % de l'IRPP en 1985 à 21 % en 1998. La décentralisation, c'est-à-dire l'augmentation du poids des collectivités locales dans les décisions concernant les dépenses publiques, ne devrait pas se traduire par une diminution du rôle redistributif des finances publiques. C'est le cas si les ressources de chaque collectivité locale reposent essentiellement sur les impôts locaux. Les communes pauvres doivent faire payer des impôts élevés ou réduire leurs dépenses alors que ce sont elles qui ont les plus grands besoins (en dépenses d'action sociale en particulier). L'installation de populations pauvres déséquilibre les finances des communes concernées et pèse sur le niveau de vie de leurs concitoyens directs.

Jusqu'à présent, la taxe d'habitation comportait un dispositif de dégrèvement à la fois compliqué et mal conçu. Dans le cas du célibataire, par exemple, les Rmistes ne payent rien, la taxe est plafonnée à 1 541 F (jusqu'à 25 200 F de Revenu imposable annuel), puis à 2 189 F (jusqu'à 43 900 F), puis à la demi-somme de la taxe due et de 2 189 F (si la taxe avant plafond dépasse 2 189 F) jusqu'à 49 880 F de revenu, puis au plus grand de 3,4 % du revenu et de la demi-somme de la taxe avant plafond et de 2 189 F jusqu'à un revenu de 103 200 F. Le même système s'appliquait aux foyers fiscaux contenant plusieurs parts, avec des barèmes différents (qui bien sûr ne découlent pas de façon simple du barème des célibataires). La complexité de ce dispositif s'explique par la volonté d'éviter les effets de seuil. Ceux-ci étaient pourtant très importants : pour un franc de plus gagné, la taxe d'habitation pouvait augmenter de 648 F (de 1541 à 2189 F). Les Rmistes ne payaient pas de taxe d'habitation alors que des personnes travaillant à temps partiel avec un revenu égal au RMI pouvaient devoir payer 2 189 F.

La réforme décidée en mars 2000 unifie le système de dégrèvement. Celui-ci ne dépend plus que du revenu imposable et non de la nature des revenus. La taxe d'habitation est plafonnée à 4,3 % du revenu imposable diminué d'un abattement égal à 22 500 F pour la première part de quotient familial, majoré de 6 500 F par demi-part. Pour faire simple, la majoration est de 11 500 F par demi-part supplémentaire à partir de la cinquième. Le revenu pris en compte est celui de l'ensemble du foyer. Les ménages sont exonérés si leur revenu est inférieur à l'abattement. C'est le cas des Rmistes. Les personnes dont le revenu dépasse 103 710 F (plus 24 230 F pour la demi part et 19 070 F pour chaque demi part supplémentaire) ne peuvent pas bénéficier de dégrèvement. On remarque avec stupeur qu'une famille avec 2 enfants représente 3 parts fiscales (en prenant le célibataire pour 1) pour l'impôt sur le revenu, 2,16 pour la limite inférieure de l'exonération de la taxe d'habitation et 1,88 pour sa limite supérieure. Un système plus simple aurait été préférable.

Cette modification des modalités de dégrèvement va quand même dans le sens d'une certaine simplification et d'une plus grande justice fiscale. L'extension des dégrèvements permet d'estomper quelque peu l'effet de la vétusté des valeurs locatives, mais elle ne résout pas le problème dans le fond et peut servir de prétextes pour retarder la mise à jour de celles-ci. La réforme porte atteinte à l'autonomie financière des collectivités locales, d'autant qu'elle s'accompagne de la suppression de la part régionale de la taxe, pour un coût estimé à 5,8 milliards (*cf. supra*).

Le SMIC, le RMI et le maillon manquant

Une des questions les plus délicates de la structure actuelle de notre système fiscalo-social est celui du traitement des plus bas salaires. Comment à la fois assurer un niveau de vie minimal à la fois aux travailleurs sans emplois et aux travailleurs du bas de l'échelle, sans détruire toute récompense du travail et sans augmenter le coût du travail non-qualifié ?

Les économistes se partagent en deux écoles. Les uns estiment qu'il faut inciter les chômeurs à travailler en maintenant un écart sensible entre le RMI et les revenus d'activité (le SMIC ou même le ½ SMIC). Une des causes du fort niveau de chômage en France serait précisément la faiblesse de l'écart entre RMI et bas salaires qui engendrerait une « trappe à inactivité », beaucoup de Rmistes préférant toucher leur allocation que rechercher un travail, qui ne leur apporterait qu'un faible gain monétaire (voir Laroque et Salanié, 1999 et 2000). Les plus extrêmes proposent de supprimer le RMI, cause essentielle du chômage structurel en France [18]. Dans une perspective néo-classique, cette suppression induirait une forte hausse de l'offre de travail, donc du travail effectif, d'autant plus que le SMIC serait supprimé en même temps, ce qui permettrait une baisse du salaire des non-qualifiés. Une position modérée considère que la suppression de cette « trappe à inactivité » par une sorte d'impôt négatif est la grande réforme fiscale dont la France a besoin et qu'elle permettra d'augmenter fortement le

18. Le point amusant est que cette thèse oublie qu'il n'existait pas de Rmi dans les années 1970 et 1980 ; cela n'a pas empêché le chômage de monter jusqu'à 10,5 % en 1987.

nombre de personnes employées (voir, par exemple, Bourguignon et Bureau, 1999).

Les autres considèrent qu'en situation de chômage de masse, la question ne se pose pas : tant que les entreprises trouvent sans difficulté des personnes disposées à travailler pour des salaires relativement faibles par rapport au RMI, il est inutile de chercher à accroître les incitations à travailler pour un bas salaire. Il ne semble pas que la faiblesse de l'écart entre le RMI et le SMIC fasse que des Rmistes refusent des postes payés aux SMIC : le succès des CES, des emplois-jeunes, des emplois de vendeuses ou de caissières payées au SMIC à temps partiel montre que le problème se situe du côté de l'offre d'emplois et non de la demande Les travailleurs non-qualifiés en chômage sont massivement des personnes qui cherchent un emploi sans en trouver, et non des personnes qui préfèrent vivre du RMI. Les travailleurs préfèrent un poste mal payé, qui leur donne un statut social, qui leur donne des droits à retraite, qui leur permette de s'insérer, et de progresser, au maintien dans une situation d'assistance. Il y a certes des exceptions, mais en période de chômage de masse, celles-ci ne jouent pas sur la quantité de travail. Qu'importe que Pierre refuse un poste si Martine est heureuse de l'occuper ? Le problème de la demande de travail découragée ne se pose qu'en situation de plein-emploi. Il faut actuellement inciter les entreprises à offrir des emplois non-qualifiés (en impulsant la croissance et, éventuellement, en baissant les cotisations sociales sur ce type d'emplois). Dans cette perspective, il n'est guère utile aujourd'hui de réformer la structure des aides et des prélèvements sur les salariés au bas de l'échelle, quitte à changer de politique si demain il apparaissait que sur ce secteur du marché du travail, il y avait plus d'offre que de demande.

Deux études récentes ont essayé de chiffrer l'impact des « trappes à inactivité » sur l'emploi. Piketty (1998) étudie le taux d'activité de trois groupes de population dont les prestations ont connu d'important changement. En ce qui concerne les mères de jeunes enfants avant et après l'extension de l'APE [19] en 1994, Piketty trouve que les aides financières ont des effets réels. Le taux d'activité de la population concernée (90 % avant 1994) chute de 10 points après l'extension de l'APE. Il en conclut qu'« il est relativement facile de « renvoyer les femmes à la maison en leur offrant des allocations à cet effet ». 150 000 femmes auraient ainsi pu été incitées à quitter leur emploi. Les second et troisième groupes étudiés sont les familles monoparentales ainsi que les ménages sans emploi, avant et après la création du RMI en 1989. Piketty est plus sceptique sur la caractère volontaire de leur inactivité puisque de tels changements n'ont guère été observés au moment de la création

19. L'allocation parentale d'éducation, dont bénéficient les familles de plus de trois enfants, a été étendue aux familles de deux enfants.

du RMI. Il conclut que le non-emploi de ces populations est principalement lié à une insuffisance de la demande de travail des entreprises. Ces recommandations vont alors en faveur de politique de soutien de la demande de travail (baisse des cotisations patronales) et, d'un aménagement à la marge des seules incohérences du système socio-fiscal (RMI par rapport au demi-SMIC par exemple). L'étude de Laroque et Salanié (2000) est beaucoup plus affirmative. Selon elle, une partie importante du chômage en France serait volontaire et due à la faiblesse de l'écart entre le RMI et le SMIC. Une autre serait dû au coût salarial trop élevé des travailleurs payés au SMIC (voir Sterdyniak (2000) pour une analyse critique de ce texte). Malheureusement, leurs variantes ne prouvent pas qu'une baisse du RMI ou une hausse du SMIC net (à coût salarial inchangé) aurait un fort impact sur l'emploi.

Quoi qu'il en soit, il est permis de penser que le système doit récompenser plus qu'il ne le fait actuellement le travail des salariés non-qualifiés relativement à la non-activité. Il existe dans le système français quelques situations difficilement justifiables où le travail ne rapporte rien. Il faudrait introduire plus de cohérence dans le système, sans se faire d'illusion quant à l'impact de cette réforme sur l'emploi. Restent à voir quelles réformes permettraient d'améliorer la situation. Elles posent des problèmes délicats : risque de baisse du SMIC ou de pérennisation du travail à temps partiel contraint, effacement de la frontière entre revenu d'activité et revenu d'assistance.

Trois points compliquent la question. D'une part, notre système est l'addition d'un grand nombre de dispositions hétéroclites obéissant à des logiques différentes : la législation du RMI, celles des différentes prestations familiales (allocations familiales, allocation logement, etc.) et celles des différents impôts. Par exemple, les allocations familiales favorisent les familles avec trois enfants ou plus et n'aident pas les familles avec un enfant. Cette logique a été oubliée lors de la création du RMI. Les évaluations implicites des besoins des familles selon leur composition ne sont pas les mêmes dans le RMI, les allocations familiales, les allocations logements, la fiscalité. Il faudrait repenser l'ensemble du dispositif de manière cohérente. D'autre part, les individus peuvent vivre seuls ou vivre en couple (marié, pacsé ou non) ; avoir ou non des enfants. Comment rendre compatible le traitement fiscalo-social de ces diverses situations tant du point de vue de l'équité que de l'incitation au travail ? Enfin, se pose la question du revenu minimum d'activité : naguère, celui-ci était le SMIC, dont le montant devait couvrir les besoins du travailleur et de sa famille. De plus en plus, le développement de la précarité, la tendance des entreprises, aidées naguère par des incitations fiscales, de développer le temps partiel ont fait que le SMIC à mi-temps devient une nouvelle référence. Faut-il s'y résigner ?

La situation début 2000

Le tableau 12 fournit les prélèvements sociaux au niveau du SMIC [20] en mai 2000. Plaçons-nous dans le cas du travailleur dont l'entreprise a signé un accord de 35 heures. Le coût salarial du SMIC à plein temps est de 7 900 F, soit 5 436 F de salaire disponible, 2 432 F de cotisations ouvrant des droits (à prestations de remplacement, maladie, retraite et chômage) et 32 F d'imposition (des cotisations n'ouvrant aucun droit, mais finançant les prestations universelles, maladie ou famille). Depuis 2000, la réduction des cotisations employeurs est supérieure au total des cotisations maladie et famille. A ce niveau de salaire, le poids du financement des prestations universelles ou de solidarité est minime ; il est absurde d'écrire que le poids de la protection sociale pèse sur les bas salaires. Pour un célibataire au SMIC, l'imposition nette (Impôt sur le revenu + cotisations (hors retraite et chômage) + taxe d'habitation – prestations sociales) est de – 20 F par mois ; pour un couple au SMIC avec deux enfants, de – 1 043 F par mois.

12. Cotisations au niveau du SMIC (6 882 F)

	Part patronale	Part salariale
CSG-CRDS		523
Sécurité Sociale :		
• Maladie-maternité	881	52
• Vieillesse	674	458
• Famille	372	
Accident du Travail	158	
Retraite complémentaire	310	206
Chômage	367	207
Divers	48	
Allégements des charges :	– 1 792	
Total	1 018	1 446
Coût salarial et salaire net	7 900	5 436

Source : Calculs des auteurs.

Les tableaux 13 comparent la situation du Rmiste et de travailleurs payés au ½ SMIC ou au SMIC. Pour les célibataires sans enfants (tableau 13a), l'écart de revenu entre le RMI et le SMIC est de 1 707 F par mois. Par contre, le Rmiste n'a pas d'intérêt financier immédiat à prendre un emploi à mi-temps au SMIC. La situation n'est guère différente avec un enfant à charge : travailler au SMIC rapporte 1 824 F et le ½ SMIC n'est pas avantageux. Avec 2 enfants, un ½ SMIC ne rapporte que 240 F par mois. Une femme seule avec deux enfants, sans qualification particulière, ne peut guère choisir de travailler à mi-temps. Dans le cas d'un couple (avec ou sans enfants), qu'un seul des deux membres trouve un emploi au SMIC est relativement peu rentable : le gain est de l'ordre de 850 F sans enfant, de 650 F avec 1 ou 2 enfants. Il atteint toutefois 1 600 F avec 3 enfants, puisque les prestations sociales favorisent les familles de

20. Sachant qu'ils sont maintenant proportionnels pour les emplois à temps partiel au SMIC.

3 enfants ou plus, ce qui n'est pas le cas du RMI. Par contre, si l'un des membres du foyer travaille déjà à temps plein, il est toujours rentable pour l'autre de travailler, même pour un ½ SMIC. Au total, le système français est relativement généreux pour les Rmistes (compte tenu de l'existence des allocations logement), mais, du coup, il ne les incite guère à prendre un emploi à mi-temps, et, dans le cas des couples, il incite peu à reprendre un emploi au SMIC.

13a. Célibataire sans enfant

	RMI	½ SMIC	SMIC
RMI/salaires	2 552 – 306	2 718	5 436
Allocation logement	1 628	1 092	405
Taxe d'habitation	0	– 128	– 244
Impôt sur le revenu	0	0	– 109
Total	**3 874**	**3 682**	**5 488**

Source : Calculs des auteurs.

13b. Couple deux enfants

	RMI	½ SMIC	SMIC	1,5 SMIC	2 SMIC
RMI/salaires	5 360 – 758	2 718	5 436	8 154	10 872
Allocation logement	2 319	2 108	1 643	1 068	481
Prestations familiales	272	687+272	687+272	687+272	687+272
Taxe d'habitation	0	– 128	– 128	– 182	– 333
Impôt sur le revenu	0	0	0	0	0
Total	**7 193**	**5 657**	**7 910**	**9 999**	**11 982**

Source : Calculs des auteurs.

13c. Gains au passage

	RMI vers ½ SMIC	RMI vers SMIC
Célibataire 0 enfant	– 192	1 614
Célibataire 1 enfant	– 336	1 792
Célibataire 2 enfants	252	2 585
Couple 0 enfant conjoint IA	– 1 095	852
Couple 1 enfant conjoint IA	– 1 472	679
Couple 2 enfants conjoint IA	– 1 536	717
Couple 3 enfants conjoint IA	– 742	1 633
Couple 0 enfant conjoint SMIC	2 040	4 168
Couple 1 enfant conjoint SMIC	2 053	4 088
Couple 2 enfants conjoint SMIC	2 089	4 072
Couple 3 enfants conjoint SMIC	2 175	4 238

Source : Calculs des auteurs.

13d. Passage avec intéressement

	RMI vers ½ SMIC	RMI vers SMIC
Célibataire	1 359	*
Couple, conjoint IA	1 359	2 718

* Pas de droit à l'intéressement.
Source : Calculs des auteurs.

L'intéressement

Pour pallier les défauts du système, un mécanisme dit d'*intéressement* a été mis en place. Lorsqu'un titulaire du RMI reprend une activité, son RMI s'arrête après trois mois en principe (car l'attribution se fait pour trois mois). Toutefois, pendant les 12 mois suivants, ses revenus d'activité ne sont pris en compte que pour moitié dans le calcul du RMI. Ceci lui permet de continuer à être exonéré de la taxe d'habitation et à toucher l'allocation logement au taux maximal. L'intéressement bénéficie aux célibataires qui reprennent un travail à temps partiel (jusqu'à 60 % du SMIC pour un travail à temps partiel) et aux couples, dont l'un des membres reprend un travail même à temps plein (jusqu'à 1,4 SMIC pour un couple avec 2 enfants). Comme le montre le tableau 13d, ce mécanisme égalise pour tous à 1 359 F (soit ¼ de SMIC) le gain à la reprise d'un travail à ½ SMIC.

Ce dispositif constitue donc un complément utile du système. Il présente cependant quatre défauts. Il n'est que transitoire et disparaît au bout de 12 mois ; ce qui est gênant si le travailleur n'a pas trouvé un emploi mieux rémunéré durant cette période. Le passage ½ SMIC à SMIC devient peu rentable : pour un célibataire sans enfants, le gain à court terme de travailler à plein temps plutôt qu'à mi-temps n'est que de 350 F par mois. Il ne s'applique pas à tous, mais uniquement aux personnes qui sont passées par un RMI. Enfin, il ne s'applique pas aux personnes qui sont entrés au RMI en travaillant déjà, par exemple à mi-temps. Imaginons un couple avec 2 enfants. L'un des membres du couple travaille pour ½ SMIC : le couple a droit au RMI : ses ressources sont alors de 7 094 F ; le travail n'augmente pas directement son revenu. Le salarié quitte son travail : le revenu de la famille ne varie pas ; il en reprend un autre identique 3 mois après : en raison de l'intéressement, le revenu de la famille est de 8 453 F. Après un an, l'intéressement disparaît, le revenu de la famille tombe à 5 492 F. Elle repasse au RMI, avec 7 094 F. Et on repart... Le système est donc peu satisfaisant.

Pour remédier à cet état de choses, deux stratégies sont possibles : l'ACR ou la politique des petits pas.

L'Allocation Compensatrice de Revenu [21]

L'ACR, proposé par Roger Godino (1999) représente une extension de l'intéressement. Un ménages touchant un revenu salarial W, aurait droit de façon permanente à un ACR calculé selon la formule : ACR = RMI – F – x W. F représente le forfait logement et les prestations

21. Voir Godino et *alii* (1999). Le rapport : Bourguignon et Bureau (1999) préconise lui aussi cette mesure, sans entrer dans les détails. Des systèmes d'inspiration comparable existent déjà aux États-Unis (*Earned Income Tax Credit*) et au Royaume-Uni (*Working Family Tax Credit*).

familiales ; x représente le coefficient de prise en compte des ressources salariales dans le calcul de l'ACR. Godino prend x = 36 % de façon que l'allocation s'annule au niveau du SMIC pour le célibataire sans enfant. Malheureusement, son calcul est peu explicite ; il semble prendre un SMIC brut et oublier le forfait logement. De plus, il ne tient pas compte de l'allocation-logement. Un calcul correct, avec un SMIC net et le forfait logement, donne x = 41 %. L'ACR proposé serait donc serait donc un peu plus favorable que l'intéressement actuel (qui correspond à x = 50 %). Le point délicat est l'application de la formule aux autres configurations familiales. Dans le cas d'un couple, un calcul identique imposant que l'ACR s'annule pour 1 SMIC amènerait à x = 60 % (pour un couple sans enfant), à x = 72 % pour un couple avec 2 enfants. Ce serait peu incitatif et nettement moins favorable que l'intéressement. Aussi, faudrait-il prévoir un x identique pour toutes les configurations, de sorte que l'ACR serait donné à des salariés touchant plus que le SMIC.

En développant cette idée, nous avions proposé (voir Dupont *et alii*, 2000) un vaste projet d'une Allocation Compensatrice de Revenu, versée mensuellement, englobant et remplaçant l'allocation-logement, qui assurerait pour toutes les configurations familiales un gain d'environ ¼ de SMIC en reprenant un emploi au SMIC ; d'1/2 SMIC en reprenant un emploi au SMIC.

Le Rapport Bélorgey-Fouquet (2000) proposait lui une ACR, limitée aux personnes sortant du RMI, qui irait jusqu'à 1,2 fois le SMIC, sans dire quel coefficient de prise en compte ils suggèrent. L'allocation ne se serait pas permanente, mais serait accordée pour 5 ans. Une allocation non-permanente de cette durée est en fait inconcevable : il suffirait d'être passer un trimestre au RMI pour y avoir droit pendant 5 ans. Deux salariées avec un ½ SMIC auraient droit l'une à 3 727 F par mois (étant entrée au RMI en travaillant déjà), l'autre à 5 086 F (ayant retrouvé ce travail après être entrée au RMI). Cette proposition est très timide et ne résout guère l'ensemble des complications et incohérences dénoncées par le rapport. Les auteurs proposent de créer une Allocation aux jeunes isolés, un RMI-jeunes, qui ne serait égal qu'à 80 % du RMI, ce qui semble une discrimination peu utile alors que les auteurs dénoncent déjà le trop grand nombre d'allocations minimales en France.

La stratégie des petits pas

Depuis le début de l'année 2000, le gouvernement a poursuivi avec constance une stratégie consistant à supprimer progressivement tous les mécanismes qui pouvaient induire des effets de seuil entre le RMI et les bas-salaires. Au total, quatre mesures ont été prises. La réforme de la taxe d'habitation fait disparaître l'exonération spécifique dont bénéficiaient les Rmistes. La réforme du barème des allocations logement, annoncée à la Conférence de la famille de juin 2000, opère une réforme similaire pour cette prestation, qui souffrait du même défaut de conception (le RMI n'était pas pris en compte dans les ressources du bénéficiaire alors que le salaire l'était au 1er franc) : cette réforme devrait coûter 6 milliards à terme [22]. La réforme du barème de l'impôt sur le revenu diminue l'impôt payé par les travailleurs au SMIC.

Enfin, en septembre 2000, le gouvernement a décidé de créer une ristourne pour la CSG-CRDS. Celle-ci sera à terme supprimée pour les travailleurs au niveau du SMIC ; la ristourne diminuera progressivement pour s'annuler au niveau de 1,4 fois le SMIC. Cette mesure fournit une hausse de pouvoir d'achat de 520 F pour un travailleur au SMIC, de 260 F pour un travailleur à 1/2 SMIC. Elle augmente donc de façon sensible leurs ressources.

Par contre, cette mesure a le défaut de compliquer encore l'établissement de la fiche de paye pour les entreprises. Elle accentue encore le phénomène de trappe à bas salaires. Pour augmenter de 100 F le salaire net d'un travailleur au SMIC, l'entreprise doit payer 334 F.

La CSG-CRDS, qui devait être un impôt proportionnel, est rendue progressive ; mais c'est une fausse progressivité puisque la situation familiale (salaire du conjoint, nombre d'enfants) n'est pas prise en compte. La CSG-CRDS n'est plus le bel impôt simple imaginé. Les salariés payent une CSG-CRDS de 8 %, au-dessus de 1,4 fois le SMIC. Les retraités et les chômeurs payent une CSG au taux de 6,2 %, auquel s'ajoute 1 point de cotisations maladie pour les retraites complémentaires et 1,7 point pour les préretraites, mais les retraités et les chômeurs non-imposables (dont le revenu est inférieur à 4 986 F pour une personne seule, 7 655 F pour un couple) sont exonérés. Un retraité qui devient imposable voit sa CSG passer de 0 à 6,2 %. Tous les revenus de l'épargne payent 10 % de prélèvements sociaux, sauf l'épargne dite populaire (livret A) et les plus-values boursières en dessous du seuil de cession. Le système n'est donc pas unifié (le taux va de 0 à 8 % pour les salariés ; est de 0 %, 6,2 % ou 7,2 % pour les retraités et chômeurs ; 10 % pour les revenus financiers). Le risque est maintenant que d'autres catégories de la population (les familles, les petits entrepreneurs, les petites épargnants) réclament eux-aussi des exonérations de CDG-CRDS et que, petit à petit, cette taxe devienne un autre impôt compliqué avec de multiples abattements, allégements et exonérations.

22. Nous remercions Monsieur Alain Bougnères, qui a bien voulu nous fournir les renseignements nécessaires sur les nouvelles modalités de l'allocation logement.

La situation après les réformes de 2000

Au total, le cumul de ces quatre réformes fournit des gains de pouvoir d'achat très importants aux travailleurs du bas de l'échelle : 14,6 % au niveau du SMIC pour un célibataire, 11,2 % pour une famille avec 2 enfants au SMIC, 8 % pour une famille avec trois enfants (tableau 14c). Comme ces réformes visent à encourager l'activité, elles provoquent une baisse relative du RMI par rapport au SMIC, ce qui est socialement délicat. Un des risques de cette stratégie est qu'elle interdit toute revalorisation importante du RMI, qui réduirait l'écart SMIC/RMI que l'on vient de creuser. Les célibataires ou les couples sans enfants reçoivent des augmentations plus importantes que les ménages avec enfants puisque les prestations sociales sont dévalorisées par rapport au revenus d'activité. L'écart ainsi créé s'ajoute à celui induit tendanciellement par la non-revalorisation en termes réels des allocations familiales.

14a. Célibataire sans enfant

	RMI	½ SMIC	SMIC
RMI/salaires	2 552 – 306	2 980	5 960
Allocation logement	1 510	1 254	355
Taxe d'habitation	0	0	– 98
Impôt sur le revenu	0	0	0
Total	**3 756**	**4 234**	**6 217**

Source : Calculs des auteurs.

14b. Couple deux enfants

	RMI	½ SMIC	SMIC	1,5 SMIC	2 SMIC
RMI/salaires	5 360 – 758	2 980	5 960	8 940	11 920
Allocation logement	2 212	2 212	1 652	874	114
Prestations familiales	272	687 + 272	687 + 272	687 + 272	687 + 272
Taxe d'habitation	0	0	0	– 94	– 183
Impôt sur le revenu	0	0	0	0	0
Total	**7 086**	**6 151**	**8 571**	**10 679**	**12 810**

Source : Calculs des auteurs.

14c. Impact des réformes de 2000

En %

	RMI	½ SMIC	SMIC	1,5 SMIC	2 SMIC
Célibataire	0,8	19,8**	14,6**		
Célibataire 1 enfant	1,3	12,8**	10,9		
Célibataire 2 enfants	1,2	9,7	8,4		
Couple*	1,2	23,9**	16,4	12,7	13,0
Couple* 1 enfant	1,1	15,5**	13,0	9,9	13,3
Couple* 2 enfants	1,0	12,0**	11,2	9,4	9,4
Couple* 3 enfants	0,9	8,7**	8,1	7,9	8,1

* Le couple est supposé bi-actif, avec un conjoint au SMIC, l'autre au ½ SMIC ou au SMIC.
** En principe, ces configurations n'existent pas car les personnes concernées ont droit au RMI.
Source : Calculs des auteurs.

14d. Niveau de vie par UC *

En %

	RMI	½ SMIC	SMIC	1,5 SMIC	2 SMIC
Célibataire	3 756	4 234	6 217		
Célibataire 1 enfant	3 585	3 750	5 274		
Célibataire 2 enfants	3 416	3 848	5 155		
Couple	3 358	**	4 523	5 867	7 621
Couple 1 enfant	3 242	**	4 028	5 113	6 355
Couple 2 enfants	3 221	**	3 896	4 854	5 823
Couple 3 enfants	3 250	**	4 165	5 069	5 948

* On retient comme UC 1 pour le 1er adulte, 1,5 pour la deuxième personne, 0,35 par enfant supplémentaire.
** Les ménages concernés ont droit au RMI.
Source : Calculs des auteurs.

L'examen des niveaux de vie par Unités de consommation montre que si la situation à l'issue de ces réformes est satisfaisante au niveau du RMI, les ménages avec 1 ou 2 enfants au niveau du SMIC ou de 2 SMIC ont un niveau de vie nettement plus bas que les couples sans enfants. Si on compare un ménage avec 2 enfants et un couple sans enfant, le revenu des premiers vaut 1,41 fois le revenu des seconds au niveau du RMI, 1,26 fois au niveau du SMIC, 1,12 fois au niveau de 2 SMIC.

Enfin, l'examen des gains au passage (tableau 14e) montre que, si les réformes ont permis de les accroître sensiblement, le travail au ½ SMIC reste peu rentable pour un célibataire et, plus encore, pour le 1er membre d'un couple. Le travail au SMIC reste relativement peu rentable pour le 1er membre d'un couple sans enfant, avec 1 ou 2 enfants.

14e. Gains au passage

	RMI vers ½ SMIC	RMI vers SMIC
Célibataire 0 enfant	478	2 461
Célibataire 1 enfant	247	2 534
Célibataire 2 enfants	798	3 216
Couple 0 enfant conjoint IA	– 236	1 747
Couple 1 enfant conjoint IA	– 856	1 454
Couple 2 enfants conjoint IA	– 935	1 485
Couple 3 enfants conjoint IA	– 180	2 332
Couple 0 enfant conjoint SMIC	2 016	4 648
Couple 1 enfant conjoint SMIC	2 007	4 305
Couple 2 enfants conjoint SMIC	2 108	4 239
Couple 3 enfants conjoint SMIC	2 305	4 546

Source : Calculs des auteurs.

Faut-il aller plus loin ?

Les réformes déjà entreprises représentent un effort important pour les travailleurs pauvres, même si on peut regretter qu'elles soient étalées dans le temps (2 ans pour l'allocation-logement, 3 ans pour la CSG-CRDS) alors qu'elles auraient été plus visibles en survenant en une fois. Par rapport à l'ACR, les baisses de CSG ont l'avantage purement comptable de faire baisser le taux de prélèvement obligatoire. Par contre, elles ne s'adaptent pas finement à chaque cas particulier de configurations familiales. Faut-il aller plus loin ? Trois réponses peuvent être données.

On peut en rester là. Ceci signifierait que l'on considère que le travail non-qualifié à mi-temps ne peut convenir qu'aux personnes ayant un revenu par ailleurs (femmes dont le conjoint travaille, étudiants,...). Dans ce cas, il ne faut pas le favoriser tant qu'existe du chômage de masse. La stratégie des entreprises de multiplier les postes de travail à temps partiel (pour des raisons de flexibilité) pourrait être restreinte en leur imposant de transformer en temps plein tout temps partiel qui le demande. Cette stratégie serait cohérente avec la suppression, par la loi sur les 35 heures, des allégements de cotisations dont bénéficiait spécifiquement le travail à temps partiel. Mais, cette stratégie pourrait peser lourdement sur l'offre d'emplois flexibles et donc sur le chômage.

La deuxième piste consisterait à introduire une cinquième mesure ponctuelle, visant à améliorer le cas des familles avec 1 ou 2 enfants, qui sont relativement défavorisées dans le système actuel. Il faudrait augmenter les prestations familiales, de façon à garantir au moins la parité des niveaux de vie entre les couples et les familles avec enfants au niveau du SMIC. Pour cela, il faudrait verser à toute les familles des allocations familiales dès le premier enfant (soit 350 francs) et réformer le complément familial, prestation spécifique pour les familles de revenu modeste (actuellement de 895 francs pour les familles de 3 enfants et plus). Le complément familial devrait être de 570 francs pour une famille avec un enfant, de 1 030 francs pour une famille avec deux enfants, de 1 460 francs pour une famille de 3 enfants et plus. Comme le montre le tableau 14f, un travail à ½ SMIC deviendraient rentable pour les célibataires avec 1 ou 2 enfants ainsi qu'un travail au SMIC pour les couples. Cette réforme aurait deux défauts : elle contribuerait encore à creuser l'écart entre RMI et SMIC ; elle ne réduirait pas le taux de prélèvement obligatoire. Mais, elle compenserait un des effets gênants des réformes en cours : la baisse relative du niveau de vie des familles avec enfants pour les ménages à bas niveau de revenu.

14f. Gains au passage

	RMI vers ½ SMIC	RMI vers SMIC
Célibataire 0 enfant	478	2 461
Célibataire 1 enfant	1 167	3 454
Célibataire 2 enfants	2 178	4 596
Couple 0 enfant conjoint IA	– 236	1 747
Couple 1 enfant conjoint IA	64	2 374
Couple 2 enfants conjoint IA	445	2 865
Couple 3 enfants conjoint IA	735	3 247

Source : Calculs des auteurs.

Enfin, la troisième solution consiste à reprendre le projet d'une ACR, impôt négatif, versée sur une base mensuelle, en l'adaptant compte tenu des mesures déjà prises. Le but serait de garantir le gain net obtenu dans toutes les configurations familiales, en reprenant un travail à mi-temps ou à plein temps au SMIC. Celle-ci serait calculée selon la règle ACR = RMI – x*W. Nous avons pris x = 0,55, de sorte que le gain à un ½ SMIC soit de 1 340 francs ; celui à un SMIC de 2 680 francs (la moitié du SMIC net début 2000). Un x plus fort impliquerait un taux de prélèvement marginal sur le salaire trop important. Un x plus faible rendrait la mesure trop coûteuse. Ainsi calibrée, l'ACR serait très importante pour les personnes travaillant pour ½ SMIC ou pour les couples avec 1 ou 2 enfants n'ayant qu'un salaire de SMICard. Aussi, la réforme proposée rend-t-elle inutile de créer un complément d'allocation familiale pour les familles modestes à 1 ou 2 enfants (tableau 15a). Elle bénéficierait aussi, mais pour de faibles montant, au célibataire au SMIC ou au couple jusqu'à 1,5 fois le SMIC. L'ACR aboutirait cependant à une légère réduction du gain de prendre un emploi pour le 2e membre du couple (tableau 15b).

15a. Montant de l'ACR

	½ SMIC	SMIC	1,5 SMIC	2 SMIC
Célibataire	862	220		
Célibataire 1 enfant	1 093	146		
Célibataire 2 enfants	542	0		
Couple	1 576	933	400	0
Couple 1 enfant	2 196	1 226	445	0
Couple 2 enfants	2 275	1 195	336	0
Couple 3 enfants	1 520	350	0	0

Source : Calculs des auteurs.

15b. Gains au passage

	RMI vers ½ SMIC	RMI vers SMIC
Célibataire 0 enfant	1 340	2 680
Célibataire 1 enfant	1 340	2 680
Célibataire 2 enfants	1 340	3 216
Couple 0 enfant conjoint IA	1 340	2 680
Couple 1 enfant conjoint IA	1 340	2 696
Couple 2 enfants conjoint IA	1 340	2 680
Couple 3 enfants conjoint IA	1 340	2 680
Couple 0 enfant conjoint SMIC	1 483	3 715
Couple 1 enfant conjoint SMIC	1 226	3 079
Couple 2 enfants conjoint SMIC	1 249	3 044
Couple 3 enfants conjoint SMIC	1 957	4 198

Source : Calculs des auteurs.

Fleurbaey *et alii* (2000) chiffrent le coût de l'ACR selon plusieurs spécifications. Dans sa version extrême (x = 40 %, uniformisation de l'allocation-logement au niveau perçu actuellement par les Rmistes), le coût serait de 39 milliards (dont 26 milliards pour la réforme de l'allocation logement) ; il passe à 18 milliards pour x = 50 %. Compte tenu des réformes déjà effectuées pour l'allocation-logement, le coût de l'ACR que nous envisageons serait de l'ordre de 15 milliards de francs.

Comme le dit bien Piketty (1998), le choix d'établir une ACR en France doit être dégagé de la thèse selon laquelle le chômage en France s'explique essentiellement par le refus de travailler des personnes à basse qualification. L'ACR ne dispense pas de politiques de hausse des emplois offerts (relance de la croissance, passage aux 35 heures, réduction des cotisations sur les bas salaires). Il permet seulement de rendre le système plus juste et plus cohérent. L'ACR fait cependant courir le risque d'une généralisation du temps partiel, d'une diminution du SMIC ou de son dépérissement (c'est d'ailleurs ce que souhaite Maarek *in* Bourguignon et Bureau, 1999), d'une confusion entre le salaire et les prestations, d'un abaissement du salaire jugé socialement minimal : la référence passe du SMIC au ½ SMIC. Toutefois, telle que la réforme est ici calibrée, le ½ SMIC avec ACR n'est que faiblement inférieur au SMIC actuel pour les couples.

Conclusion

Le marché unique européen et la liberté de circulation des entreprises, des capitaux et des travailleurs, couplés avec l'absence d'une stratégie cohérente d'harmonisation fiscale, font courir le risque d'une concurrence en Europe par le moins-disant fiscal. Ceci obligerait à réduire la taxation sur les grandes entreprises, les travailleurs qualifiés, les riches et les revenus du capital, pour la concentrer sur les facteurs fixes (petites entreprises, capital immobilier, travail non-qualifié), et surtout à réduire les dépenses publiques et les dépenses sociales. La France a, jusqu'à présent, résisté à cette tentation, en maintenant un niveau élevé de dépenses publiques et de redistribution. Ceci sera d'autant plus facile que des mesures seront prises à l'échelle de l'UE pour lutter contre le nomadisme fiscal, harmoniser la taxation des entreprises et celles des revenus de capitaux.

La France a choisi une réforme fiscale originale, centrée sur la baisse du coût du travail des non-qualifiés, puis contre la lutte contre les trappes à inactivité. Cette stratégie suppose que le problème du chômage est concentré au niveau des basses qualifications et que les « trappes à inactivité » ont un impact important de découragement des travailleurs non-qualifiés. Pourtant, il semble que la France souffre aussi d'un déficit d'emplois qualifiés et que les « trappes à inactivité » n'ont guère eu d'impact, jusqu'à présent compte tenu du manque d'offre d'emplois non-qualifiés. Mais peut-on regretter une réforme qui profite aux plus bas salaires ?

La stratégie de baisse de la charge portant sur le travail est certes nécessaire en Europe mais elle ne doit pas conduire à une baisse de la protection sociale. En contrepartie, elle peut s'accompagner soit d'une hausse de la taxation écologique, soit d'une hausse de la charge sur les revenus du capital des ménages, soit d'une taxation du capital des entreprises. Ces mesures devraient être harmonisées à l'échelle européenne.

Références bibliographiques

BALLIGAND J.-P. et J.-B. DE FOUCAULD, 2000 : *L'épargne salariale au cœur du contrat social*, La Documentation française.

BELORGEY J.-M. et A. FOUQUET, 2000 : *Mimima sociaux, revenus d'activité, précarité*, La documentation française, mai.

BOURGUIGNON F. et D. BUREAU, 1998 : *L'architecture des prélèvements en France, Rapport du Conseil d'analyse économique*, La Documentation française.

CONSEIL DES IMPÔTS, 2000 : *L'imposition des revenus*, Le journal officiel.

DIRECTION GÉNÉRALE DES IMPÔTS, 2000 : *Les délocalisations de contribuables, personnes physiques*, note.

DUPONT G., J. LE CACHEUX, H. STERDYNIAK et V. TOUZÉ, 2000 : « Faut-il vraiment réduire les impôts ? », *Lettre de l'OFCE*, n° 196, 23 juin.

EUROPEAN COMMISSION, 1998 : *Taxation and employment*, miméo.

FLEURBAEY M., C. HAGNERÉ et A. TRANNOY, 2000 : « Minima sociaux et cumul d'emploi : évaluation d'une réforme à l'aide d'un nouveau critère de dominance », *miméo,* THEMA, Université de Cergy-Pontoise, octobre.

FRANÇOIS-PONCET J.-F., 2000 : « La fuite des cerveaux : mythe ou réalité », *Les Rapports du Sénat*, n° 388.

GODINO R., R. CASTEL, M. J. et T. PIKETTY, 1999 : « Pour une réforme du RMI », *Notes de la Fondation Saint-Simon*, février.

GROUPE PRIMAROLO, 1999 : *Code of Conduct (Business taxation),* Econfin council on 29 November.

GUIMBERT S. et J.-C. VALLAT, 2000 : « Quel avantage fiscal pour les stock-options ? Une perspective internationale », *mimeo*, Direction de la Prévision, Ministère de l'économie et des finances.

HUGOUNENQ R., J. LE CACHEUX et T. MADIÈS, 1999 : « Diversité des fiscalités européennes et risque de concurrence fiscale », *Revue de l'OFCE*, n° 70, juillet.

HUGOUNENQ R. et H. STERDYNIAK, 1999 : « Pour la politique familiale », *Économie publique*, n° 3-4.

LAROQUE G. et B. SALANIÉ, 1999 : « Prélèvements et transferts sociaux : une analyse descriptive des incitations financières au travail », *Économie et Statistique,* n° 328.

LAROQUE G. et B. SALANIÉ, 2000 : « Une décomposition du non-emploi en France », *Économie et Statistique,* n° 331.

LE CACHEUX J., 2000 : « Les dangers de la concurrence fiscale et sociale en Europe », in *Questions européennes, Rapport du Conseil d'analyse économique*, septembre.

MADIÈS T., 1997 : « Concurrence fiscale et intercommunalité », *Revue de l'OFCE*, n° 63, octobre.

MINISTÈRE DE L'ENVIRONNEMENT ET DE L'AMÉNAGEMENT DU TERRITOIRE, 1999 : *Livre blanc sur les modalités d'extension de la TGAP aux consommations intermédiaires d'énergie des entreprises*, novembre, www.environnement.gouv.fr.

PIKETTY T., 1998 : « L'impact des incitations financières au travail sur les comportements individuels : une estimation pour le cas français », *Économie et prévision*, n° 132-133, p. 1-35.

PIKETTY T., 1999 : « Les hauts revenus face aux modifications des taux marginaux supérieurs de l'impôt sur le revenu en France, 1970-1996 », *Économie et prévision*, n° 138-139, p. 25-60.

STERDYNIAK H., 2000 : « Économétrie de la misère, misère de l'économétrie », *Revue de l'OFCE*, n° 75.

STERDYNIAK H., M.-H. BLONDE, G. CORNILLEAU, J. LE CACHEUX et J. LE DEM, 1991 : *Vers une fiscalité européenne*, Economica.

STERDYNIAK H. et P. VILLA, 1998 : « Pour une réforme du financement de la Sécurité sociale », *Revue de l'OFCE*, n° 67.

TIÉBOUT C. M., 1956 : « A Pure Theory of Local Expenditures », *Journal of Political Economy*, vol. 65, p. 416-424.

La politique budgétaire américaine sous la présidence Clinton : un rêve de cigale

Hélène Baudchon,
Département analyse et prévision de l'OFCE

Jérôme Creel, Vincent Touzé et Bruno Ventelou
Département des études de l'OFCE

Au cours de la décennie qui vient de s'écouler, le paysage budgétaire américain a radicalement changé. Le solde public fédéral est ainsi passé d'un déficit historique de 290 milliards de dollars en 1992 à un excédent de 124 milliards en 1999 (soit 1,4 % du PIB). De tels chiffres, inhabituels pour les États-Unis, s'appuient sur la combinaison d'une croissance très rapide des recettes fiscales et d'un infléchissement dans l'évolution des dépenses. D'une part, une conjoncture particulièrement dynamique s'est trouvée associée à une politique monétaire plutôt accommodante. D'autre part, structurellement, un ajustement vers un solde équilibré a été engagé dès le début des années 1990. En comparaison avec les efforts d'assainissement un peu plus tardifs des pays européens, l'ajustement américain apparaît plus progressif, quoique d'un niveau extrêmement important : entre 1992 et 1999, un peu plus de la moitié de l'amélioration du solde effectif est due à l'effort structurel.

C'est en réaction aux déficits des années 1980 et du début des années 1990 que la discipline budgétaire a été renforcée. Les lois budgétaires se sont succédées, introduisant des plafonds sur les dépenses et augmentant la pression fiscale. C'est cependant au plan institutionnel que les mutations ont été les plus importantes : les États-Unis sont passés à la « programmation pluriannuelle » des finances publiques, et ont substitué, à l'objectif de budget unifié équilibré, un objectif de solde « on-budget » équilibré, i.e. hors excédents de la « Social Security ». Ainsi, ces derniers ne peuvent-ils plus être utilisés pour renflouer le solde total, et ceci afin d'assurer la sauvegarde du système de retraite. Les deux candidats aux élections présidentielles de novembre 2000 ne remettent pas en cause ces évolutions, mais — malgré les effets d'annonce de remboursement de la dette — les propositions d'augmentation des dépenses sociales d'Al Gore et de réductions d'impôts massives de George W. Bush laissent augurer un relâchement de la discipline. Cette dernière pourrait cependant être maintenue si le Congrès et l'administration restent de bords opposés.

L'amélioration du solde public, entre 1992 et 1999, s'appuie à hauteur de 60 % sur la vigueur des recettes fiscales et à hauteur de 40 % sur l'infléchissement des dépenses. La forte contribution des recettes apparaît néanmoins de nature très conjoncturelle. En effet, le dynamisme de l'activité et la forte valorisation boursière, en augmentant le taux d'imposition apparent, ont dopé la croissance des recettes. La modération des dépenses ressort plus structurelle, même si elle s'appuie à hauteur de 80 % sur la seule baisse des dépenses militaires. La fin de la guerre froide a largement justifié cette dernière évolution, mais la contrainte du plafonnement imposé aux dépenses discrétionnaires a également joué. La baisse des charges nettes d'intérêt a résulté de la baisse des taux d'intérêt et de la diminution de la dette publique consécutive à l'assainissement primaire. La faible progression des dépenses obligatoires s'explique en partie par le dynamisme de l'activité qui a limité le nombre des bénéficiaires des programmes sociaux, mais également par un ensemble de réformes structurelles. Parmi celles-ci, on peut noter la réforme du Welfare de 1996, qui prévoit des incitations plus fortes au retour au travail ; le développement des organismes de soins intégrés qui contribue au ralentissement des affiliations à Medicare ; et la diminution du taux de remboursement des actes décidée en 1997.

De nombreuses contraintes politico-économiques pèsent aujourd'hui sur les choix d'affectation des excédents budgétaires cumulés anticipés. Les réductions d'impôts, les augmentations de dépenses, le remboursement de la dette et/ou le provisionnement des dépenses futures n'ont pas le même impact politique. Il faut, par ailleurs, tenir compte de la déformation active du budget en faveur des dépenses sociales du fait de l'arrivée à la retraite d'une classe d'âge nombreuse (choc du baby-boom), de l'allongement de la durée de vie des retraités, de l'intensification de la consommation de soins médicaux. Une solution généralement avancée aux États-Unis, pour lisser la hausse de la pression fiscale, ou de l'endettement, liée au choc du baby-boom, est de s'engager dans une stratégie de provisionnement, ou au minimum de préservation des marges de manœuvre en réduisant la dette nette. La stratégie de création d'un fonds de réserve peut être mieux comprise par l'électorat que la stratégie de remboursement de la dette, parce qu'il perçoit mieux le profit direct qu'il peut en tirer (de meilleures retraites). Trois simulations d'évolution des finances publiques américaines montrent néanmoins que la stratégie de provisionnement n'est pas indispensable : même dans le cas assez improbable d'une chute brutale et permanente de l'activité aux États-Unis, une augmentation d'un point et demi du taux de pression fiscale suffirait pour restaurer l'équilibre budgétaire. Si le provisionnement peut s'avérer utile, c'est sans doute plus en raison du bas niveau inquiétant du taux d'épargne privé.

L'économie américaine apparaît aujourd'hui invulnérable. En raison, notamment, d'une croissance exceptionnellement dynamique, les États-Unis bénéficient d'excédents budgétaires record : 69 milliards de dollars en 1998, puis 124 milliards de dollars pour l'année budgétaire 1999 [1]. De tels chiffres, inhabituels pour les États-Unis, s'appuient sur la combinaison d'une croissance très rapide des recettes fiscales et d'un infléchissement dans l'évolution des dépenses. Cette situation est assez naturelle : un gouvernement a d'autant plus de facilité à accumuler des excédents que la croissance est élevée (l'expansion actuelle est engagée depuis maintenant neuf ans, et le taux de croissance réel annuel moyen est de 3,6 %). La rupture, amorcée en 1993, n'en apparaît pas moins historique : après plusieurs périodes successives, étalées sur trente ans, de détérioration du solde, on assiste à une amélioration spectaculaire des finances publiques, soutenue par une croissance des recettes de trois points supérieure à celle des dépenses [2] (graphique 1). Ceci explique la remontée vertigineuse du ratio recettes / dépenses (graphique 2). Ce dernier, qui était descendu en dessous des 75 % sous la présidence Reagan, pourrait dépasser 125 % à l'horizon 2010. Plusieurs éléments concourent à une telle situation.

Ils sont d'abord de nature conjoncturelle mais aussi liés au contexte géopolitique. Lorsque la situation sur le marché du travail s'améliore, les dépenses d'indemnisation du chômage et les transferts vers les plus démunis diminuent. De même, lorsque les risques de conflits militaires s'amenuisent, les dépenses de défense nationale sont réduites. Les dépenses autonomes comme les charges d'intérêt sur la dette sont, quant à elles, très sensibles à la politique monétaire. Quant aux recettes fiscales, elles dépendent de la richesse créée : dans un système d'imposition proportionnelle, les recettes évoluent en proportion de la richesse ; dans un système progressif, les recettes sont d'autant plus élevées que les inégalités de revenus sont fortes. A législation fiscale inchangée, une reprise de la croissance conduit donc, mécaniquement, à une hausse des recettes, et ce, d'autant plus que les fruits de la croissance sont inégalement répartis.

Pour ces différentes raisons, les déficits publics peuvent se réduire voire disparaître. Mais il reste à savoir quels sont les facteurs qui déterminent le caractère positif ou négatif du solde budgétaire en dehors de sa composante conjoncturelle. Il s'agit alors de tenter de définir le solde budgétaire optimal. Pour y parvenir, il faut bien avoir à l'esprit que les gouvernements doivent assurer, sans discontinuité, une production de services publics, après avoir effectué un arbitrage, intertemporel, entre les besoins et les financements. Lorsque la conjoncture est mauvaise et les dépenses relativement stables, le déficit est tentant. Inversement, si de

1. L'année budgétaire court du 1er octobre au 30 septembre. Il n'est fait mention ici que des finances fédérales, c'est-à-dire hors états fédérés et collectivités locales. Le solde budgétaire est donc celui du gouvernement et non des administrations publiques au sens large.

2. Y compris les charges d'intérêt.

fortes dépenses futures, hors charges d'intérêt, sont prévisibles, un excédent est recommandé pour l'immédiat. Par exemple, dans le domaine de la santé, les progrès de la médecine préfigurent un accroissement des dépenses de santé des personnes âgées, accentuant à terme l'allongement déjà sensible de la durée de la vie. En outre, l'entrée, d'ici quelques années, des *baby-boomers* en période d'inactivité annonce soit un déficit, soit une brusque hausse des cotisations sociales, que l'on pourrait être tenté de provisionner. Mais, dans le même temps, les besoins en éducation et recherche continuent de jouer en faveur d'un accroissement des dépenses publiques.

Les missions de l'État sont définies par un processus politique qui détermine un niveau, jugé viable, de solde public structurel. Les arbitrages en termes d'équité ou d'efficacité économique ne sont pas, par conséquent, les seuls à s'exercer. Les choix adoptés doivent être politiquement réalisables, et les préférences de l'électorat sont primordiales. Elles sont définissables selon trois dimensions : l'électorat peut opter pour un degré de redistribution plus ou moins grand ; il cherche à affirmer sa prédilection, ou non, pour le service public ; enfin, selon sa structure par âge, il n'est pas neutre vis-à-vis de l'échéancier fiscal. Le gouvernement doit donc arbitrer entre l'intérêt général (le bien commun) et les intérêts particuliers d'un électorat ciblé ; ce qui l'expose à quelques compromis. Néanmoins, un gouvernement soucieux d'une bonne gestion intertemporelle des finances publiques, et donc de l'intérêt général, peut souhaiter voir inscrit dans la loi des mesures qui protègent contre la tentation de dépenses supplémentaires à court terme en faveur d'un électorat courtisé lors de l'échéance électorale (*Budget Enforcement Act* de 1990 par exemple).

Cette étude analyse la politique budgétaire fédérale américaine au cours de la dernière décennie, afin de mieux comprendre comment un pays jusqu'alors réputé pour son laxisme budgétaire a pu opérer un tel virage à 180°. Nous tentons de différencier dans l'amélioration du solde public la part due à la conjoncture (au caractère purement automatique) de celle due aux changements structurels. La première partie de l'article retrace l'histoire récente des excédents, en les replaçant d'abord dans leur contexte macroéconomique, ensuite dans leur contexte institutionnel. La deuxième partie identifie et décrit, avec plus de détails, l'origine des excédents en analysant de manière systématique l'évolution des principales composantes du solde public : dépenses primaires, charges nettes d'intérêts et revenus. La dernière partie présente les facteurs économiques et politiques qui *a priori* joueront sur l'affectation des excédents (choix délibéré de réduction de la dette ou réductions massives d'impôts).

1. Écart de croissance entre les recettes et les dépenses

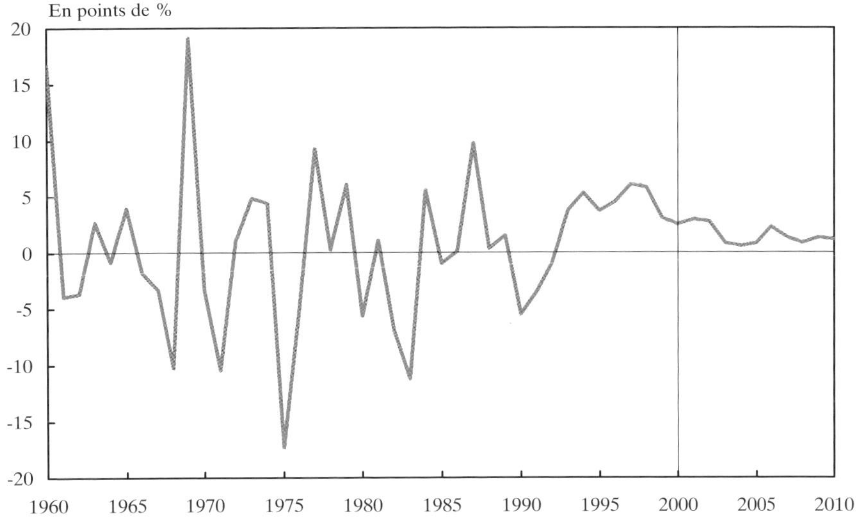

Source : *Congressionnal Budget Office* (CBO).

2. Ratio recettes / dépenses

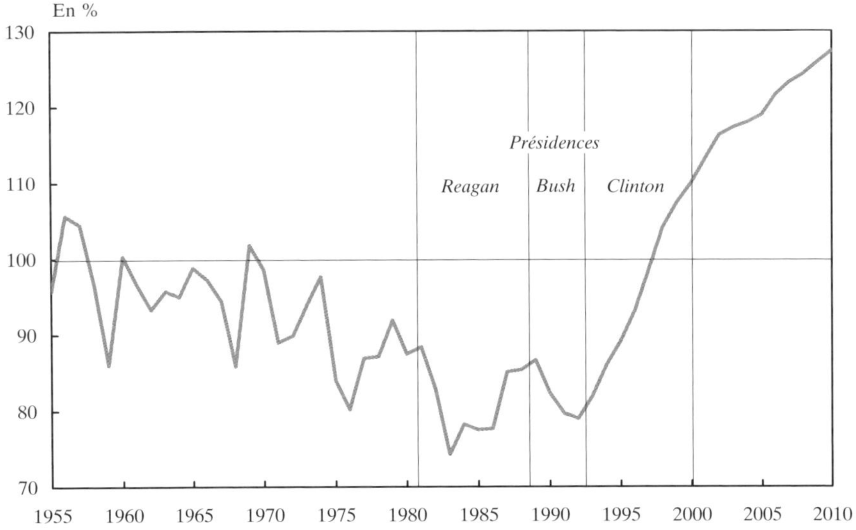

Source : CBO.

Le débat budgétaire américain aujourd'hui

De la cagnotte à l'excédent : une brève histoire du solde budgétaire américain

De 1992 à 1997, le déficit budgétaire fédéral américain a été réduit, non pas de moitié comme le Président Clinton l'avait promis lorsqu'il a pris ses fonctions, mais d'un peu plus de 90 %, passant d'un niveau historique de 290 milliards de dollars en 1992 à 22 milliards de dollars pour l'année budgétaire 1997 (graphique 3). Avec quatre ans d'avance sur la date prévue dans le *Balanced Budget Act* de 1997 (BBA), le solde public a été en excédent pour l'année budgétaire 1998 ; cela n'avait plus été le cas depuis 1969. Pour l'année budgétaire 1999, le solde s'est encore amélioré : l'excédent avoisine 124 milliards de dollars, soit 1,4 % du PIB. Et pour la première fois depuis 1960, le solde *on-budget* (hors *Social Security*) dégage un excédent de 1 milliard de dollars [3].

3. Solde budgétaire fédéral aux États-Unis

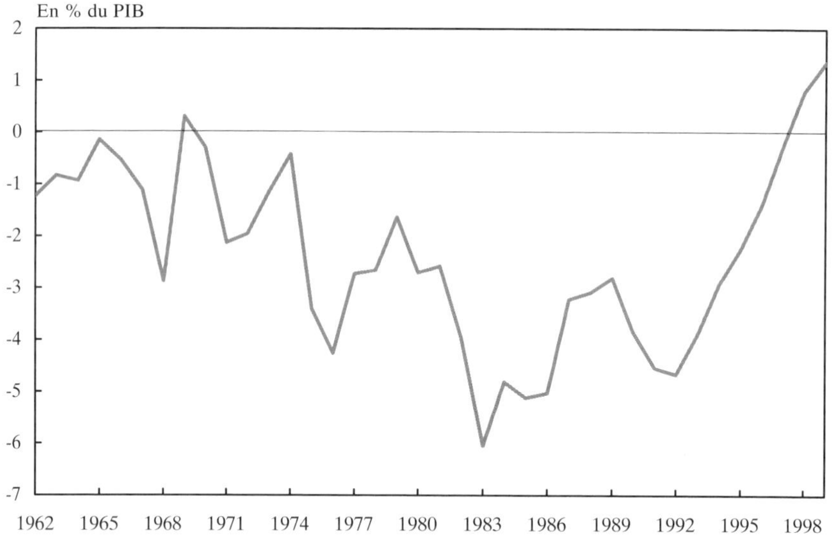

Source : CBO.

La comparaison des premières estimations du CBO du solde public et la réévaluation habituelle de l'été permet de retracer l'histoire budgétaire récente (tableau 1). Les États-Unis ont bénéficié de deux « cagnottes », en 1996 et en 1997, liées à une forte sous-estimation de la progression des

3. Un lexique est disponible en fin d'article pour des précisions de vocabulaire et un rappel des sigles utilisés dans le texte.

recettes fiscales [4]. La surprise ne s'est renouvelée ni en 1998 ni en 1999, les prévisions du CBO ayant tiré les leçons des erreurs passées, en particulier en matière d'imposition des plus-values. Pour l'année budgétaire 2000 en cours, une nouvelle cagnotte (liée aux fortes rentrées fiscales d'avril, d'où la terminologie anglaise d'*April surprise*) a permis une ré-estimation de l'excédent de 176 à 232 milliards de dollars (CBO, 2000e et 2000f). Il reste que l'évolution de l'estimation du solde budgétaire pour l'année budgétaire 2000 entre janvier 1995 et aujourd'hui est étonnante : elle montre l'ampleur du changement qui s'est opéré dans le paysage budgétaire américain. Il y a cinq ans, des déficits supérieurs à 200 milliards de dollars étaient envisagés, alors que maintenant des excédents, d'un montant équivalent, sont prévus.

1. Erreurs de prévision sur le solde budgétaire fédéral américain

En milliards de dollars

Pour l'année / Estimation de	1994	1995	1996	1997	1998	1999	2000
Juillet 2000						**124**	232
Janvier 2000						124	176
Juillet 1999					**69**	120	161
Janvier 1999					70	107	131
Juillet 1998				**– 22**	63	80	79
Janvier 1998				– 22	– 5	– 2	– 3
Juillet 1997			**– 107**	– 34	– 57	– 52	– 48
Janvier 1997			– 107	– 124	– 120	– 128	– 134
Juillet 1996		**– 164**	– 116	– 155	– 146	– 117	– 88
Janvier 1996		– 164	– 144	– 171	– 194	– 219	– 244
Juillet 1995	**– 203**	– 161	– 189	– 218	– 229	– 261	– 250
Janvier 1995	– 203	– 176	– 207	– 224	– 222	– 253	– 243

En gras, le chiffre effectif.
Source : CBO, différentes années.

L'excédent dans son contexte : le *policy mix*

L'évolution de la politique budgétaire ne peut être dissociée de son contexte macroéconomique. Outre une conjoncture particulièrement dynamique, un élément supplémentaire peut concourir au succès d'un assainissement budgétaire : la politique monétaire.

Depuis 1990, les taux d'intérêt nominaux à court terme ont beaucoup baissé : le taux sur les bons du Trésor à 3 mois est ainsi passé de 8 % en

4. L'existence d'excédents budgétaires doit être distinguée de la notion confuse de « cagnotte » fiscale. La cagnotte n'est qu'un surplus non anticipé : soit un excédent plus important que prévu, soit un déficit moindre.

1990 à 3 % en 1993, pour revenir aux alentours de 5 % depuis 1998. Cette baisse des taux d'intérêt a nourri la croissance économique, *via* la relance de l'investissement et de la consommation, et a ainsi participé à la réduction de la part conjoncturelle des déficits publics. Pour s'assurer du caractère délibérément expansionniste de la politique de la Réserve fédérale, nous avons estimé une règle de politique monétaire entre 1981 et 1999 [5], en nous inspirant de la règle de Taylor [6] : le taux des Bons du Trésor est ainsi fonction de l'inflation, de l'écart entre le PIB effectif et le PIB potentiel (non accélérateur d'inflation), et du taux d'intérêt retardé. Le taux simulé déduit de cette régression témoigne du caractère optimal de la politique monétaire. On compare ensuite la politique monétaire effective à cette règle optimale : lorsque l'écart est positif (taux effectif supérieur au taux optimal), la politique est jugée « restrictive » ; lorsque l'écart est négatif, elle est « expansionniste » [7].

Entre 1987 et 1994, l'écart entre le taux effectif et le taux simulé révèle une politique délibérée de soutien de la croissance économique (graphique 4). Dans une telle situation, le rééquilibrage des finances publiques s'en est trouvé facilité. Il apparaît cependant que depuis 1995, la politique monétaire a été plus restrictive que ce qui était requis par la règle : elle n'a donc pas été délibérément accommodante ou expansionniste. En constatant que la politique de la Réserve fédérale reste, malgré tout, très proche de la règle monétaire, on peut penser que la politique monétaire n'a pas entravé l'effort d'assainissement budgétaire.

4. Taux d'intérêt aux États-Unis

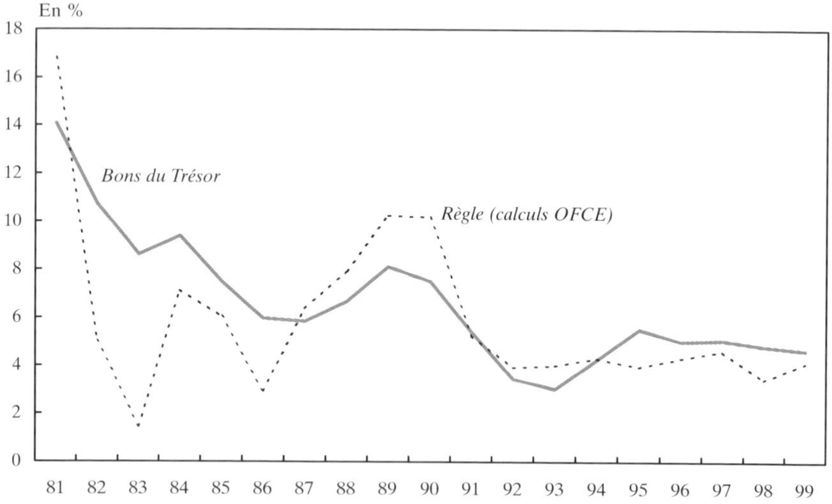

Sources : FMI, calculs des auteurs.

5. Les résultats des régressions effectuées sont disponibles auprès des auteurs.

6. Voir Taylor (1993) et une discussion sur les règles de politique monétaire dans Creel et Sterdyniak (1999).

7. Néanmoins, ces écarts peuvent également témoigner d'une insuffisance de la règle calculée.

Plus que la politique monétaire, peut-être est-ce la « bonne conjoncture » au sens large qui a joué un rôle important dans les résultats budgétaires aux États-Unis. La manière la plus directe d'en évaluer le rôle est de comparer l'évolution du solde effectif à celle du solde structurel (c'est-à-dire le solde effectif corrigé des effets de la conjoncture et d'autres facteurs temporaires tel que calculé par le CBO). Le graphique 5 permet ainsi de repérer les dates importantes de l'histoire budgétaire américaine. Au tout début de la présidence Reagan, la dégradation brutale du solde effectif, sans mouvement simultané du solde structurel, traduit l'incidence de la mauvaise conjoncture. En revanche, la dégradation exceptionnelle du solde structurel, de 1982 jusqu'à un point bas en 1986 (à – 4,6 points de PIB), révèle le choix délibéré d'accroissement du déficit propre à la *Reaganomics*. Son amélioration, à partir de ce point bas, est tout aussi impressionnante, et permet au Président Bush de n'entamer son mandat qu'avec un déficit structurel de 2,6 points de PIB. La récession de 1990-1991 et la crise des caisses d'épargne font plonger le déficit effectif jusqu'à 4,5 points de PIB en 1992, mais sans que le déficit structurel ne se dégrade trop. Avec 2,8 points de PIB de déficit structurel et un solde structurel primaire positif depuis 1988, le Président Clinton hérite donc d'une situation qui n'est pas dramatique. Durant ses deux mandats (1992-2000), les différents soldes ne cessent de s'améliorer, sans rupture apparente.

Afin de compléter cette première analyse, nous avons adopté une seconde méthode permettant de distinguer le « structurel » du « conjoncturel », en reliant solde public et *output gap* (écart au potentiel, tel que calculé par l'OCDE). Le concept de solde structurel qui s'en dégage n'est pas directement comparable avec celui du CBO, mais cet exercice autorise

5. Soldes structurels fédéraux aux États-Unis

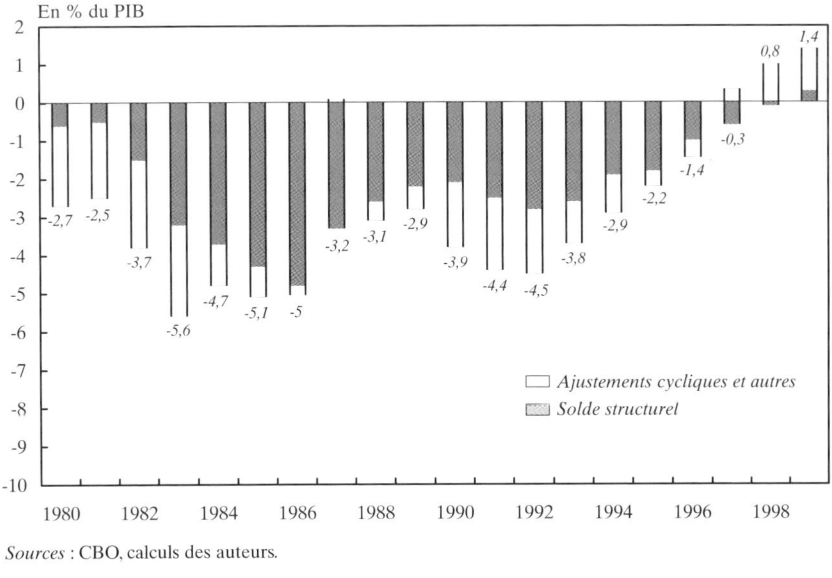

Sources : CBO, calculs des auteurs.

une analyse plus fine des événements. Il permet, d'une part, de distinguer deux phases dans l'amélioration des finances publiques américaines sous la présidence Clinton (un point d'infléchissement de la relation *output gap*-déficit), et d'autre part, de comparer l'assainissement des finances américaines à celui des finances européennes.

Aux États-Unis, la relation entre le déficit et l'*output gap* peut être représentée par une droite de pente relativement faible (graphique 6). Or, dans ce type de graphique, plus le déplacement est horizontal, plus l'effet conjoncturel est important. On remarque néanmoins que la pente de cette droite s'est modifiée au cours du temps. Entre 1992 et 1996, la droite est bien plus pentue qu'au cours des années 1980 et qu'entre 1996 et 2000. Le déplacement est quasi-vertical, révélant un effort structurel d'assainissement budgétaire. A partir de 1996, la droite s'aplatit, le mouvement devient plus horizontal, indiquant un bénéfice budgétaire, presque mécanique [8], résultant de l'amélioration de la conjoncture économique.

6. *Le cas américain*

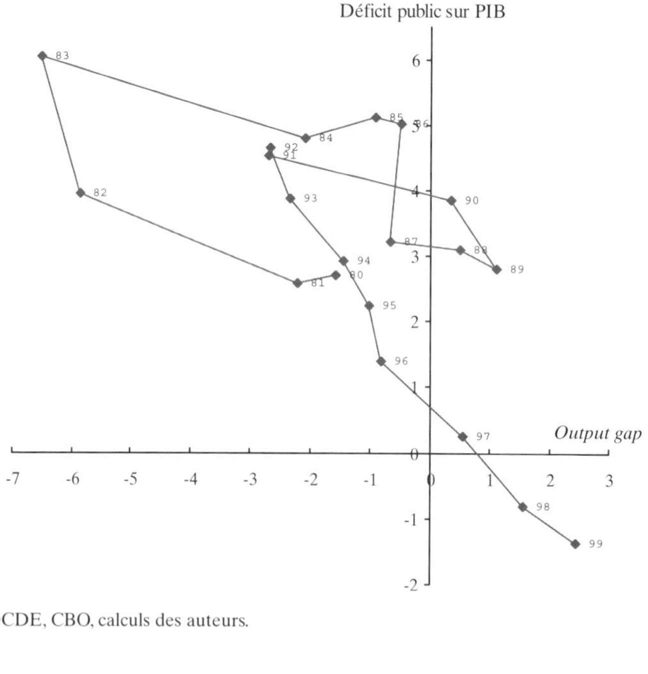

Sources : OCDE, CBO, calculs des auteurs.

Sur cette période, on constate, en comparant les situations des finances publiques américaines et européennes, à quel point l'assainissement budgétaire de l'Union européenne a été un phénomène beaucoup plus volontariste (ou peut-être plus contraint) qu'aux États-Unis. Le pacte de stabilité européen a, en effet, impliqué un effort structurel très important,

8. Sur ces notions, voir Creel et Sterdyniak (1995).

pour ramener les déficits à des niveaux plus faibles, alors même que la croissance économique n'était pas au rendez-vous. Sur le graphique 7 (le cas européen), on voit bien, entre 1993 et 1997, le déplacement vertical de la droite liant le solde public à l'*output gap*. Le déficit est ainsi passé d'environ 6,5 points de PIB à un peu moins de 3 points. Aux États-Unis, l'ajustement vers un déficit structurel quasi-nul s'est engagé au début de la décennie 1990, soit un peu avant l'Europe. Il en ressort plus progressif (la droite reliant déficit et *output gap* est moins pentue) et plus aisé, puisqu'il s'inscrit également, sur toute la décennie quasiment, dans un contexte de croissance soutenue. A la « sérénité dans l'effort » de l'assainissement américain, on peut donc opposer la « sueur et les larmes » des assainissements budgétaires européens.

Si l'on compare, pour les deux zones, l'ordonnée à l'origine de la droite, on constate qu'elle passe maintenant, dans le cas des États-Unis, quasiment par l'origine, alors que, dans le cas de l'Europe, elle coupe encore l'ordonnée entre 2 et 3 % de déficit public. Autrement dit, lorsque le PIB croît exactement à son niveau potentiel, le solde budgétaire est négatif en Europe (la zone est structurellement déficitaire), alors qu'aux États-Unis, grâce à l'effort initial, le solde est proche de zéro (le budget fédéral est structurellement équilibré). Ainsi, il se dégage aux États-Unis, durant la présidence Clinton, un mélange d'efforts structurels de réduction des déficits (plutôt en début de période) et d'effets favorables de la conjoncture (plutôt en fin de période).

7. Le cas européen

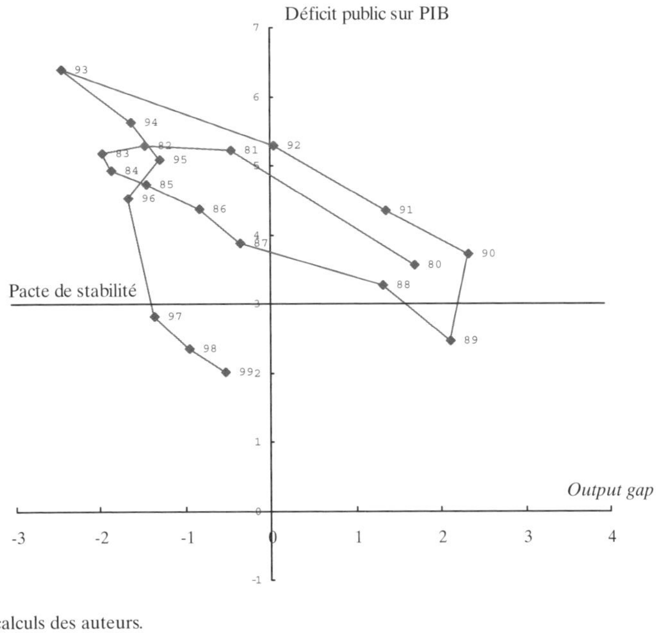

Sources : OCDE, calculs des auteurs.

Les choix réalisés jusqu'ici : l'évolution institutionnelle du débat budgétaire américain sur la décennie

Comme on vient de le voir, l'amélioration du solde public aux États-Unis est, outre la conjoncture, le fruit d'une discipline budgétaire renforcée, amorcée en tout début de décennie, en réaction aux déficits des années 1980 et du début des années 1990. Au plan institutionnel, la période a été marquée par une succession de lois budgétaires et, surtout, par une mutation assez profonde des conditions structurelles du processus budgétaire, notamment en ce qui concerne les relations entre le Congrès et l'Administration. On distingue trois phases.

L'effort en début de période : 1990-1997

L'histoire du retournement budgétaire commence au tout début des années 1990. De fait, les médiocres performances budgétaires de l'ère Reagan-Bush ont provoqué une longue confrontation entre le Congrès et l'Administration, qui a finalement débouché sur la signature du *Budget Enforcement Act* (BEA) de 1990 ; puis, face à l'aggravation continue du déficit, et ce malgré les mesures prises en 1990, un second accord a suivi trois ans plus tard, l'*Omnibus Budget Reconciliation Act* (OBRA), signé en août 1993.

Selon cette loi, la réduction des déficits devait d'abord résulter des augmentations d'impôts, la plus significative étant une pression fiscale accrue sur les personnes à revenus élevés. Deux nouvelles tranches supérieures d'imposition sur le revenu ont été alors introduites. Le barème comprend désormais quatre tranches : 20 %, 28 %, 36 % et 39,6 % [9]. Cette loi a également promulgué une hausse des cotisations d'assurance sociale et des taxes sur l'essence. La part imposable des pensions de retraite a été portée de 50 à 85 %. Les coupes directes dans les dépenses (en particulier dans le programme *Medicare*), les limites fixées à la progression des dépenses discrétionnaires, et les économies réalisées sur le service de la dette, devaient assurer le reste de l'effort budgétaire.

Le débat budgétaire a évolué avec l'amélioration du solde public. En 1995 a été introduit l'objectif de solde équilibré, se substituant ainsi à l'objectif de réduction du déficit. Le budget présenté par le Président Clinton en février 1997 pour l'année budgétaire 1998 s'inscrivait dans cette logique, avec un équilibre affiché pour l'horizon 2002. Après seulement trois mois de discussion, les projets de loi issus du processus budgétaire, entraient dans l'histoire sous les noms de *Taxpayer Relief Act* (TRA) et de *Balanced Budget Act* (BBA). Les deux parties du champ politique y trouvaient leur compte, le Président préservant ses priorités (éducation,

9. De nombreuses réductions fiscales ont néanmoins été incluses, notamment pour étendre le principe d'impôt négatif (*Earned Income Tax Credit*) à davantage de familles.

environnement, aide sociale) et le Congrès républicain obtenant des réductions d'impôts significatives (voir annexe I) [10]. A l'époque, le montant élevé des coupes budgétaires en jeu et l'optimisme du scénario économique jouaient contre la crédibilité des mesures. On le sait, depuis, les faits ont donné raison au projet.

La logique de l'équilibrage, telle qu'elle était inscrite dans le BBA de 1997, tirait les leçons des échecs des années passées, notamment ceux de la fameuse année 1995 où un accord Congrès-Administration n'avait pu émerger à temps (en octobre) pour l'engagement des dépenses. Le processus budgétaire ne suffisant pas — dans sa durée — à créer le consensus, un accord préalable entre le Congrès et l'Administration sur le contenu du projet de réduction du déficit était devenu indispensable. Il est apparu ainsi que la meilleure manière de réduire le déficit budgétaire était de combiner la promulgation d'un accord de réduction, à long terme, avec un processus budgétaire, immédiat, mettant en application cette diminution (par opposition à la promulgation de promesses d'actions futures ; *cf.* CBO, 1993). Ainsi, deux catégories de règles et procédures peuvent être distinguées : celles qui guident la formulation du budget et celles qui imposent une issue chiffrée prédéterminée. On retrouve dans la deuxième catégorie celles intégrées au BBA de 1997 mais aussi au *Balanced Budget and Emergency Deficit Control Act* de 1985, mieux connu sous l'appellation loi Gramm-Rudman-Hollings (loi GRH), au BEA-90 et à OBRA-93 (voir encadré).

Les règles et procédures budgétaires de la loi GRH de 1985 et du BEA de 1990

La loi Gramm-Rudman-Holings de 1985 fixait des cibles annuelles de déficit, décroissantes dans le temps jusqu'à l'équilibre en 1991. Elle intégrait également un mécanisme devant assurer le respect de ces cibles : si le déficit estimé en début d'année budgétaire excédait la cible fixée pour cette même année, des coupes automatiques, d'un montant équivalent au dépassement de la limite, dans la plupart des dépenses discrétionnaires et dans certaines dépenses obligatoires, permettaient de respecter l'objectif. Le terme technique pour ces coupes est « séquestration ».

Du fait de leurs résultats décevants, les procédures GRH ont été largement remplacées par celles du *Budget Enforcement Act* de 1990. Cette loi, promulguée conjointement à une réduction du déficit de presque 500 milliards de dollars étalée sur 5 ans, intégrait une limitation stricte des dépenses discrétionnaires et une condition « pay-as-you-go » (voir *infra*) pour les dépenses obligatoires et les revenus. Pour la période 1991-1993, des plafonds pour les dépenses discrétionnaires sont établis

10. Dans la mesure où le Congrès est majoritairement républicain depuis les élections de 1996, on oppose, dans la suite du texte, l'Administration Clinton aux Républicains.

pour chacun des trois principaux postes (défense, international et intérieur). Pour 1994 et 1995, un plafond global est fixé. Tout dépassement est sanctionné par une séquestration. La condition *pay-as-you-go* repose sur l'idée suivante : si la législation courante accroît le déficit d'une année ultérieure, des coupes dans les dépenses obligatoires ou une augmentation des recettes sont intégrées dans le budget de l'année ultérieure. Si cette condition n'est pas respectée, une séquestration des ressources affectées aux programmes obligatoires (hormis ceux qui sont exemptés de cette discipline) est effectuée. Cependant, les montants éventuellement en jeu restent faibles, par rapport à ceux qu'impliquait la loi GRH, dans la mesure où les séquestrations ne s'appliquent que lorsque le dépassement de l'objectif de déficit découle d'une mesure législative. Aucune séquestration n'a été nécessaire jusqu'à maintenant.

Un milieu de période indécis : la charnière des années 1997-1999

Le discours sur l'état de l'Union de janvier 1999 a eu beaucoup d'échos, tant du fait du caractère ambitieux et novateur des mesures proposées, que du fait des montants en jeu. Une clé de répartition des excédents budgétaires cumulés pour les quinze années à venir était proposée. Sur les 4 500 milliards de dollars d'excédents cumulés alors prévus, 60 à 62 % devaient être affectés à la sauvegarde de la *Social Security* (soit environ 2 800 milliards de dollars). Environ un quart de cette somme devait être investi sur les marchés financiers, afin d'en retirer un rendement supérieur à celui engendré par les titres publics. Les 75 % restants devaient être affectés au remboursement de la dette, jusqu'à son élimination à l'horizon 2015. Par ailleurs, environ 500 milliards de dollars (soit 11 % des excédents cumulés) devaient être dépensés pour alimenter des comptes d'épargne gérés par les ménages, les *Universal Savings Accounts* (USAs). Cette incitation à l'épargne individuelle visait essentiellement les bas revenus, pour lesquels le gouvernement complétait les sommes versées (par une contribution équivalente). Environ 15 % des montants restants devaient être affectés à *Medicare* (assurant sa solvabilité jusqu'en 2020), et environ 10-11 % au secteur militaire.

Pourtant, *a posteriori*, peu de choses ont été retenues de ces grandes propositions. Face aux critiques, dont celle plutôt inhabituelle du gouverneur de la Banque Centrale Alan Greenspan [11], le Président Clinton a assez rapidement abandonné son idée d'investir une partie des fonds du *Social Security Trust Fund* en actions, ainsi que l'idée des USAs. Les réductions d'impôts massives proposées par les Républicains (les plus importantes depuis 1981), sanctionnées par le veto du Président, ont laissé la place à de simples prolongations d'avantages fiscaux existants.

11. Qui soulignait les risques inhérents à une projection sur une aussi longue période, les risques de manipulation politique et le risque d'effet pervers sur l'efficience de l'allocation du capital.

Au-delà de ce résultat décevant, un changement profond s'était opéré en matière de discipline budgétaire : sans accord préalable, les politiciens des deux bords avaient substitué à un objectif de budget unifié équilibré, un objectif de solde *on-budget* équilibré. Cette évolution est de grande importance : elle signifie que désormais il ne faudra plus compter sur un effet de consolidation des comptes publics pour couvrir un déficit. Elle avait commencé avec le discours sur l'état de l'Union du président Clinton de 1998, dans lequel il déclarait qu'il n'accepterait aucune réduction d'impôt tant que les finances du *Social Security Trust Fund* ne seraient pas assainies. Ce thème du « *Save Social Security first* » a été ensuite repris dans son discours de 1999. Les Républicains, désireux ne pas se faire voler leur statut de gardien du budget, sont allés plus loin en proposant une loi qui rendait impossible de dépenser l'excédent du *Trust Fund* pour les autres postes du budget (*the Social Security lock-box*).

Vers un relâchement de la discipline en 1999-2000 ?

C'est au cours de 1999 que les difficultés à respecter les plafonds imposés aux dépenses discrétionnaires sont apparues. Il était encore impensable d'augmenter ces plafonds, car cela aurait été synonyme d'abandon d'une discipline budgétaire durement acquise. Le débat resta officieux. En 2000, du fait de la révision à la hausse des excédents et de leur accumulation, il l'est beaucoup moins, à tel point que le budget pour l'année 2001 se propose d'augmenter et d'étendre ces plafonds. Mais au-delà des effets d'annonce de dépenses supplémentaires, de réductions nettes d'impôts et surtout de remboursement de la dette, ce budget 2001 n'est qu'une copie du budget de l'année précédente, avec quelques variantes [12]. Il est ambitieux, mais de manière passive : il profite assez largement de l'amélioration passée des finances publiques. Sans elle, il aurait été impossible d'envisager une hausse des plafonds.

L'issue du débat budgétaire pour l'année fiscale 2001 est compliquée par l'échéance électorale. Il n'y a pas de raison qu'un compromis se dégage, sauf à considérer la pression de l'opinion publique, largement favorable aux mesures du Président Clinton. Malgré une plus grande marge de manœuvre budgétaire, les propositions expansionnistes — aussi bien celles de l'Administration que celles des Républicains — restent au stade de propositions. La discipline budgétaire est maintenue. Le fait de raisonner en termes de solde *on-budget* et non plus en budget unifié est révélateur de cette discipline, et la création de la *Social Security lock-box* en est un exemple concret. De fait, les préoccupations des autorités publiques se sont simplement déplacées : si la réduction du déficit était le

12. Les USAs se transforment en *Retirement Saving Accounts* RSA, introduction du programme *FamilyCare* en lieu et place du programme SCHIP. L'annexe II présente plus en détails les différentes propositions.

thème central des années 1980-1990, l'objectif dorénavant est la sauvegarde de la *Social Security*. Il s'agit de préserver les excédents actuels pour assurer le plus longtemps possible la solvabilité du système (voir annexe III). Le revers de cette approche est qu'elle occulte complètement le besoin de réformes.

Les propositions républicaines en matière de réduction d'impôts sont dérisoires par rapport aux propositions de l'année passée (150 milliards sur cinq ans aujourd'hui, contre 792 sur dix ans l'an dernier). George Bush Jr., candidat républicain à la présidence, est beaucoup plus ambitieux, avec 483 milliards de dollars de réductions d'impôts sur cinq ans et 1 300 milliards sur dix ans. On retrouve un programme, d'inspiration libérale, très proche de la doctrine des « économistes de l'offre » [13]. Ceux-ci escomptent un entretien de la croissance grâce, théoriquement, aux effets incitatifs des réductions d'impôt sur l'offre. Si l'offre ne s'accroît pas, il y a un risque de surchauffe de l'économie par le pouvoir d'achat distribué. Pour éviter les risques inflationnistes, il faut nécessairement envisager une réduction parallèle des dépenses (ce que fait le programme). Au total, la réforme prônée par Bush pourrait avoir des répercussions en terme de gestion de la dette publique, ainsi qu'en terme d'inégalités de revenus. En comparaison, les baisses d'impôts mises en avant par Al Gore (environ 500 milliards de dollars sur 10 ans) ne devraient pas avoir de conséquence sur l'endettement public. Il semble bien que le candidat démocrate veuille consolider les acquis budgétaires du président Clinton : dans les quatre prochaines années, il souhaite en effet rembourser « la dette publique accumulée pendant deux cents ans ».

L'apparition d'excédents budgétaires a mis à mal la discipline consensuelle qui prévalait depuis la signature du BBA en 1997 entre l'Administration et le Congrès. Désormais, le débat est intense sur l'affectation de ces excédents, et des questions, qui avaient disparu pendant toute une décennie de réduction impérative du déficit, ressurgissent. Par exemple, celles concernant la taille optimale du gouvernement : est-ce que les Américains préfèrent payer moins d'impôts ou profiter d'un gouvernement qui fait davantage pour eux ? Les plus jeunes doivent-ils accepter de faire des sacrifices pour financer la retraite de leurs ascendants et, si oui, quelle doit en être l'ampleur ? Combien les *baby-boomers* doivent-ils mettre eux-mêmes de côté ? A l'été 1999, l'opinion publique était assez largement favorable à davantage de dépenses pour l'éducation, la santé et la défense. Les réductions d'impôts n'étaient pas considérées comme prioritaires, mettant dans une position inconfortable les Républicains. La réduction de la dette est alors apparue comme une alternative sérieuse, envisagée par le Président, aux réductions d'impôts proposées par le parti adverse.

13. Voir Mundell (2000).

L'origine des excédents

Dans les parties qui précèdent, nous avons eu une vision agrégée des finances publiques américaines. Une analyse plus fine des différents postes de dépenses primaires, de charges d'intérêt et des recettes permet d'isoler leur rôle respectif dans l'apparition de l'excédent.

Les dépenses primaires : coupes, plafonds, mais respect des engagements

Au cours des années 1960, les dépenses fédérales totales représentaient environ 19 % du PIB. Elles ont augmenté à 20 % du PIB durant les années 1970, puis 22 % durant les années 1980 (avec un pic à 22,9 % en 1985), avant de redescendre juste en deçà des 19 % en 1999. En 2000, cette part devrait encore diminuer pour atteindre 18,5 %. La composition des dépenses a beaucoup évolué au cours du temps (tableau 2). Aujourd'hui, le gouvernement dépense, en part du PIB, plus pour les programmes obligatoires et moins pour les activités discrétionnaires que par le passé.

2. Évolution de la composition des dépenses fédérales totales

	1962		1992		1999	
	% du PIB	% du total des dépenses	% du PIB	% du total des dépenses	% du PIB	% du total des dépenses
Dépenses discrétionnaires	12,7	67,5	8,6	38,7	6,3	33,8
Défense	9,2	49,3	4,9	21,9	3,0	16,2
Intérieur	2,5	13,1	3,4	15,4	3,1	16,4
International	1,0	5,1	0,3	1,4	0,2	1,1
Dépenses obligatoires	6,1	32,5	11,5	51,8	10,7	57,4
Medicaid	0,1	0,8 *	1,1	4,9	1,2	6,3
Medicare	0,4	2,0 *	2,1	9,4	2,3	12,3
Social Security	2,5	13,1	4,6	20,6	4,2	22,7
Charges d'intérêts	1,2	6,5	3,2	14,4	2,5	13,5
Offsetting receipts	– 1,2	– 6,4	– 1,1	– 5,0	– 0,9	– 4,6

N.B. : Le total des lignes surlignées en gras est égal à 100 %.
* 1967 pour *Medicaid* et *Medicare*.
Source : CBO.

Les coupes et plafonds dans les dépenses discrétionnaires

Depuis 1991, les dépenses discrétionnaires sont soumises à un plafonnement établi par la loi GRH de 1985 et promulgué dans le BEA de 1990. L'OBRA de 1993 a prolongé ces plafonds jusqu'en 1998 et le BBA de 1997 jusqu'en 2002. Les plafonds actuels ne sont néanmoins pas ceux établis en 1997 car, comme la loi l'autorise, des dépenses d'urgence et d'autres dépenses diverses sont venues, entre temps, rehausser leur niveau sur les années récentes.

Ainsi, la part des dépenses discrétionnaires dans le PIB est passée de 9 % en 1991 à 6,3 % en 1999. Entre 1991 et 1996, les dépenses discrétionnaires se sont contractées de 3,1 % par an en moyenne [14]. Depuis 1997, elles n'ont quasiment pas progressé. Ce profil masque une évolution contrastée des dépenses militaires et des dépenses civiles.

Les dépenses militaires sont passées de 320 milliards de dollars en 1991 à 266 milliards en 1996. En 1997, les dépenses militaires représentaient 3,3 % du PIB, soit le plus petit pourcentage depuis 1948. Les coupes dans les dépenses militaires remontent à la fin de la guerre froide, qui a conduit à une réduction des effectifs (ceux-ci sont ainsi passés de 2 millions en 1991 à 1,4 million en 1999 [15]) et à un ralentissement des commandes de nouveaux armements. A la suite de la forte baisse des dépenses militaires durant la première moitié des années 1990 [16], des pressions ont commencé à s'exercer afin de renverser cette tendance (arguant de l'obsolescence du matériel et de la nécessité d'améliorer la couverture maladie et les autres formes de rémunération des militaires). Leur part dans le PIB n'a néanmoins pas cessé de diminuer jusqu'à 3 % en 1999.

Depuis 1991, les dépenses discrétionnaires civiles croissent à un rythme annuel moyen d'à peine 2 %. En 1999, ces dépenses ne représentent plus que 3,3 % du PIB au lieu de 3,6 % en 1991. Les dépenses internationales (6 % des dépenses civiles) ont baissé en moyenne de 3 % par an depuis 1991, alors que les dépenses intérieures (l'essentiel des dépenses civiles aujourd'hui : éducation, recherche, travaux publics, etc.) ne progressaient qu'à un rythme moyen de 2,5 %. Les efforts de rationalisation du gouvernement, inscrits dans le rapport de 1993 sur l'examen de la performance nationale [17], expliquent cette modération. En particulier, l'emploi fédéral, après avoir culminé à un peu plus de 3 millions de fonctionnaires en 1990, a été réduit en huit ans de presque 13 %, soit environ 377 000 personnes.

Le temps passant, la discipline budgétaire imposée par le BBA de 1997 aux dépenses discrétionnaires semble de plus en plus difficile à respecter. Un bon indicateur de cette pression sur les dépenses est l'étonnante propension des dépenses dites « urgentes » ou « exceptionnelles » à s'installer de manière permanente dans les budgets successifs. Pour 1999

14. Tous les taux de croissance concernant les dépenses publiques sont exprimés en volume, sauf indication contraire.

15. Ils étaient, à leur maximum, près de 3,6 millions en 1968.

16. En pourcentage des dépenses discrétionnaires, la baisse est moins importante que celle qui avait déjà eu lieu entre 1969 et 1978. Au cours de cette période, les dépenses militaires étaient passées de 71 à 48 % des dépenses discrétionnaire totales, du fait d'une croissance soutenue de ces dernières. En 1987, les dépenses militaires comptaient de nouveau pour 64 % des dépenses discrétionnaires, sous l'impulsion de l'Administration Reagan. En diminution régulière depuis, cette part se situe à 48 % en 1999, comme en 1978.

17. Al Gore, 1993, « From red tape to results — Creating a government that works better and costs less : report of the National Performance Review », *US Government Printing Office*, 10 septembre.

et 2000 par exemple, 30 milliards de dollars ont été ajoutés chaque année au titre de dotations d'urgence, soit un niveau quatre fois supérieur à la moyenne des huit années précédentes. Et la majorité de ces fonds n'a pas été compensée par des coupes dans d'autres dépenses discrétionnaires. Afin de respecter les plafonds de dépenses discrétionnaires pour 2000, sans opérer des coupes trop importantes dans les programmes, le Congrès et le Président ont aussi eu recours à de multiples manipulations qui permettent de décaler dans le temps le paiement effectif d'une dépense [18]. Si le plafond a finalement bien été respecté pour l'année budgétaire 2000 grâce à ces artifices, le problème n'a fait qu'être reporté, rendant le respect du plafond encore plus délicat pour 2001.

Les dépenses obligatoires : respect des engagements

Les dépenses obligatoires sont passées de 32 % du total des dépenses en 1962 à 57 % en 1999. Un quart des dépenses obligatoires est consacré aux versements de prestations sous conditions de ressources (*means-tested benefits*), les trois quarts restants concernant des prestations sans conditions de ressources (*non-means-tested benefits*).

De 1962 à 1995, la part des dépenses sous conditions de ressources dans le PIB a plus que triplé, passant de 0,8 % à 2,6 %. Depuis 1995, cette part est en légère baisse (en 1999, elle atteint 2,4 %), du fait, entre autres, de la très faible progression des dépenses affectées au programme *Medicaid* (qui compte pour la moitié de ces dépenses). En 1996 et 1997, elles n'ont progressé respectivement que de 0,4 et 1,6 %, ce qui est exceptionnel en comparaison du rythme annuel moyen de 8,3 % sur la période 1980-1995. Les mesures prises dans le *Personal Responsability and Work Opportunity Reconciliation Act* de 1996 (aussi connu sous le nom de réforme du *Welfare*) ont réorienté la politique sociale, d'une assistance passive de la pauvreté [19] vers une aide active au retour à l'emploi : renforcement de l'impôt négatif pour les bas revenus d'activité et forte dégressivité des prestations en cas de non-emploi durable. Le dynamisme de la croissance aidant, elles ont contribué à limiter le nombre des bénéficiaires des programmes sociaux en encourageant la reprise rapide d'activité. Cette modération n'a néanmoins pas duré longtemps, en partie du fait d'un recours plus important à des services de santé plus coûteux (comme les soins à domicile), en partie parce qu'un certain nombre d'États ont étendu les critères d'éligibilité au programme et ont recommencé à accorder des prestations à certains adultes et enfants qui avaient

18. Pour plus de détails sur ces manipulations, voir CBO, 2000a.

19. D'après une étude de l'OCDE (2000), la politique de lutte contre la pauvreté aux États-Unis, initialement inscrite dans le programme du président Clinton mais quelque peu abandonnée en faveur des économies budgétaires, s'est vue considérablement renforcée, malgré tout, par le phénomène de la croissance et de la bonne conjoncture.

perdu leurs droits à *Medicaid* avec la réforme de 1996 [20]. Les dépenses ont ainsi progressé de 4,3 % en 1998 et de 5,5 % en 1999.

Parmi les programmes sans conditions de ressources, la *Social Security* est de loin le programme fédéral le plus important (versant des prestations à près de 45 millions de personnes) puisqu'il représente presque un quart des dépenses totales, soit 4 % du PIB. Au cours de la décennie passée, les dépenses du programme *Social Security* ont progressé à un rythme moyen de 2 % par an, après 3 % par an au cours des années 1980. Moins important que la *Social Security*, le programme *Medicare* représente néanmoins 2,3 % du PIB. Entre 1990 et 1995, les dépenses afférentes ont progressé à un rythme moyen de 7,6 % par an. Depuis, le taux de croissance s'est fortement ralenti pour s'annuler en 1998. En 1999, les dépenses se sont même contractées d'un peu plus de 3 %. Cette baisse est la résultante de deux tendances en vigueur depuis le milieu des années 1990 : le ralentissement des affiliations et la diminution de la fraude. Elle reflète également les changements dus au *BBA* de 1997 (voir annexe). Néanmoins, en raison du proche *papy-boom*, cette pause dans la progression des dépenses *Medicare* devrait être de courte durée.

Charges d'intérêt et dette publique

Le troisième poste le plus important des dépenses fédérales est celui des charges d'intérêts nets (15 % du total). Entre 1992 et 1999, elles ont diminué de 0,4 % par an en moyenne. En 1999, les intérêts nets s'établissaient au même niveau en proportion du PIB qu'en 1982, soit 2,5 %. Cette situation a été obtenue après une période d'accroissement sensible des charges d'intérêt entre 1982 et 1991, jusqu'à plus de 3 % du PIB. Trois éléments ont concouru à la réduction des charges d'intérêt en proportion du PIB : la baisse des taux d'intérêt, la baisse de la dette publique consécutive à l'assainissement primaire, la gestion active du Trésor américain concernant la maturité et le degré de liquidité des titres publics.

La baisse des taux d'intérêt réels aux États-Unis a débuté au milieu des années 1980 (graphique 8). Entre les périodes 1981-1990 et 1991-1999, les taux réels courts (Bons du Trésor) et longs (obligations d'État) ont diminué en moyenne d'1,7 point. En termes nominaux, ces taux ont baissé de près de quatre points entre les deux périodes (tableau 3). Ces réductions se sont transmises, avec l'inertie habituelle, au taux d'intérêt apparent sur la dette publique nette.

20. Ce programme est financé à la fois par l'Administration fédérale et par les Etats, la participation de l'Administration fédérale étant modulée entre 50 et 83% du total des dépenses en fonction du niveau de revenu de chaque État.

8. Taux d'intérêt réels aux États-Unis

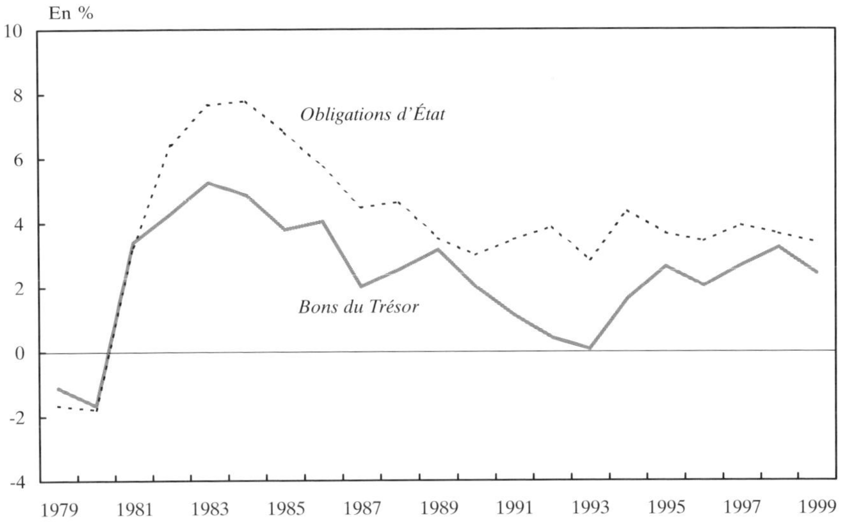

Sources : FMI, calculs des auteurs.

3. Taux d'intérêts nominaux aux États-Unis

En %, moyenne sur la période

	Bons du Trésor	Obligations d'État	Taux apparent sur la dette
1981-1990	8,4	10,3	8,1
1991-1999	4,6	6,5	6,5

Sources : FMI, calculs des auteurs.

La baisse de la dette publique nette en proportion du PIB démarre en 1993 à partir d'un niveau de 50 % du PIB, soit plus de 3 000 milliards de dollars. Elle est concomitante à la réduction de l'écart entre taux d'intérêt longs et taux de croissance du PIB, de trois points en moyenne entre 1985 et 1991 à un point en moyenne dans la première moitié des années 1990, puis nul depuis 1997. La dette nette s'établit à 40 % du PIB en 1999.

La gestion de la dette publique par le Trésor américain consiste à racheter de la dette à long terme (dont les taux ont tendance à augmenter plus vite que ceux sur la dette courte) pour émettre de la dette à plus faible maturité. Cette démarche a deux objectifs : d'une part, conserver au marché une certaine liquidité ; d'autre part, profiter du différentiel de rendement entre titres longs et courts [21]. Malgré cette gestion active, la

21. Les propos d'un sous-secrétaire au Trésor, G. Gensler (2000) confirment, d'une part, la gestion très administrée de la maturité de la dette publique par l'État fédéral ; d'autre part, le souci de liquidité du marché de la dette publique par le Trésor et, enfin, la volonté de maintenir une émission de dette publique brute (même dans une phase de dette nette en forte diminution).

maturité moyenne de la dette négociable (détenue par les agents privés) augmente depuis 1996, simultanément à la baisse de la part de la dette négociable dans la dette totale (graphique 9). La baisse relative de l'émission de dette négociable est un élément important, car elle témoigne de la stratégie de l'État fédéral américain de provisionnement des retraites futures des *baby-boomers* [22].

9. Part de la dette négociable dans la dette publique totale et maturité

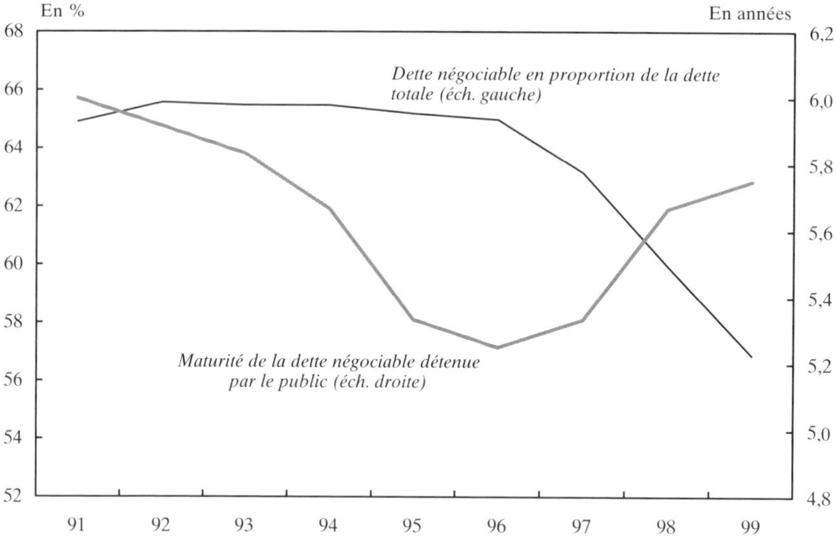

Source : Département du Trésor.

Dans la situation actuelle, et malgré le développement des titres de dette émis par les agences quasi-gouvernementales Fannie Mae et Freddy Mac (dont les caractéristiques sont censées copier celles des titres de la dette publique américaine), il est peu probable que la dette publique brute américaine disparaisse. Plus vraisemblablement, les autorités budgétaires américaines vont continuer d'émettre des titres publics et utiliser les excédents budgétaires au provisionnement de la dette sociale implicite (nous reviendrons sur cette question dans la section III de cet article).

22. La dette négociable comprend tous les titres émis par l'État fédéral : bons du Trésor et obligations d'État. Une partie de la dette négociable est détenue par l'État lui-même, ce qui implique qu'elle ne doit pas être confondue avec la dette nette, dette consolidée. La quasi-totalité de la dette non négociable (83 % en 1999) est constituée, pour sa part, de ce que l'on nomme les *Government Account Series*, c'est-à-dire des titres émis et détenus par l'État, à des taux fixés par la loi. Ces *Government Account Series* sont constituées à hauteur de 51 % en 1999 par les fonds de retraite.

La forte croissance des recettes

Depuis 1992, le poids des prélèvements fédéraux dans le PIB s'est accru de deux points et demi. Celui-ci est désormais de 20 % en 1999 contre 17,5 % en 1992. En moyenne sur 1993-1999, le taux de croissance des recettes fiscales a été en effet supérieur de presque quatre points au taux de croissance du PIB nominal. L'infléchissement du rythme en 1999 est imputable à une nouvelle déductibilité du revenu imposable inscrite dans le TRA de 1997.

Les ressources fiscales du gouvernement fédéral se répartissent en quatre groupes :

(1) Les impôts sur les personnes (*Individual income taxes*) : ils représentent 48,1 % des recettes. Ils sont particulièrement sensibles à la répartition des fruits de la croissance du fait du caractère progressif des taux de prélèvement (voir plus loin pour une estimation de cet effet).

(2) Les cotisations d'assurance sociale (*Social insurance taxes*) : deuxième ressource fiscale, elles comptent pour 33,5 % du total. Elles sont prélevées sur les salaires. Leur évolution est strictement égale à celle du PIB.

(3) Les impôts sur les sociétés (*Corporate income taxes*) : ils représentent 10,1 % des recettes totales. Les bénéfices des entreprises sont très sensibles aux règles fiscales de l'amortissement.

(4) Les autres recettes regroupent les impôts indirects (*Excise taxes*) dont les taxes sur le pétrole, les alcools et le tabac, les droits de succession (*Estate and gift taxes*), les droits de douane (*Customs duties*) et les recettes diverses (*Miscellaneous receipts*). Leur poids est de 8,4 %.

La participation de chaque recette fiscale à la croissance de l'agrégat budgétaire n'a pas été uniforme. Au contraire, on observe d'importants écarts de croissance. L'indice de contribution relative, utilisé dans les graphiques 10, évalue la part du taux de croissance des recettes totales imputable à un impôt particulier. Tout écart positif (respectivement négatif) de l'indice au poids de l'impôt dans les recettes totales traduit une croissance supérieure (respectivement inférieure) à la moyenne. Cette méthode permet de révéler les catégories d'impôts qui concourent le plus à l'accroissement des recettes.

10. Contribution relative de chaque type de recette

10a. Impôts sur les personnes

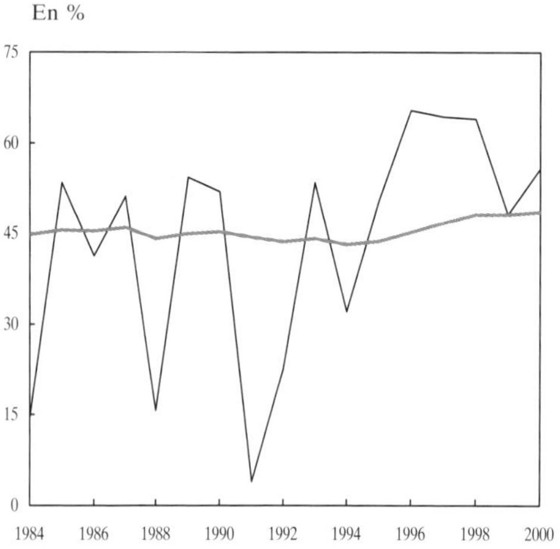

10b. Impôts sur les sociétés

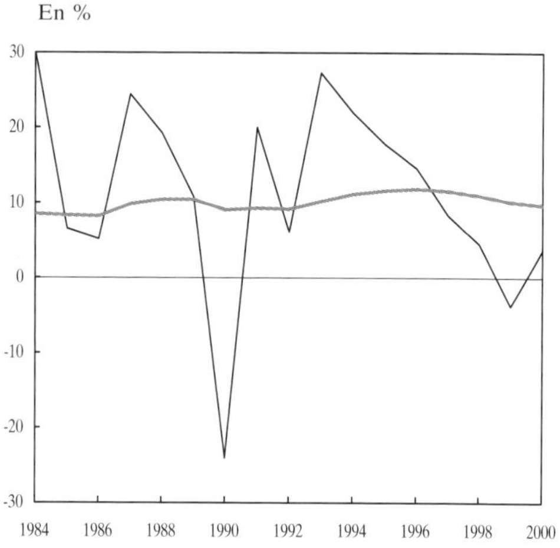

Contribution relative à la croissance
Poids dans les recettes

10c. Cotisations d'assurances sociales

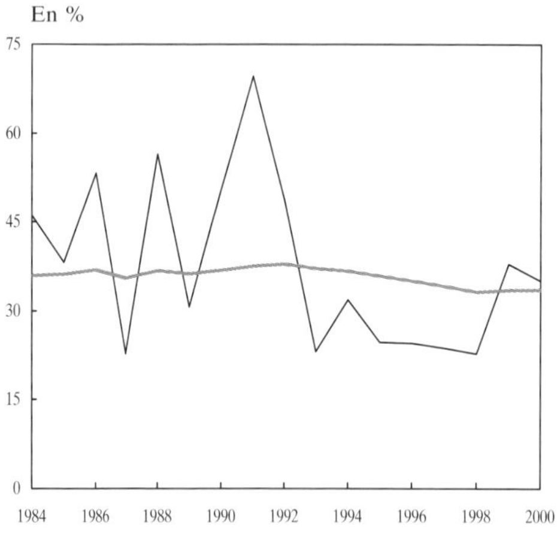

10d. Autres recettes fiscales

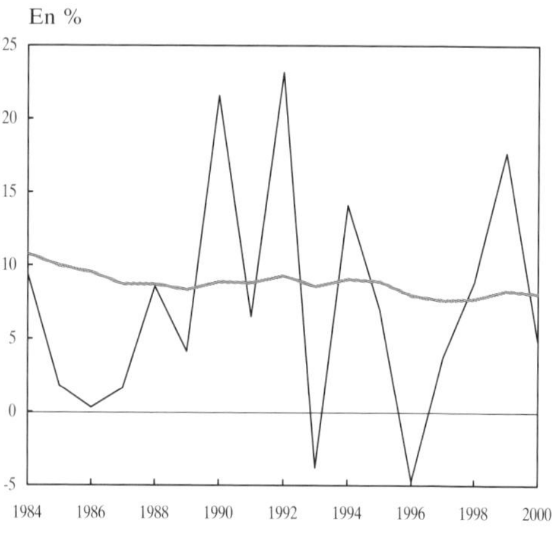

Contribution relative à la croissance
Poids dans les recettes

Sources : CBO, calculs des auteurs.

Depuis 1995, la contribution relative de l'impôt sur les personnes, qui est la plus élevée, est supérieure à son poids, révélant une croissance des recettes d'IRPP supérieure à la moyenne. De 1992 à 1997, la contribution relative des impôts sur les sociétés est également plus grande que leur poids dans les recettes totales mais, depuis 1997, cette situation s'est inversée. Les cotisations d'assurances sociales, hormis deux années de contributions exceptionnelles (1990 et 1991) où elles ont été les principaux éléments moteurs de la croissance des recettes, y ont contribué beaucoup plus modestement ensuite. En 1990, 1992 et 1999, la contribution relative à la croissance des « autres recettes » a été très supérieure à leur poids moyen, mais ces réalisations ont été largement compensées par deux années de très mauvaises performances (1993 et 1996) où la contribution a été négative.

La forte croissance des recettes totales dérive, tout d'abord, d'une hausse des impôts déjà évoquée à l'occasion des réformes fiscales de 1990 et 1993. Ainsi, l'augmentation du taux d'imposition des plus riches contenue dans l'OBRA-93 expliquerait, à elle seule, la croissance plus rapide par rapport au PIB des recettes d'IRPP au cours de l'année budgétaire 1994. En effet, le taux de taxation apparent des revenus du quintile supérieur, qui concentre près de 77 % des recettes fiscales, s'est accru d'environ deux points entre 1993 et 1995 (29,6 % de taux de taxe fédérale en 1995 contre 27,6 % en 1993).

L'impact fiscal de la croissance de la richesse nationale intervient par la suite. Il s'apprécie sous deux angles (tableau 4) :

— une croissance du revenu imposable (*translation* de la structure des revenus) ;

— une inégale répartition de cette croissance (*déformation* de la structure des revenus), encore plus favorable aux recettes en raison de la progressivité du système d'impôt américain.

4. Causes de l'excès de croissance des recettes d'IRPP par rapport au PIB (sur 1994-1998)

Facteurs explicatifs	Contribution
Croissance du revenu avant impôt des ménages (*translation*)	18 %
Croissance des plus-values réalisées	31 %
Croissance des revenus tirés des plans d'épargne retraite et des participations	9 %
Augmentation du taux d'imposition global apparent (*déformation* de la base fiscale en faveur des revenus les plus élevés)	42 %

Source : CBO

Parmi les plus pauvres, la sortie du chômage a fait entrer certaines personnes dans les seuils d'imposition. Ensuite et surtout, à l'autre bout de l'échelle des revenus, on a assisté à une croissance des revenus imposables plus importante dans les tranches supérieures d'imposition du fait du poids important des revenus financiers dans le revenu disponible (l'écart de revenu fiscal entre les quintiles supérieurs de revenu s'est aggravé), conduisant à une augmentation du taux d'imposition global apparent (le taux moyen calculé *ex post*).

Selon le CBO, la croissance des plus-values réalisées n'a pas le rôle dominant dans la croissance des recettes d'IRPP [23]. Néanmoins, la comparaison des montants d'impôts prélevés sur les plus-values réalisées avec le niveau du solde budgétaire montre que l'amélioration du solde aurait été moins spectaculaire n'eût été la forte croissance des plus-values réalisées (tableau 5).

5. Comparaison des recettes fiscales tirées de l'imposition des plus-values avec le solde fédéral

En milliards de dollars

Années	Montant des plus-values réalisées en *(n-1)*	Montant des recettes fiscales correspondantes pour l'année budgétaire *n*	Solde budgétaire fédéral pour l'année budgétaire *n*
1997	250	70 [1]	– 22
1998	377	75 [2]	+ 69
1999	440	88	+ 124
2000	497	99	+ 176

1. 70 = 250 * 0,28 où 0,28 est le taux d'imposition maximum des plus-values réalisées
2. 75 = 377 * 0,20 où 0,20 est le nouveau taux d'imposition maximum sur les actifs détenus depuis plus de cinq années tel que entériné dans le *Taxpayer Relief Act* de 1997
Sources : CBO, calculs des auteurs.

Bilan de l'origine des excédents

La résorption du déficit budgétaire américain procède donc de plusieurs phénomènes, d'origines conjoncturelle et structurelle : le dynamisme de l'activité et la forte valorisation boursière ont dopé la croissance des revenus ; la baisse des charges d'intérêt, la forte contraction des dépenses militaires et la moindre progression des dépenses obligatoires ont contribué à la baisse des dépenses fédérales dans le PIB. Le tableau 6 évalue l'importance respective des différentes composantes du solde public dans le PIB potentiel.

La simple décomposition du solde budgétaire fédéral total en dépenses et recettes montre que son amélioration s'appuie à hauteur de 60 % sur la très forte croissance des recettes et à hauteur de 40 % sur la moindre progression des dépenses. La forte contribution des recettes à

23. La croissance des revenus les plus élevés provient néanmoins, entre autres, de l'utilisation accrue des *stock options* comme moyen de rémunération complémentaire. Compte tenu de la forte croissance de la Bourse au cours des dernières années, la valeur imposable des options exercées a fortement augmenté.

6. Contributions à l'excédent budgétaire

En % du PIB potentiel

	1992 *	1999	Progression (en points de PIB potentiel)
Solde effectif	**– 4,5**	**1,4**	**5,9**
Effet cyclique	– 1,1	0,5	1,6
Facteurs temporaires	– 0,6	0,6	1,2
Solde structurel	**– 2,8**	**0,3**	**3,1**
Recettes effectives	17,1	20,5	3,5
Recettes structurelles	17,5	18,9	1,4
Dépenses effectives	21,6	19,1	– 2,5
Dépenses structurelles	20,4	18,5	– 1,9
Dont défense	*4,7*	*3,1*	*– 1,6*
Charges nettes d'intérêts	*3,1*	*2,6*	*– 0,5*
Autres	*12,6*	*12,8*	*0,2*

* 1992 marque le début de la présidence Clinton.
Sources : CBO, calculs des auteurs.

l'amélioration du solde effectif apparaît néanmoins de nature très conjoncturelle. Sur le graphique 11, le découplage des courbes « recettes effectives » et « recettes structurelles » commence à partir de 1995, signalant la part importante liée à la conjoncture. La modération des dépenses est, au contraire, depuis 1995, essentiellement structurelle (parallélisme des deux courbes). La contraction des dépenses militaires explique l'essentiel de cette modération (80 %), alors que la modération des autres dépenses a un impact quasi neutre.

11. Composantes structurelles et effectives du solde budgétaire fédéral américain

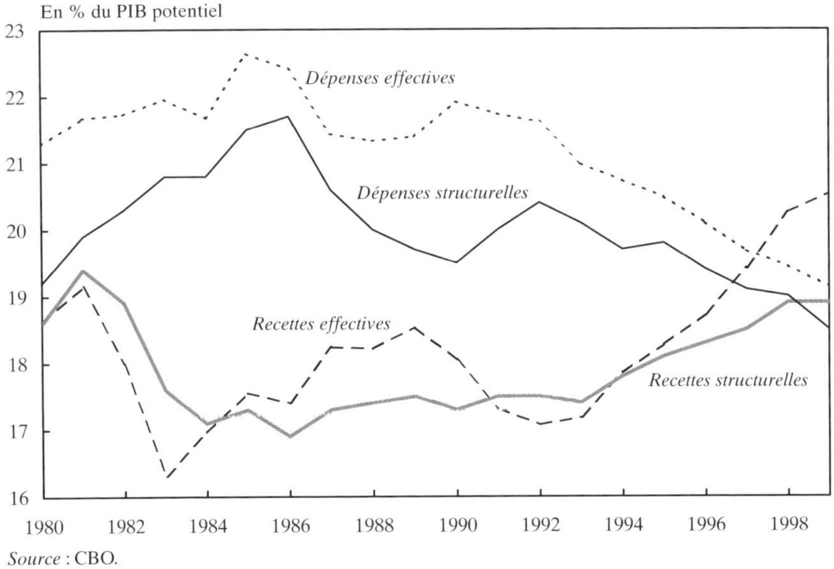

Source : CBO.

Parmi les éléments ayant concouru à la résorption des déficits puis à l'accumulation des excédents, peu sont susceptibles de conserver la même tendance. Les dépenses militaires ont vraisemblablement atteint un plancher, ce qui devrait accroître les difficultés à respecter les plafonds imposés aux dépenses discrétionnaires, jetant le doute sur leur « soutenabilité ». Quant aux dépenses obligatoires, leur rythme de progression a déjà commencé à s'accélérer. La marge de manœuvre pour continuer d'entretenir les excédents se situerait donc plutôt du côté des recettes (après tout, la pression fiscale structurelle est toujours inférieure à 20 % du PIB), mais elle reste limitée, tant du point de vue des autorités politiques que des contribuables américains, toujours réticents à l'impôt.

Finalement, sur le plan structurel, la décennie 1990 a consacré le retour à une relative orthodoxie de gestion du budget de l'État, orthodoxie particulièrement mise en défaut, dans la décennie précédente, par la *Reaganomics*. Au minimum, on dira que l'orthodoxie s'est clairement déplacée de la banque centrale au gouvernement : après des années de politique budgétaire expansionniste associée à un politique monétaire plutôt restrictive, c'est le *policy mix* inverse qui s'est développé sous l'Administration Clinton, sans que l'on sache dans quelle mesure il a pu être organisé de façon concertée par la Réserve fédérale et le gouvernement fédéral. L'acte fondateur de ce mouvement, l'OBRA-93, semble avoir été très exactement réalisé. Le crédit que l'on peut accorder à cette politique doit cependant être largement relativisé par le fait que l'environnement économique s'est révélé propice à la restriction budgétaire inscrite dans l'accord, engendrant des recettes fiscales plus élevées que prévues et des dépenses moindres. Le BEA-90 avait au contraire pâti d'une conjoncture plus faible et d'une croissance des prestations sociales plus forte que prévue. Le rôle de l'environnement conjoncturel est encore plus flagrant ces trois dernières années, dans la mesure où le BBA de 1997 contenait des mesures plutôt expansionnistes.

L'affectation des excédents : choix de politique économique sous contraintes

La gestion politico-économique des excédents est un exercice délicat, peut-être autant que la gestion d'un déficit. Cette section s'emploie à faire apparaître les contraintes « politico-économiques » pesant aujourd'hui sur les choix budgétaires américains.

Une introduction : l'économie politique des excédents

Les années 1990 ont suscité un renouveau de la littérature dite des « équilibres politico-économiques » (les auteurs anglo-saxons parlent simplement de *political economy* [24]), faisant valoir que la politique économique — et donc, par contrecoup, le résultat à l'équilibre de l'activité réelle — échappe, en règle général, à la simple logique du « planificateur bienveillant » qui chercherait en toute occasion à maximiser le bien-être social — à supposer d'ailleurs que celui-ci soit clairement défini. En pratique, cette littérature s'est efforcée de faire passer l'analyse macroéconomique d'une vision essentiellement normative de la décision de politique économique (ce qui doit être, ou devrait être) à une vision beaucoup plus positive (ce qui est). De fait, les décisions présidant à la gestion des fonds publics sont le résultat de pressions, de coalitions, de négociations entre des représentants de groupes hétérogènes. Elles résultent de comportements stratégiques de la part des gouvernements, établis en tenant compte, à un instant donné, du spectre électoral (on recherche l'assentiment de l'électeur), et pour un spectre donné, de leurs conséquences futures sur le jeu politique (on tient compte de la marge de manœuvre ouverte ou non à son successeur, on tient compte surtout de l'agenda électoral). Ce sont donc ces contraintes — dites « politico-économiques » — que l'économiste doit aussi identifier pour une bonne compréhension du réel.

Les décisions d'affectation des excédents soit à des réductions d'impôts, soit à des augmentations de dépense, soit au remboursement de la dette et/ou au provisionnement de dépenses futures, n'ont pas en effet le même impact politique. Par exemple, la stratégie « réduction d'impôts » vise clairement un électorat médian et supérieur (sur l'échelle des revenus), dans la mesure où elle ne concerne directement que la partie de la population effectivement assujettie à l'impôt (entre 60 et 70 % des foyers aux États-Unis). *A contrario*, la stratégie « augmentation de dépenses » concernera plus directement le segment inférieur de la population, singulièrement aux États-Unis où les bénéficiaires de la dépense publique sont largement définis par une politique restreinte d'assistance et de minima sociaux [25]. Enfin, le remboursement de la dette et les provisionnements ont un rendement électoral différé (on peut craindre que des électeurs, impatients ou âgés ne répercutent pas « *dans l'urne* » une

24. L'article d'Alesina, cité en bibliographie, est représentatif de ce courant. Bien sûr, la littérature des équilibres politico-économiques ne date pas d'Alberto Alesina. On peut faire remonter cet effort d'explicitation des contraintes socio-politiques dans la décision macroéconomique à Kalecki, voire à Marx.

25. C'est une des raisons pour lesquelles on peut penser qu'aux États-Unis la stratégie « augmentation des dépenses publiques », malgré son intérêt compte tenu du creusement des inégalités relatives sur la dernière décennie, a moins de chances de survenir qu'en Europe. La perception sociale de l'interventionnisme public n'est pas identique à celle établie en France, par exemple, où la dépense publique conserve une universalité apparente. On peut retrouver un tel débat sur les perceptions différentes de l'interventionnisme public entre pays européens dans Fitoussi (2000).

mesure visant à améliorer les équilibres budgétaires à l'échéance de cinq ou dix ans) ; pis, ils améliorent la marge de manœuvre du successeur [26]. Enfin, entre les deux dernières stratégies, *a priori* comptablement identiques, on peut aussi faire valoir que le rendement politique est, là encore, différent : le provisionnement correspond à une déclaration d'affectation de l'impôt à un usage particulier (les retraites, etc.), alors que le remboursement de la dette n'a pas cette valeur d'affectation.

Le futur : faut-il provisionner le *baby-boom* ?

De ce dernier point de vue, on peut se référer aux évolutions probables, par grands postes, des dépenses publiques fédérales. D'après les prévisions du CBO, la modification de la composition du budget se poursuivra, avec, dans les dix ans à venir, une très forte progression des dépenses classées à caractère « social », au détriment des dépenses discrétionnaires (graphique 12). L'évolution stagnante voire décroissante des

12. Part des dépenses dans le budget américain

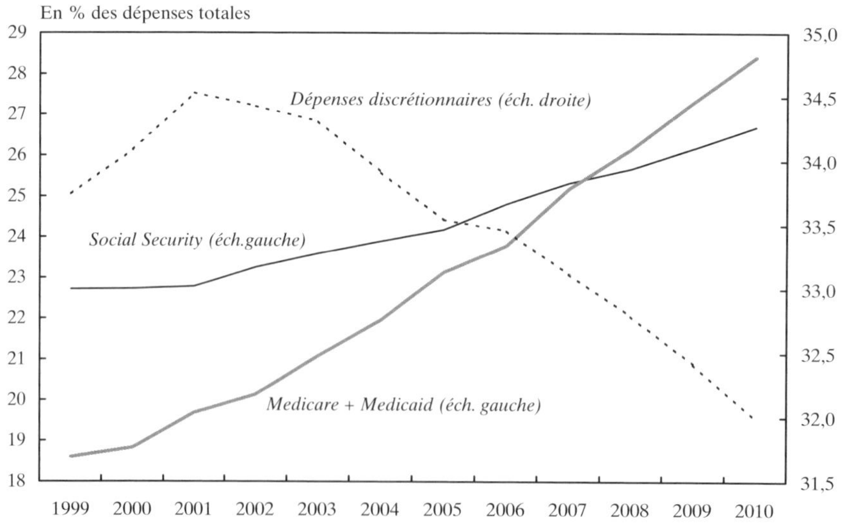

Sources : CBO, calculs des auteurs.

26. On notera qu'*a contrario*, la fuite en avant des baisses d'impôts sans réduction des dépenses publiques sous la présidence Reagan a obligé ses successeurs à accroître les impôts au début de leur mandat. Cette analyse intertemporelle ne se distingue pas de celle des économistes qui voient dans les engagements vis-à-vis des générations présentes un fardeau pour les « générations futures ». Cet argument a cependant des limites : les générations futures — à supposer qu'on puisse clairement les identifier indépendamment de leur parents — bénéficieront de certaines dépenses publiques entreprises avant leur naissance (éducation, infrastructures…), il est donc légitime de les voir participer à leur financement ; elles peuvent en outre profiter de l'amélioration des perspectives de croissance rendue possible en partie par les investissements publics et les programmes sociaux qui fondent le contrat social.

dépenses discrétionnaires en valeur implique une déformation « passive » (mécanique) du budget en faveur des dépenses sociales. Une déformation « active » du budget en faveur des dépenses sociales est également à l'œuvre du fait du vieillissement de la population.

La forte progression des dépenses sociales est liée à quatre facteurs : l'arrivée à la retraite d'une classe d'âge nombreuse (à partir de 2008 et jusqu'en 2030), l'allongement de la durée de vie des retraités (un second facteur à ne pas confondre avec le premier), l'intensification de consommation des soins des ayants-droit (pour chaque ayant-droit, la propension à se soigner augmente dans les sociétés modernes), et les réajustements de niveaux de vie (afin d'assurer aux retraités une évolution de leur pouvoir d'achat équivalente à l'évolution de celui des actifs). Tous ces éléments contribuent à peu près identiquement à la croissance des dépenses : des taux d'accroissement annuels moyens de 6 à 7 % en volume sont prévus pour le total des dépenses sociales, avec environ 1,5 point à attribuer à chacun des facteurs. Mais ces quatre facteurs ne jouent pas de la même façon. Le premier peut s'assimiler à un choc « conjoncturel » (pendant une période déterminée, la charge de la protection sociale sera rendue plus lourde en raison du choc démographique datant du *baby-boom*). Les autres facteurs sont plus « structurels » : par exemple, les effets du vieillissement et de l'intensification exigent une modification durable de la part de la protection sociale dans l'économie, sauf à réviser à la baisse le degré de satisfaction des besoins des ayants-droit.

L'effet structurel doit conduire, fondamentalement, à une re-négociation entre les pouvoirs publics et les contribuables : il faut faire admettre aux acteurs économiques que le vieillissement et la maladie coûteront à l'avenir proportionnellement plus, et ce, durablement. L'effet conjoncturel, le *baby-boom*, est de nature différente : il faut couvrir pendant une période déterminée (longue toutefois) un supplément de dépenses sociales destinées à la génération spécifiquement nombreuse. La *Social Security Administration* prévoit un accroissement durable des dépenses sociales lié au *baby-boom* de l'ordre de quatre points de PIB. Un tel problème peut être géré par une augmentation provisoire des impôts ou le recours à l'endettement. Si l'on ne fait rien avant 2008, la révision de l'endettement ou de la pression fiscale peut être considérable et conduire à un choc peu souhaitable. Dans le but de lisser cette évolution, une solution généralement avancée aux États-Unis consiste à s'engager dans une stratégie de provisionnement (Feldstein, 1974), ou au minimum de préservation des marges de manœuvre (réduction de la dette nette). Cette stratégie croise par ailleurs le discours des *political economists*, qui insistent sur la faisabilité politique des stratégies économiques et la nécessité de ne pas négliger les aspects, subjectifs et objectifs, de l'engagement de l'État à l'égard de la communauté.

Afin d'évaluer les configurations qui légitiment le recours à un fonds de réserve, nous nous sommes livrés à un exercice de simulation sur les finances publiques américaines à moyen et long terme. Trois scénarios sont présentés. Le premier reprend le scénario moyen du CBO jusqu'en 2010 et le prolonge jusqu'en 2070 (tableau 7). Suivant ce scénario, la dette publique américaine pourrait s'annuler au début de l'année 2009 et un provisionnement de l'ordre du PIB est atteint. La variante « stabilité » est un scénario intermédiaire (tableau 8) ; elle repose sur une hypothèse de maintien de la situation budgétaire observée en 1999, à savoir des dépenses primaires et des recettes égales respectivement à 16,1 et 20 % du PIB ; l'annulation de la dette nette se produit au cours de l'année 2011. Toutefois, dans une variante « catastrophe » (tableau 9), basée sur une réduction de 1,5 point du taux de croissance et sur une hausse générale et permanente des dépenses en proportion du PIB de deux points (par rapport au scénario de référence du CBO), l'annulation de la dette publique n'est jamais réalisée et la dette se remet à croître après 2020, suite à la résurgence des déficits primaires [27].

Ces simulations conduisent à trois interrogations : un fonds de réserve est-il nécessaire ? A quel niveau doit-on l'alimenter ? Quelle est finalement la philosophie d'un fonds de réserve ?

Un fonds de réserves est-il nécessaire ? Dans le scénario de référence du CBO et dans la variante « stabilité », les recettes couvrent amplement les dépenses, il est donc inutile de constituer un fonds de réserve pour pallier une hausse future de la fiscalité, car celle-ci n'aura pas lieu. Suivant le scénario de référence, la situation économique est telle qu'un gouvernement pourrait même réduire le taux de pression fiscale d'un demi-point en 2010 sans compromettre le désendettement public. En revanche, dans le scénario « catastrophe », le retour d'un fort endettement peut justifier la création d'un fonds de réserve ou tout au moins une plus forte réduction de la dette [28]. Le choc fiscal subi par les générations futures reste toutefois modéré, puisqu'une augmentation d'un point et demi seulement du taux de pression fiscale suffit à long terme pour restaurer un mécanisme de réduction de la dette. Bien entendu, dans des scénarios encore plus pessimistes sur la croissance et sur l'évolution des dépenses, le choc fiscal pour les générations futures pourrait être plus sensible. L'hypothèse de croissance du ratio dépenses/PIB, liée au *baby-boom*, est de 4 points ; si l'on retenait des hypothèses supérieures de 4,5 points ou 5 points, la nécessité d'un fonds de réserve redeviendrait évidente quel que soit le scénario.

27. De fait, les effets ne sont pas linéaires : de petites variations en début de période ont de grandes conséquences en fin de période. Ceci est dû au fait que le remboursement rapide de la dette fait disparaître tôt la charge d'intérêt. L'excédent budgétaire primaire est alors tout entier affecté au fonds de réserve (qui, de surcroît, se met à produire de son côté une recette d'intérêts).

28. Cette dernière variante est par ailleurs beaucoup moins probable que les deux autres. Elle est présentée pour ses vertus pédagogiques : elle montre, en effet, qu'il faut aller assez loin dans le pessimisme pour retrouver une raison d'être au fonds de réserve.

7. Scénario moyen du CBO

Années	Taux d'intérêt réel sur la dette	Taux de croissance réel	Dépenses primaires/ PIB	Recettes/ PIB	Excédent primaire/ PIB	Dette nette/ PIB (fin d'année)
1999	4,8	4,2	16,1	20,0	3,9	40
2000	4,6	3,3	16,2	20,3	4,1	37
2001	4,8	3,1	15,5	20,1	4,6	33
2002	4,6	2,9	15,3	20,0	4,7	29
2003	4,2	2,7	15,2	19,9	4,7	24
2004	4,0	2,8	15,4	19,8	4,4	20
2005	4,0	2,6	15,4	19,8	4,4	16
2006	4,0	2,7	15,4	19,8	4,4	12
2007	4,0	2,6	15,3	19,8	4,5	8
2008	4,0	2,7	15,3	19,8	4,5	3
2009	4,0	3,0	15,2	19,8	4,6	– 1
2010	**4,0**	**3,0**	**15,1**	**19,8**	**4,7**	**– 6**
2011	4,0	3,0	15,6	19,8	4,2	– 10
2012	4,0	3,0	15,6	19,8	4,2	– 15
2013	4,0	3,0	15,7	19,8	4,1	– 19
2020	**4,0**	**3,0**	**19,1**	**19,8**	**0,7**	**– 40**
2030	**4,0**	**3,0**	**19,1**	**19,8**	**0,7**	**– 50**
2040	**4,0**	**3,0**	**19,1**	**19,8**	**0,7**	**– 62**
2050	**4,0**	**3,0**	**19,1**	**19,8**	**0,7**	**– 75**
2060	**4,0**	**3,0**	**19,1**	**19,8**	**0,7**	**– 89**
2070	**4,0**	**3,0**	**19,1**	**19,8**	**0,7**	**– 105**

Remarque : Après 2010, on tient compte d'un accroissement des dépenses, consécutif à l'entrée en retraite des *baby-boomers*, qui plafonne à 4 points de PIB en 2020.

Sources : CBO, calculs des auteurs.

8. Variante « stabilité »

Années	Taux d'intérêt réel sur la dette	Taux de croissance réel	Dépenses primaires/ PIB	Recettes/ PIB	Excédent primaire/ PIB	Dette nette/ PIB (fin d'année)
1999	4,8	4,2	16,1	20,0	3,9	40
2000	4,6	3,3	16,1	20,0	3,9	37
2001	4,8	3,1	16,1	20,0	3,9	34
2002	4,6	2,9	16,1	20,0	3,9	30
2003	4,2	2,7	16,1	20,0	3,9	27
2004	4,0	2,8	16,1	20,0	3,9	23
2005	4,0	2,6	16,1	20,0	3,9	20
2006	4,0	2,7	16,1	20,0	3,9	16
2007	4,0	2,6	16,1	20,0	3,9	12
2008	4,0	2,7	16,1	20,0	3,9	9
2009	4,0	3,0	16,1	20,0	3,9	5
2010	**4,0**	**3,0**	**16,1**	**20,0**	**3,9**	**1**
2011	4,0	3,0	16,5	20,0	3,5	– 2
2012	4,0	3,0	16,6	20,0	3,4	– 6
2013	4,0	3,0	16,7	20,0	3,3	– 9
2020	**4,0**	**3,0**	**20,1**	**20,0**	**- 0,1**	**– 24**
2030	**4,0**	**3,0**	**20,1**	**20,0**	**- 0,1**	**– 25**
2040	**4,0**	**3,0**	**20,1**	**20,0**	**- 0,1**	**– 27**
2050	**4,0**	**3,0**	**20,1**	**20,0**	**- 0,1**	**– 28**
2060	**4,0**	**3,0**	**20,1**	**20,0**	**- 0,1**	**– 30**
2070	**4,0**	**3,0**	**20,1**	**20,0**	**- 0,1**	**– 32**

Remarques :
— Les ratios dépenses et recettes sur PIB sont respectivement plafonnés à 16,1 % et à 20 %, soit leur niveau de 1999.
— Après 2010, on tient compte d'un accroissement des dépenses, consécutif à l'entrée en retraite des *baby-boomers*, qui plafonne à 4 points de PIB en 2020.

Sources : CBO, calculs des auteurs.

9. Variante « catastrophe »

Années	Taux d'intérêt réel sur la dette	Taux de croissance réel	Dépenses primaires/ PIB	Recettes/ PIB	Excédent primaire/ PIB	Dette nette/ PIB (fin d'année)
1999	4,8	4,2	16,1	20,0	3,9	40
2000	4,6	3,3	16,2	20,3	4,1	37
2001	4,8	1,5	17,5	20,1	2,6	35
2002	4,6	1,5	17,3	20,0	2,7	34
2003	4,2	1,5	17,2	19,9	2,7	32
2004	4,0	1,5	17,4	19,8	2,4	30
2005	4,0	1,5	17,4	19,8	2,4	29
2006	4,0	1,5	17,4	19,8	2,4	27
2007	4,0	1,5	17,3	19,8	2,5	25
2008	4,0	1,5	17,3	19,8	2,5	23
2009	4,0	1,5	17,2	19,8	2,6	21
2010	**4,0**	**1,5**	**17,1**	**19,8**	**2,7**	**19**
2011	4,0	1,5	17,6	19,8	2,2	17
2012	4,0	1,5	17,6	19,8	2,2	16
2013	4,0	1,5	17,7	19,8	2,1	14
2020	**4,0**	**1,5**	**21,1**	**19,8**	**– 1,3**	**11**
2030	**4,0**	**1,5**	**21,1**	**19,8**	**– 1,3**	**29**
2040	**4,0**	**1,5**	**21,1**	**19,8**	**– 1,3**	**52**
2050	**4,0**	**1,5**	**21,1**	**19,8**	**– 1,3**	**81**
2060	**4,0**	**1,5**	**21,1**	**19,8**	**– 1,3**	**119**
2070	**4,0**	**1,5**	**21,1**	**19,8**	**– 1,3**	**167**

Remarques :
— Les prévisions de dépenses en proportion du PIB du CBO et de taux de croissance sont respectivement révisées de deux points à la hausse et réduites à 1,5 % par an.
— Après 2010, on tient compte d'un accroissement des dépenses, consécutif à l'entrée en retraite des *baby-boomers*, qui plafonne à 4 points de PIB en 2020.

Sources : CBO, calculs des auteurs.

A quel niveau faut-il alimenter le fonds ? L'intérêt d'un fonds de réserve est de lisser un choc anticipé de dépenses. Or, si le fonds cherche à couvrir uniquement l'effet *transitoire* lié à la génération nombreuse, mais pas la ré-allocation structurelle vers davantage de santé et d'assurance vieillesse (la constitution du fonds se justifie bien par un argument de lissage intertemporel), la limite supérieure d'une telle stratégie est bien déterminée : elle ne doit pas créer une perturbation plus grande que le choc — fiscal ou d'endettement — qu'elle était destinée à éviter. Elle exigerait néanmoins qu'on évalue exactement le surcoût financier du seul effet *baby-boom* : quel est l'effet spécifique, toutes choses égales par ailleurs, du « surnombre » de la génération née après-guerre ? Les évaluations existantes mêlent, en général, transition et structure, *i.e.*, les effets démographiques (transitoires) et les effets vieillissement et intensification des consommations (structurels). L'estimation de quatre points de hausse du ratio dépenses/PIB utilisée dans les simulations n'échappe pas à cette confusion. Le seul effet *baby-boom* n'étant qu'une composante du total estimé, il lui est logiquement inférieur.

Quelle est finalement la philosophie d'un fonds de réserve ? Hormis le scénario pessimiste « catastrophe », les finances publiques américaines apparaissent relativement saines. Ainsi, le *baby-boom*, si craint, ne légitime aucune hausse d'impôts dans deux de nos trois scénarios. On peut donc s'interroger sur les motivations moins explicites de la réalisation d'un fonds de réserve. Au regard des réflexions des économistes américains, deux pistes paraissent vraisemblables :

i) La première est celle de la « privatisation » de la *Social Security*. D'après certaines études, le financement des retraites par répartition conduirait à des rendements de l'épargne trop bas en comparaison de ceux obtenus sur les marchés financiers. Une telle différence aurait, entre autres, de fâcheuses conséquences sur les incitations à produire, notamment en constituant une distorsion fiscale liée à une perte d'opportunité de placement (car le système de retraite est obligatoire). C'est pourquoi des économistes, tels que Feldstein (1996) ou Kotlikoff (1996), recommandent la création d'un fonds de réserve suffisant pour rembourser aux assurés sociaux leurs droits à la retraite sous la forme d'un capital financier — la contrepartie n'étant plus des droits sur les finances publiques mais des droits sur les bénéfices des entreprises. Autrement dit, le financement des retraites serait entièrement capitalisé. Feldstein (1996) évalue le total de la dette sociale à 1,5 PIB. Van den Noord et Herd (1994) l'estime à 80 % du PIB.

ii) La seconde piste est celle de la situation inquiétante du taux d'épargne des ménages américains. En effet, si les ménages ou le secteur privé en général, n'épargnent pas assez, il devient du devoir de l'État de veiller à l'accumulation d'un patrimoine national suffisant. Etudions cette piste un peu plus dans le détail.

L'économie politique des excédents : l'économie ouverte

A en croire les spécialistes de la *political economy* (voir Alesina, 2000), l'option « provision sur le remboursement de la dette sociale (retraite, maladie) » serait le bon compromis entre le rendement économique de la décision (le pur « parti pris » normatif, soucieux du taux d'épargne macroéconomique) et le rendement politique. Le pur « parti pris » orthodoxe (assorti d'un pessimisme excessif, montré par nos scénarios) plaiderait pour un remboursement de la dette. Comparée à cette première stratégie, l'affectation « fonds de réserve » semble mieux comprise par l'électorat : il perçoit mieux le profit direct qu'il peut en tirer (de meilleures retraites). Dans tous les cas, elle lui semble plus directement profitable que la stratégie des baisses d'impôts futurs que le remboursement de la dette laisse augurer. Le provisionnement admet une valeur, symbolique, d'engagement sur l'affectation de l'impôt, que ne renferme pas le remboursement de la dette. On peut, en outre, évoquer un effet de *framing* [29] : le provisionnement est une « dépense » — connotée positivement —, alors que le « remboursement » peut s'apparenter à une perte sèche, compensant des erreurs passées.

En quels types de titres, dette publique, actifs privés nationaux ou actifs étrangers, vont s'investir les fonds provisionnés ?

i) Le provisonnement en titres publics est un paradoxe (l'État est à la fois émetteur de titres et rachète ses propres titres !), mais il n'est pas neutre si l'on considère la valeur politique de la stratégie : une fois encore, cela revient à s'engager, et à engager les gouvernements futurs, sur la garantie d'un taux de remplacement acceptable pour la sécurité sociale. Il est limité par la contrainte d'une dette nette restant positive : l'agence gouvernementale gérant le fonds de réserve ne peut pas acheter plus de dette publique qu'il n'en existe.

ii) Le provisionnement en titres privés revient à « socialiser » une partie du capital national : l'État devient alors un gérant de portefeuille. Pourquoi pas ? Il faut alors indiquer aux Américains que le degré d'incertitude sur la rentabilité du fonds de réserve n'est pas nul, puisque les revenus du fonds de réserve sont indexés sur la conjoncture future de l'économie américaine. Des effets d'éviction de l'épargne privée par l'épargne publique sont aussi possibles. Lorsque les excédents budgétaires fédéraux sont placés sur les marchés intérieurs, on peut craindre une baisse des taux d'intérêt, et une réduction supplémentaire de l'incitation à l'épargne, déjà extrêmement basse aux États-Unis. Il est également possible que la provision, qui rassure les futurs retraités, les pousse à moins épargner de leur propre initiative. En pratique, on peut cependant

29. L'effet de *framing* postule que, pour deux décisions parfaitement équivalentes, l'individu est sensible à leur contexte d'explicitation. En France, par exemple, une annonce de remboursement de la dette (affecter la « cagnotte » à la réduction du déficit) n'est pas connotée de la même manière qu'une annonce de provision du fond de réserve. La dette nette de l'État serait pourtant, au bout du compte, strictement équivalente.

espérer que cette stratégie de constitution d'un fonds de réserve placé en actifs privés vienne contrecarrer la tendance actuelle de l'économie américaine à se financer par les transferts internationaux de capitaux. C'est ce en quoi, d'ailleurs, le provisionnement en titres privés n'est pas *a priori* équivalent à une baisse d'impôt : la dotation au fonds est transformée intégralement en épargne nationale ; *a contrario*, les baisses d'impôt augmentent le pouvoir d'achat distribué, et se retrouvent éventuellement en biens de consommation (nationaux et importés, ce qui est pire). Tout se passe comme si, en conservant une structure budgétaire excédentaire, on modifiait la répartition des revenus de catégories à taux d'épargne faible (les ménages) vers une catégorie à taux d'épargne fort (l'État et son fonds de réserve). Structurellement, on obtient une augmentation du taux d'épargne moyen de l'économie nationale [30].

iii) Enfin, le provisionnement en actifs étrangers serait la troisième voie possible d'affectation des excédents. Celui-ci fait intervenir une série d'enchaînements causaux relativement complexes (voire contradictoires). *A priori*, l'achat de titres étrangers compense les entrées de capitaux privés, contribue à une baisse du dollar et, éventuellement, à l'amélioration de la capacité d'exportation du pays. Il permet d'éviter la baisse potentielle du rendement national du capital ; il peut financer la croissance à l'étranger (en Europe). Mais, à terme, il peut aussi avoir des effets en retour négatif — du point de vue américain —, tant sur la compétitivité, que sur les volumes d'exportations (les fonds américains financent la modernisation des économies concurrentes). En faisant abstraction de toutes considérations politiques ou géopolitiques, ce serait la stratégie optimale : les pays en phase de conjoncture haute prêtent aux pays en phase de conjoncture basse, et les « contraintes de liquidités » pesant sur les nations pour des raisons conjoncturelles sont levées par l'endettement international. Elle a cependant très peu de chance de survenir : le déficit de la balance courante américaine n'inquiète pas les Américains et une stratégie de prêts internationaux est toujours plus risquée que celle des placements internes, même en négligeant le risque de change.

Pour terminer, on se doit de mettre l'accent sur ce « modèle de développement » tout à fait particulier que semblent adopter les États-Unis ces dernières années : taux d'épargne des ménages extrêmement bas [31],

30. Cet effet évoque l'effet d'Haavelmo, mais inversé. L'effet Haavelmo, caractéristique des politiques conjoncturelles de soutien de la demande, met en évidence le fait que le transfert d'une partie du PIB par le budget de l'État (taxes et dépenses publiques équivalentes) a le mérite d'assurer une propension moyenne à consommer plus forte dans l'économie, et donc reste expansionniste, au sens keynésien. (On entend par «moyenne» la moyenne arithmétique des propensions à consommer des différents agents de l'économie, *y.c.* l'État). Dans le cas présent, l'effet s'inverse : l'intermédiation des ressources nationales par des finances publiques excédentaires (présentant des taux d'épargne positifs sur les revenus marginaux) augmente la propension moyenne à épargner du pays. C'est une politique structurelle, d'inspiration classique, de soutien de l'épargne nationale qui est alors visée.

31. Voir Baudchon et Chauvin (1999), pour une comparaison des taux d'épargne américain et français.

déficit chronique de la balance commerciale et des paiements courants, et investissement largement financé par le reste du monde (les entrées nettes de capitaux représentent 4 % du PIB et 25 % de l'investissement total). Un tel modèle, très proche des descriptions idéalisées du décollage d'un pays en voie de développement [32] n'est pas durablement possible (la phase de décollage est, par définition, une période transitoire). Le CBO (2000c) l'attribue au déphasage de croissance entre les États-Unis et le reste du monde. Si l'onde de croissance se transmet en Europe et au Japon, l'avenir est au renversement de tendance. D'une part, les États-Unis devront rapatrier des capitaux et retrouver des excédents commerciaux (ce dernier impératif d'équilibre est néanmoins atténué aux États-Unis, le dollar étant la devise internationale). D'autre part, le rendement interne du capital devrait se normaliser à la baisse, avec les conséquences suivantes : moins de plus-values et moins de recettes fiscales. On retrouve là, finalement, la délicate équation d'équilibre budgétaire de l'État.

Conclusion : vers deux philosophies de gestion du *papy-boom*

L'origine des excédents publics aux États-Unis se trouve dans une double conjonction. La première renvoie à l'évolution tendancielle des recettes et des dépenses dans le budget fédéral. Les dépenses ralentissent sous l'effet de la fin de la guerre froide et d'une confirmation des missions de l'État américain sur une assistance sociale minimum – tant que le *papy-boom* n'a pas commencé. Les recettes augmentent, car, assises sur un barème d'imposition non linéaire, elles profitent de la phase de croissance économique. La seconde conjonction est celle d'une rencontre entre un effort volontariste de retour à l'équilibre (OBRA-93, voulu comme structurel et assorti d'une mutation institutionnelle *ad hoc*) et une conjoncture éminemment favorable à cet effort : phase de croissance, faible nécessité d'intervention économique et sociale, taux d'intérêt faibles. La comparaison du BEA-90 et de OBRA-93 est à cet égard édifiante : le même effort est, dans le premier cas, resté sans suite, faute d'une conjoncture favorable ; dans le second cas, il a été validé, entretenu et suivi d'effet.

En ce qui concerne l'affectation des excédents, on peut définir deux stratégies de préparation de l'avenir ou, plus spécifiquement, de la prise en charge du choc démographique et financier propre au *baby-boom*.

32. Voir Rostow (1953), par exemple.

Une première stratégie consiste à enregistrer le résultat de croissance, à considérer comme donné le taux d'emploi et à préparer l'avenir en épargnant sur la base de recettes fiscales fournies par les performances de l'économie, perçues comme naturelles. C'est la « stratégie du grenier », essentiellement choisie par les États-Unis [33] ; sa justification la plus nette est le niveau élevé d'emploi atteint ces dernières années, qui laisse très peu de marge de manœuvre pour un surcroît de croissance. En période de conjoncture haute, les excédents vont au remboursement de la dette (ou au provisionnement de la dette implicite), afin, en période de conjoncture basse, de conserver des marges de manœuvre pour la relance. Autrement dit, dans un pays en phase de croissance forte, la politique macroéconomique tend à s'effacer ; elle devient quasi invisible, sauf, bien sûr, en matière d'évolution des prix. On aurait là une sorte de sagesse de rentier, consistant à « gérer le cycle » (à le subir un peu aussi...), bien dans l'air du temps, et caractéristique du renouveau de domination de la pensée classique. Il semble que le message budgétaire du candidat démocrate Al Gore soit, dans un premier temps, porteur de cette sagesse.

Une seconde stratégie consiste à considérer la croissance économique et les taux d'emploi comme des variables encore perfectibles, et dépendantes, dans une proportion non négligeable, des choix budgétaires macroéconomiques : dépenses et recettes. Dans ce dernier cas, évidemment moins confortable, les choix de fiscalité et de dépenses publiques sont des instruments de contrôle de la croissance. C'est la « stratégie du semis », qui engage l'avenir d'une autre manière. *A priori*, les choix budgétaires doivent contribuer à faire croître le revenu et augmenter l'aisance financière au moment du choc futur de dépense. De ce point de vue, baisser les recettes ou augmenter les dépenses ont des vertus concurrentes : la baisse des recettes peut effectivement stimuler quelques secteurs de l'économie entravés par l'impôt ; mais des choix judicieux de dépenses — productives — peuvent aussi préparer le terrain de la croissance. Le candidat républicain George Bush Jr. peut être associé au rôle du semeur, dans la catégorie « baisse des impôts » ; Al Gore plutôt dans la catégorie « hausse des dépenses sociales ».

Entre Al Gore, le rentier à tendance semeur, et George Bush Jr., le semeur contraint par l'étroitesse de son champ (une économie au plein emploi), les Américain(e)s vont devoir faire leur choix. Quel qu'il soit, les années de présidence Clinton auront laissé à son successeur les marges de manœuvre nécessaires à un très large éventail d'options budgétaires. Il faudra donc du temps pour que le budget rétréci sous la présidence Clinton retrouve peut-être un jour sa taille des années 1980.

33. On note une exception : les mesures de déductibilité du revenu imposable des dépenses d'éducation privées, prises en 1997, relèvent de la seconde stratégie.

Références bibliographiques

ALESINA A., 2000 : « The political economy of the budget surplus in the US », *NBER Working Paper* n° 7496, janvier, à paraître dans le *Journal of Economic Perspectives.*

AUERBACH A. J., 2000 : « Formation of fiscal policy: the experience of the past twenty-five years », *FRBNY Economic Policy Review*, 6 (1), avril.

BAUDCHON H., 1997 : « De la protection sociale aux États-Unis », *Lettre de l'OFCE*, 165, juin.

BAUDCHON H. et V. CHAUVIN, 1999 : « Les cigales épargnent-elles ? Une comparaison des taux d'épargne français et américain », *Revue de l'OFCE*, 68, janvier.

BENNETT P., K. GARBADE ET J. KAMBHU, 2000 : « Enhancing the liquidity of US Treasury securities in an era of surpluses », *FRBNY Economic Policy Review*, 6 (1), avril.

BRADFORD DELONG J., 2000 : « Reagan vs. the great government whale: or the triumph of legend over history », *NY Times*, 6 avril.

CAPOEN F., H. STERDYNIAK et P. VILLA, 1994 : « Indépendance des banques centrales, politiques monétaires et budgétaires : une approche stratégique », *Revue de l'OFCE*, 50, juillet.

CONGRESSIONAL BUDGET OFFICE, 1993 : « The economic and budget outlook for fiscal years 1994-1998 », janvier.

CONGRESSIONAL BUDGET OFFICE, 2000a : « The budget and economic outlook: fiscal years 2001-2010 », janvier.

CONGRESSIONAL BUDGET OFFICE, 2000b : « The standardized budget: details of the projection », 4 février.

CONGRESSIONAL BUDGET OFFICE, 2000c : « Causes and consequences of the trade deficit: an overview », *memorendum*, mars, site Web : www.cbo. gov.

CONGRESSIONAL BUDGET OFFICE, 2000d : « An economic analysis of the Taxpayer Relief Act of 1997 », avril.

CONGRESSIONAL BUDGET OFFICE, 2000e : « Monthly Budget Review, fiscal year 2000 », 12 mai.

CONGRESSIONAL BUDGET OFFICE, 2000f : « The budget and economic outlook: an update », juillet.

CREEL J. et H. STERDYNIAK, 1995 : « Les déficits publics en Europe », *Revue de l'OFCE*, 54, juillet.

CREEL J. et H. STERDYNIAK, 1999 : « La politique monétaire sans monnaie », *Revue de l'OFCE*, 70, juillet.

FELDSTEIN M. S., 1974 : « Social Security, induced retirement, and aggregate capital accumulation », *Journal of Political Economy,* n° 82 (5), pp. 905-926.

FELDSTEIN M. S., 1996 : « The missing piece in policy analysis: Social Security reform », *American Economic Review,* n° 86 (2), pp. 1-14.

FITOUSSI J.-P. (sous la dir.), 2000 : *Rapport sur L'État de l'Union européenne 2000*. Fayard et Presses de Sciences-Po.

GENSLER G., 2000 : « Fiscal policy in an era of surpluses », *FRBNY Economic Policy Review*, 6 (1), avril.

KOTLIKOFF L. J., 1996 : « Privatization of Social Security at home and abroad », *American Economic Review*, 86 (2), pp. 368-372.

MUNDELL R. A,. 2000 : « Le Vingtième Siècle », *Revue de l'OFCE*, n° 74, juillet.

NOORD (VAN DEN) P. et HERD R., 1994 : « Grandes lignes d'une méthode d'évaluation des engagements au titre des pensions », *Revue Économique de l'OCDE*, n° 23, pp. 148-186.

OCDE, 2000 : *Études économiques de l'OCDE : États-Unis*, mai.

ROSTOW W., 1953 : *The Stages of economic growth,* Oxford University Press. (Traduction française disponible au Seuil, 1962).

TAYLOR J. B., 1993 : « Discretion versus policy rules in practice », *Carnegie-Rochester Conference Series on Public Policy*, 39.

LEXIQUE

***Balanced Budget Act* (BBA)** : loi sur l'équilibre budgétaire votée le 5 août 1997 en même temps que la loi sur l'allègement fiscal TRA. Les principales mesures sont présentées dans l'annexe I.

Balanced Budget and Emergency Deficit Control Act : loi sur l'équilibre budgétaire et le contrôle d'urgence du déficit votée en 1985, mieux connue plus simplement sous le nom de *Deficit Control Act* et aussi sous le nom de loi Gramm-Rudman-Hollings (loi GRH). Pour plus de détails sur cette loi, voir l'encadré, dans le texte.

***Budget Enforcement Act* (BEA)**: loi sur l'application du budget votée en 1990.

***Congressionnal Budget Office* (CBO)** : organisme indépendant d'évaluation de la politique budgétaire de l'État fédéral, financé par le Congrès.

Dépenses discrétionnaires (*discretionary outlays*) : elles représentent un peu plus du tiers des dépenses totales, et englobent les dépenses de fonctionnement (y compris les charges salariales) et les investissements. Elles sont mises en oeuvre au moyen de dotations annuelles, les *appropriations* (ouvertures de crédits budgétaires), ouvertes chaque exercice par 13 lois d'*appropriations*. Ces lois budgétaires définissent les nouvelles autorisations budgétaires (*budget authority*) qui déterminent le montant des dépenses. Ces autorisations peuvent être consommées en une ou plusieurs années ; elles se transforment en dépenses (*outlays*) lorsque l'argent est effectivement dépensé. Chaque année, les montants de dépenses discrétionnaires comprennent donc les dépenses qui découlent des nouvelles autorisations budgétaires et des montants précédemment alloués. Dans le cadre du processus budgétaire annuel, les propositions de l'Administration pour les dotations de ces dépenses discrétionnaires peuvent être modifiées jusqu'à ce que le Congrès les vote et le Président les signe avant le début de l'exercice budgétaire. En cas de retard par rapport à ces délais, le Congrès peut voter des dotations provisoires (*continuing appropriations*) pour des périodes et des montants qu'il détermine librement.

Dépenses obligatoires (*entitlements and mandatory programs*) : elles représentent un peu plus de la moitié des dépenses totales, et englobent les dépenses à caractère social (assurance maladie des personnes âgées *Medicare* et des plus démunis *Medicaid*, pensions de retraite *Social Security*, assistance sociale aux personnes dans le besoin *Welfare*). Elles sont ouvertes par des lois de programme à durée indéterminée (de même que l'ouverture des crédits budgétaires qui leur correspondent). Les programmes obligatoires n'ont pas à être dotés chaque année dans le cadre du processus budgétaire. Les dépenses obligatoires sont exécutées automatiquement tant que le programme n'est pas remis en question. Cette remise en cause peut se faire soit par une loi ordinaire soit dans une loi de conciliation (*reconciliation bill*). Les modifications des lois d'autorisations budgétaires concernant les dépenses discrétionnaires sont le plus souvent insérées dans ces lois de conciliation. Seul un quart des dépenses obligatoires est sous conditions de ressources (*means-tested benefits*), c'est-à-dire que les prestations sont versées uniquement aux personnes justifiant de leurs besoins sur la base d'un faible revenu ou d'un patrimoine limité. Les dépenses assorties à *Medicaid* représentent presque la moitié de ce poste. La *Social Security*, *Medicare* et d'autres programmes pour les retraités et les handicapés représentent le gros des dépenses sans conditions de ressources (*non-means-tested benefits).*

Medicare : assurance maladie pour les personnes âgées et handicapées. *Medicare* ne couvre pas tous les retraités du régime de base du fait du nombre croissant de retraités précoces, à savoir ceux qui partent en retraite dès l'âge de 62 ans et qui doivent attendre 65 ans pour avoir droit à la couverture médicale publique. Pour une présentation complète de la protection sociale aux États-Unis, voir Baudchon (1997).

Medicaid : assurance maladie pour les plus indigents. Pour une présentation complète de la protection sociale aux États-Unis, voir Baudchon (1997).

NAIRU : *non-accelerating inflation rate of unemployment* (taux de chômage non-accélérateur de l'inflation).

Offsetting Receipts : ils représentent 5 % des dépenses totales, et correspondent à des honoraires et autres charges comptés comme des dépenses négatives.

Off-Budget : dépenses ou revenus exclus par la loi du total fédéral, tels que les revenus et les dépenses des deux *trusts funds* de la *Social Security* et les transactions du *Postal Service*. On parle de solde *on-budget* lorsque ces dépenses ou ces revenus sont exclus du solde public. On parle de budget unifié lorsqu'elles sont incluses.

***Omnibus Budget Reconciliation Act* (OBRA)** : loi de conciliation sur les questions budgétaires votée en 1993.

Output Gap : l'*output gap* représente l'écart en pourcentage entre le PIB effectif et le PIB potentiel supposé non accélérateur d'inflation. Il s'agit donc, de fait, d'une mesure de l'ampleur des variations conjoncturelles du PIB effectif autour d'une norme tendancielle.

Social Security : système public de retraite OASDI (*Old-age Survivors and Disability Insurance*) qui couvre les retraités, leur ayants droits et les handicapés couverts par l'assurance invalidité. Pour une présentation complète de la protection sociale aux États-Unis, voir Baudchon (1997).

Solde structurel : solde corrigé des effets de la conjoncture. Début 2000, d'autres ajustements ont été intégrés, tels que l'exclusion des impôts sur les plus-values (CBO, 2000b). Le CBO évalue les recettes structurelles à ce qu'elles seraient si le PIB était égal à son potentiel. Les dépenses structurelles sont estimées à ce qu'elles seraient si le taux de chômage était au NAIRU.

***Taxpayer Relief Act* (TRA)** : loi sur l'allègement fiscal votée le 5 août 1997 en même temps que la loi BBA. Les principales mesures sont présentées dans l'annexe I.

Trust Fund : fond créé spécialement pour collecter précisément certaines recettes fiscales affectées elles-mêmes à des dépenses prédéterminées. Plus de 150 *Trust Funds* existent, les plus importants étant ceux dédiés à la *Social Security* et à *Medicare*. Les *Trust Funds* n'ont pas de signification économique: ils fonctionnent principalement de manière comptable gérant les recettes et les dépenses des programmes financées par des cotisations ou des revenus spécifiques à ces programmes.

ANNEXE I

Principales mesures du *Taxpayer Relief Act* et du *Balanced Budget Act* de 1997

Taxpayer Relief Act (TRA)

Au total, les réductions nettes d'impôts se montent à 95 milliards de dollars en cumulé sur la période 1998-2002 [1] :

– crédits d'impôt (85 milliards de dollars) : 400 $ seraient accordés par enfant âgé de 16 ans ou moins dès 1998 (500 $ à partir de 1999) aux familles percevant des revenus inférieurs à 75 000 $ par an (familles monoparentales) ou à 110 000 $ par an (couples) et touchant un revenu annuel minimum de 18 000 $;

– crédits d'impôt en faveur de l'éducation (31,6 milliards de dollars) : seules les familles disposant d'un revenu inférieur à 50 000 $ (monoparentales) ou 100 000 $ (couples) pourront en bénéficier ;

– réductions d'impôt sur les plus-values (taux normal abaissé de 28 à 20 %, et même à 18 % pour les actifs achetés après 2001 et détenus plus de 5 ans) ;

– réductions d'impôt sur les successions (seuil d'imposition élevé progressivement de 600 000 $ à 1 000 000 $) ;

– augmentation de la taxe sur les cigarettes et sur les billets de transport aérien.

Balanced Budget Act (BBA)

Au total, les diminutions de dépenses s'élèvent à 298 milliards de dollars en cumul sur 1998-2002, partiellement compensées par des autorisations de dépenses nouvelles d'un montant de 37,3 milliards de dollars. Les dépenses discrétionnaires seraient réduites de 139 milliards de dollars (dont un peu plus de la moitié provenant du poste Défense) et les dépenses obligatoires de 159 milliards de dollars :

– *Medicare* (système public d'assurance-maladie pour les plus âgés) : 115 milliards de dollars d'économies (provenant essentiellement d'une diminution du taux de remboursement des actes). La solvabilité du système est certes préservée pendant encore 10 ans mais les réformes qui auraient permis d'en assurer la pérennité ont été rejetées (âge d'éligibilité progressivement porté de 65 à 67 ans ; augmentation du ticket modérateur ; augmentation substantielle des primes pour les personnes âgées les plus riches) ;

– *Medicaid* (système public d'assistance-maladie pour les plus démunis) : 13 milliards de dollars d'économies ;

– création du programme *State Children's Health Insurance Program* (SCHIP) pour la couverture médicale des enfants de familles pauvres : 24 milliards de dollars de dépenses supplémentaires ;

– prestations sociales aux immigrants légaux : 13 milliards de dollars de dépenses supplémentaires.

1. Voir aussi CBO (2000d).

ANNEXE II

Le budget 2001 : l'éternel recommencement

Sur un budget de 1840 milliards de dollars, les dépenses totales sont en progression de 2,5 % par rapport à 2000 (ce qui est particulièrement faible).

— **Santé** : 188 milliards de dollars de dépenses supplémentaires sur 10 ans :

• remplacement du programme SCHIP par le programme *FamilyCare* et augmentation de la couverture aux parents non assurés des enfants couverts par *Medicaid* et SCHIP ;

• restauration de l'éligibilité de certains immigrants légaux à *Medicaid* (cette éligibilité avait été supprimée avec la réforme de 1996) ;

• augmentation de la couverture *Medicare* pour les personnes handicapées et certaines personnes âgées de 55 à 64 ans qui ont perdu leur couverture du fait d'une perte d'emploi ;

• intégration du remboursement des médicaments aux prestations *Medicare* pour tous les bénéficiaires du programme à partir de 2003.

— Augmentation des **dépenses d'éducation** ;

— Augmentation des **dépenses militaires** ;

— **Remboursement de la dette** à l'horizon 2013 (47 % des 746 milliards de dollars d'excédents *on-budget* cumulés sur 10 ans ainsi que la quasi-totalité des 2,2 trillions de dollars d'excédents cumulés du *Social Security Trust Fund* y sont affectés). Le désendettement a déjà commencé. Après avoir remboursé environ 140 milliards de dollars au cours des deux dernières années, le gouvernement envisage de rembourser 185 milliards de dollars au deuxième trimestre 2000, sur un encours actuel de 3560 milliards de dollars.

— **Extension de la solvabilité** des principaux *Trust Funds* [1] :

• transfert d'une partie de l'excédent *on-budget* vers l'OASDI *Trust Fund* à partir de 2011 et jusqu'en 2050 ; investissement d'une partie de l'excédent du *Trust Fund* en actions à partir de 2011 ;

• transfert d'une partie de l'excédent *on-budget* vers le *Medicare Hospital Insurance Trust Fund* en 2001, 2002, et de 2006 à 2010.

— **Réductions d'impôts** pour 351 milliards de dollars sur 10 ans (dont la création des *Retirement Savings Accounts* ; l'atténuation de la *marriage penalty* (qui implique que certains couples mariés paient plus d'impôts que s'ils faisaient des déclarations séparées) ; la création d'un crédit d'impôt pour les contribuables qui font face à des dépenses de santé de long terme).

— **Augmentations d'impôts** pour 181 milliards de dollars, la plus importante étant l'augmentation de l'impôt indirect sur le tabac, qui passerait à 25 cents par paquet de cigarettes à partir de 2001 à la place de l'augmentation de 5 cents déjà prévue pour le 1er janvier 2002 (cette mesure compte pour près de la moitié des augmentations prévues).

1. Le troisième *Trust Fund* concerné par ces propositions est le *Black Lung Disability Trust Fund*.

ANNEXE III

La *Social Security*

Il a été parfois dit que les États-Unis ne souffraient pas d'une crise de leur système de retraite en comparaison avec d'autres pays. Il est vrai que la réforme fondamentale de 1983 avait alors permis d'éliminer le déficit de long terme qui ressortait des projections par l'augmentation du taux de cotisation et l'investissement de l'excédent de la période dans un *Trust Fund*. En 1983, le rapport du *Boards of Trustees* de la *Social Security*, prenant en compte ces différents modifications, concluait à l'équilibre du système aussi bien à court qu'à long terme. En revanche, selon les estimations intermédiaires contenues dans le rapport de 1995 et reprises dans le rapport du Conseil consultatif de 1994-1996 [1], la *Social Security* pourrait connaître un déficit primaire à partir de 2012 (2015 selon les dernières estimations [2]). Toutefois, les intérêts perçus permettront de conserver un excédent jusqu'en 2020 (2024 selon les dernières estimations). A partir de là, il sera nécessaire de vendre les titres publics du *Trust Fund* pour satisfaire les obligations du programme jusqu'à épuisement complet des fonds disponibles en 2037. En 2037, les cotisations sociales ne couvriront que 72 % des coûts. Cette évolution provient pour l'essentiel de la détérioration du ratio entre cotisants et retraités. Aux États-Unis, le système par répartition (les pensions de retraites d'aujourd'hui sont financées par les cotisations d'aujourd'hui) était, à l'origine, calibré pour un rapport de 5 pour 1. Ce rapport est actuellement de 3,4 pour 1. Pour un tel ratio, les augmentations passées du taux de cotisation sociale garantissent un excédent. Toutefois, à l'horizon 2035, ce ratio chutera à 2 pour 1, sous l'effet du passage à la retraite de la génération du *baby-boom* et de l'augmentation de l'espérance de vie. Ces nouvelles estimations remettent en question le rapport de 1983 et soulignent l'insuffisance de la réforme qui lui a été associée.

Le rapport de 1994-1996 du Conseil Consultatif contenait trois groupes de réformes, alternatives : le plan MB (*Maintenance of Benefits*), le plan IA (*Individual Accounts*) et le plan PSA (*Personal Security Accounts*). Ces trois plans proposaient en commun une augmentation de l'imposition des pensions de retraite et un élargissement de la couverture aux nouveaux employés des États et collectivités locales actuellement non couverts par le programme. Leurs caractéristiques principales spécifiques étaient les suivantes :

1. Ce conseil est réuni tous les quatre ans conformément au titre VII, section 706 du *Social Security Act*, afin de passer en revue les statuts du OASI *Trust Fund*, du DI *Trust Fund*, du HI *Trust Fund* et du SMI *Trust Fund*.

2. *Board of Trustees, Federal Old-Age and Survivors Insurance and Disability Insurance Trust Funds, 2000, Annual Report of the Board of Trustees, Federal Old-Age and Survivors Insurance and Disability Insurance Trust Funds*, avril 2000. La grande amélioration des projections doit être attribuée aux performances économiques meilleures (actuelles comme futures) et aux avancées en matière de méthodes de projection.

Le plan MB :

- réallocation à l'OASDI *Trust Fund* des sommes aujourd'hui versées au HI *Trust Fund* à partir de 2010 ;
- augmentation du taux de cotisation en 2045 ;
- autorisation pour le gouvernement d'investir 40 % de l'actif du *Trust Fund* dans des titres autres que les titres publics.

Le plan IA :

- création de comptes d'épargne individuels, en plus du système actuel, financé par une augmentation du taux de cotisation des employés de 1,6 %, géré par le gouvernement mais avec des choix d'investissements restreints pour les individus ;
- accélération de l'augmentation de l'âge de la retraite et à partir de 2011 une augmentation automatique suivant l'espérance de vie.

Le plan PSA :

- création de comptes d'épargne individuels, à la place d'une partie du système, entièrement alimentés par les individus au moyen d'un taux de cotisation de 5 %, géré par le privé avec une liberté de choix pour le type d'investissements. Le montant de la retraite consisterait en un montant fixe versé par un programme OASDI réformé et financé par les 7,4 % de taux de cotisation restants, auquel s'ajouterait les revenus du PSA ;
- accélération de l'augmentation de l'âge de la retraite et à partir de 2011 une augmentation automatique suivant l'espérance de vie ;
- augmentation progressive de l'âge de départ en pré-retraite de 62 à 65 ans (avec la possibilité de commencer à retirer les fruits des PSA à partir de 62 ans).

De telles mesures supportent des coûts de transition très élevés, dans la mesure où la génération actuelle de travailleurs paierait non seulement pour les retraités d'aujourd'hui mais devrait aussi investir pour sa propre retraite. Si les excédents budgétaires cumulés prévus permettraient *a priori* d'absorber ces coûts, le besoin de réformes est en fait complètement occulté par la manne financière que représente ces excédents. Bien que les deux candidats aux élections de novembre 2000 proposent de créer des comptes d'épargne individuels (les propositions de George Bush Jr. se rapprochant du plan PSA et celles d'Al Gore du plan IA), ils restent particulièrement flous sur les conditions particulières de transition d'un régime à l'autre.

Fiche de lecture

Dépression et retour de la prospérité Les économies européennes à la fin du XIXe siècle

Jean-François Vidal
L'Harmattan, collection Logiques Économiques, 2000

Jacky Fayolle
Directeur-adjoint du Département des études
Professeur associé à l'Université Pierre Mendès-France de Grenoble

Pour qui connaît les patients et soigneux travaux de Jean-François Vidal sur l'histoire économique du XIXe siècle, ce livre offre avec bonheur une synthèse ramassée des investigations et des réflexions de l'auteur sur cette période remarquable du capitalisme que constitue le second XIXe siècle. Le titre retourne habilement, dans une version optimiste, celui de l'ouvrage classique d'Haberler, *Prospérité et Dépression*. Les dépressions, on en sort ! Encore faut-il savoir comment et le lecteur d'aujourd'hui ne peut jeter ce regard en arrière sur les modes de sortie de la grande dépression du XIXe siècle sans avoir à l'esprit les promesses, ou les sirènes, de la « nouvelle économie », après un quart de siècle de croissance morne et de chômage massif en Europe. Vidal ne méconnaît pas cette tentation du parallèle et prévient, en bout de course, le lecteur : le capitalisme européen, il y a un siècle, s'est sorti de ses difficultés par un réformisme somme toute modéré, attentif aux particularités nationales, alors que celui d'aujourd'hui nous fait le coup d'une révolution néo-libérale autrement plus radicale. L'incertitude paraît en conséquence bien plus forte aujourd'hui sur les régulations susceptibles d'émerger et de consolider un nouveau régime de croissance. Au demeurant, c'est le message explicite de l'auteur : toute sortie de crise longue et profonde est un alliage circonstanciel de facteurs endogènes, qui concourent à renverser la dynamique économique, et de changements exogènes d'ordre institutionnel, qui impriment dans l'ordre économique les exigences sociales. La répétition n'est pas la figure dominante de l'histoire des sorties de crise.

Réalité et causes de la grande dépression

La grande dépression du XIXe siècle, classiquement située de 1873 à 1896, présente le paradoxe d'avoir été vécue avec acuité par les contemporains et d'être fréquemment déniée par les analystes d'aujourd'hui, surtout lorsqu'ils utilisent des comptabilités nationales tant bien que mal reconstituées. Ce paradoxe s'explique largement pour Vidal par la différence des normes de jugement et des conditions d'observation entre la fin du XIXe siècle et aujourd'hui : hier, la stabilité des prix comptait plus dans l'appréciation du caractère normal de la situation que la vigueur de la croissance, dont le concept comme la mesure restaient flous. Lorsque les prix baissaient beaucoup et longtemps, la dépression était là pour les acteurs de l'époque. Le fait stylisé unificateur des années 1870 à 1890, dans les quatre pays européens étudiés (Royaume-Uni, Allemagne, France, Italie), c'est bien la force et la durabilité des pressions déflationnistes, qui se manifestent par l'orientation baissière des prix. Mais ces pressions ne se transforment pas uniformément, sur l'ensemble de la période considérée, en une interruption généralisée de la croissance. Le Royaume-Uni éprouve un ralentissement progressif d'une croissance qui reste positive, et ce ralentissement se continuera au-delà de 1900. Les trois autres pays connaissent des phases beaucoup plus franches d'interruption de la croissance, qui durent de douze à quinze ans, et ces phases de stagnation ne sont pas synchrones. Si on cherche un ralentissement commun, prononcé et durable de la croissance, on conçoit qu'il ne reste plus grand chose…

Comprendre la grande dépression, c'est comprendre comment la communauté des pressions déflationnistes en Europe débouche sur des dynamiques nationales, tendancielles et cycliques, différenciées. Vidal mobilise à cet égard la notion de cycle sur un mode heuristique : la composition sectorielle des économies nationales (le poids de l'agriculture, celui de la construction, …) et la spécificité de leur insertion internationale les rend inégalement sensibles à la pluralité enchevêtrée des fluctuations cycliques (Juglar, Kuznets et les autres…). Ce chevauchement des fréquences cycliques n'est pas réductible à la mécanique emboîtée dont rêvait Schumpeter (les petits cycles Kitchin, d'ordre triennal, emboîtés dans les Juglar, d'ordre décennal, et ceux-ci dans les Kondratieff, de l'ordre du demi-siècle…) et laisse toute sa place aux idiosyncrasies nationales, comme à l'incertitude des interactions qui décident du devenir de la dépression. Ainsi, si le Royaume-Uni échappe largement à la grande dépression — au prix peut-être de son déclin ultérieur, faute d'avoir été suffisamment incité à réformer et moderniser son capitalisme vieillissant — c'est parce que son implantation internationale permet une alternance assez régulière (selon une périodicité de type Kuznets, de l'ordre de vingt à vingt-cinq ans) entre l'accumulation sur le territoire domestique et l'accumulation dans les pays neufs. L'exportation des capitaux en direction de ceux-ci, lorsque la rentabilité s'y avère supérieure à celle des investissements en métropole, entraîne d'importants flux d'exportations de marchandises en provenance du Royaume-Uni, où l'activité se trouve ainsi stabilisée. Lorsque les excès d'endettement des pays neufs, débouchant sur la crise financière, font se retourner le mécanisme, la réalisation de surplus commerciaux dans ces pays, permettant le rétablissement de leur solvabilité, se nourrit d'exportations de produits primaires en direction de la métropole au dynamisme retrouvé. Cette alternance entre l'accumulation domestique et l'accumulation à l'extérieur prévaut aussi dans le cas de la France, mais avec une efficience bien moindre pour les exportations françaises de marchandises, si bien que l'économie française ne trouve pas là le moyen d'échapper complètement à la grande dépression.

Vidal développe ce qu'on pourrait appeler une conception « fondamentaliste » de la grande dépression. Celle-ci ne résulte pas du simple éclatement d'une bulle financière hasardeuse, indépendante de la trajectoire réelle des économies. Les crises financières jouent incontestablement un rôle important dans les enchaînements de la grande dépression, elles en inaugurent (en Allemagne en 1873, en Italie en 1887) ou en ponctuent (en France en 1882) les phases les plus difficiles. Mais, si elles aggravent le cours des choses, les risques que leur éclatement réalise sont inscrits dans l'affaiblissement structurel de la croissance : « La longue dépression est fondamentalement due à l'affaiblissement des *trends* qui soutenaient la croissance à long terme. Les agents n'ont ni perçu, ni prévu cet affaiblissement, et le ralentissement de la croissance aura pour conséquence que la rentabilité sera moindre que prévu, et que la solvabilité ne sera pas assurée. Il y aura un risque important de crise financière; ce risque sera encore plus élevé, si à la fin de la longue phase d'expansion, s'est développée une bulle spéculative » (p. 91). Vidal repère trois facteurs explicatifs principaux de la grande dépression, qui sont autant de « ruptures de *trends* » :

– L'épuisement de la phase d'essor de la construction d'infrastructures de transport, source d'une dynamique cyclique de type Kuznets. L'impact n'est pas seulement sectoriel, car les besoins de cette construction ont poussé à des mutations institutionnelles et financières profondes, d'ordre macroéconomique. Les États se sont impliqués. Une nouvelle ingénierie financière s'est développée pour reconvertir les capitaux rentiers de la propriété foncière vers les titres émis par les compagnies ferroviaires. Le retournement du *boom* ferroviaire a été associé à des crises financières graves et les États se sont ensuite efforcés de tempérer, sinon d'éviter, les conséquences de ce retournement.

– Une dépression agricole grave et durable, dont le facteur principal est l'intense concurrence exercée par les États-Unis revenus de la guerre de sécession et par d'autres pays neufs. Les céréales et la laine importées de ces pays inondent les pays européens. La pression déflationniste exercée est dissymétrique : nouveaux concurrents agroalimentaires, les États-Unis maintiennent un ferme protectionnisme industriel et cette dissymétrie ne permet pas aux mécanismes rééquilibrants à la Heckscher-Ohlin-Samuelson de jouer librement. Entre 1875 et 1900, les écarts entre les salaires industriels élevés des États-Unis et ceux, plus faibles, des pays européens, perdurent.

– La domination et la persistance de facteurs déflationnistes généraux, qui font jouer aussi bien des facteurs monétaires (la raréfaction de l'or, entre 1852 et 1885, alors même que l'étalon-or se généralise) que réels (si le *boom* de construction d'infrastructures de transport s'épuise et nourrit moins la demande, le système de transports désormais installé permet le déversement plus aisé et moins coûteux d'une offre qui vient concurrencer les productions locales). Cette pression déflationniste pèse plus sur les prix que sur les salaires, si bien que le déclin de la rentabilité, perçu avec acuité par les capitalistes de l'époque et bien repéré par les reconstitutions statistiques, entraîne celui de l'accumulation du capital industriel et urbain (dans une période où industrialisation et urbanisation sont étroitement liées). C'est dans les industries de biens de production que le repli est le plus marqué.

La sortie de la grande dépression : la macroéconomie et les institutions

La sortie de la grande dépression passe par le jeu conjoint de mécanismes de marché et d'incitations institutionnelles qui orientent les capitaux libérés des activités en déclin vers les activités porteuses associées à la seconde révolution industrielle et qui convainquent les détenteurs rentiers de dépasser leur aversion au risque face à ces nouvelles opportunités d'investissement (le secteur ferroviaire avait l'avantage d'être fortement réglementé et protégé). En développant cette ligne d'analyse, Vidal retrouve une tradition qui fait de la reconstitution endogène des capacités d'épargne dans la dépression de longue durée le facteur permissif du retour d'une phase ascendante. Cette analyse laisse cependant interrogatif sur les implications d'une phase déflationniste durable. La déflation détruit du revenu et dévalorise des capitaux, si bien que l'on ne peut pas considérer le stock d'épargne comme intangible et parfaitement transférable d'une activité à l'autre (Vidal insiste sur le fait qu'il n'y a pas de destruction de capital dans le secteur ferroviaire protégé par la réglementation étatique, mais ce capital est immobilisé justement). La synthèse macroéconomique proposée par Vidal reste à cet égard inachevée et cette incertitude a pour pendant un flou concernant la reconfiguration des classes sociales et de leurs rapports. Le rôle dominant de la propriété foncière a largement été ébranlé par la crise agricole et les nouvelles dynasties industrielles n'ont pas été la simple réincarnation des propriétaires fonciers. Sur ce double plan, Vidal sous-estime peut-être l'ampleur des mutations du capitalisme qui émerge de la grande dépression, parce que la destruction de valeur et de positions acquises causée par la déflation oblige, pour en sortir, à des changements qui ne sont pas réductibles à un transfert d'épargne préexistante. Qui sort vainqueur de la grande dépression? Les rentiers qui détiennent les capitaux susceptibles d'un redéploiement vers les nouveaux secteurs porteurs, ou les nouveaux débiteurs, c'est-à-dire les entrepreneurs qui mettent à profit l'évolution du système bancaire pour se lancer, grâce au crédit, dans de nouvelles aventures industrielles? La réponse à cette question, sans doute trop abruptement formulée, n'est pas claire dans l'ouvrage de Vidal, alors que l'enjeu représenté par l'analyse du rôle de l'épargne dans la sortie de crise est évidemment tout à fait important, hier comme aujourd'hui.

Domaine par domaine, Vidal explore le jeu des facteurs économiques et institutionnels qui concourent à la sortie de la grande dépression :

– L'agriculture, avec beaucoup de nuances selon les pays, témoigne d'une capacité limitée d'ajustement spontané aux changements de prix relatifs. La rigidité des structures d'exploitation, notamment en France, limite cette adaptabilité. Les politiques de protection douanière jouent donc un rôle important et permettent incontestablement une relance de la production agricole. Leur effet macroéconomique net est moins évident, car, si elles favorisent un redressement du pouvoir d'achat rural favorable à l'expansion du marché intérieur, elles freinent la réallocation des ressources en capital et en main-d'œuvre nécessaire à la libre expansion des nouvelles activités industrielles. Ce peut être une contrainte là où la démographie limite les ressources en main-d'œuvre, comme en France de nouveau (mais, à l'échelle de l'ensemble de l'Europe, au vu de l'ampleur des migrations humaines en direction des pays neufs, intenses entre 1880 et 1910, on a plutôt tendance à se dire que cette contrainte n'a pesé que modérément et que le protectionnisme agricole n'a pas outre mesure borné la croissance européenne. Paul Bairoch, qui défendait plutôt l'idée contraire d'un effet net positif de ce protectionnisme, se livrait à un calcul d'un autre type, à savoir le manque à gagner de croissance européenne suscité par la perte définitive de main-d'œuvre).

– La libération de capitaux par les activités en déclin, le relâchement des politiques monétaires (les taux d'intérêt nominaux s'orientent à la baisse dès 1873) et l'évolution structurelle des systèmes bancaires (la bancarisation et la scripturalisation progressent) entravent progressivement l'action des forces déflationnistes en libéralisant l'émission monétaire. A leur tour, les taux d'intérêt réels baissent à partir de 1882. Ce ne sont pas les seules vertus de l'étalon-or qui, en garantissant la stabilité de l'ordre monétaire, favorisent le maintien d'anticipations positives. Il aura fallu, pour nourrir et conforter ces anticipations, des mutations considérables des systèmes bancaires, avec le développement des banques de dépôt qui s'attachent à la collecte d'une épargne de masse auprès des nouvelles catégories urbaines. Ces mutations prennent des couleurs nationales, avec le schéma dominant des banques spécialisées ici (le Royaume-Uni et la France), des banques universelles là (l'Allemagne et l'Italie), ces dernières paraissant plus aptes à prendre le pari des nouveaux risques industriels. Le Royaume-Uni et la France font plus confiance aux marchés financiers animés par les banques d'affaires, ce qui favorise sans doute une stratégie de placements financiers orientés vers l'étranger, au rendement de long terme douteux pour ces deux économies nationales (on sait cependant que les héritiers des emprunts russes n'ont pas encore lâché le morceau !).

– Un mécanisme à la Goodwin – le poids de l'armée de réserve des travailleurs sur les conditions salariales, d'autant plus prononcé qu'ils ne disposaient pas du statut reconnu des chômeurs modernes, – autorise progressivement le redressement de la rentabilité capitaliste au sein des économies européennes. Cette progressivité est fonction des caractéristiques nationales du marché du travail. Elle est plus rapide là où ce marché est plus franchement dégagé des secteurs précapitalistes. En France, la possibilité d'un repli protecteur sur l'agriculture freine l'ajustement salarial dans l'industrie urbaine. La combinaison du faible dynamisme démographique, du conservatisme et du protectionnisme agricoles, et de l'unification nationale du marché du travail aurait ainsi offert aux prolétaires, dans le cas français, la possibilité d'une mobilité protectrice retardant la restauration de la rentabilité capitaliste. On aimerait cependant une démonstration plus complète de ce point, car on a du mal à concilier l'intensité de la crise agricole avec le maintien du rôle de l'agriculture comme secteur abrité et protecteur. La médaille a cependant son revers : lorsque la croissance repartira, avec la Belle Époque, la libération de main-d'œuvre agricole limitera l'expansion des salaires urbains.

– La combinaison des nouvelles conditions financières et de la restauration des profits est un mécanisme général, qui ne privilégie pas particulièrement les secteurs innovants de l'époque (chimie, travail des métaux, construction de machines, électricité). Ceux-ci se comportent comme l'ensemble du secteur de biens de production, auxquels ils appartiennent, en affichant une grande vulnérabilité cyclique de la valorisation de leurs capitaux (sauf dans le cas de l'électricité, secteur réglementé). Vidal ne perçoit pas la sortie de dépression comme le fruit d'une émergence autonome de secteurs innovants et s'oppose ainsi à une lecture schumpeterienne primaire. Les secteurs innovants suivent la reprise générale, plutôt qu'ils ne l'impulsent. Ensuite, bien sûr, la restauration des conditions macroéconomiques et institutionnelles de l'expansion permet aux économies les mieux situées sur ces créneaux innovants, comme l'Allemagne, d'en tirer pleinement profit et de prendre le *leadership* industriel (pour les lecteurs de cette revue, cette discussion évoquera sans aucun doute une vive controverse sur l'ouvrage d'Anton Brender et Florence Pisani, *Le nouvel âge de l'économie américaine*, à propos de l'ordre des causes entre le rétablissement des conditions macroéconomiques d'une croissance régulière et l'émergence de la dite nouvelle économie d'aujourd'hui).

– Vidal n'est en effet pas un pur économiste de l'offre et explore avec attention le rôle des facteurs de demande dans la sortie de dépression. Plus que sur la consommation privée de produits industriels, dont le dynamisme reste limité – ce n'est pas encore l'heure du fordisme, et la régulation concurrentielle du marché du travail reste cruelle, même si certaines catégories urbaines acquièrent une capacité nouvelle de consommation de produits manufacturés –, Vidal insiste sur l'expansion des dépenses individuelles et collectives de services (santé, éducation, transports – en revanche, les domestiques commencent à disparaître) ainsi que sur celle de l'investissement en infrastructures urbaines. C'est le couplage entre la reprise de l'accumulation productive, dans les activités porteuses de la seconde révolution industrielle, et cette expansion nouvelle de dépenses individuelles et collectives orientées vers les services et les infrastructures modernes qui lui paraît assurer une expansion régulière et dynamique de la demande, laquelle nourrit l'optimisme de la Belle Époque. L'Allemagne joue encore gagnante, en instaurant un système de sécurité sociale et en développant activement l'enseignement technique comme secondaire, alors qu'en France la généralisation obligatoire et républicaine de l'enseignement primaire – norme sociale de base qui s'impose dans toute l'Europe de l'Ouest – ne suffit pas à dissimuler le malthusianisme des élites.

– La reprise du commerce international, surtout après 1899, accompagne, plutôt qu'elle ne précède, l'expansion retrouvée. Les effets d'abord négatifs du protectionnisme sont dépassés par le retour des croissances nationales au sein des métropoles européennes, les pays émergents de l'époque franchissent le cap de leurs difficultés financières et la concurrence agroalimentaire exercée par les États-Unis s'amoindrit, la frontière étant désormais figée. Il faut cependant tenir compte des différences d'insertion internationale : plus que dans d'autres pays européens, la reprise italienne est tirée par l'expansion du commerce international, tandis que le Royaume-Uni compense sa fidélité au libéralisme par la domination impérialiste des marchés que lui fournit l'empire. Mais, ce faisant, il signe sans doute à terme son déclin structurel. L'Allemagne exploite les avantages de son nouveau *leadership* industriel intra-européen en accroissant ses parts de marché à l'exportation. Les taux d'intérêt, plus élevés dans ce pays qu'au Royaume-Uni et qu'en France, témoignent de tensions sur la disponibilité de capital mais aussi de meilleures opportunités d'investissement, auxquelles concourt la disponibilité de ressources humaines qualifiées.

C'est l'image finale que livre l'ouvrage de Jean-François Vidal : des capitalismes européens différenciés émergent de la grande dépression. Les sorties de crise ont, à cette époque, une forte consistance nationale. Au capitalisme prusso-rhénan en gestation, fait de banques universelles, de protectionnisme pragmatique (lequel est un retour aux sources plus qu'une franche novation) et d'un développement bien encadré des capacités humaines, s'oppose un capitalisme britannique, qui choisit l'expansion financière et impérialiste, sans réforme prononcée de ses institutions fondatrices. Le capitalisme français joue difficilement l'entre-deux, tandis que le capitalisme italien s'oriente vers l'imitation de l'exemple germanique. Cette différenciation des capitalismes est un trait remarquable de l'époque, qui a développé des conséquences séculaires jusqu'à aujourd'hui. Mais il ne devrait pas dissimuler – l'ouvrage de Vidal ne le fait pas, mais comme il est volontairement restreint au cas de quatre économies européennes, le lecteur peut être tenté de le faire – que la sortie de la grande dépression est passée à la fois par l'affirmation de ces différences et par la restauration d'un fonctionnement mieux ordonné d'une économie mondiale plus cosmopolite que jamais, qui a permis une cohabitation relativement harmonieuse de ces capitalismes nationaux. Jusqu'en 1914.

Fiche de lecture

Une décomposition du non-emploi en France

Guy Laroque et Bernard Salanié
Économie et Statistique, n° 331, INSEE, 2000-1

Économétrie de la misère, misère de l'économétrie *

Henri Sterdyniak
Directeur-adjoint du département analyse et prévision

« Quelle est la part du chômage en France qui s'explique par le déficit d'emplois, celle qui est frictionnelle, celle qui proviendrait de salaires trop élevés ou de prestations sociales trop généreuses ? » est une question importante pour la conduite de la politique économique et celle des réformes structurelles. C'est la question centrale de l'article que Guy Laroque, chef du Département des études et des synthèses économiques de l'INSEE, et Bernard Salanié, chef de la Division croissance et politiques macroéconomiques, viennent de publier dans le numéro de juillet 2000 d'*Économie et Statistique*, la revue de l'INSEE. Cet article, intitulé : « *Une décomposition du non-emploi en France* », a eu un certain retentissement, compte tenu du caractère tranché de ses conclusions.

D'une part, l'article estime que le *non-emploi* en France en 1997 se compose pour 57 % de *non-emploi volontaire* (des personnes qui ne souhaitent pas travailler, compte tenu de la faiblesse des gains qu'un travail leur rapporterait par rapport aux prestations qu'elles touchent en étant inactives), pour 20 % de *non-emploi classique* (des personnes empêchées de travailler par l'existence du SMIC) et pour 23 % d'*autre non-emploi*, (« *une catégorie hétérogène de personnes qui, pour des raisons diverses, ne trouvent pas d'emploi* »). Il n'y aurait donc pas de chômage de masse, provoqué par le manque d'emplois disponibles pour des gens désireux et capables de travailler. Le *non-emploi* s'expliquerait essentiellement par le niveau trop élevé du SMIC et par l'insuffisance de l'écart entre le SMIC et le RMI.

* L'auteur a bénéficié de conversations stimulantes avec Pierre Villa et avec Michel Husson qui a bien voulu lui communiquer une première version de son texte : « L'épaisseur du trait », à paraître dans la *Revue de l'IRES*.

D'autre part, l'article réévalue fortement les estimations des pertes en emplois résultant d'une hausse du SMIC : une hausse de 10 % du SMIC, ce serait 290 000 emplois en moins ; la suppression du SMIC, 570 000 emplois en plus...

Il est donc nécessaire de porter un regard critique sur la méthode de Laroque et Salanié. Faut-il modifier notre vision de la situation du marché du travail en France ou les chiffres obtenus proviennent-ils d'hypothèses fragiles, d'interprétations peu fondées, de résultats contestables ?

Une catégorie hétéroclite : le *non-emploi*

L'originalité de Laroque et Salanié est d'introduire et d'utiliser abondamment la catégorie du *non-emploi*, où ils regroupent toutes les personnes qui ne travaillent pas, sans faire de distinction entre celles qui cherchent un emploi (les chômeurs, selon la terminologie habituelle) et celles qui n'en cherchent pas (les inactifs). Leur postulat de base est que le même modèle explique le *non-emploi* des inactifs et des chômeurs. La pertinence de ce regroupement n'est jamais testée ou discutée.

Les auteurs cherchent à expliquer pourquoi une personne ne travaille pas, à partir de caractéristiques propres à cette personne. Il s'agit d'étudier « *les causes du chômage sur données individuelles* ». Le deuxième postulat est donc que l'on peut expliquer qu'une personne travaille ou pas, sur la simple observation de ces caractéristiques, indépendamment de la situation du marché du travail et du comportement d'embauche des entreprises.

En situation de chômage de masse, pour toute offre d'emploi, l'employeur a le choix, en règle générale, entre de multiples demandeurs. Il peut choisir par exemple de ne pas embaucher des femmes avec enfants (craignant qu'elles soient plus souvent absentes), ou de ne pas embaucher des enfants d'immigrés, blacks ou beurs. Ces catégories souffrent donc d'un chômage plus important, qui serait en partie résorbé en situation de marché du travail tendu, où les employeurs, n'ayant guère le choix, se résigneraient à les embaucher. Laroque et Salanié négligent cet effet et choisissent, par exemple, de rechercher les causes du *non-emploi* plus important des femmes avec enfants dans le seul choix de celles-ci.

Leur travail se borne à étudier les taux d'emploi, à un moment donné, mars 1997, pour une certaine situation du marché du travail (un taux de chômage de 12,4 %). Il ne permet donc pas d'analyser l'impact de la situation du marché du travail sur le taux d'activité, impact mis en évidence pourtant sur les études conduites sur séries chronologiques.

Une méthode qui n'est pas neutre

L'estimation est conduite sur la base des données recueillies dans l'enquête emploi de mars 1997. Chaque individu est décrit par un ensemble, N, de caractéristiques : âge, sexe, seul ou en couple, diplôme, nombre d'enfants, etc. Si la personne travaille, l'enquête fournit son salaire net mensuel, d'où les auteurs peuvent déduire, en mobilisant la législation sociale, W, son coût total pour son employeur. Les auteurs estiment alors économétriquement une équation de salaire W_N, qui explique le salaire en fonction de ces caractéristiques. Ils peuvent alors estimer pour une personne dite en *non-emploi,* le salaire qu'elle toucherait si elle travaillait. Ce salaire peut être comparé au coût salarial correspondant au SMIC : W_{min}. Puis, toujours compte tenu de la législation, les auteurs calculent $R_N(W)$, le revenu dont disposerait la personne si elle travaillait, revenu qui dépend des prélèvements sociaux et fiscaux et des diverses prestations sociales. De même, ils peuvent calculer son revenu si elle ne travaillait pas, $R_N(0)$. Le même calcul est effectué pour les personnes qui travaillent. Ils font ensuite l'hypothèse qu'il existe un gain de réservation Z_N, qui est l'accroissement de revenu procuré par le travail nécessaire pour que la personne de caractéristique N accepte de travailler. Les auteurs estiment économétriquement Z_N en fonction des diverses caractéristiques, N, sur l'ensemble de la population de façon à séparer au mieux les personnes qui travaillent de celles qui ne travaillent pas.

Ils peuvent alors décomposer les personnes en *non-emploi* en trois catégories :

Si $R_N(W) > R_N(0) + Z_N$, la personne est dite en *non-emploi volontaire*. Le supplément de revenu qu'un emploi lui apporterait est inférieur au gain de réservation. Elle choisit donc de ne pas travailler.

Si $R_N(W) < R_N(0) + Z_N$ *et si* $W_N < W_{min}$, elle est dite en *non-emploi classique*. Elle veut travailler mais ne peut trouver un emploi car, compte tenu de ses caractéristiques, les employeurs refusent de lui payer un salaire égal ou supérieur au SMIC.

Sinon, elle est dite en *autre non emploi*. Son *non-emploi,* ne s'expliquant pas par le modèle, est présumé être de type frictionnel ou de type keynésien.

Le classement de chaque individu ne prend pas en compte le fait qu'il déclare, ou non, rechercher un emploi.

Comme le reconnaissent les auteurs (note 1), « *l'ordre qui préside à la définition est purement conventionnel, mais n'est pas neutre* ». Il gonfle le *non-emploi* volontaire au détriment du *non-emploi* classique. Surtout le chômage keynésien devient la catégorie résiduelle, celle que l'économètre doit réduire au maximum.

Les données et certaines omissions

Les auteurs partent de l'enquête emploi de mars 1997, où le taux de chômage au sens du BIT était de 12,4 %. Ils limitent leur étude aux personnes de 25 à 49 ans, renonçant donc à expliquer le chômage des jeunes et l'inactivité des personnes de plus de 50 ans. Ils excluent les fonctionnaires et les non-salariés.

Le point le plus contestable est qu'ils excluent aussi de leurs analyses toutes les personnes qui travaillent à temps partiel. Pour les femmes, l'omission est importante (tableau 1), puisque les femmes qui travaillent à temps partiel sont deux fois plus nombreuses que celles qui sont en chômage. L'explication donnée est d'une évidence réconfortante : le travail à temps partiel ne serait pas modélisable car « *il est souvent imposé par l'employeur et subi par l'employé* ». Or, durant le reste de leur article, les auteurs postulent qu'une femme qui veut travailler le peut pratiquement toujours. Pourquoi accepterait-t-elle un emploi à temps partiel ? Une femme qui travaille 20 heures et déclare souhaiter travailler à temps plein, ne peut guère être en *non-emploi* volontaire à mi-temps : le gain marginal à passer d'un mi-temps au temps plein est toujours supérieur à celui à passer de l'inactivité au mi-temps. Elle a une productivité horaire supérieure au SMIC ; il faut donc obligatoirement qu'elle soit en chômage keynésien. Le lecteur ne comprend pas pourquoi les auteurs n'ont pas généralisé leur analyse du temps partiel au temps plein. Pourquoi n'ont-ils pas eu la sagesse d'écrire : « Le *non-emploi* est difficilement modélisable en situation de chômage de masse, car il est imposé par la situation du marché du travail et subi par l'employé » ?

1. Répartition des personnes de 25 à 49 ans

En milliers

	Hommes	Femmes
Temps complet	8 709	5 092
Temps partiel	366	2 179
Chômeurs	1 030	1 121
Inactifs	466	2 346
Total	**10 571**	**10 738**

Source : Enquête emploi de mars 1997.

Au total, l'échantillon étudié est représentatif d'une population de 9,6 millions de personnes, sur 21,3 millions de personnes entre 25 et 49 ans (et 31,2 millions de personnes de 20 à 59 ans).

Faute de données, les auteurs ne tiennent pas compte des allocations chômage éventuellement perçues par les travailleurs sans emploi, ni des mécanismes d'intéressement du RMI. Ils prétendent se placer « *dans une optique de long terme* » et pouvoir négliger ces allocations temporaires. Du coup, le rôle du RMI est surévalué : dans l'enquête 540 000 personnes disent bénéficier du RMI ; à l'époque la CNAF versait 900 000 allocations ; selon les simulations des auteurs 1,9 million de personnes devraient le toucher.

Par ailleurs, les auteurs supposent qu'un chômeur choisit de travailler en comparant le RMI au salaire qu'il pourrait toucher (le SMIC par exemple) sans tenir compte des différences de statut et surtout d'évolution de ces deux situations. Un jeune de 26 ans sait qu'un emploi au SMIC lui ouvre des possibilités d'intégration, d'évolution professionnelle, des droits assurés... Ce qui n'est pas le cas du RMI. Une femme mariée sait qu'un emploi lui assure une autonomie financière.

Le coût du travail et sa productivité

La première équation estimée relie le coût du travail aux caractéristiques de l'individu. Il s'agit du coût effectivement payé. Mais les auteurs introduisent une confusion entre le salaire effectif des individus et le « *coût mensuel que l'employeur est prêt à payer pour l'employer, compte tenu de sa productivité estimée au vu de ses caractéristiques individuelles* ». L'hypothèse implicite est que le coût salarial est toujours égal à la productivité marginale du travail, et ne dépend pas du SMIC ou des cotisations sociales. Les auteurs n'ont pas de théorie de formation des salaires. A chaque instant, le salaire est la productivité du travail. Si un travailleur au SMIC coûte 7 932 francs à son employeur, c'est, selon les auteurs, que sa productivité, explicable par des caractéristiques personnelles, est de 7 932 francs (et non que le SMIC a été fixé à ce niveau). Dans la réalité, si à un moment donné, l'employeur paye 7 932 francs pour employer une caissière, c'est que la législation ne lui permet pas de payer moins et qu'il trouve des personnes disposées à travailler pour ce salaire. Si le SMIC était plus élevé, il serait bien obligé de la payer plus. Si le SMIC était plus bas, il en profiterait pour diminuer son salaire.

Les auteurs supposent que les coûts salariaux sont indépendants du niveau du SMIC et du niveau et de la structure des cotisations sociales. Pour prendre un exemple, les cotisations sociales employeurs, au niveau du SMIC, ont été fortement réduites en octobre 1996 (dans le cadre des mesures d'incitations à l'emploi des travailleurs non-qualifiés). Le coût du travail d'un Smicard est donc plus bas de 500 francs en mars 1997 qu'en septembre 1996. L'équation de Laroque et Salanié explique froidement le coût d'un Smicard en mars 1997 en fonction des caractéristiques de cette personne, sans tenir compte de cette baisse récente.

Les auteurs assimilent salaire et productivité. Leurs équations de salaires obligent donc à conclure qu'une femme perd 18 % de sa productivité en vivant en couple alors qu'un homme gagne 2 %. Une femme seule a une productivité inférieure de 3 % à celle d'un homme ; une femme mariée inférieure de 23 %. Est-ce un pur effet de productivité ou le reflet des pratiques d'embauche des employeurs ?

Si on regarde par exemple la catégorie « CAP, BEP ou équivalent », le salaire net est de l'ordre de 5 000 francs pour un homme (en couple ou seul), ou pour une femme seule ; il est de 4 000 francs pour une femme en couple, soit en dessous du SMIC. Ce résultat étonnant provient de ce que, dans leurs estimations, les auteurs autorisent une corrélation entre le terme d'erreur de l'équation de salaire et celui de participation. Aussi, obtiennent-ils que les femmes qui ne travaillent pas auraient en moyenne une productivité plus faible si elles travaillaient que celles qui travaillent (toutes choses égales par ailleurs), ce qui contribue à expliquer qu'elles ne travaillent pas. Cette hypothèse leur permet bien sûr d'augmenter l'ampleur du *non-emploi classique ou volontaire.*

La marge d'erreur des équations de salaire est de 60 %, ce qui est habituel dans ce genre de travail (une partie importante des différences de salaires s'explique par des disparités inter-branches), et en même temps considérable Avec une telle marge d'erreur, le modèle ne permet pas de déterminer avec précision si une personne peut gagner 5 000 francs (et est donc inemployable) ou peut gagner 8 500 francs (et est employable).

L'équation de participation et les facteurs inexpliqués...

Comment expliquer la participation au marché du travail (le fait d'avoir un emploi), sachant que dans la non-participation Laroque et Salanié mêlent chômeurs et inactifs ? Comme ils le reconnaissent, d'après leur travail, « *La participation au marché du travail dépend en grande part de facteurs inexpliqués* ». Souvenons-nous que la méthode des auteurs consiste à chercher des facteurs individuels de participation. Imaginons que le taux de non-participation des jeunes en général est de 10 %, celui des jeunes beurs de 40 % ; dira-t-on que ces derniers sont plus paresseux, moins productifs, ou que les employeurs les rejettent *a priori* ? De même, pour les femmes en couple, la méthode ne permet pas d'évaluer les « travailleuses découragées », les femmes qui travailleraient si la situation du marché du travail s'améliorait.

Pour les femmes en couple, le gain financier médian requis pour participer est de 3 804 francs avec un écart-type de 4 200 francs. Le gain requis est donc compris entre — 400 et 12 000 francs. L'estimation est entachée d'une forte incertitude qui s'explique à la fois par la disparité des choix individuels et par le caractère hétéroclite de la notion de non-participation. C'est encore pire pour les autres catégories de personnes. Pour les femmes seules, il est négatif, de — 3 300 francs avec un écart-type de 11 000 francs. Pour les hommes en couple, il est aussi négatif. Pour les hommes seuls, il est nul. La faiblesse de ces gains estimés montre que beaucoup de salariés acceptent de travailler pour des salaires très faibles, peu supérieurs au RMI (et le nombre serait accru si le temps partiel était pris en compte). Leur imprécision témoigne du fait qu'il est difficile de discriminer, parmi certaines couches de la population, entre ceux qui ont un emploi et ceux qui n'en ont pas.

Laroque et Salanié sont obligés de reconnaître que la participation s'explique par d'autres facteurs, que leurs équations ont un « *faible pouvoir explicatif* ». Toutefois, ils ne remettent pas en cause leur postulat, qu'en période de chômage de masse, avoir ou non un emploi est une « décision ».

Un chômage résiduel bizarrement réparti

Reste à estimer la probabilité de trouver un emploi pour chaque catégorie de travailleurs qui veulent travailler et ont une productivité suffisante. Laroque et Salanié estiment une probabilité de trouver un emploi, qui est le complément à 1 du taux de *chômage résiduel* (frictionnel ou keynésien). Compte tenu de la méthode, on obtient des chiffres très différents selon les types d'individus. Certaines catégories ont un taux de *chômage résiduel* extrêmement important : les femmes en couple de plus de 35 ans avec un diplôme supérieur (37 %), les hommes seuls sans diplôme (29 %), les femmes en couple sans diplôme (29 %). Pour d'autres, ce taux est nul : tous les jeunes avec un BEP ou un CAP (sauf pour les hommes seuls). Une jeune femme sans diplôme a une probabilité d'être en *chômage résiduel* de 16 % ; si elle vit en couple de 0 %. Par contre, une femme de plus de 35 ans, qui vit seule, de niveau bac ou bac + 2, a un taux de *chômage résiduel* nul, qui passe à 20 % si elle vit en couple.

Il en résulte que l'importance de *l'autre non-emploi* (frictionnel ou keynésien) varie lui aussi de façon surprenante (tableau 2). Il est extrêmement fort chez ceux qui ont un diplôme supérieur (11,6 % chez les hommes en couple, 21,5 % chez les femmes en couple). Par contre, il est relativement faible chez les non-diplomés. Le chômage des qualifiés serait très sensible au cycle, contrairement à celui des non-qualifiés. C'est l'inverse des résultats habituels. Ceci provient du fait que la méthode des auteurs aboutit à ce que le *non-emploi* des non-qualifiés est mis de façon excessive dans la catégorie volontaire et classique. Si on considère les personnes ayant le niveau « CAP, BEP ou équivalent », il n'y aurait aucun *non-emploi* frictionnel ou keynésien chez les femmes seules, un taux de 3 % chez les hommes en couple, de 4,5 % chez les femmes en couple, de 17 % chez les hommes seuls.

Les disparités obtenues sont absurdes. Elles résultent du hasard des estimations et ne s'appuient sur aucune réalité. Il faudrait supposer que le marché du travail est très segmenté ; qu'il est très bien organisé pour certaines catégories de travailleurs de sorte que le chômage frictionnel y serait nul, très mal organisé pour d'autres catégories pourtant très proches. Ou il faudrait supposer qu'en 1997, le déficit de demande est réparti au niveau sectoriel de telle façon qu'il frappe massivement les secteurs employant des hommes seuls, mais pas ceux employant des hommes en couple ou des femmes seules.

Ces disparités injustifiables au niveau de chaque catégorie fine de travailleurs décrédibilisent la décomposition obtenue. Bizarrement, elles ne gênent pas les auteurs qui ne les commentent pas et n'évaluent pas leur crédibilité.

2. L'importance de l'autre non-emploi

En %

	Autre
Total	**7,5**
Diplôme supérieur	16,5
Bac +2	9,2
BAC	7,7
CAP, BEP ou équivalent	4,7
BEPC seul	9,5
Pas de diplôme	8,9
Hommes en couple	5,9
Femmes en couple	8,0
Hommes seuls	20,1
Femmes seules	4,1

Source : Laroque et Salanié.

Le chômage décomposé...

Finalement, Laroque et Salanié obtiennent une décomposition entre les trois formes de *non-emploi* où prédominent le *non-emploi volontaire* (tableau 3). L'*autre non-emploi*, le chômage frictionnel ou keynésien, ne concernerait que 31 % des chômeurs.

Cette décomposition est effectuée sans que les auteurs tiennent compte du fait que les individus cherchent ou non un emploi. Que 67 % des inactifs soient en *non-emploi volontaire* n'est pas une découverte. Ce qui pose problème, ce sont les 33 % restants. Ce sont des personnes qui, selon Laroque et Salanié, devraient chercher un emploi, mais qui ne le font pas. Pourquoi ? Qui sont les 16 % d'inactifs, qui selon Laroque et Salanié, devraient chercher un emploi et en trouver ? En fait, dans la terminologie économétrique, ce sont les résidus du modèle. C'est-à-dire des personnes dont le modèle n'explique pas le comportement. Or Laroque et Salanié font comme si ces personnes constituaient une vraie catégorie statistique.

En sens inverse, ils prétendent que 46 % des chômeurs font semblant de chercher un emploi, sans avoir en fait la volonté d'en trouver. Leur explication est prodigieuse : « *au vu du comportement moyen de la population, ces personnes ne devraient effectivement pas participer* ». Mais, ce sont les auteurs eux-mêmes qui ont inventé ce *comportement* volontaire de non-participation qui serait le même pour les inactifs et les chômeurs. Comme les 33 % d'inactifs qui devraient chercher un emploi ou travailler, ces 46 % de chômeurs qui ne devraient pas chercher un emploi ne sont pas une catégorie statistique : ce sont d'autres résidus du modèle.

On peut interpréter le tableau 3 d'une autre façon. Laroque et Salanié cherchent à déterminer si une personne cherche ou non un emploi. Ils se trompent dans 40 % des cas : 700 000 personnes qui ne devraient pas chercher un emploi en cherchent un ; 575 000 personnes qui cherchent un emploi ne devraient pas le faire. Au lieu de considérer que leur modèle se trompe, Laroque et Salanié prétendent que ces personnes n'ont pas le comportement qu'elles déclarent : elles ne cherchent pas d'emploi, même si elles se déclarent chômeuses ; elles en cherchent même si elle se déclarent inactives. Ce n'est pas le modèle qui se trompe, ce sont les personnes observées.

Malheureusement, les auteurs ne fournissent pas la même *décomposition* pour les personnes employées : combien travaillent alors qu'elles n'auraient pas intérêt à travailler selon Laroque et Salanié (les *travailleurs involontaires*) ? Combien sont employées bien qu'elles aient une productivité inférieure au SMIC (les *travailleurs anticlassiques*) ? Cette information est indispensable pour juger de la précision et de la pertinence du modèle.

Les auteurs postulent au départ que le comportement des inactifs et des chômeurs est le même. Aucune preuve n'est fournie que ce postulat est vérifié. Ils auraient pu faire le postulat inverse : les chômeurs veulent travailler : l'équation de participation doit expliquer un comportement identique de désir de travailler des actifs occupés et des chômeurs. La non-participation ne concerne que les inactifs (et encore, certains pourraient désirer travailler si la situation du marché du travail s'améliorait). Les auteurs ne remettent jamais en cause leur postulat initial, comme s'il était une évidence, malgré le fait que les équations de participation soient d'une précision plus que médiocre, bien qu'ils aboutissent à une répartition absurde du chômage keynésien.

3. La décomposition du sous-emploi selon Laroque et Salanié

	Volontaire	Classique	Autre	Total
Inactifs	1 150 000 (67 %)	300 000 (17 %)	275 000 (16 %)	1 725 000
Chômeurs	700 000 (46 %)	350 000 (23 %)	475 000 (31 %)	1 525 000
Total	1 850 000 (57 %)	650 000 (20 %)	750 000 (23 %)	3 250 000

Source : Laroque et Salanié.

Quand les auteurs disent, dans leur introduction, que 57 % des personnes sans emploi sont en *non-emploi volontaire*, ils ajoutent 1,15 million de personnes qui effectivement ne cherchent pas un emploi (et dont on ne sait pas combien chercheraient en emploi, si la situation du marché du travail s'améliorait) et 700 000 qui en cherchent, mais dont Laroque et Salanié ont décidé qu'ils n'auraient pas intérêt à travailler. Nous avons vu que les équations de salaires déterminent le salaire avec une précision de 60 %, le salaire de réservation est négatif pour les hommes en couple et les femmes seules, nul pour les hommes seuls, compris entre – 4 000 francs et 12 000 francs pour les femmes en couple. Le modèle est donc peu validé et peu précis. Mais, dans l'introduction de leur article, Laroque et Salanié ne font pas la moindre allusion à l'incertitude qui entoure ces chiffres, au fait qu'ils découlent d'un modèle bien particulier, avec des postulats contestables, peu validé par les données. Leur *décomposition* est présentée au présent de l'indicatif, comme une vérité absolue ou comme si elle résultait d'une observation statistique.

Les auteurs ne s'interrogent jamais sur la nécessité de prendre en compte dans leur analyse le fait que la France en 1997 est en situation de chômage de masse. Imaginons qu'une entreprise offre 10 emplois de manutentionnaires au SMIC ; elle a 100 postulants. Elle choisit les plus diplômés (ceux qui ont le bac, par exemple). Les 90 refusés sont donc maintenant en chômage classique, selon Laroque et Salanié : il faut le bac pour obtenir un emploi de manutentionnaire au SMIC. Mais si le marché du travail s'améliore, les manutentionnaires diplômés deviendront vendeurs ou employés et les non-bacheliers auront leur chance.

Supposons que, au départ, tout le monde travaille pour un salaire w (largement inférieur à la productivité du travail). Survient un choc de demande. Les entreprises licencient 10 % du personnel, selon un certain critère c (les plus jeunes par exemple ou les moins qualifiés ou les femmes mariées). Les personnes en *non-emploi* ont une productivité inférieure aux personnes en place (si on accepte le critère c). Elles sont pourtant tout à fait employables et seraient employées si la demande revenait à son niveau initial. Laroque et Salanié diront qu'ils sont en chômage volontaire : ils ont un salaire de réservation trop grand par rapport à leur productivité.

De façon générale, si les processus d'embauche et de débauche fonctionnent bien au niveau des entreprises, en situation de chômage de masse, les chômeurs sont moins productifs en moyenne que les travailleurs occupés. Ceci ne signifie pas qu'ils ne sont pas employables.

Laroque et Salanié se limitent à l'année 1997. Le lecteur ne peut s'empêcher de penser qu'il aurait été intéressant de faire la même étude en 1987 où le RMI n'existait pas, ce qui n'avait pas empêché le taux de chômage de monter à 10,5 % ; de la refaire en 1994 où il n'y avait pas encore d'allégement de charge sur les bas-salaires (mais 11,7 % de chômeurs contre 12,4 % en 1997) ; enfin, en 2000 pour voir comment le modèle rend compte de la forte réduction du chômage, obtenu depuis 1997 sans réduction du SMIC ou du RMI.

Des variantes fondées sur un postulat arbitraire...

Laroque et Salanié présentent ensuite deux simulations de politiques économiques. Les auteurs nous indiquent heureusement que « *Plusieurs précautions sont à prendre dans l'interprétation des résultats* ». Le modèle serait « *un modèle de long terme, qui décrirait les effets d'une mesure de politique économique qu'après que tous les ajustements ont eu lieu, soit à un horizon de cinq à dix ans* ». Cependant, ce délai n'a pas été pris en compte dans les estimations. En quoi l'année 1997 serait une année d'équilibre de long terme ? Elle l'est d'autant moins que le 1er octobre 1996 les cotisations sociales employeurs sur les bas-salaires ont été fortement abaissées. Dans l'estimation, Laroque et Salanié supposent implicitement que cette mesure a joué à plein dès mars 1997. Puis, on lit : « *A court terme, une hausse du SMIC a des effets de diffusion jusqu'à environ un SMIC et demi. En se plaçant dans une perspective de long terme, on suppose que ce phénomène de diffusion peut être négligé* ». Le lecteur peut être surpris : si le SMIC augmente de 10 %, une personne qui touchait auparavant 1,12 fois le SMIC aurait d'abord une certaine hausse : son salaire serait par exemple de 1,17 fois l'ancien SMIC, puis subirait à long terme une baisse, pour se retrouver à son niveau antérieur. C'est une hypothèse totalement arbitraire.

Mais surtout l'hypothèse essentielle des simulations n'est présentée que de façon contournée : « *On supposera toujours que les coûts du travail que les entreprises sont prêtes à payer restent inchangés dans ces simulations. Ceci peut renvoyer à une hypothèse de concurrence parfaite des entreprises sur le marché du travail, auquel cas les individus sont payés à leur productivité* ».

Décryptons ce paragraphe. Laroque et Salanié observent Nicole, caissière dans un magasin, payée au SMIC, dont le coût total pour l'entreprise est de 7 932 francs. Ils en déduisent que la productivité de cette personne est précisément de 7 932 francs : si sa productivité était moindre, elle serait licenciée, si elle était plus forte (8 000 francs par exemple), la *concurrence parfaite des entreprises sur le marché du travail* ferait qu'une autre entreprise se précipiterait pour l'embaucher pour 7 970 francs. Aussi, l'hypothèse essentielle est que si le SMIC augmente, comme le coût du travail que l'entreprise est prête à payer reste le même, Nicole est licenciée, ainsi que toutes les salariées payées au SMIC. Ceci est d'autant moins pertinent qu'en septembre 1996 (avant la baisse des cotisations employeurs sur les bas-salaires), le coût du travail de Nicole, donc sa productivité selon Laroque et Salanié, était de 8 297 francs, sauf à supposer qu'elle a été embauchée depuis.

Dans la vraie vie, une entreprise qui a besoin d'une caissière, d'un manutentionnaire, d'un vigile, d'une ouvrière non qualifiée, va proposer un emploi au SMIC. Ce n'a aucun sens de prétendre que la productivité de ce travail, c'est le SMIC. Si le SMIC est plus élevé, le salaire de la personne embauchée sera plus fort : le magasin ne va pas fonctionner sans caissières, vigiles, manutentionnaires... Certes, un SMIC plus élevé peut entraîner une certaine baisse du nombre d'emplois non-qualifiés. Mais Laroque et Salanié font l'hypothèse extrême que tous les travailleurs employés au SMIC à 7 932 francs ne le seraient plus pour un SMIC un peu plus élevé et se retrouveraient en chômage classique. Cette hypothèse n'est pas testée, encore moins validée par leur analyse économétrique, qui ne permet pas de comparer le salaire et la productivité du travail, qui n'analyse pas la réaction des entreprises.

Un autre point contestable des variantes, c'est qu'elles sont réalisées en supposant que la probabilité de l'*autre non-emploi* reste fixe. Ceci se justifie si l'*autre non-emploi* est exclusivement de nature frictionnelle. Par contre, si l'*autre non-emploi* est de nature keynésienne, une baisse du *non-emploi volontaire* devrait se traduire par une hausse de l'*autre non-emploi*, qui à la limite pourrait la compenser en totalité. Imaginons que le gouvernement baisse de RMI de 50 % ; plaçons-nous un instant, dans la logique des auteurs et supposons que du coup 500 000 personnes supplémentaires veulent travailler, rien dans le modèle ne permet de dire si l'emploi va augmenter de 500 000 ou si c'est l'*autre non-emploi,* le chômage keynésien, qui augmentera. Si globalement le nombre d'emplois dans l'économie est déterminé par la demande de travail émanant des entreprises et si l'économie est en situation de chômage de masse, que certaines personnes inactives décident de rechercher un emploi n'augmente pas le nombre d'emplois.

Des résultats extrêmes

Laroque et Salanié analysent donc l'impact d'une hausse du SMIC de 10 %. Ils ont décidé que cette hausse provoquerait la destruction de tous les emplois situés actuellement entre le SMIC et 1,1 fois le SMIC. Et non une hausse du pouvoir d'achat des travailleurs au SMIC (puisque ceux-ci sont déjà payés à leur productivité marginale). Elle n'a donc aucun effet favorable sur le niveau de vie des Smicards, ou sur la demande. Elle ne diminue pas le chômage volontaire puisque le salaire des non-qualifiés n'est pas augmenté. Il n'y a pas diffusion des hausses de SMIC dans la variante puisque, à la suite d'une hausse du SMIC, les Smicards ne sont pas augmentés, mais licenciés. L'emploi baisse de 290 000, par hausse du *non-emploi* classique (tableau 4). Dans des travaux antérieurs, d'autres économistes plus timorés cherchaient à évaluer combien d'emplois payés au SMIC disparaîtraient si le SMIC augmentait de 10 %. Laroque et Salanié décident que tous les emplois au SMIC et jusqu'à 1,1 fois le

SMIC disparaissent. Comme ils le disent, ce résultat est « *nettement plus élevé que celui que l'on trouve habituellement* ». Aucun article n'ira plus haut ! Mais, ce résultat ne provient pas du modèle : le *non-emploi* volontaire ne varie guère. Il provient uniquement de leur postulat implicite.

4.Impact sur le non-emploi des trois variantes

Non-emploi	Volontaire	Classique	Autre	Total
Situation initiale	**1850000**	**650000**	**750000**	**3250000**
Hausse du SMIC de 10%	– 10000	340000	– 40000	290000
Suppression du SMIC	0	– 650000	80000	– 570000
Suppression des allégements de cotisations sociales	60000	480000	– 50000	490000

Source : Laroque et Salanié.

Dans leur travail initial[1], les auteurs analysaient l'impact de la suppression du SMIC. Pourquoi pas ? Le point crucial est qu'ils supposent implicitement que cette suppression ne diminuerait pas le salaire des travailleurs actuellement payés au SMIC ; ceux-ci continueraient donc de recevoir le même salaire (puisque celui-ci est supposé égal à leur productivité et qu'il y a *concurrence parfaite des entreprises*). Aucune entreprise n'embaucherait des salariés en dessous du SMIC actuel pour leur faire faire le travail que font aujourd'hui des travailleurs payés au SMIC. La suppression du SMIC est donc souhaitable puisqu'elle ne ferait baisser le salaire de personne. La mesure n'augmenterait donc pas le *non-emploi* volontaire, puisque les emplois à très bas salaires ne détruiraient pas d'emplois à bas salaires. Cette hypothèse cruciale n'est pas signalée.

La suppression du SMIC créerait automatiquement 570 000 emplois. Les auteurs postulent que la production de ces emplois trouvera sans problème une demande correspondante. Ils se situent implicitement dans la macroéconomie pré-keynésienne : l'offre crée sa demande[2]. Mais, ils ne démontrent pas que ce schéma soit pertinent. Il aurait fallu qu'ils prouvent que l'évolution de l'emploi en France (baisse de 1,6 %de 1990 à 1994 ; remontée de 6,9 % de 1994 à 2000) s'explique effectivement par l'évolution du niveau du SMIC ou par la variation de l'écart entre le SMIC et le RMI. La démonstration reste à faire.

1. L'article d'*Économie et Statistique* reprend pratiquement à l'identique le texte du document de travail : Laroque G. et Salanié B. : « Une décomposition du *non-emploi* en France », G9911, *Document de travail de la Direction des Études et Synthèses Économiques*, septembre 1999. La seule différence est qu'une variante « suppression du SMIC » est remplacée par une variante « hausse de 10 % du SMIC ».

2. Ceci est d'autant plus surprenant que, jadis, un des auteurs avait montré que la forte poussée du chômage en France après 1974 s'expliquait essentiellement par des déterminants keynésiens (le déficit de demande), et non par des considérations classiques (un salaire trop élevé) ou par un manque de disponibilité de la main-d'œuvre. Voir Guy Laroque et *alii* : « Estimation d'une maquette macroéconomique trimestrielle avec rationnements quantitatifs », *Annales de l'INSEE*, n° 57, janvier 1985. En quelle année, les déséquilibres se seraient-ils modifiés ?

Un autre point notable est que, si la suppression du SMIC crée 570 000 emplois, une baisse du SMIC de 10 % en crée déjà 250 000. La moitié du chômage classique se trouve entre 90 et 100 % du SMIC. Le SMIC est juste un peu trop fort. Mais ce résultat est un pur artefact. Il provient du fait qu'une partie importante des chômeurs est peu différente des travailleurs effectivement employés au SMIC. Comme Laroque et Salanié attribuent aux Smicards une productivité égale au SMIC, ils attribuent à ces chômeurs une productivité légèrement inférieure au SMIC. En fait, l'existence du SMIC modifie le niveau de salaire de tous les non-qualifiés et non seulement le fait qu'ils trouvent un emploi. La méthode de Laroque et Salanié ne permet pas de déterminer quel serait le salaire des non-qualifiés si le SMIC n'existait pas.

La simulation faite sur la suppression des allégements de charge sur les bas salaires fournit, pour les mêmes raisons, des résultats bien supérieurs à tous les travaux antérieurs : 490 000 emplois supprimés. Ceci provient de deux hypothèses. Les auteurs supposent que, avant la suppression des allégements, tous les travailleurs sont payés à leur productivité marginale. Un travailleur payé au SMIC a donc obligatoirement une productivité marginale égale à 7 932 francs (tableau 5). Aussi, est-il licencié si le SMIC augmente. C'est le cas pour tous les travailleurs dont le salaire était compris entre le SMIC et 1,09 fois le SMIC. Soit 480 000 personnes. Ne restent employés que les travailleurs dont le coût salarial était déjà supérieur à 9 098 francs. Pour les travailleurs d'un salaire compris entre 1,09 et 1,33 fois le SMIC, le coût salarial doit rester fixe (puisqu'il est égal à la productivité du travail) ; le salaire, brut et donc le net, doivent diminuer : ceci augmente chez eux le chômage volontaire (soit de 60 000). Laroque et Salanié supposent donc que les allégements de cotisations employeurs sur les bas salaires provoquent une hausse du salaire net des travailleurs concernés.

5. Impact de la suppression des allégements de charge

Salaire initial	SMIC		1,165 SMIC	
	Avec allégement	Sans allégement	Avec allégement	Sans allégement
Montant brut	6407 F	6407 F	7464 F	7059 F
Salaire net	5038 F	5038 F	5869 F	5551 F
Coût salarial	7932 F	9098 F Emploi supprimé	10024 F	10024 F

Source : Calculs de l'auteur.

Mais, en réalité, d'une part le salaire brut ne baisserait pas au-dessus de 1,1 fois le SMIC de 1 pour 1 (l'effet *chômage volontaire* est surévalué). D'autre part, les entreprises ne licencieraient pas leurs employées, caissières, vendeuses, manutentionnaires actuellement payés au SMIC. Pour les remplacer comment ?

Laroque et Salanié auraient dû montrer *a contrario* que l'instauration des allégements de charges sur les bas salaires s'est effectivement traduite par une forte hausse du salaire (de l'ordre de 14,7 %) des travailleurs payés au SMIC avant l'instauration de cette mesure et par des embauches sur de nouveaux postes de travail de 480 000 personnes (hors effet temps partiel). Ces hausses n'ont pas été observées.

Le point le plus critiquable de ces variantes est l'assimilation du salaire à la productivité du travail, qui permet de déduire la productivité du travail du salaire et rend inutile toute réflexion sur la formation des salaires. Le résultat des variantes provient à 90 % de cette hypothèse et non des équations de salaires ou de participations. Laroque et Salanié font simplement l'hypothèse que personne avant eux n'avait osé faire : si le SMIC augmente de 10 %, tous les travailleurs qui gagnent entre le SMIC et 1,1 fois le SMIC sont licenciés. Or rien dans le modèle ne corrobore ce résultat.

La variante manquante

L'article attribue à la « trappe à pauvreté », c'est-à-dire la faiblesse de l'écart entre le RMI et le SMIC la responsabilité d'une grande partie du *non-emploi*. Bizarrement, aucune des trois simulations effectuées ne porte sur le RMI, sans que les auteurs ne nous expliquent pourquoi. De même, la politique consistant à réduire les cotisations salariées (ou la CSG) sur les bas-salaires pour augmenter l'écart entre le SMIC et le RMI n'est pas simulée.

Est-ce que les résultats d'une baisse du RMI seraient insignifiants ? Est-ce que les auteurs se sont rendu compte qu'un modèle qui n'intègre pas le temps partiel est peu utile pour rendre compte des choix et des contraintes des femmes ? Le lecteur reste sur sa faim : il aurait aimé que Laroque et Salanié lui prouvent que la disparition du RMI induirait une baisse de la pauvreté en France. D'autant plus que le RMI a été crée précisément pour lutter contre l'extension de la pauvreté en France, à la suite du développement du chômage de masse et de la baisse du champ et du niveau des allocations-chômage.

Aucune des simulations réalisées n'a un impact significatif sur le *non-emploi volontaire,* qui serait pourtant la source principale de *non-emploi* selon le modèle (tableau 4). Toutes les trois font varier essentiellement le chômage classique.

Une certaine décomposition...

En ce qui concerne les variantes, les auteurs se contentent de postuler que tout travailleur est payé à sa productivité marginale, donc que toute hausse de salaire exogène se traduit par le licenciement de son bénéficiaire. Ils ne fournissent aucune preuve empirique de ce postulat essentiel. Leurs analyses économétriques ne jouent aucun rôle dans leurs résultats. Les auteurs prétendent que le *non-emploi* en France s'expliquerait essentiellement par un RMI et des prestations sociales trop généreuses, cause de *non-emploi volontaire,* mais aucune variante ne montre qu'il serait possible de réduire fortement cette cause de *non-emploi.*

En ce qui concerne l'analyse des causes du chômage, les auteurs cherchent à imposer un concept fourre-tout de *non-emploi*, mélangeant les chômeurs et les non-actifs. Ils essayent d'expliquer le *non-emploi* par de purs choix individuels, sans référence à la situation globale du marché du travail et au comportement d'embauche des entreprises. Le chômage keynésien est, de par leur méthode même, réduit à un résidu économétrique. Il aurait fallu que leur méthode d'estimation intègre la possibilité qu'il existait en 1997 un nombre important de chômeurs keynésiens et que le fait d'avoir un emploi ou non n'était pas *a priori* un comportement volontaire. Les auteurs n'évaluent pas la pertinence et la précision de leur approche[3]. Il est choquant que la *décomposition du non-emploi* soit présentée, sans précaution, au présent de l'indicatif, comme un résultat statistique.

Dans un travail de recherche, il est normal que des chercheurs testent des hypothèses et des méthodes nouvelles. Une fois le travail effectué, la pertinence de ces hypothèses et de ces méthodes doit être évaluée et discutée scientifiquement. Fallait-il livrer si rapidement au débat public les résultats d'un travail aussi fragile ?

3. Sur le même sujet, Piketty présente, avec les précautions nécessaires, des résultats beaucoup plus nuancés. Voir Piketty T. : « L'impact des incitations financières au travail sur les comportements individuels : une estimation pour le cas français », *Économie et Prévision*, n° 132-133, janvier-mars 1998.

Summaries in English

La Revue de l'OFCE est référencée dans ECONLIT

Some uncertainty
Forecast for the world economy in 2000 and 2001

Division Economie Internationale

World GDP is expected to decelerate from 4.8 percent in 2000, the fastest rate of growth since 1984, to 4.1 in 2001. The raise in oil prices and the tightening of monetary policies over the past two years as well as the fall in equity prices in 2000 are expected to lead to a slowdown of activity in the US, whereas output growth will be roughly unchanged in the EU and will remain subdued in Japan. We expect North Sea Brent oil prices to decline from $30 per barrel in late 2000 to $26 in 2001, leading inflation to decelerate. Fiscal policies will be slightly expansionary in the EU while monetary policies will stay neutral.

Inflationary pressures resulting from higher than anticipated oil prices are the major threat to world activity in the short term.

JEL code : F 01

The State, as a shock absorber
Forecast for the French economy in 2000 and 2001

Division Economie Française

In 2000, the raise in oil price represented a levy on the GDP of around 0,5 %. Indirect taxes were lowered to alleviate the inflationary consequences. So the virtuous dynamics experienced in Europe since 1997 wouldn't be stopped. The GDP would grow by 3,4 % in 2000 and 3,7 % in 2001. Growth and reduction of working time would stimulate employment. The household purchasing power would sustain consumption. More over, the raise in imported goods prices hasn't deteriorate corporate margins thanks to controlled wage costs. Firms should go on investing, thus stabilising the capacity utilisation rate. By the end of 2001, French economy should grow at its potential pace. Growth would allow for tax cuts : for the first time since 1992, tax would diminish as a percentage of GDP.

JEL code : F 01

Europe's future: the ambition of a new social pact

Jean-Paul Fitoussi

Official speeches notwithstanding, the ambition of social Europe is being redefined to accommodate efficiency criteria and the requirements of globalization. This paper argues that the consensus emerging from the various recent European conferences is more directly inspired by the previous two decades of turmoil than by the search for social cohesion.

Indeed the conditions of European growth have been drastically altered by new behaviors of economic agents — most notably wage earners — since the « end of inflation », and by the creation of the euro. In this context, the challenges facing Europe in the future — globalization, the new technological « revolution » — represent new opportunities. Efficiency is not the only criterion to evaluate structural reform. However, Europe is still facing a serious problem of sovereignty, which constitutes her major weakness and prevents her from launching more ambitious structural reforms.

JEL code : F 02

Tax reform in France: analysis and prospects

Gael Dupont, Jacques Le Cacheux, Henri Sterdyniak et Vincent Touzé

The revenue side of the budget project for 2001 includes a planned reduction of taxation of a significant magnitude. This paper presents the major features of the plan and sets them in the perspective of general budget trends. Each of the announced changes is then analyzed and evaluated in terms of the objectives that could be pursued with the corresponding tax instrument. Following a quantitative assessment, the various headings are: ecological taxation, corporate income taxation, the issue of financial autonomy of social protection agencies and of local governments, and finally various dimensions of households' direct income taxation. The latter part offers in-depth discussions of the households' income tax, wealth tax, capital income taxation for individuals and, more generally, the taxation of financial assets, including the recently voted regime for employees' saving and the tax regime for stock-options. The last section ends with an analysis of various aspects of the taxation of low-wage earners.

JEL code : H 2

US fiscal policy under Clinton administration

Hélène Baudchon, Jérôme Creel, Vincent Touzé et Bruno Ventelou

This paper investigates the last ten years of US fiscal policy with three levels of reading. At the macroeconomic level, the current federal budget surplus has resulted from the US economic growth, from a good policy mix, and from a commitment to a balanced structural budget which emerged at the beginning of the nineties. At the institutional level, several Acts introduced caps on discretionary spending and increasing taxes. We show that the reduction in defense spending has explained 80% of the outlays slowdown and that economic growth has had non-linear effects on tax revenues. Last, using a political-economists' view, we develop some alternatives on « what to do with the surplus ». Indeed, many constraints, be they social or political-economic, intervene in the choice between reducing taxes, reducing the public debt, or increasing federal spending.

JEL codes : E 62, E 65, H 61

PARU EN MAI 2000

RAPPORT SUR L' ÉTAT DE

l'Union européenne

2000

sous la direction de
Jean-Paul Fitoussi

Fayard
Presses de Sciences Po

236 p., 138 Francs (21,04 euros)

À PARAÎTRE EN JANVIER 2001

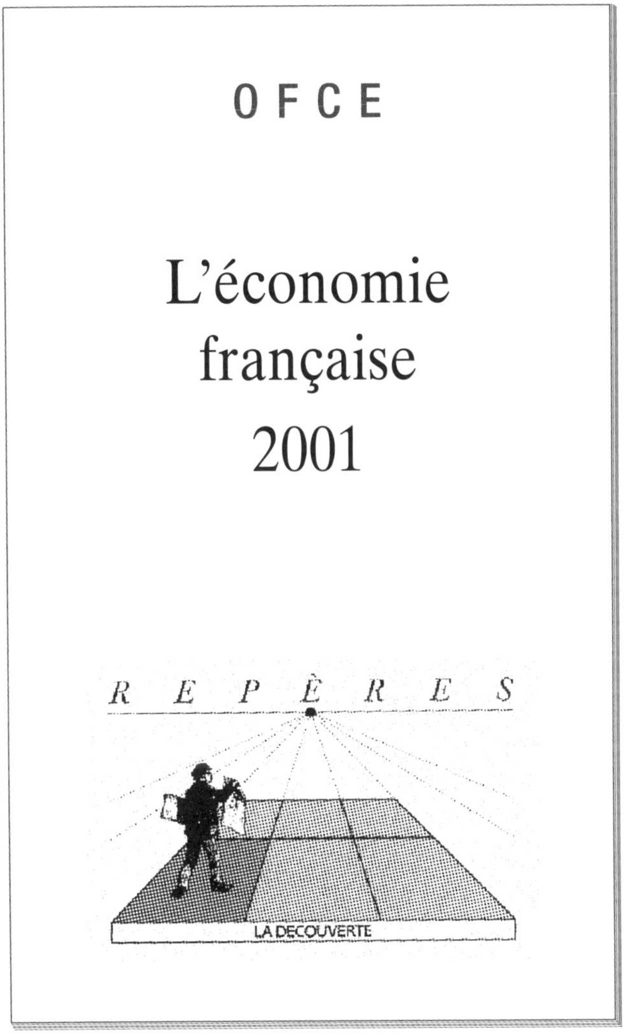

128 p., 49 Francs (7,47 euros)

CAHIER DE GRAPHIQUES

SOMMAIRE

Les encadrés, qui précisent les définitions des séries retenues et les traitements statistiques, concernent la première et la deuxième partie.

Ce cahier de graphiques a été conçu et réalisé par Amel Falah (Département analyse et prévision).

LES PAYS EUROPÉENS

I.1 PRODUCTION INDUSTRIELLE

Les données retenues sont les indices mensuels de production industrielle de champ comparable (énergie incluse, hors Bâtiment et Travaux Publics). Elles ont été lissées sur trois mois par une moyenne mobile (mm3) ; et ramenées à la même base : 100 pour l'année 1990.

1990=100, cvs, échelle logarithmique, mm3

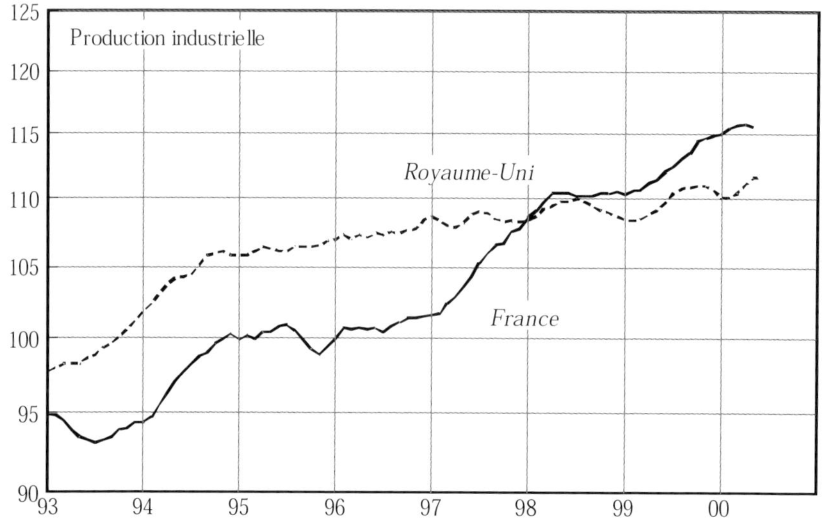

Source : OCDE PIE

1990=100, cvs, échelle logarithmique, mm3

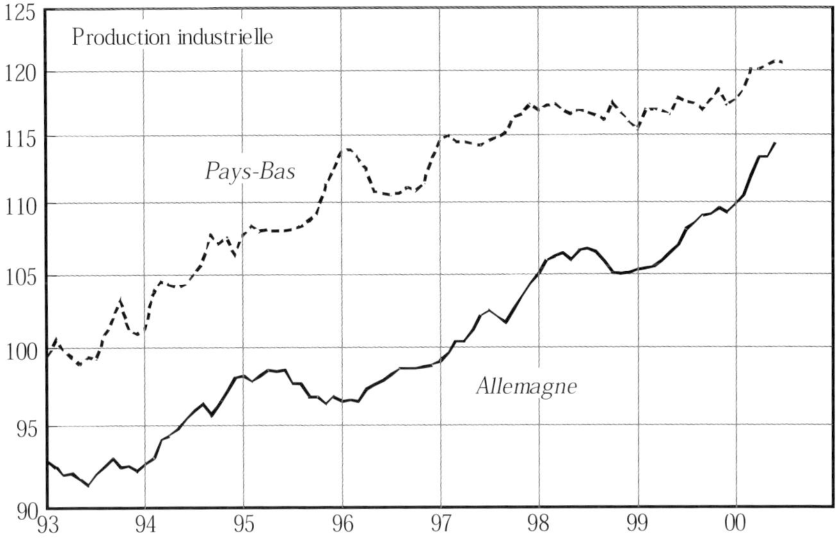

Source : OCDE PIE

1990=100, cvs, échelle logarithmique, mm3

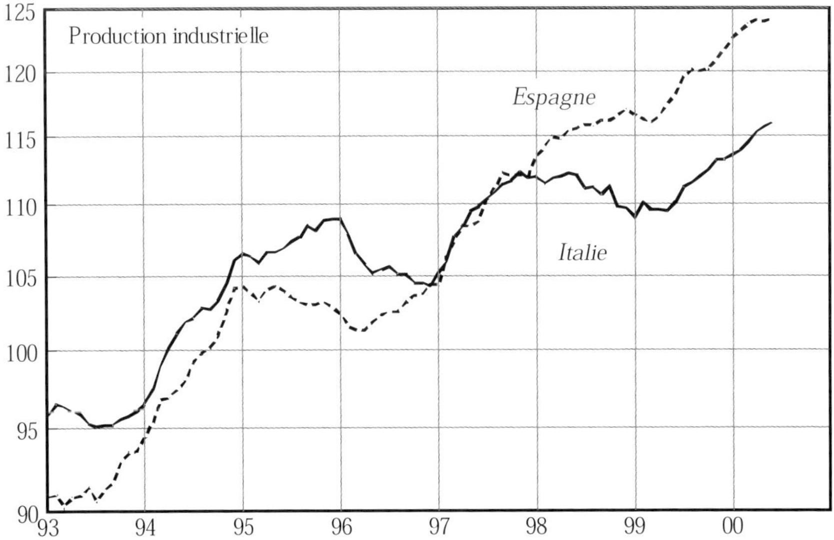

Source : OCDE PIE

I.2 TAUX D'UTILISATION DES CAPACITES

Les données sont issues des enquêtes trimestrielles faites auprès d'un échantillon de chefs d'entreprises du secteur manufacturier. Elles représentent la part des capacités utilisées en pourcentage du total.

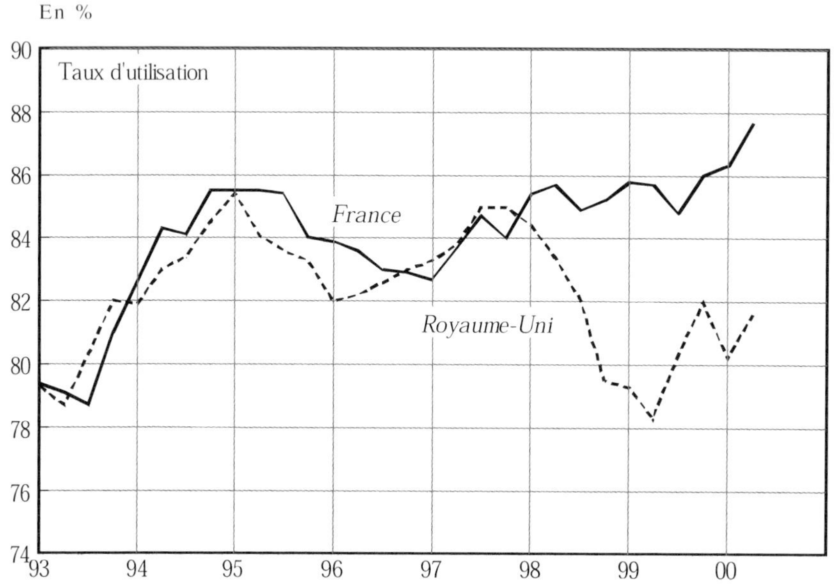

Sources : CE, INSEE

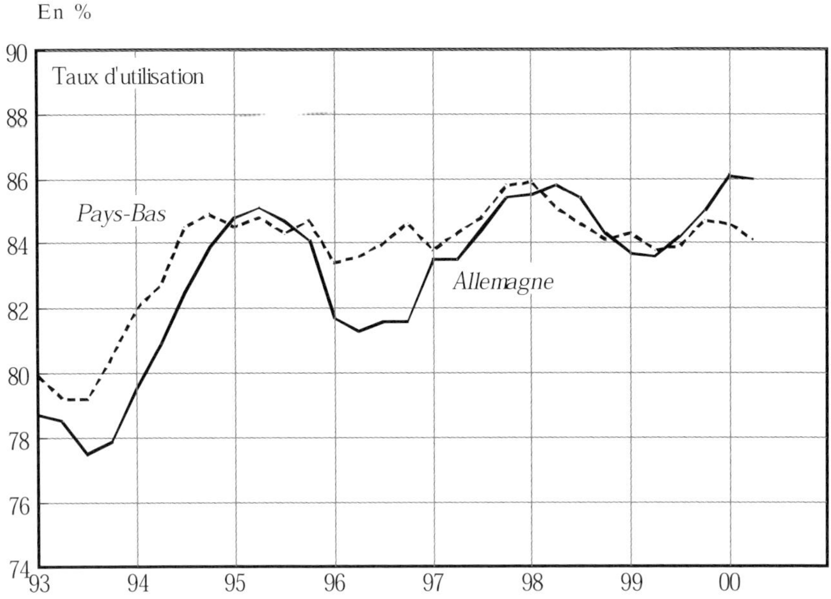

Sources : CE, INSEE

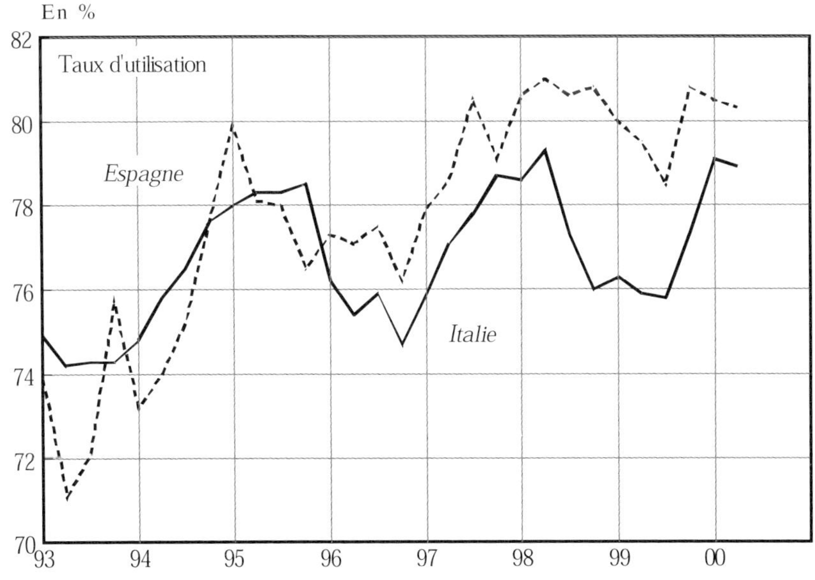

Sources : CE, INSEE

I.3 ENQUETES DE CONJONCTURE
I.3a Carnets de commandes

Les données sont issues des enquêtes mensuelles faites auprès d'un échantillon de chefs d'entreprises du secteur manufacturier. Elles reprennent les réponses à la question : «jugez vous le niveau de vos carnets de commandes supérieur à la normale, normal ou inférieur à la normale ?» sous la forme d'un solde d'opinions exprimées en pourcentage.

Pour les Etats Unis, il s'agit du rapport NAPM qui est fondé sur les données des directeurs d'achats de 350 entreprises industrielles. L'indice de diffusion est la somme des réponses positives et de la moitié des réponses ne signalant aucun changement. Pour le Japon, il s'agit d'enquêtes de conjoncture auprès des entreprises (état des affaires : perspectives et stocks de produits finis). Ces différents indicateurs sont tous corrigés des variations saisonnières.

Soldes des réponses en %, cvs OFCE, mm3

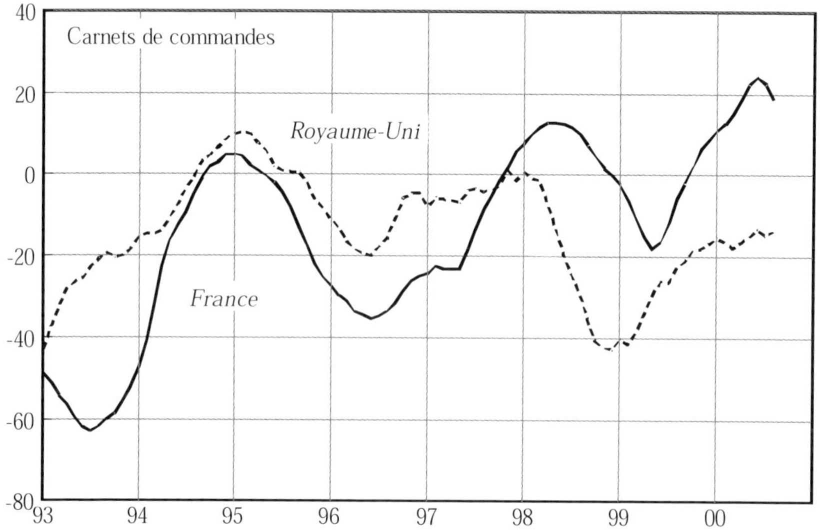

Source : CE

Soldes des réponses en %, cvs OFCE, mm3

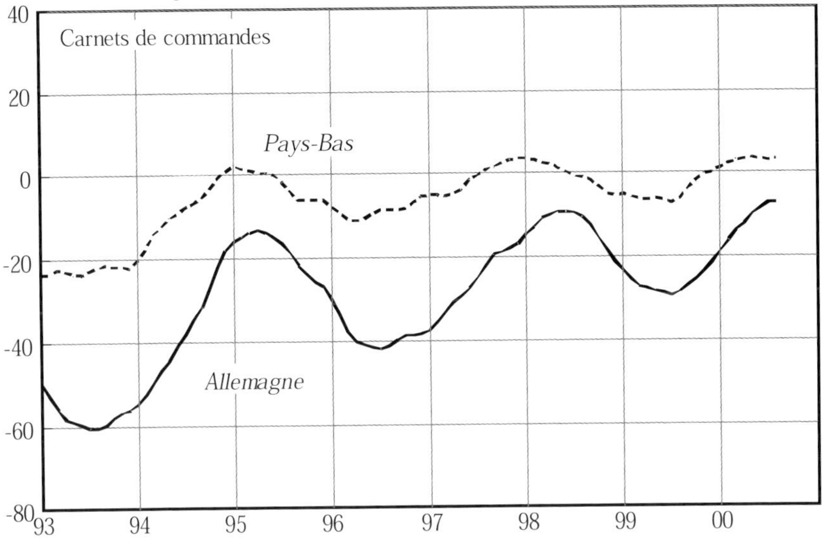

Source : CE

Soldes des réponses en %, cvs OFCE, mm3

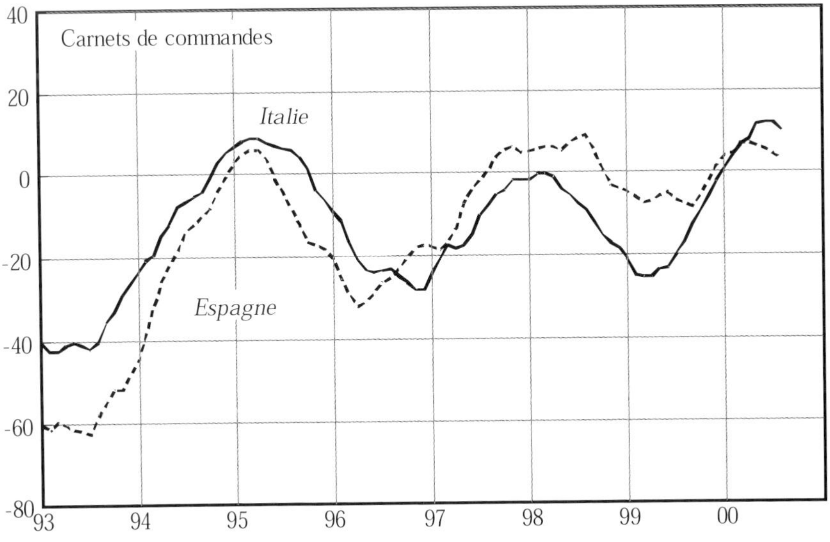

Source : CE

I.3b Stocks

Les données sont issues des enquêtes mensuelles faites auprès d'un échantillon de chefs d'entreprises du secteur manufacturier. Elles reprennent les réponses à la question : «jugez vous le niveau de vos stocks de produits finis supérieur à la normale, normal ou inférieur à la normale ?» sous la forme d'un solde d'opinions exprimées en pourcentage. Le solde est désaisonnalisé.

Soldes des réponses en %, cvs OFCE, mm3

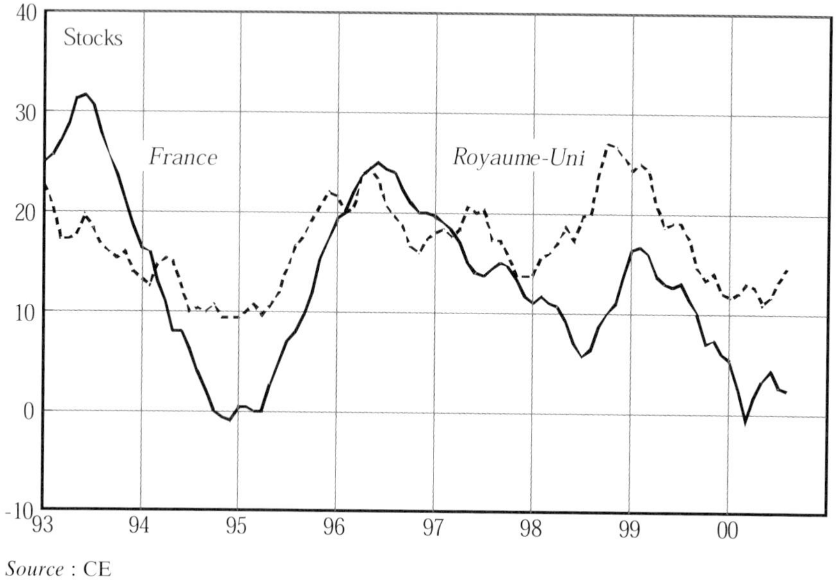

Source : CE

Soldes des réponses en %, cvs OFCE, mm3

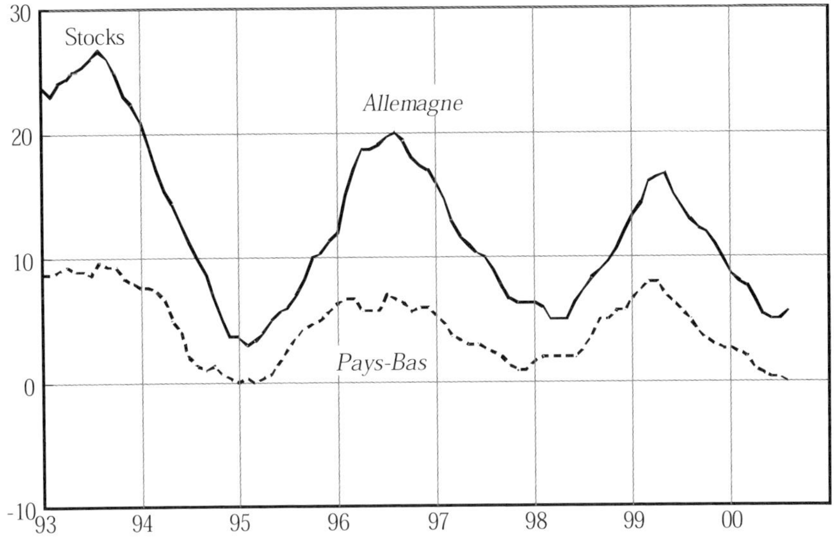

Source : CE

Soldes des réponses en %, cvs OFCE, mm3

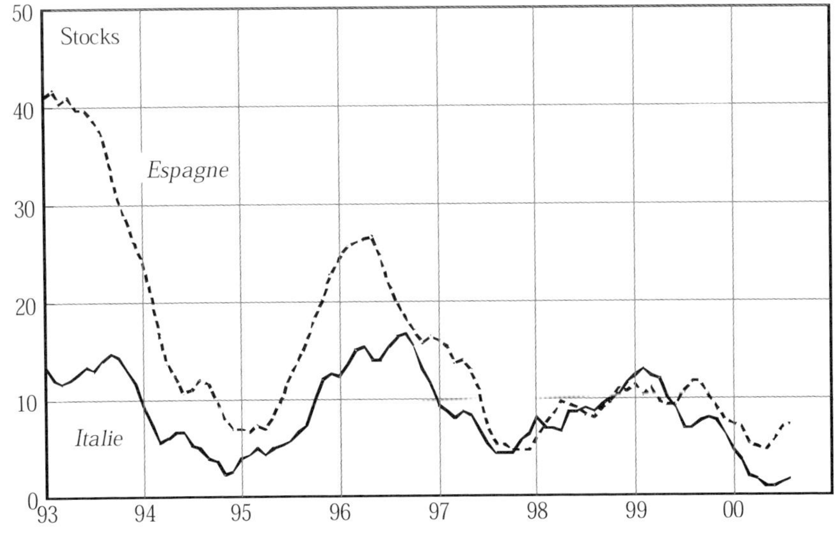

Source : CE

I.3c Perspectives de production

Les données sont issues des enquêtes mensuelles faites auprès d'un échantillon de chefs d'entreprise du secteur manufacturier. L'indicateur a été d'abord exprimé comme un solde d'opinion, par différence entre les pourcentages de réponses (hausses ou baisses) à la question posée sur l'évolution prévue de la production au cours des prochains mois. Pour faciliter les comparaisons internationales, les séries sont centrées et réduites (écart à la moyenne, exprimé en point d'écart type).

Cvs, centrées réduites

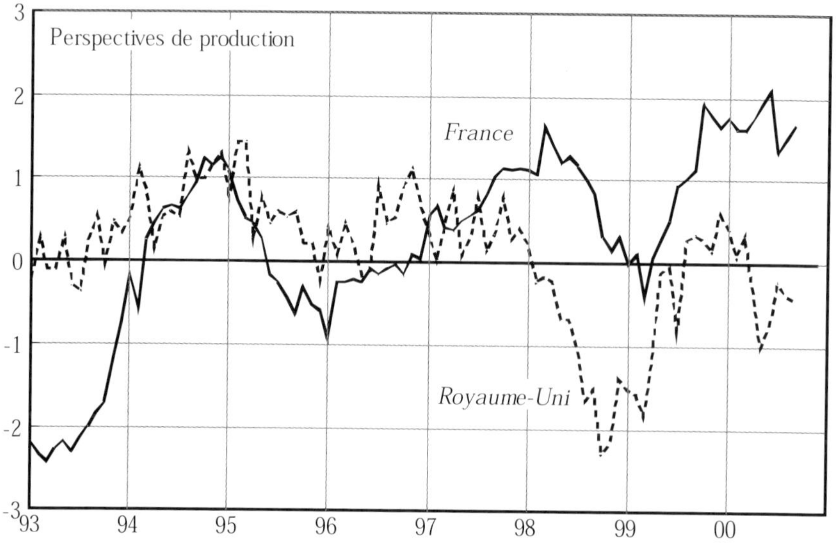

Source : INSEE

Cvs, centrées réduites

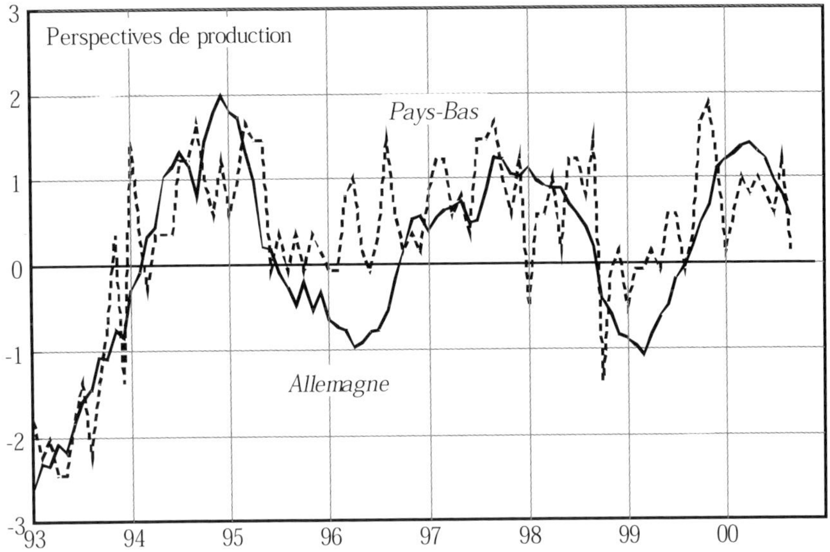

Source : INSEE

Cvs, centrées réduites

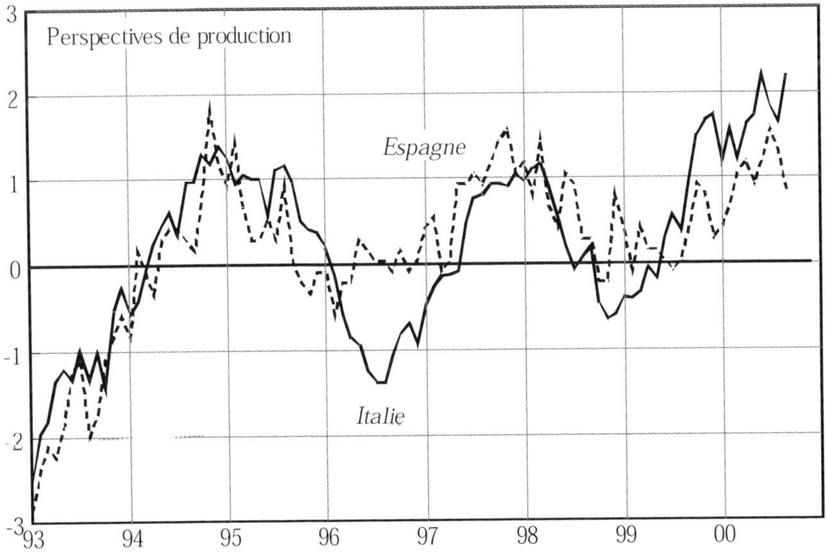

Source : INSEE

I.3d Indicateurs de confiance des ménages

Les données sont issues des enquêtes mensuelles faites auprès d'un échantillon de consommateurs. L'indicateur de confiance des consommateurs est la moyenne arithmétique des réponses aux questions relatives à leur situation financière personnelle (passée et future), à la situation économique générale (passée et future) et à l'opportunité d'effectuer des achats importants. L'indicateur est d'abord exprimé comme un solde d'opinion, par différence entre les pourcentages de réponses positives ou négatives. Pour faciliter les comparaisons internationales, les séries sont centrées et réduites (écart à la moyenne, exprimé en point d'écart type).

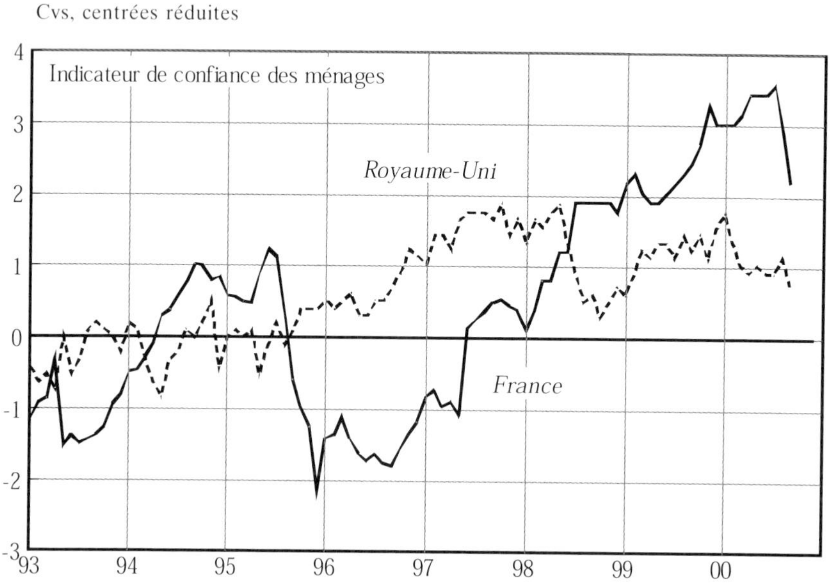

Source : INSEE

Cvs, centrées réduites

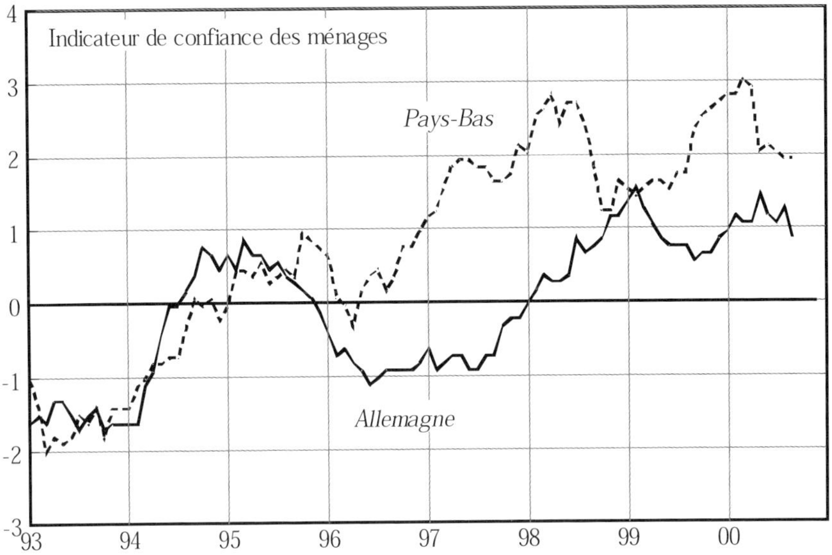

Source : INSEE

Cvs, centrées réduites

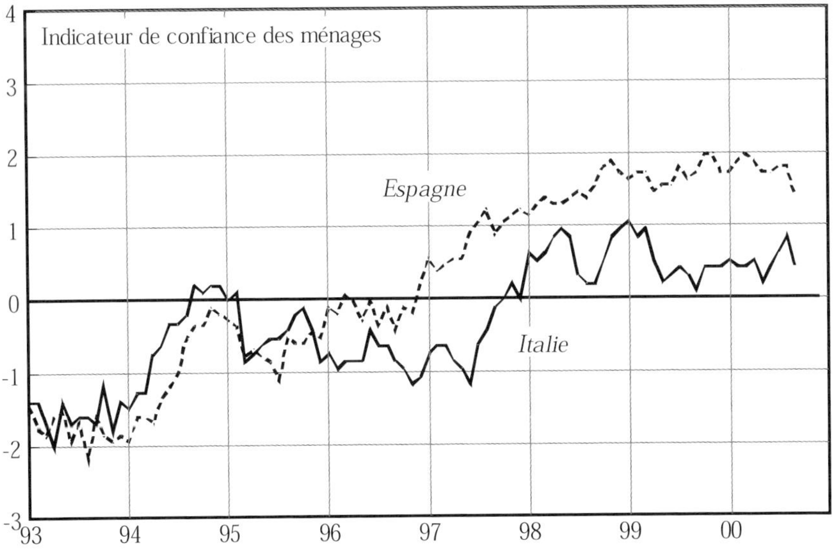

Source : INSEE

I.4 TAUX DE CHOMAGE

Les données sont des taux de chômage homogénéisés afin de permettre leur comparaison internationale. Ils représentent le nombre de chômeurs exprimé en pourcentage de la population active selon la définition du BIT.

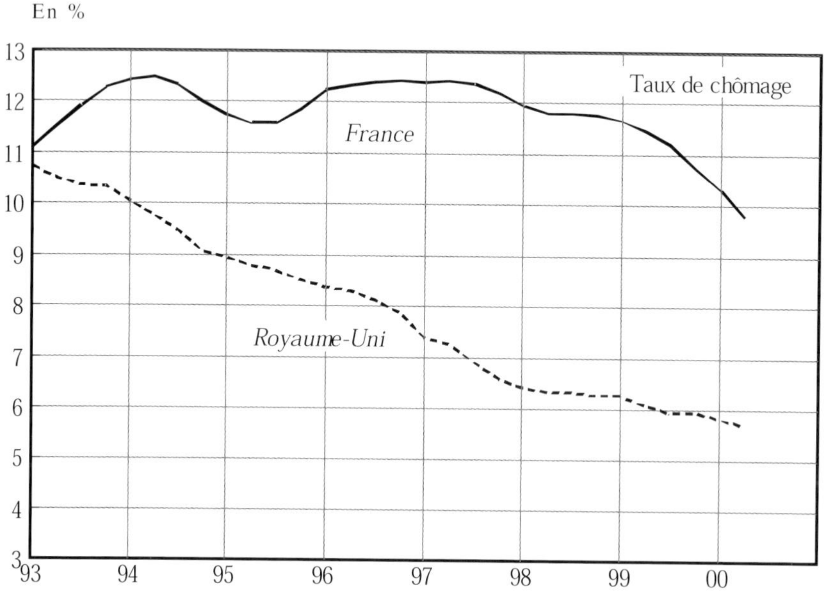

Source : OCDE PIE

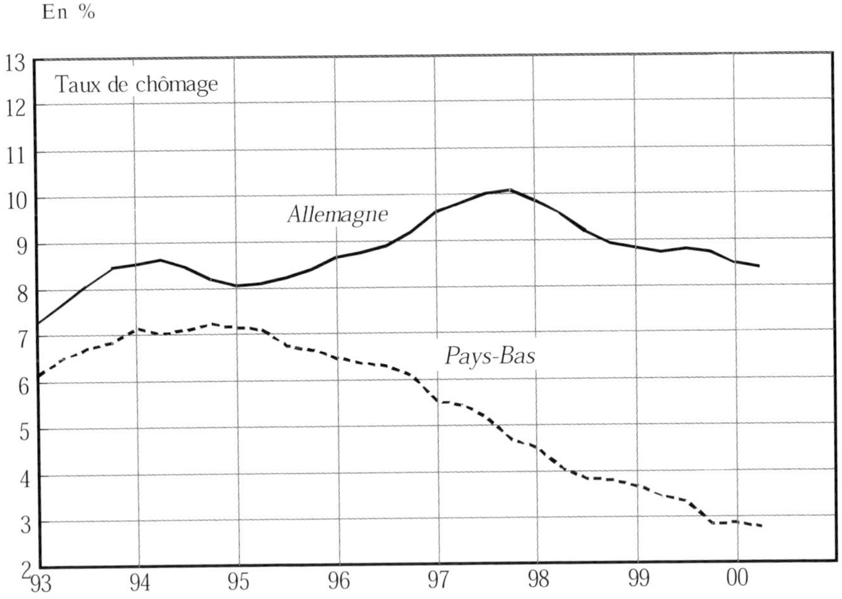

Source : OCDE PIE

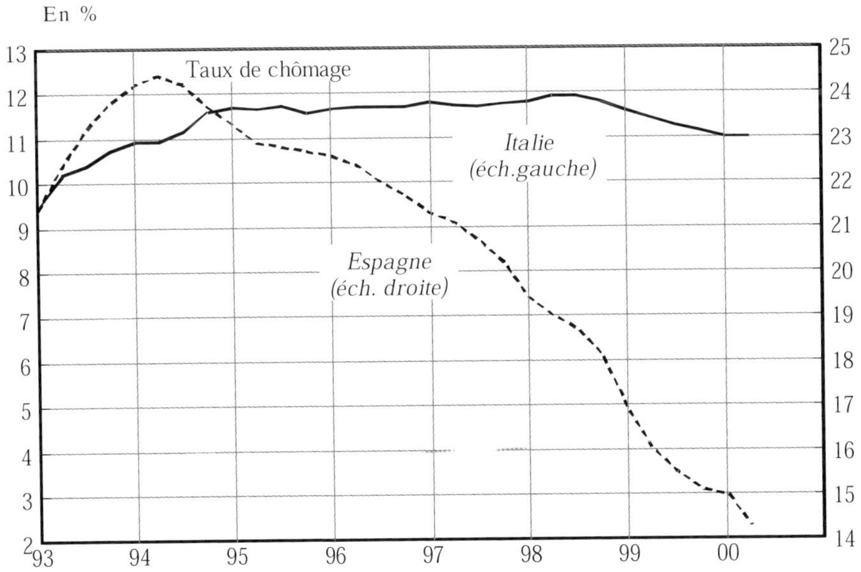

Source : OCDE PIE

I.5 PRIX A LA CONSOMMATION

Les données sont calculées à partir des indices mensuels des prix à la consommation. Elles ont été désaisonnalisées lorsque les séries initiales ne l'étaient pas. Elles sont présentées en variation par rapport au même mois de l'année précédente, notée m/m 12.

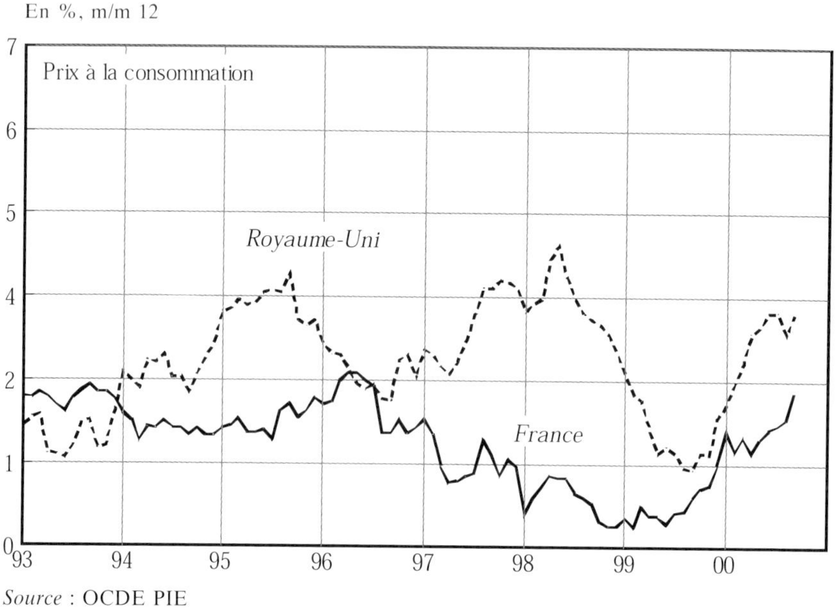

Source : OCDE PIE

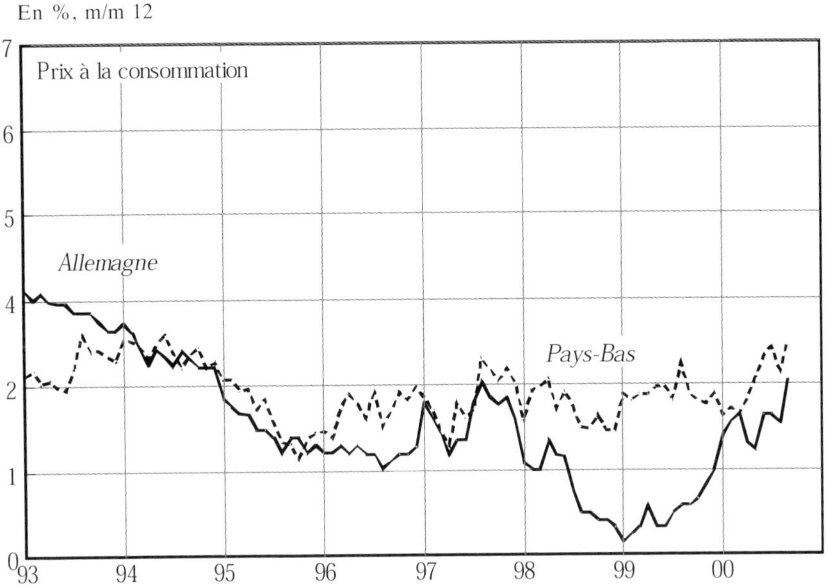

Sources : Bundesbank (Allemagne), OCDE PIE (autres pays)

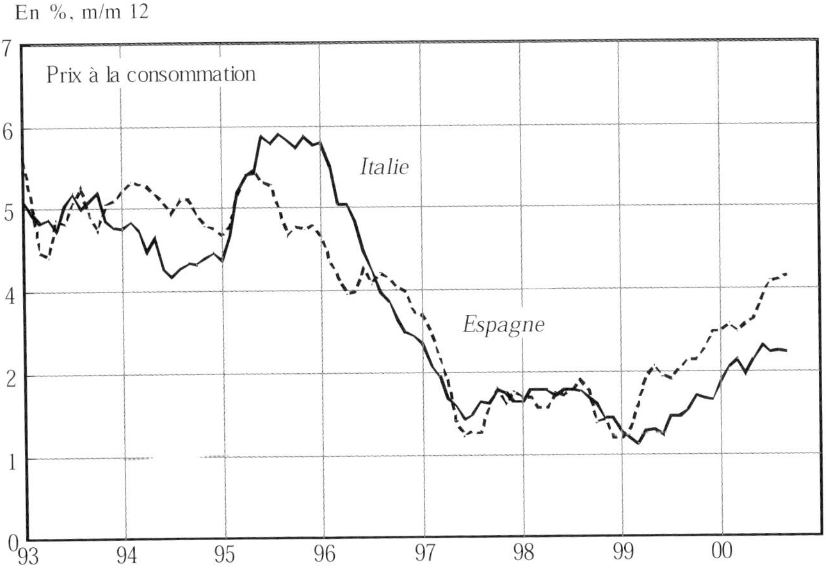

Source : OCDE PIE

I.6 PRIX SALAIRES EMPLOI

Les séries totalement homogènes ne sont pas disponibles. On retient donc les gains horaires bruts dans l'industrie manufacturière pour le Royaume Uni et les Etats Unis ; les taux horaires dans l'industrie manufacturière pour la France, l'Allemagne, les Pays Bas et la Belgique ; les gains mensuels des travailleurs réguliers dans l'industrie manufacturière pour le Japon. Ces données sont observées en fin de trimestre.

L'évolution du pouvoir d'achat de ces salaires peut être immédiatement estimée en confrontant les courbes avec celles des prix de détail d'une part (elles aussi traduisant la variation d'une fin de trimestre à la fin du même trimestre de l'année précédente) et d'autre part avec celles de l'emploi civil (variation par rapport au même trimestre de l'année précédente).

En %, t/t 4

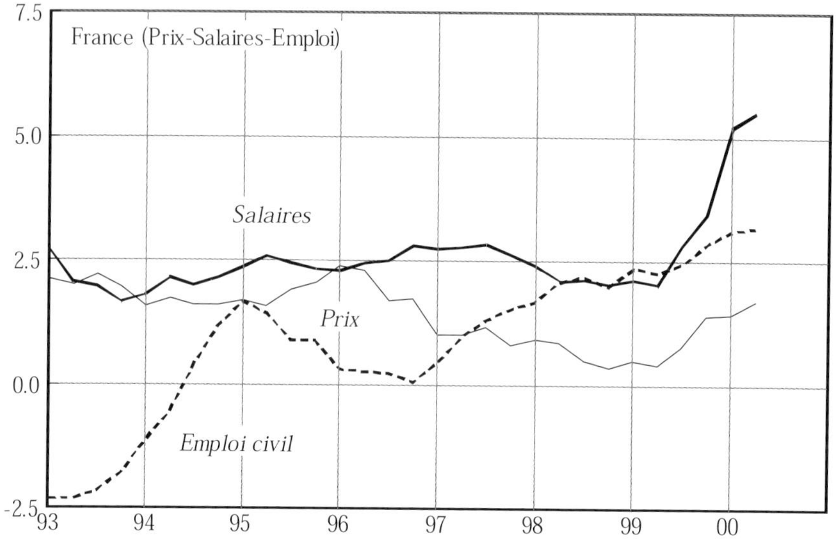

Source : OCDE PIE

En %, t/t 4

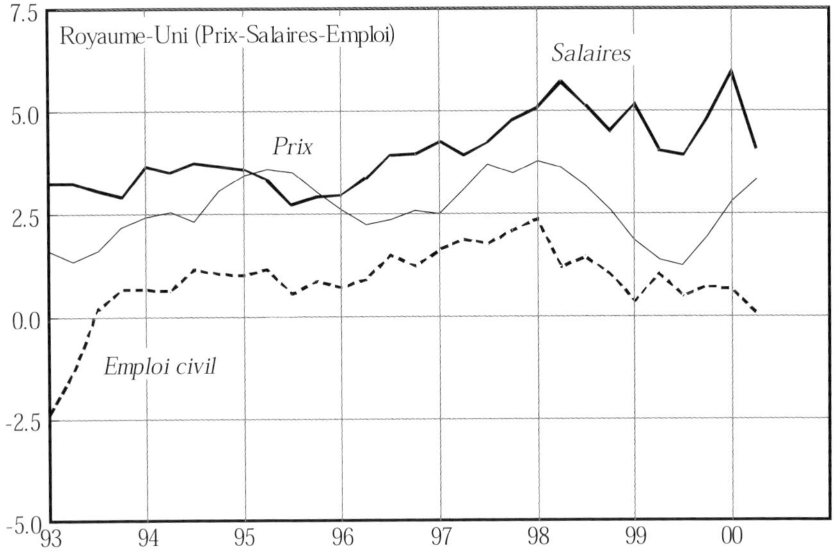

Source : OCDE PIE

En %, t/t 4

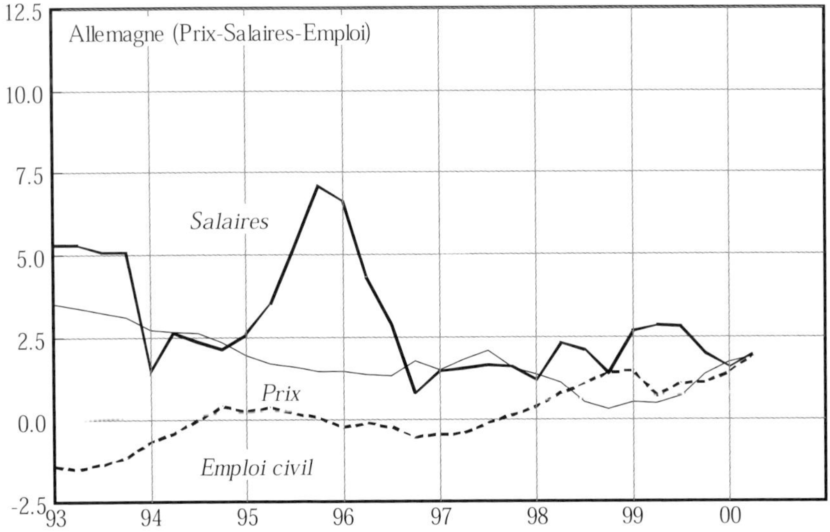

Sources : Bundesbank (Allemagne), OCDE PIE (autres pays)

En %, t/t 4

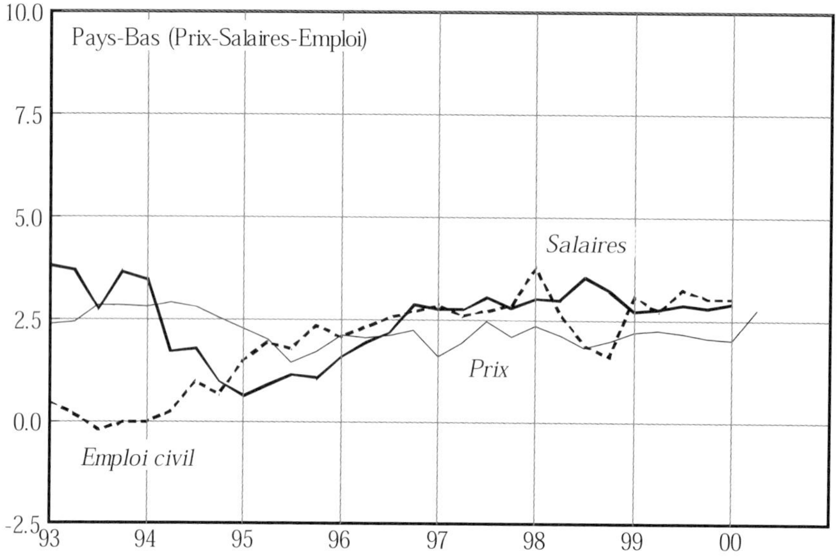

Source : OCDE PIE

En %, t/t 4

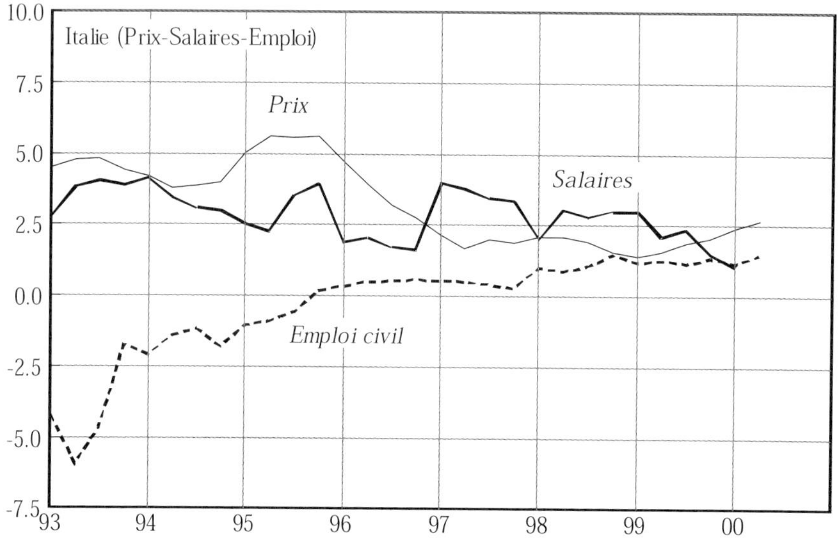

Source : OCDE PIE

En %, t/t 4

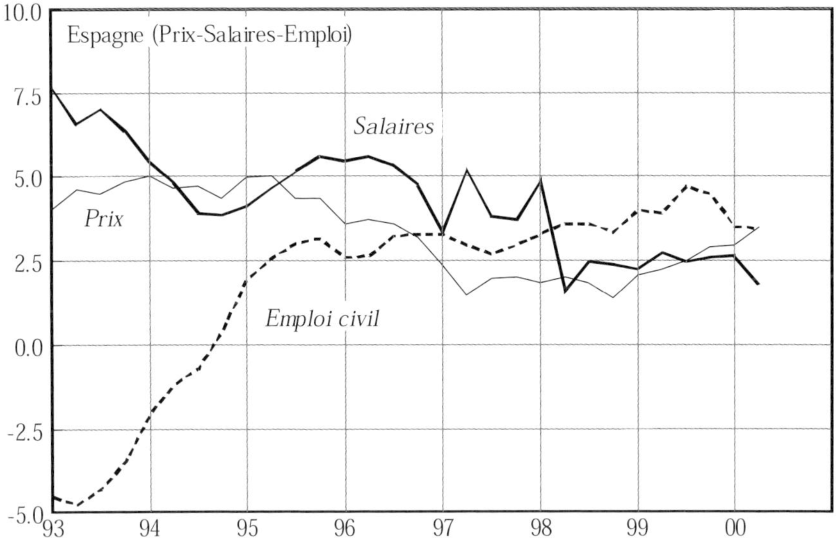

Source : OCDE PIE

I.7 TAUX D'INTERET

I.7a Taux d'intérêt nominaux à 3 mois

Les données sont calculées à partir des moyennes mensuelles des taux d'intérêt nominaux. Les taux d'intérêt de court terme sont les taux à 3 mois. Pour le long terme, il sagit du rendement des obligations d'Etat à 10 ans.

Les taux réels sont obtenus en corrigeant ces taux nominaux par la variation des prix à la consommation sur les 12 mois précédents.

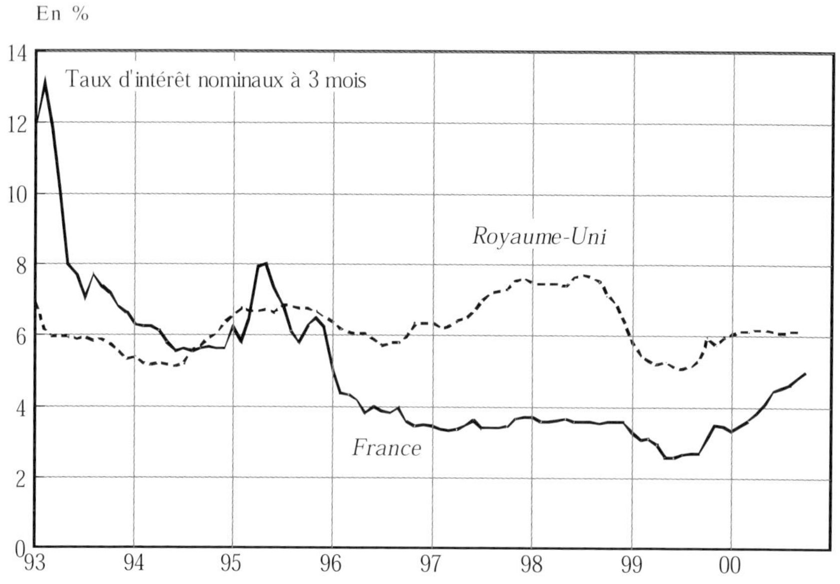

Source : OCDE PIE

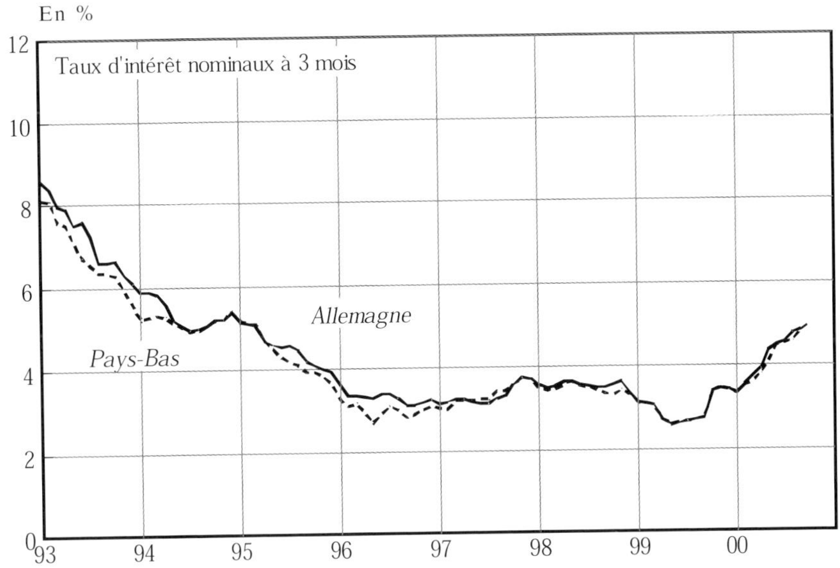

Source : OCDE PIE

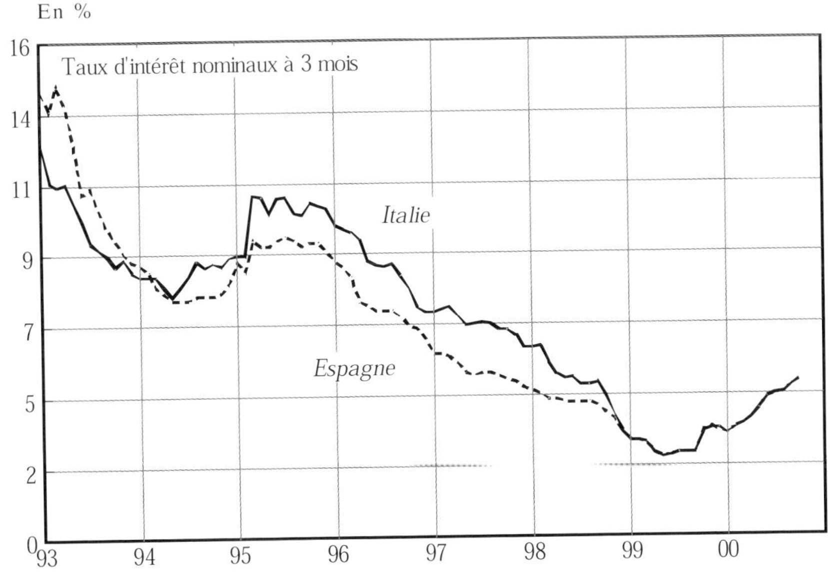

Source : OCDE PIE

I.7b Taux d'intérêt réels à 3 mois

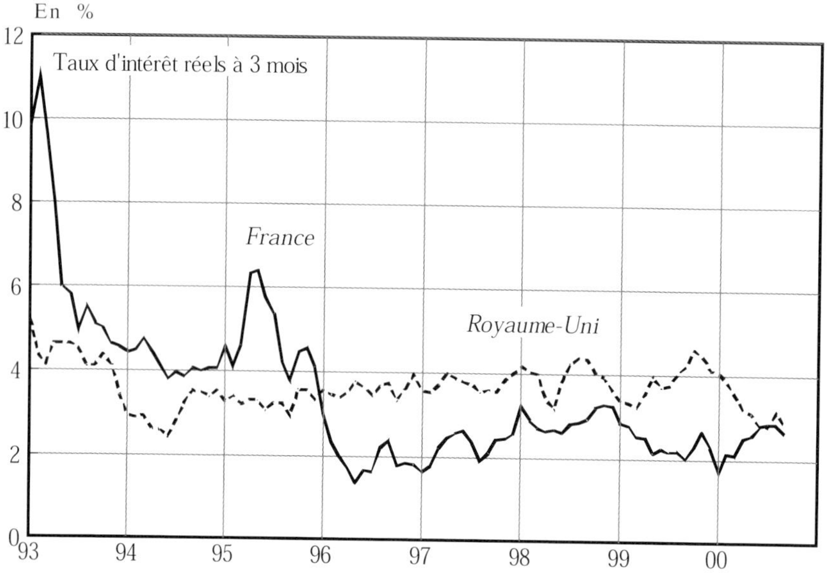

Source : OCDE PIE

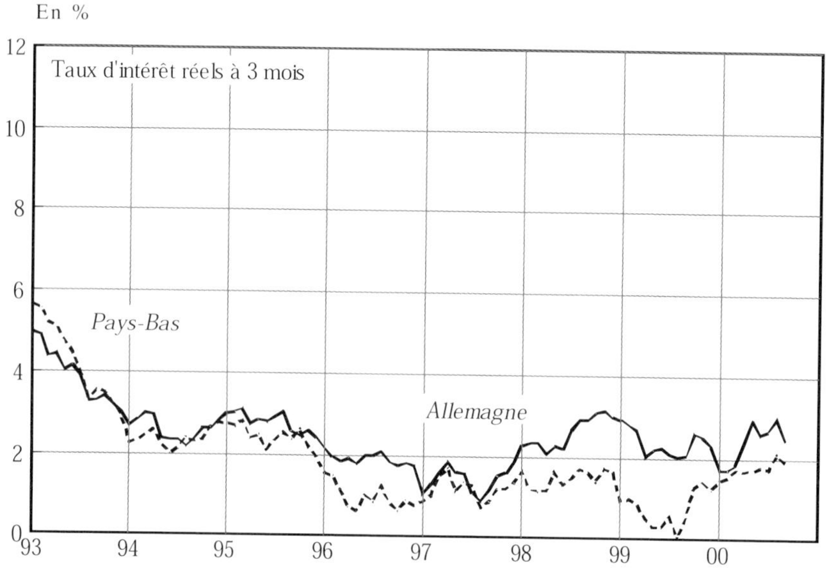

Source : OCDE PIE

Source : OCDE PIE

I.7c Taux d'intérêt nominaux à long terme

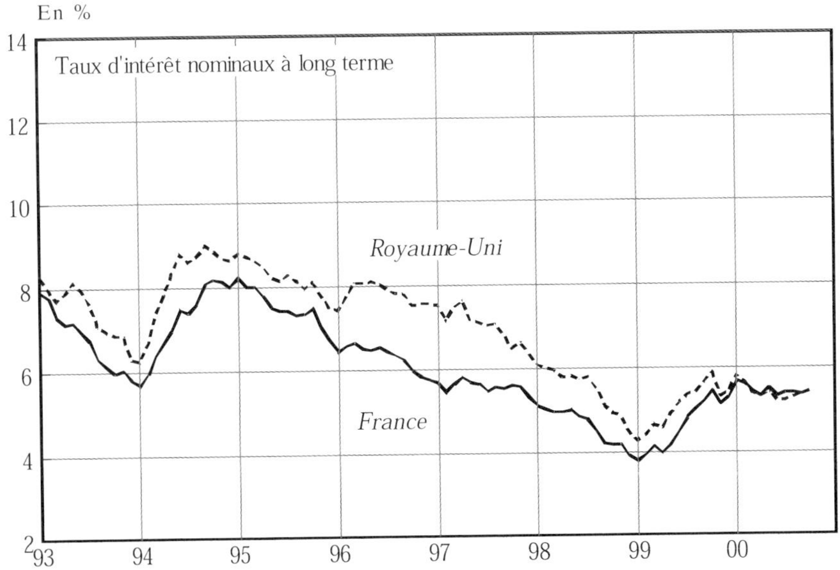

Source : OCDE PIE

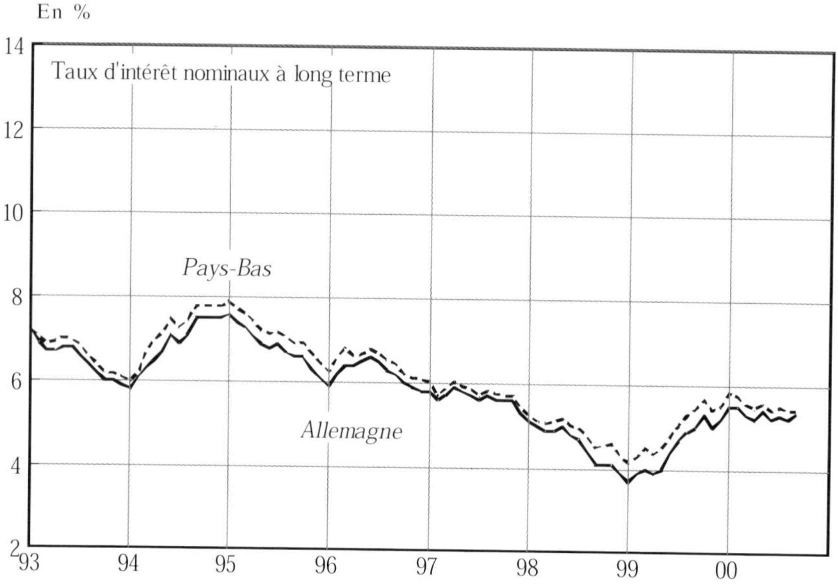

Source : OCDE PIE

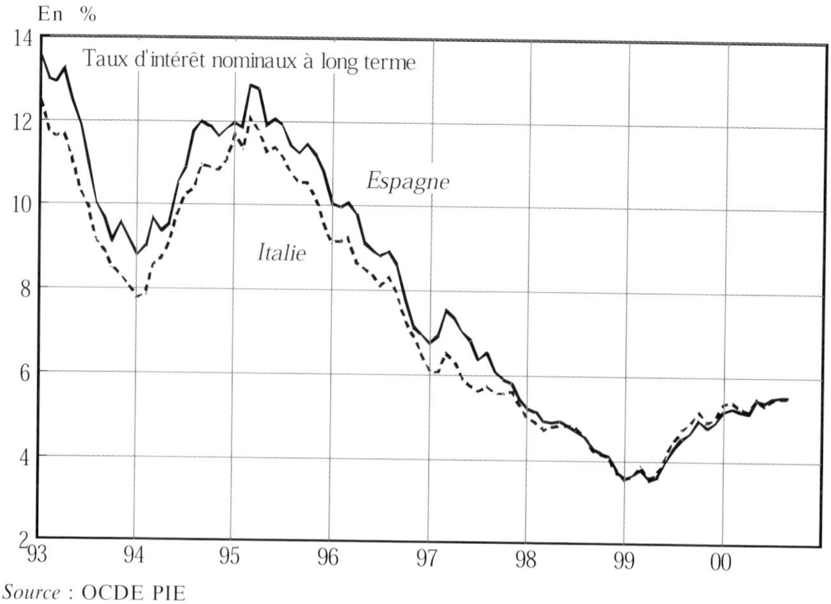

Source : OCDE PIE

I.7d Taux d'intérêt réels à long terme

Source : OCDE PIE

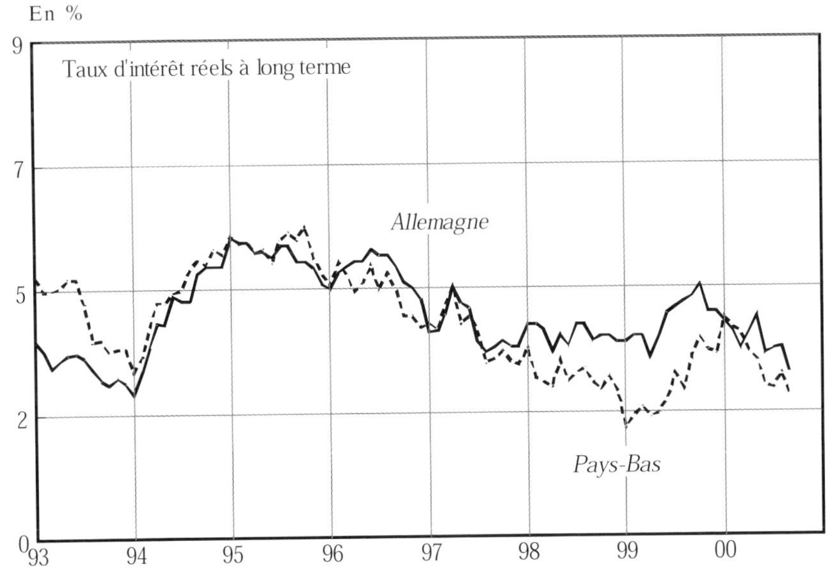

Source : OCDE PIE

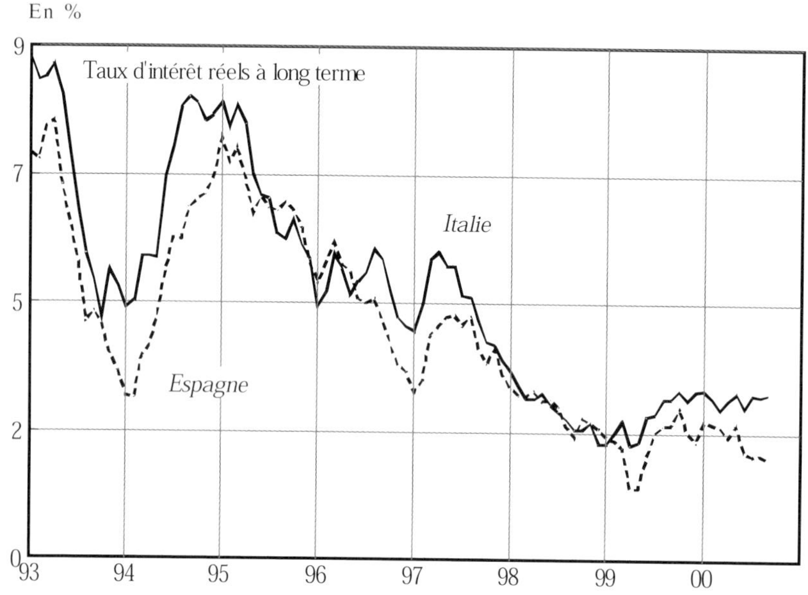

Source : OCDE PIE

I.8 INDICES BOURSIERS

Les données sont les moyennes mensuelles des cours boursiers relevés quotidiennement pour les principaux pays industrialisés. Elles ont été ramenées à une base 100 en 1990.

1990=100, échelle logarithmique

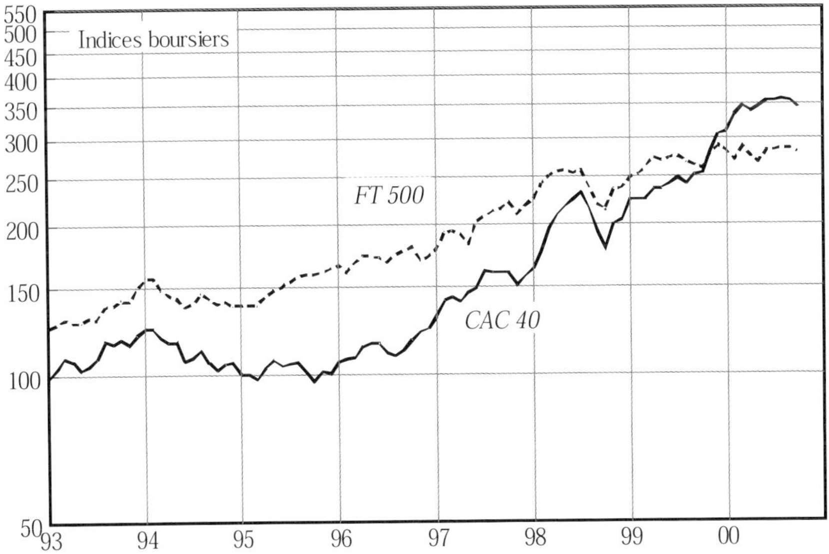

Source : OCDE PIE

1990=100, échelle logarithmique

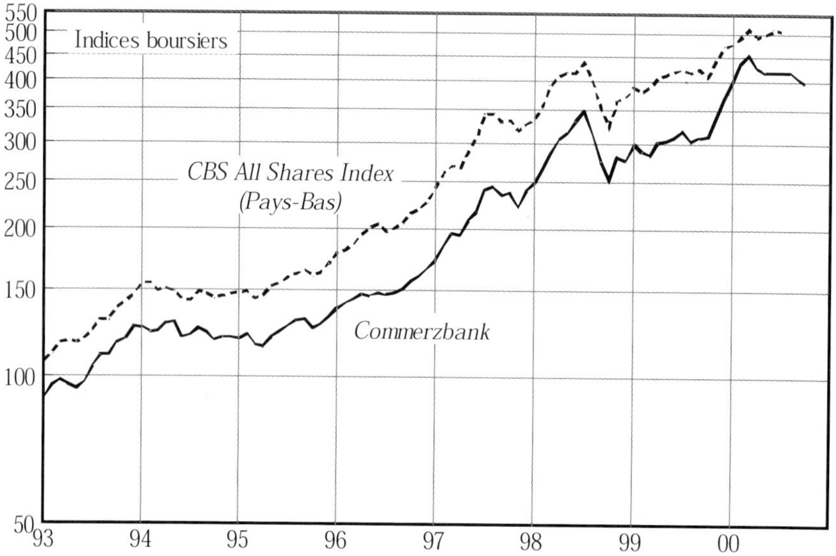

Source : Financial Times

1990=100, échelle logarithmique

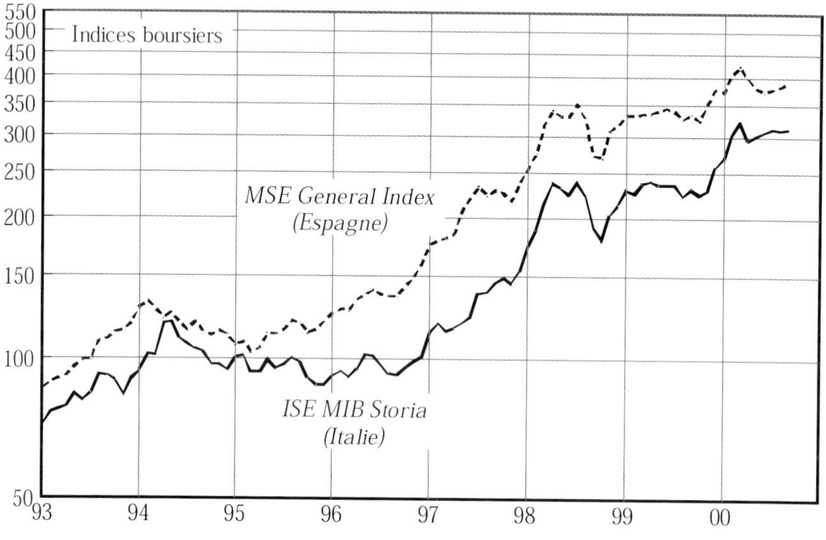

Source : Financial Times

I.9 TAUX DE CHANGE EFFECTIFS REELS

Les données sont les taux de change effectifs réels selon l'OCDE. Le calcul utilise un système de poids fondé sur un principe de double pondération qui tient compte pour chaque pays des parts de marché relatives détenues par ses concurrents sur les marchés communs, y compris le marché domestique, ainsi que de l'importance de ces marchés pour le pays en question. Elles ont été ramenées à une base 100 en 1990. Pour les cours de change nominaux (graphiques II 9), il s'agit des cours quotidiens sur le marché officiel à Paris vis à vis de l'euro. Les graphiques en retracent les moyennes mensuelles. .

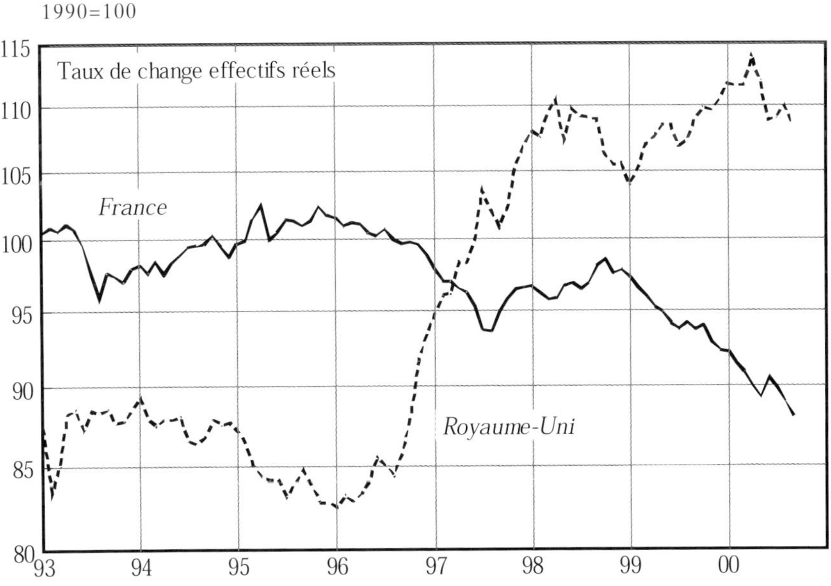

Source : OCDE PIE

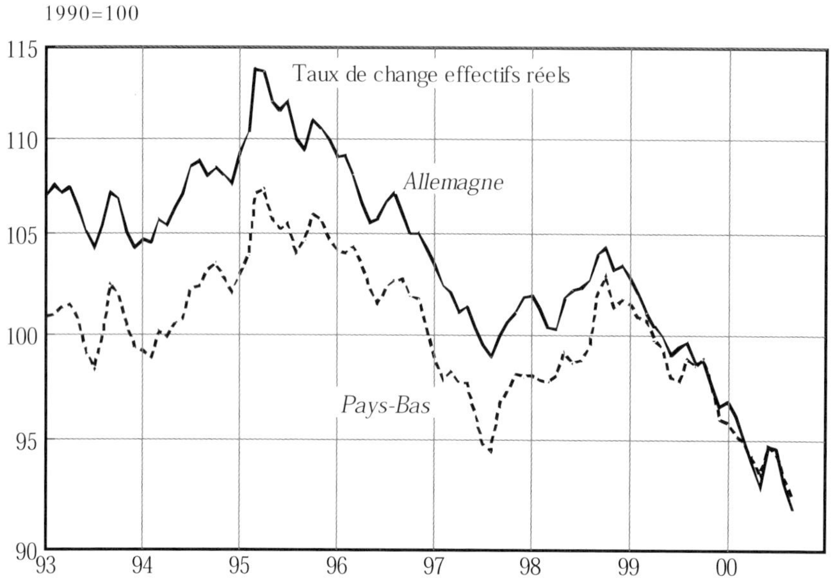

Source : OCDE PIE

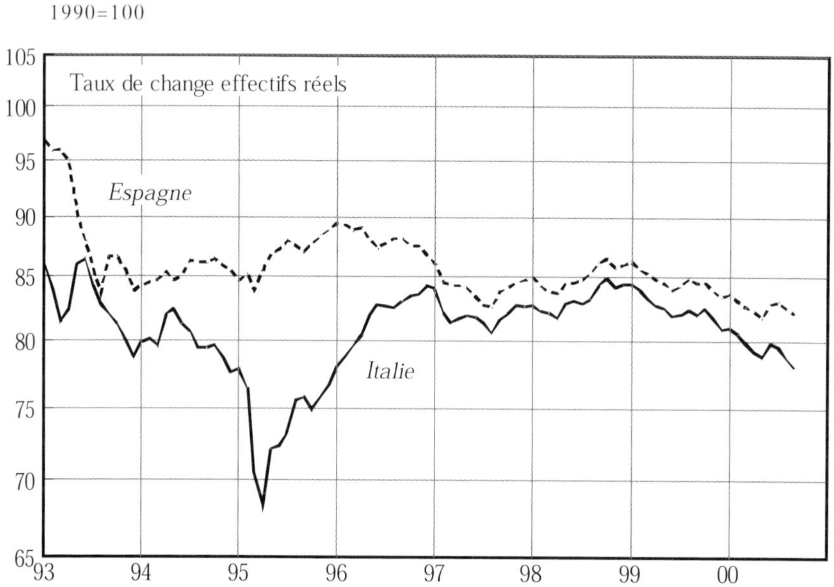

Source : OCDE PIE

I.10 IMPORTATIONS MANUFACTURIERES

Les données représentent les importations de produits manufacturés, composantes du commerce mondial. Exprimées initialement en millions de dollars de 1988 et après correction des variations saisonnières, elles ont été ramenées à une base 100 en 1988.

1988=100, cvs, échelle logarithmique

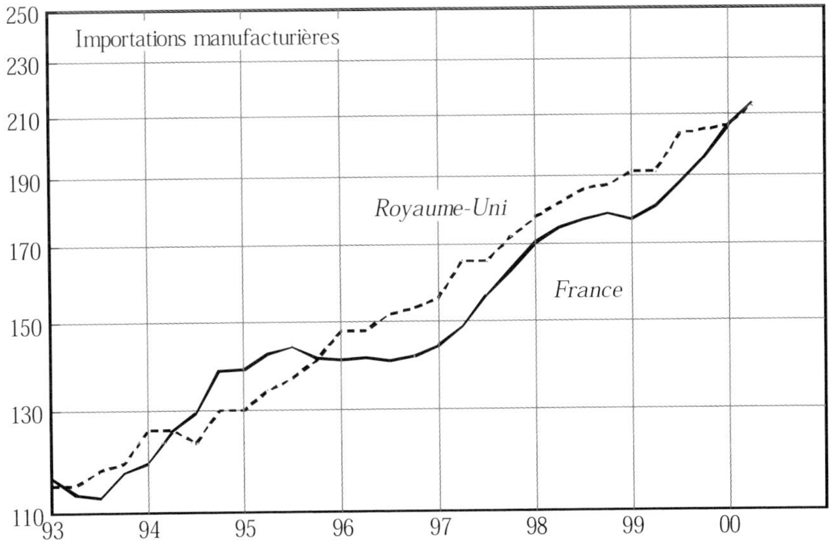

Source : OCDE PIE

1988=100, cvs, échelle logarithmique

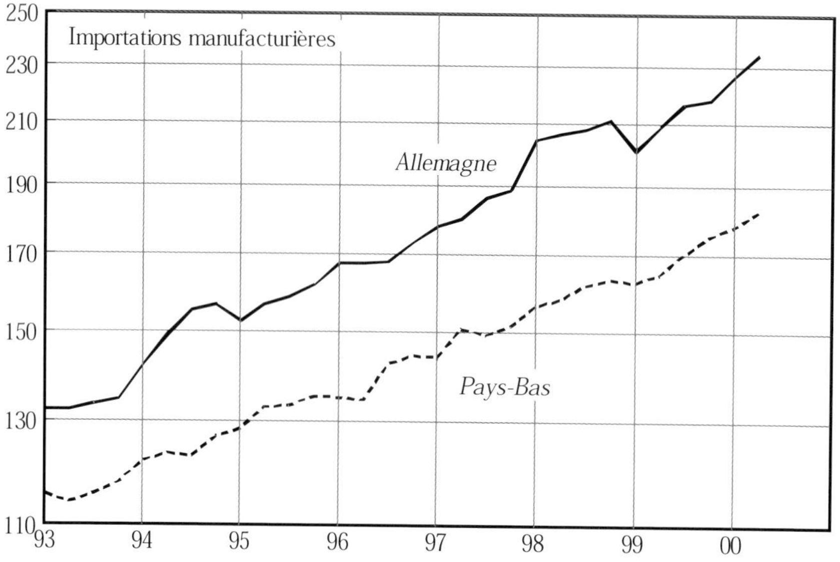

Source : OCDE PIE

1988=100, cvs, échelle logarithmique

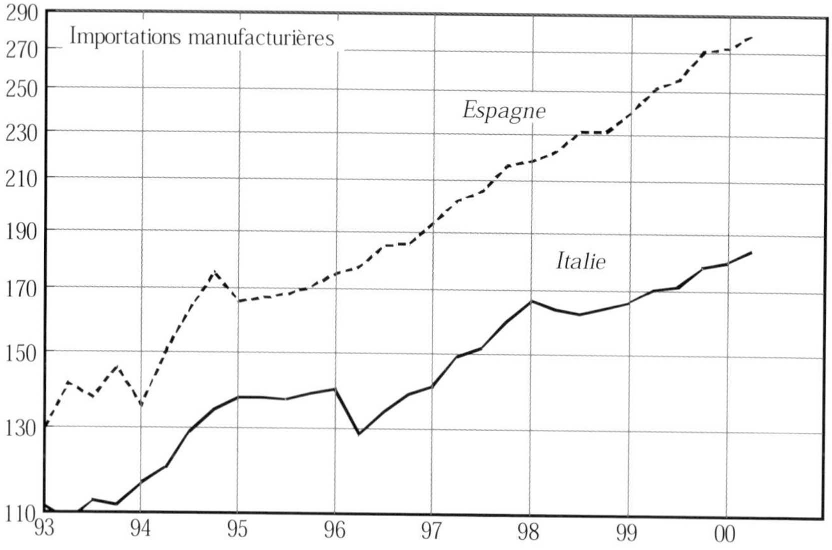

Source : OCDE PIE

I.11 BALANCES COURANTES

Les données de base sont les soldes des balances courantes. Pour faciliter les comparaisons entre pays et montrer l'ampleur relative des déséquilibres, le solde de la balance courante a été rapporté au PIB pour chacun des pays et des régions.

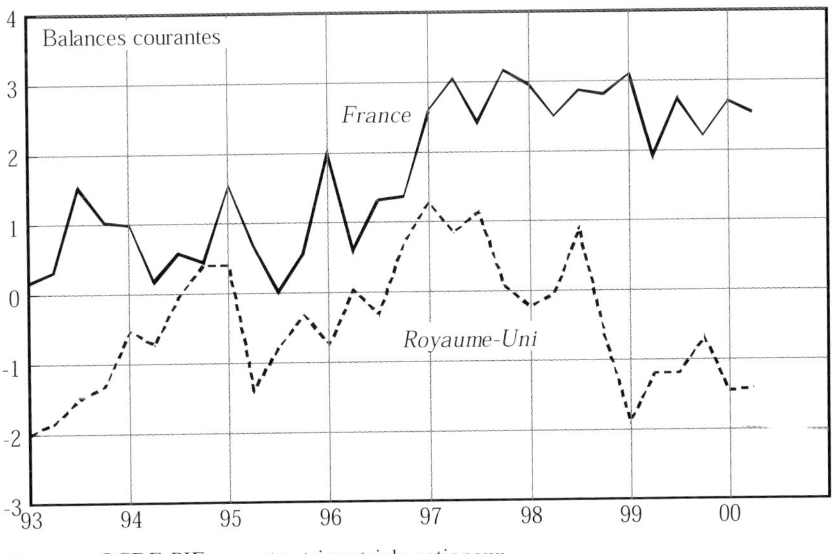

Sources : OCDE PIE, comptes trimestriels nationaux

En % du PIB, cvs

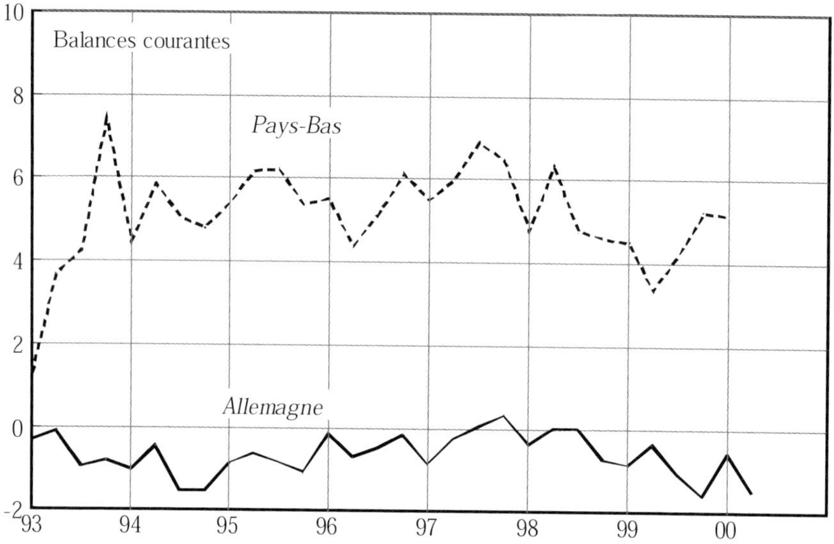

Sources : OCDE PIE, comptes trimestriels nationaux

En % du PIB, cvs

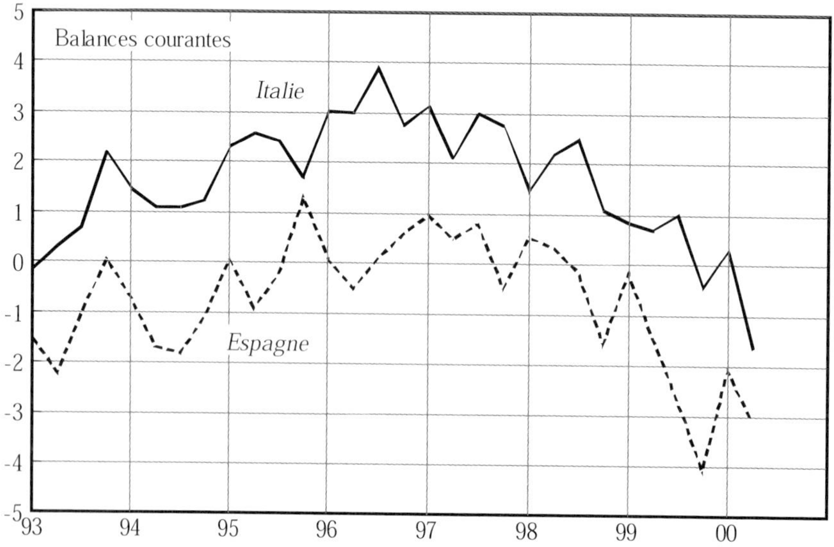

Sources : OCDE PIE, comptes trimestriels nationaux

I.12 PIB

Les données sont tirées des comptes nationaux trimestriels. Elles sont exprimées en prix constants et présentées en variation par rapport au même trimestre de l'année précédente.

En %, t/t 4

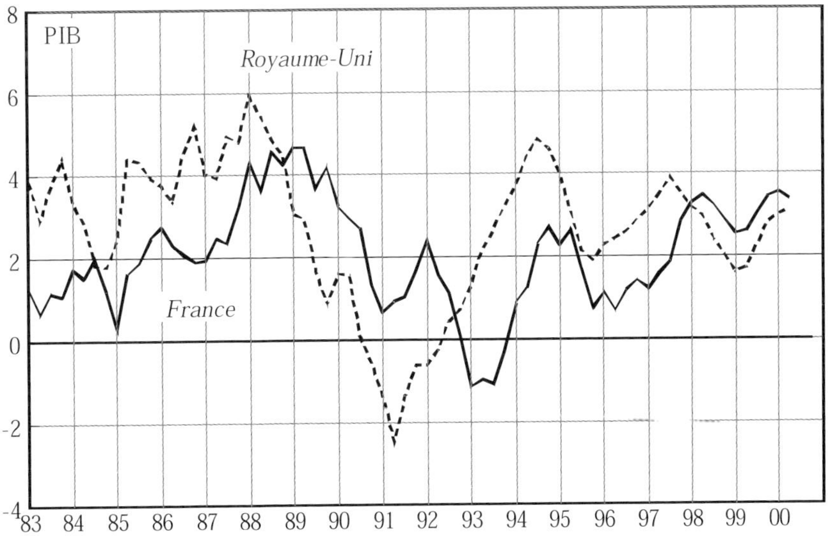

Source : Comptes trimestriels de l'OCDE

(1) Allemagne de l'Ouest avant 1991

Source : Comptes trimestriels de l'OCDE

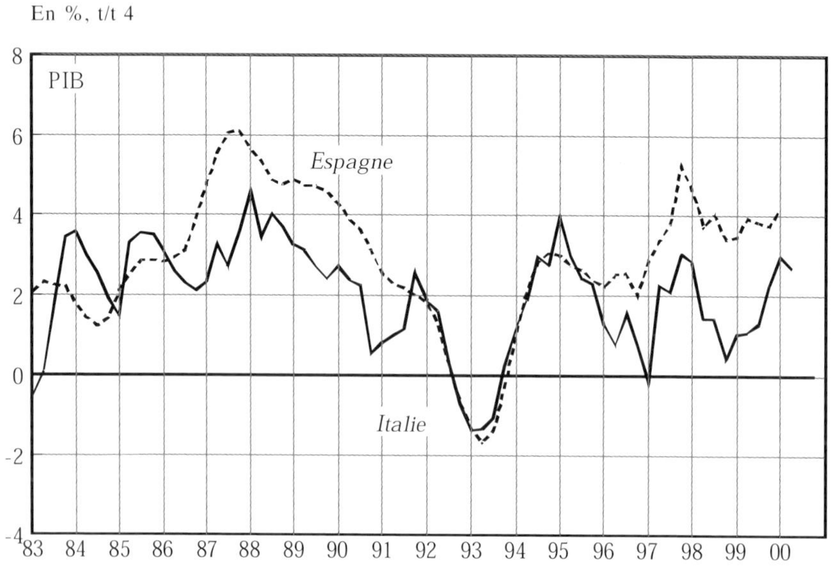

Source : Compte trimestriels de l'OCDE

I.13 CONSOMMATION DES MENAGES

Les données sont tirées des comptes nationaux trimestriels. Elles sont exprimées en prix constants et présentées en variation par rapport au même trimestre de l'année précédente.

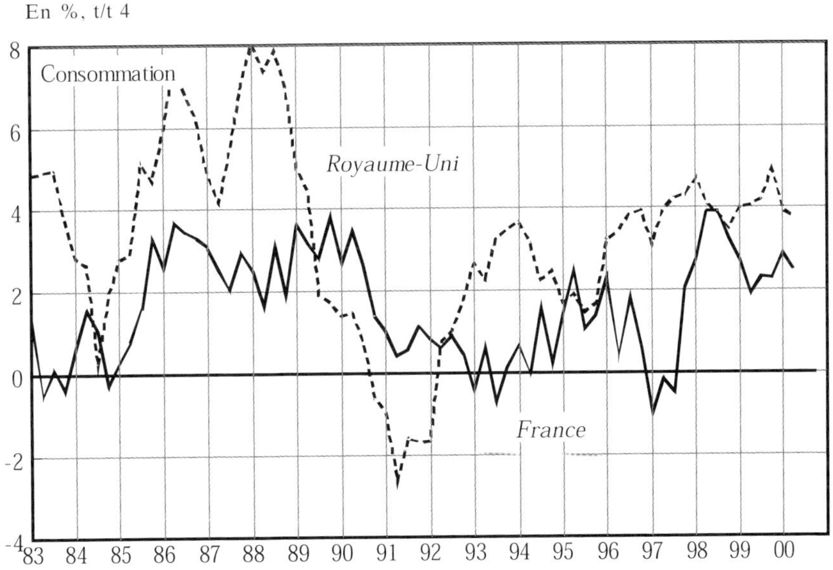

Source : Comptes trimestriels de l'OCDE

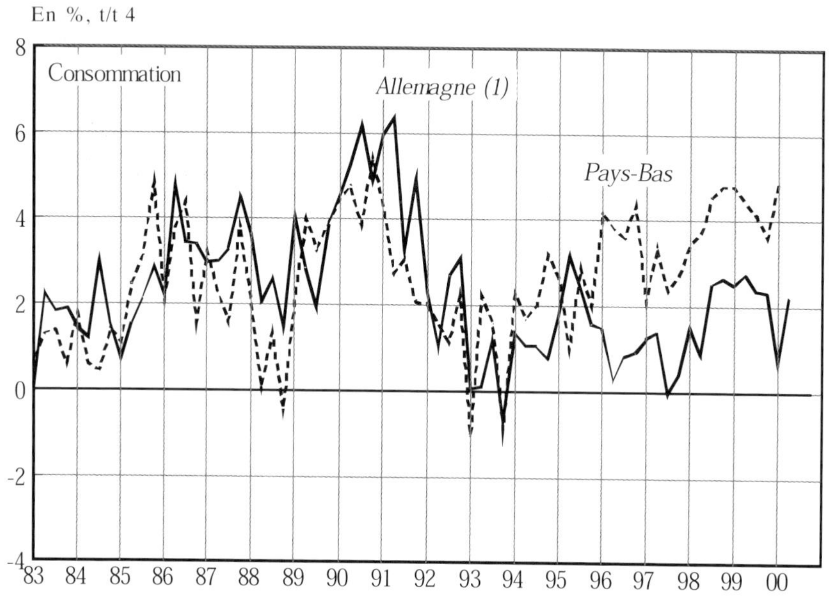

(1) Allemagne de l'Ouest avant 1991

Source : Comptes trimestriels de l'OCDE

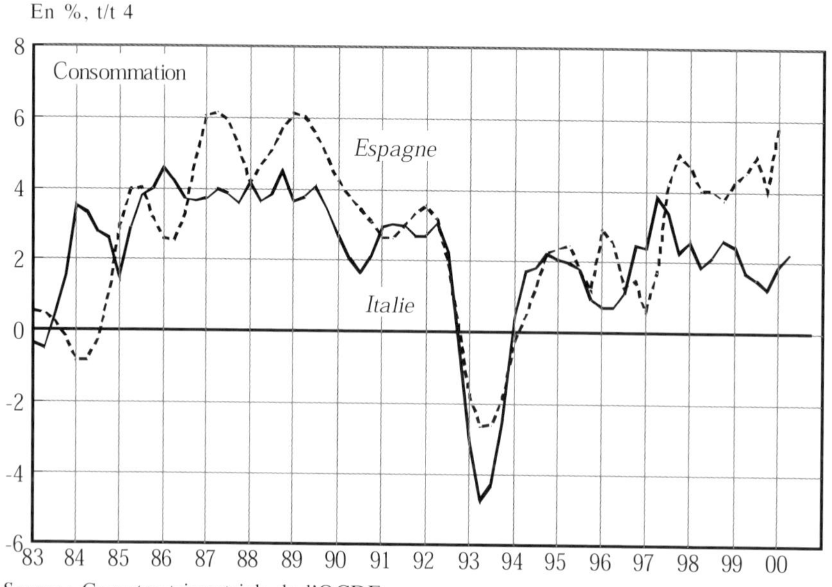

Source : Comptes trimestriels de l'OCDE

I.14 FBCF TOTALE

Les données sont tirées des comptes nationaux trimestriels. Elles sont exprimées en prix constants et présentées en variation par rapport au même trimestre de l'année précédente.

En %, t/t 4

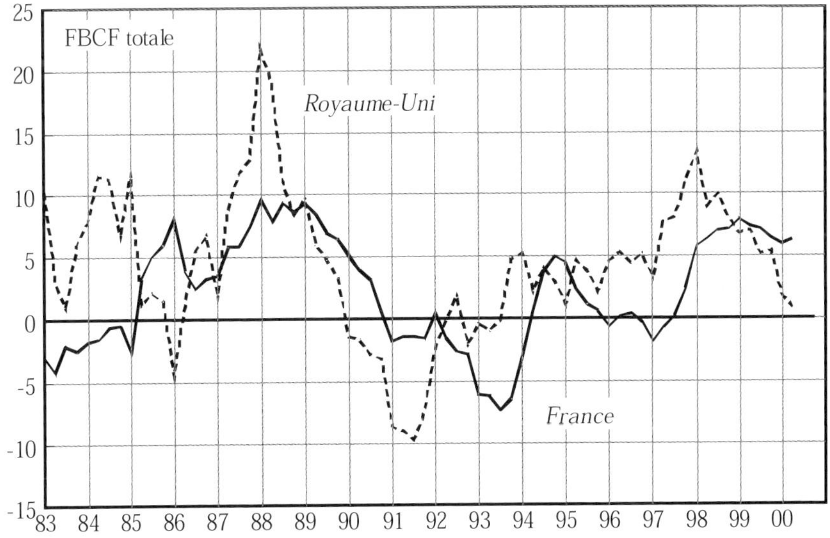

Source : Comptes trimestriels de l'OCDE

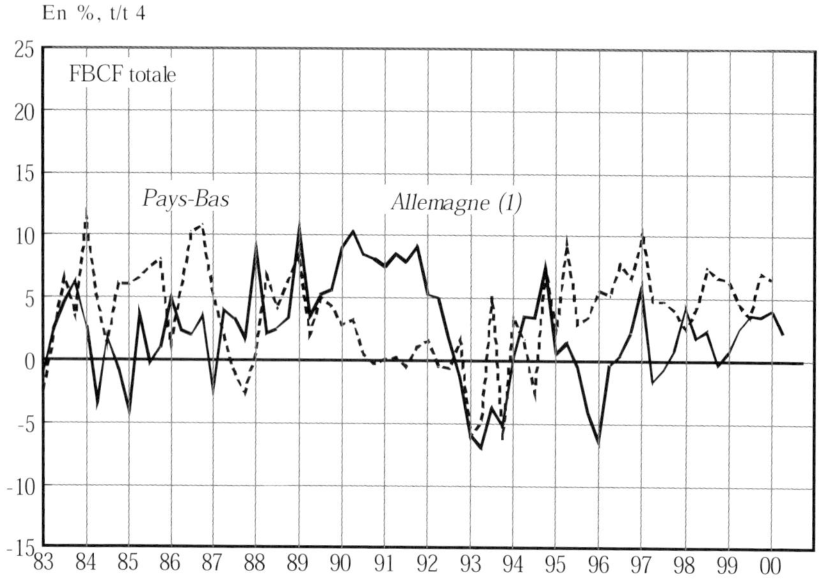

(1) Allemagne de l'Ouest avant 1991

Source : Comptes trimestriels de l'OCDE

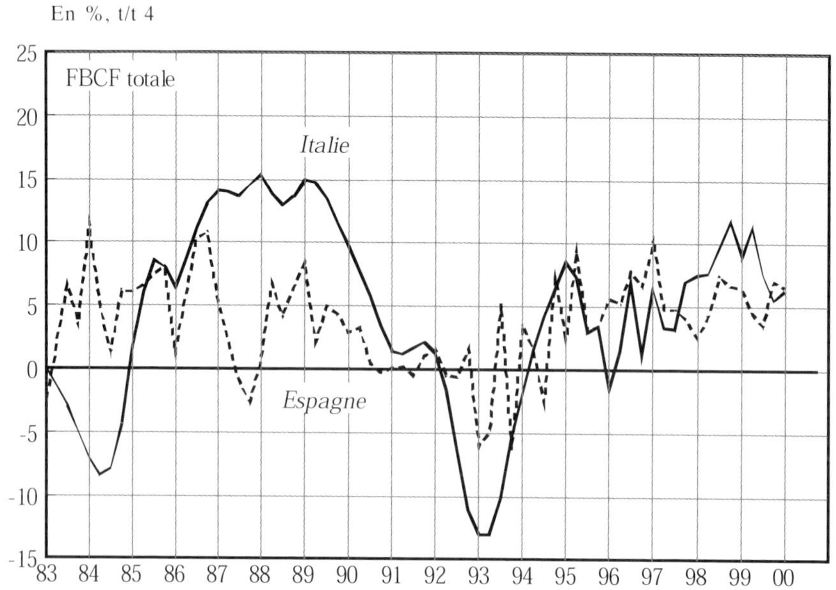

Source : Comptes trimestriels de l'OCDE

I.15 EXPORTATIONS DE BIENS ET SERVICES

Les données sont tirées des comptes nationaux trimestriels. Elles sont exprimées en prix constants et présentées en variation par rapport au même trimestre de l'année précédente.

En %, t/t 4

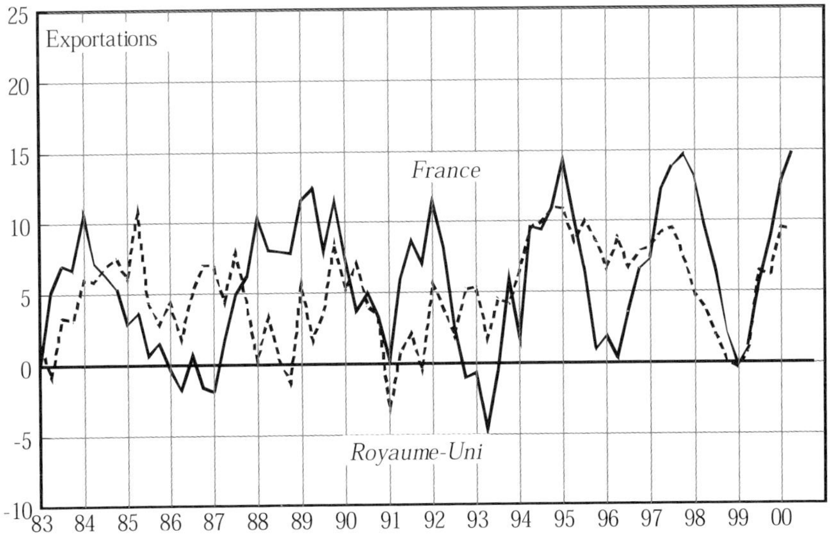

Source : Comptes trimestriels de l'OCDE

En %, t/t 4

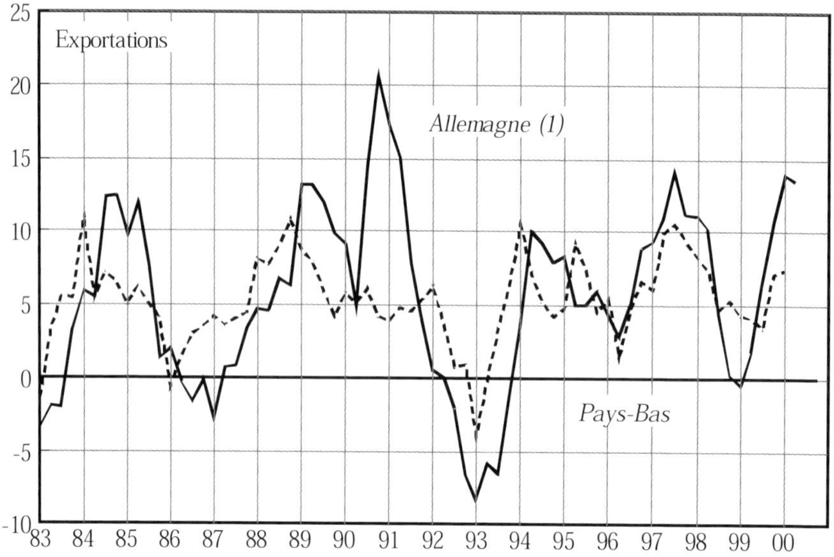

(1) Allemagne de l'Ouest avant 1991

Source : Comptes trimestriels de l'OCDE

En %, t/t 4

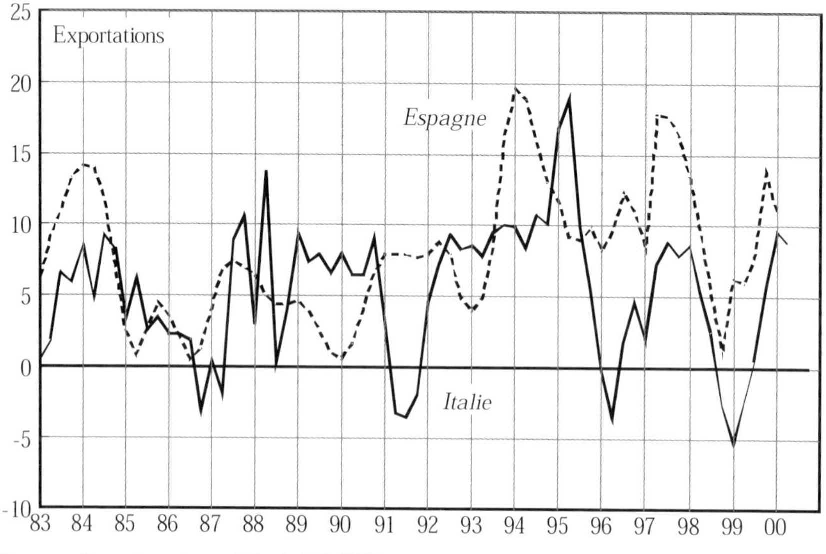

Source : Comptes trimestriels de l'OCDE

I.16 IMPORTATIONS DE BIENS ET SERVICES

Les données sont tirées des comptes nationaux trimestriels. Elles sont exprimées en prix constants et présentées en variation par rapport au même trimestre de l'année précédente.

En %, t/t 4

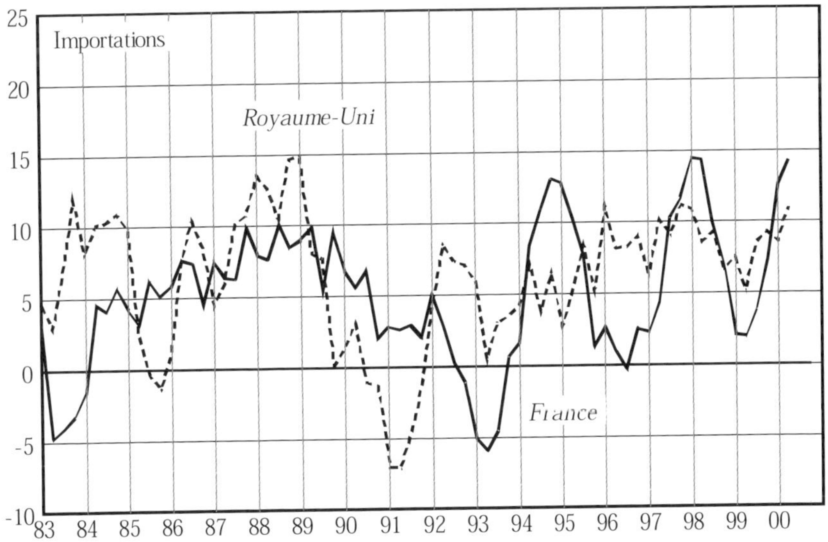

Source : Comptes trimestriels de l'OCDE

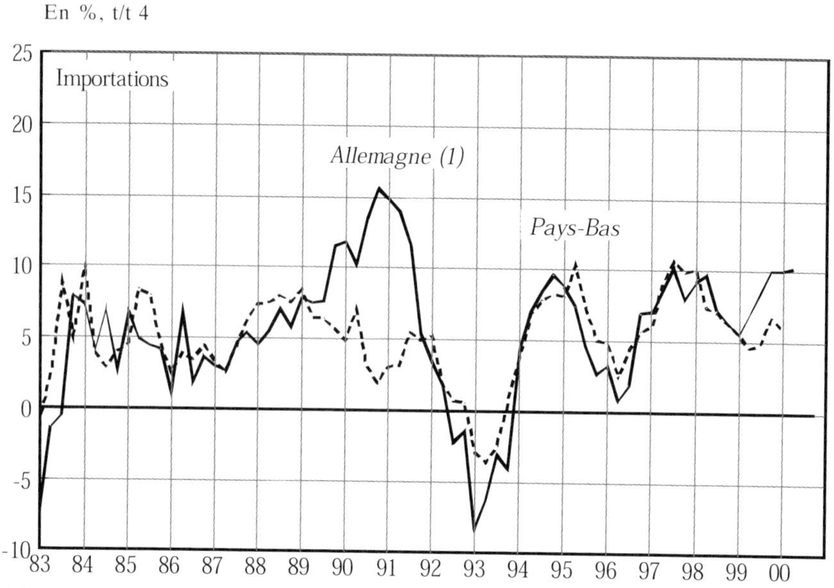

(1) Allemagne de l'Ouest avant 1991

Source : Comptes trimestriels de l'OCDE

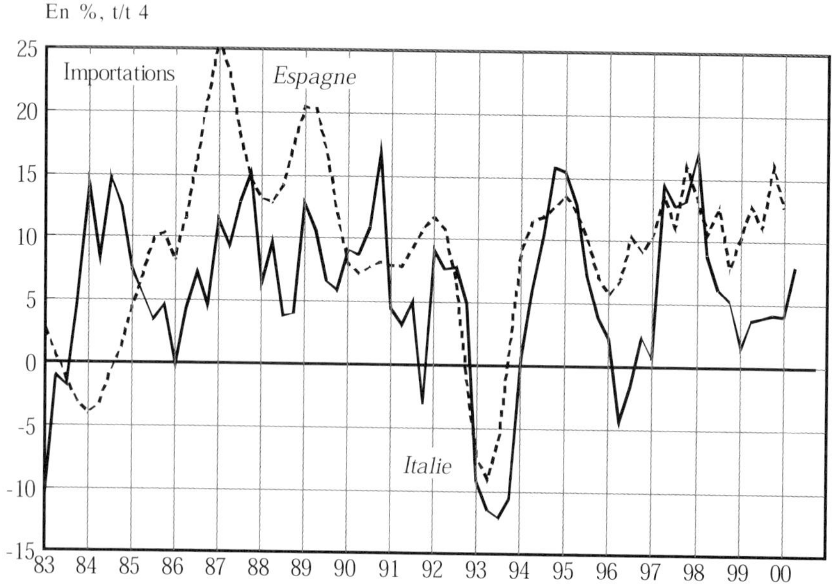

Source : Comptes trimestriels de l'OCDE

LES RÉGIONS DÉVELOPPÉES

II.1 PRODUCTION INDUSTRIELLE

1990=100, cvs, échelle logarithmique, mm3

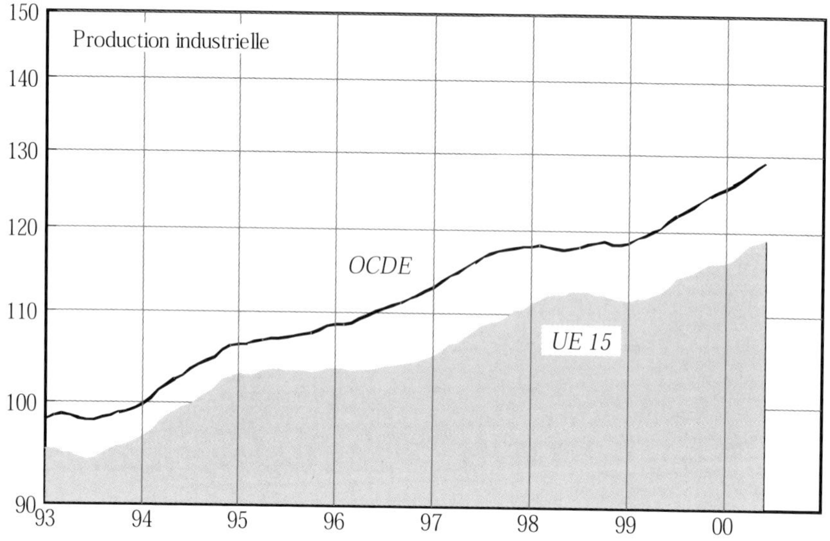

Source : OCDE PIE

1990=100, cvs, échelle logarithmique, mm3

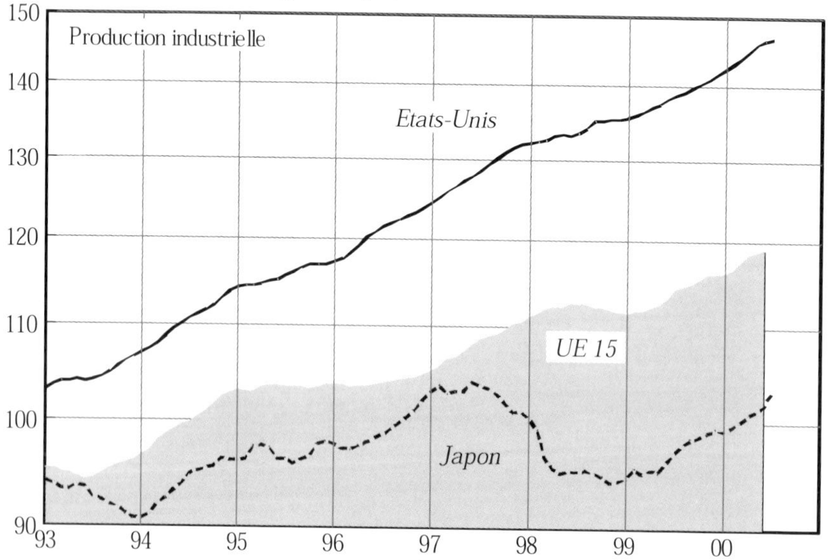

Source : OCDE PIE

II.2 TAUX D'UTILISATION DES CAPACITES

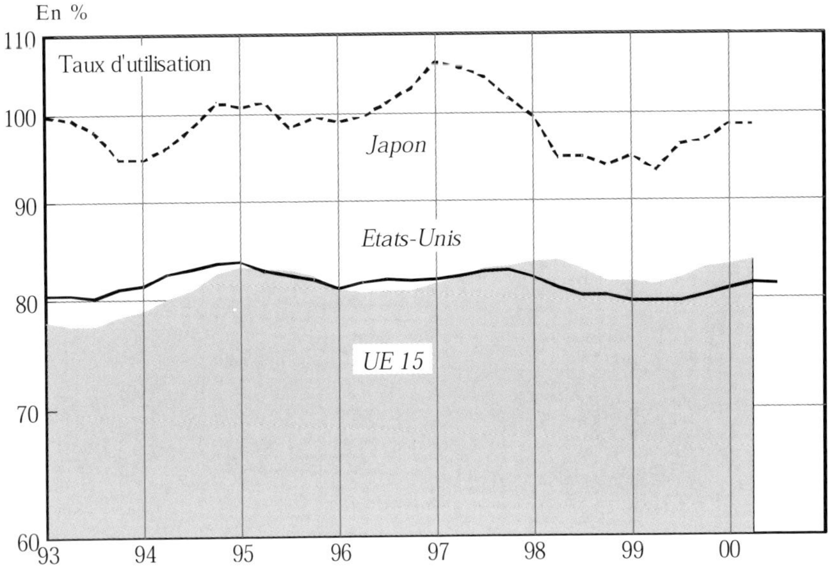

Source : OCDE PIE

II.3 ENQUETES DE CONJONCTURE

II.3ab Commandes et stocks

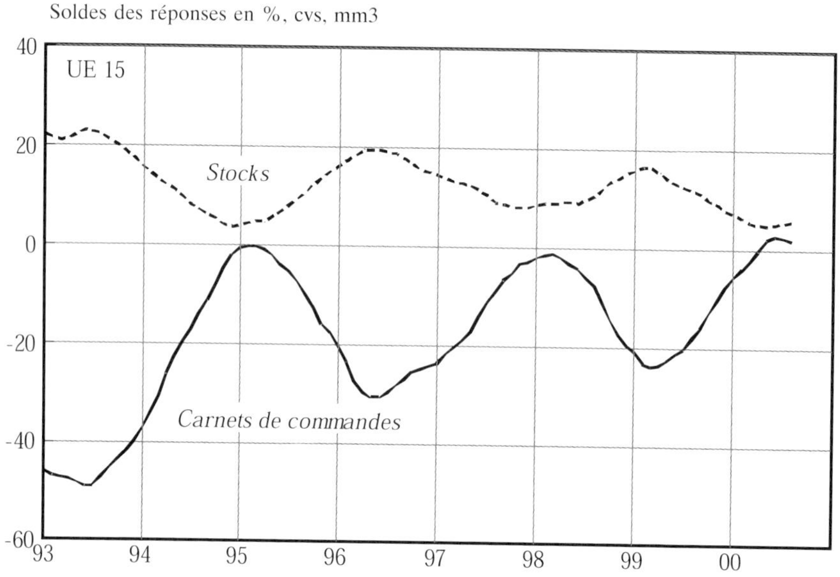

Source : CE

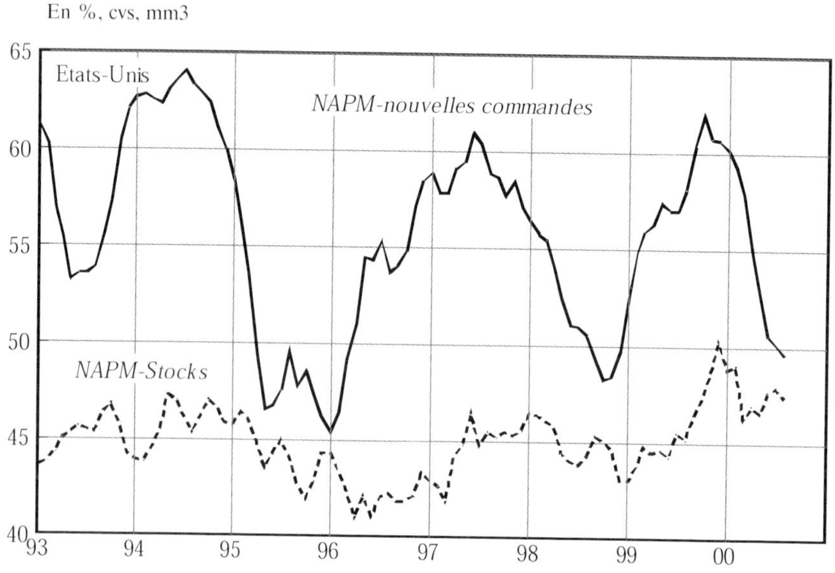

Source : National Association of Purchasing Managers

Soldes des réponses en %, cvs, mm3

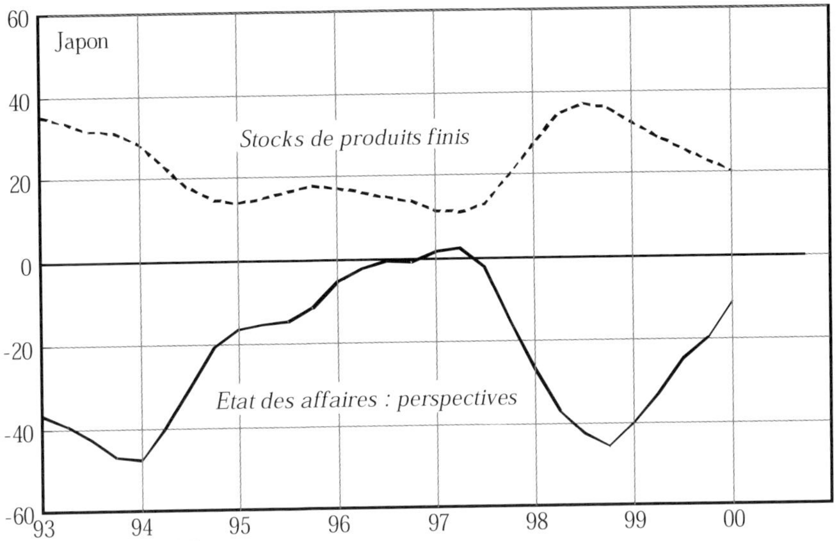

Source : OCDE PIE

II.4 TAUX DE CHOMAGE

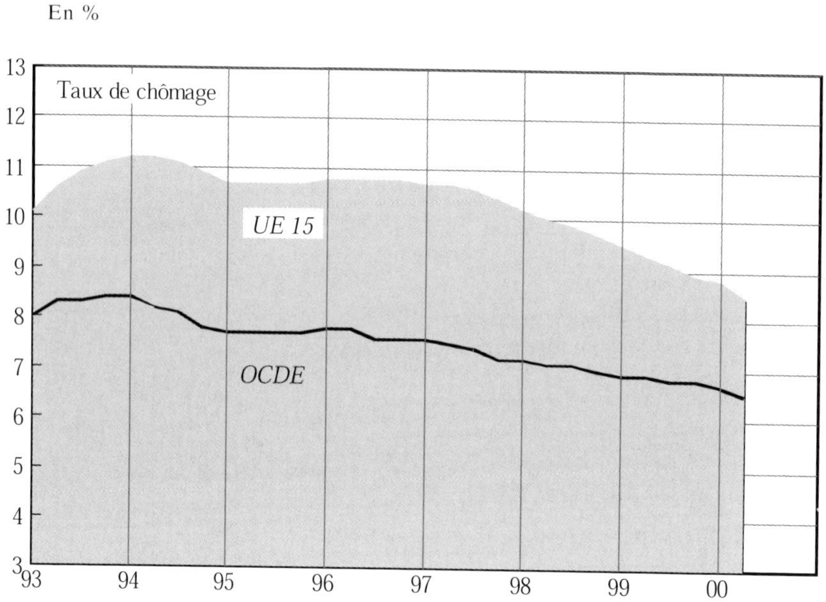

Source : OCDE PIE

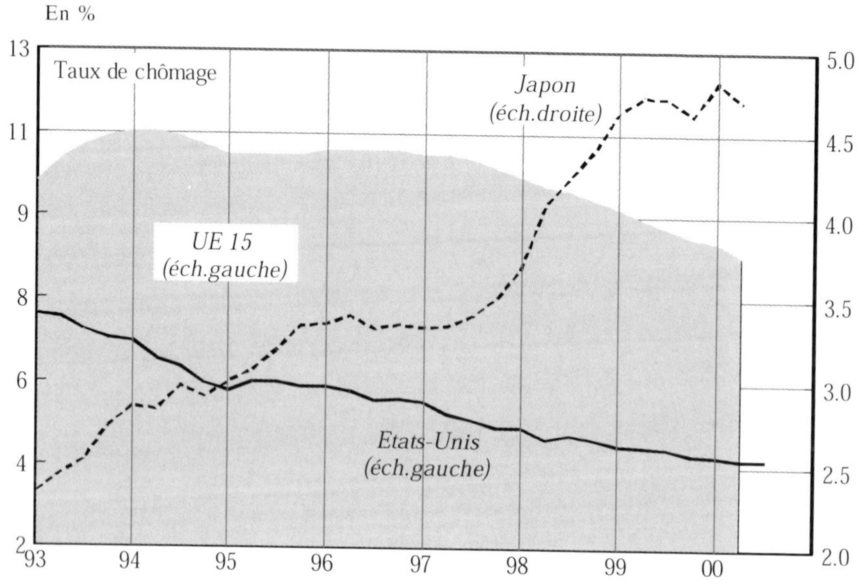

Source : OCDE PIE

II.5 PRIX A LA CONSOMMATION

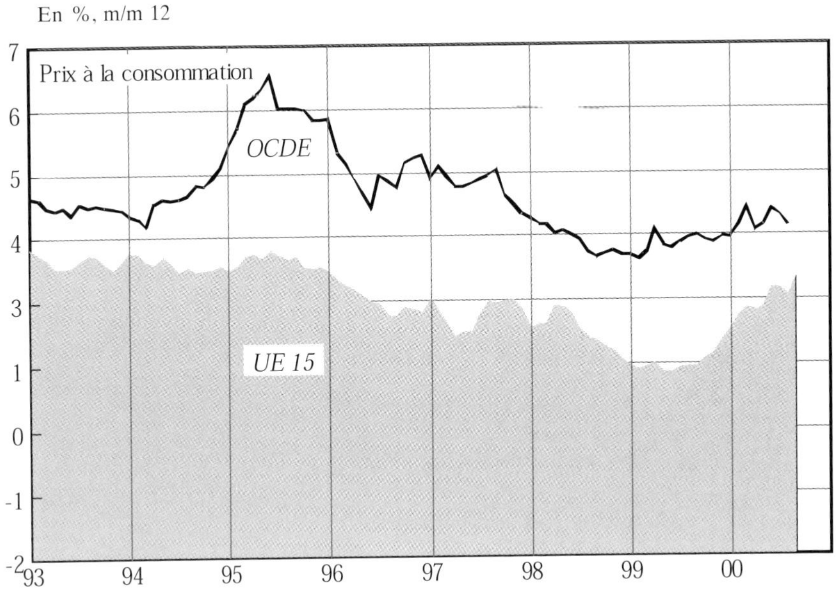

Source : OCDE PIE

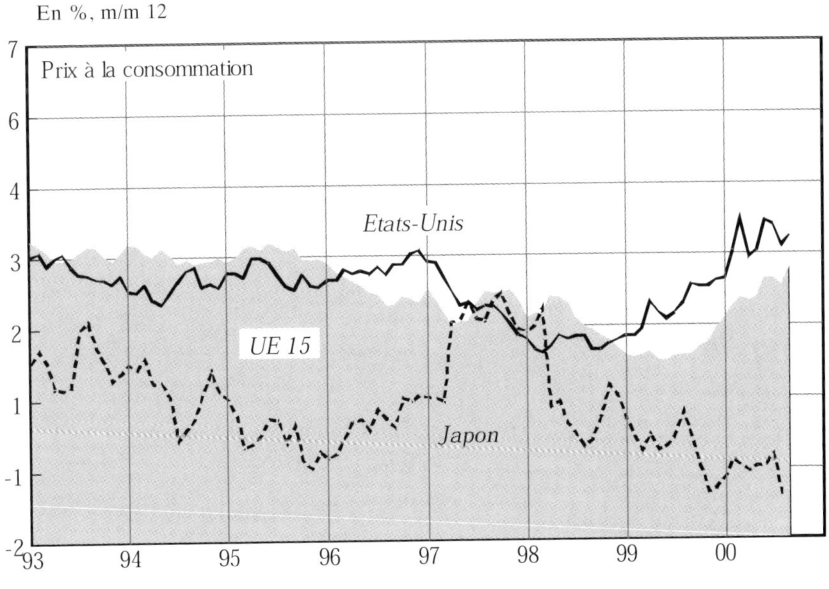

Source : OCDE PIE

II.6 PRIX SALAIRES EMPLOI

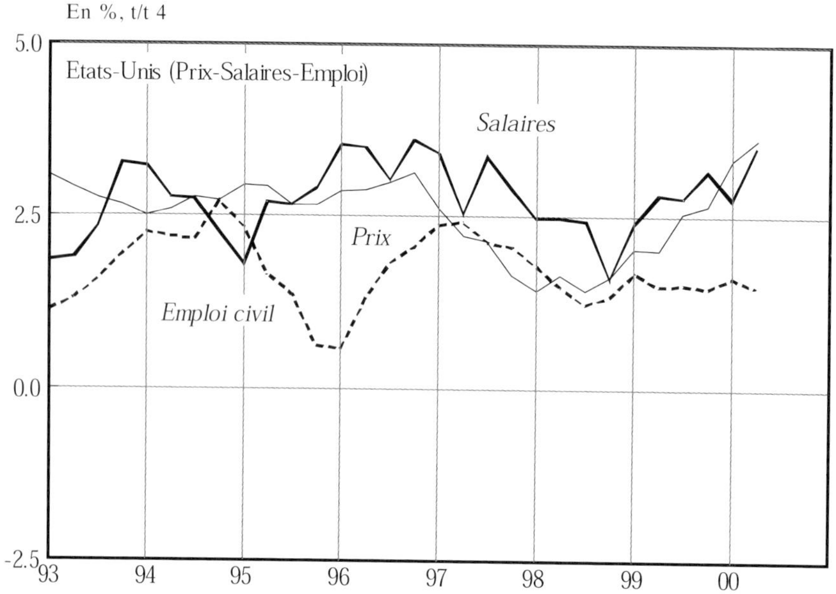

Source : OCDE PIE

Source : OCDE PIE

II.7 TAUX D'INTERET

II.7a Taux d'intérêt nominaux à 3 mois

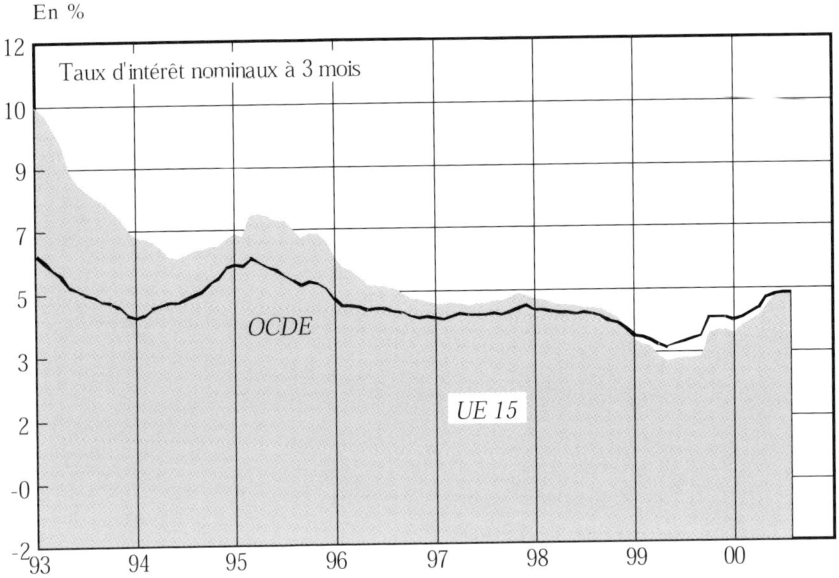

Source : OCDE PIE

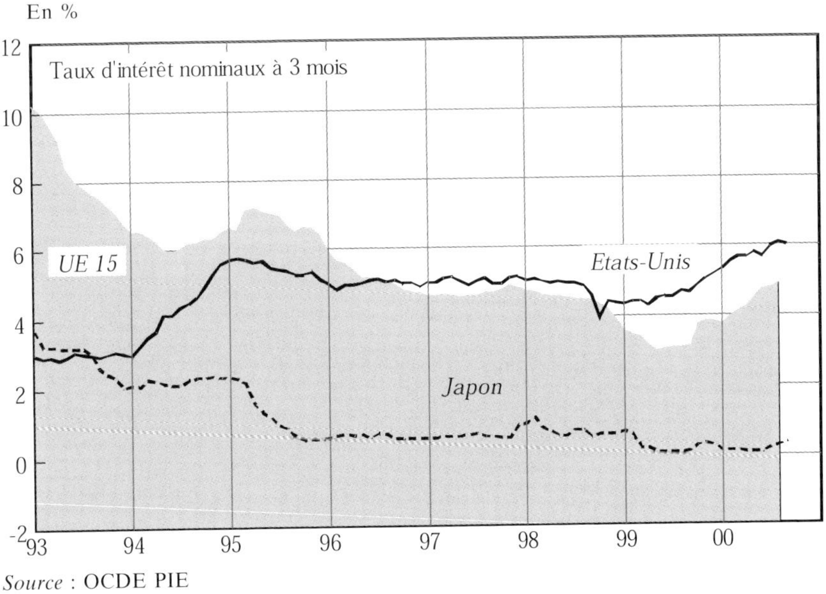

Source : OCDE PIE

II.7b Taux d'intérêt réels à 3 mois

En %

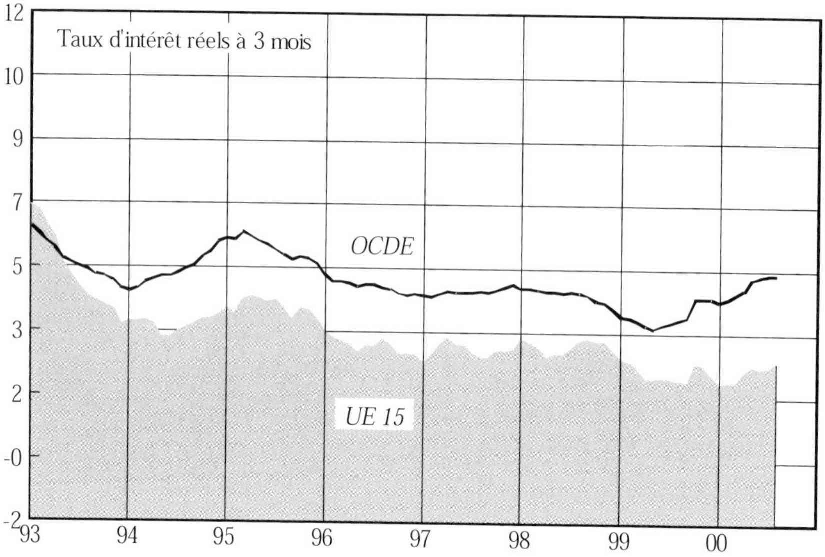

Source : OCDE PIE

En %

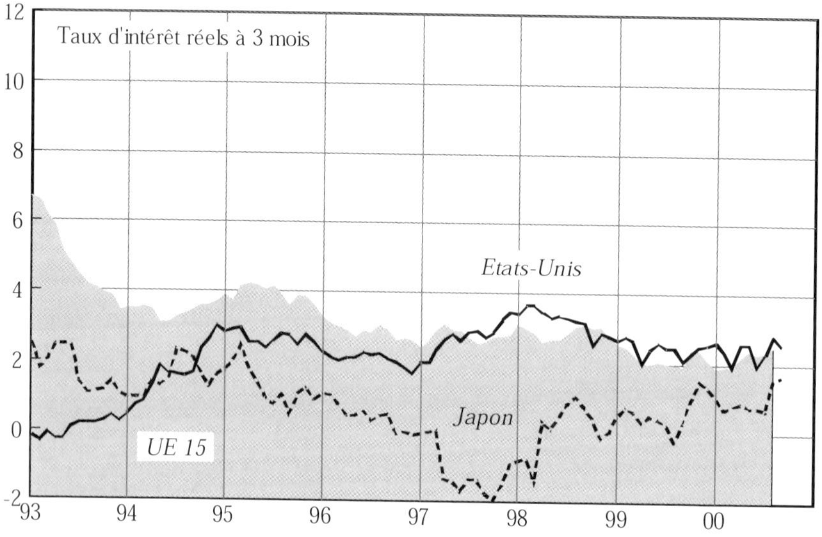

Source : OCDE PIE

II.7c Taux d'intérêt nominaux à long terme

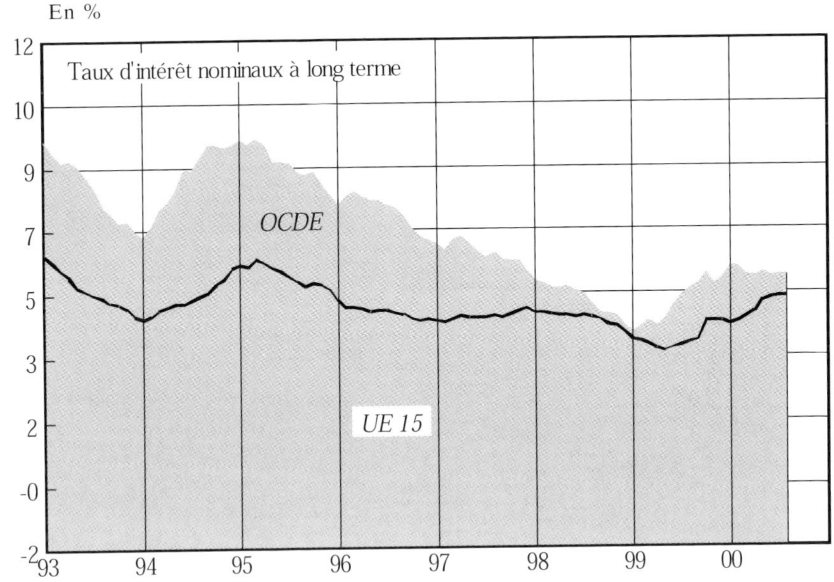

Source : OCDE PIE

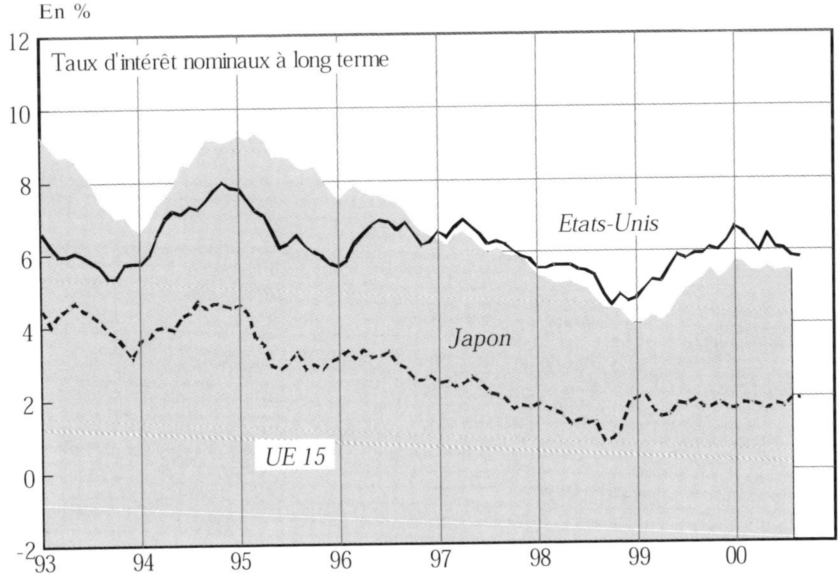

Source : OCDE PIE

II.7d Taux d'intérêt réels à long terme

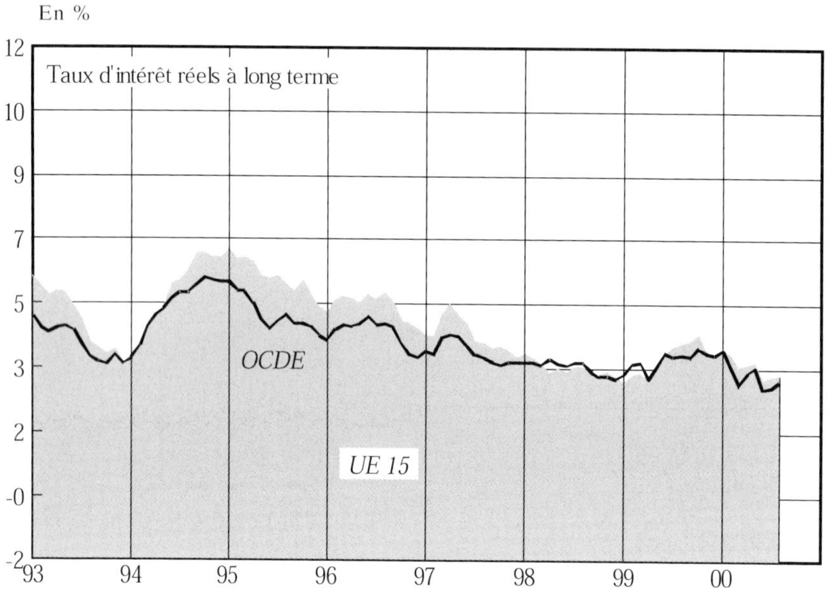

Source : OCDE PIE

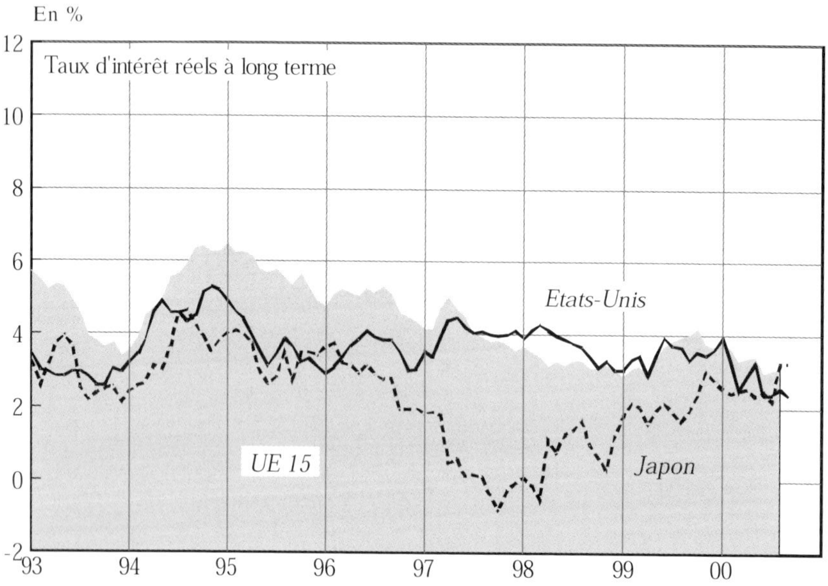

Source : OCDE PIE

II.8 INDICES BOURSIERS

1990=100, échelle logarithmique

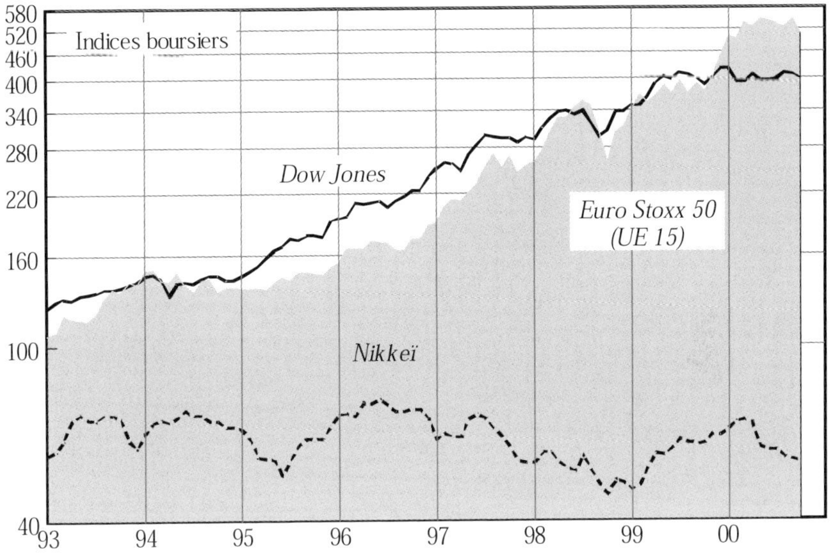

Source : Financial Times

II.9 TAUX DE CHANGE

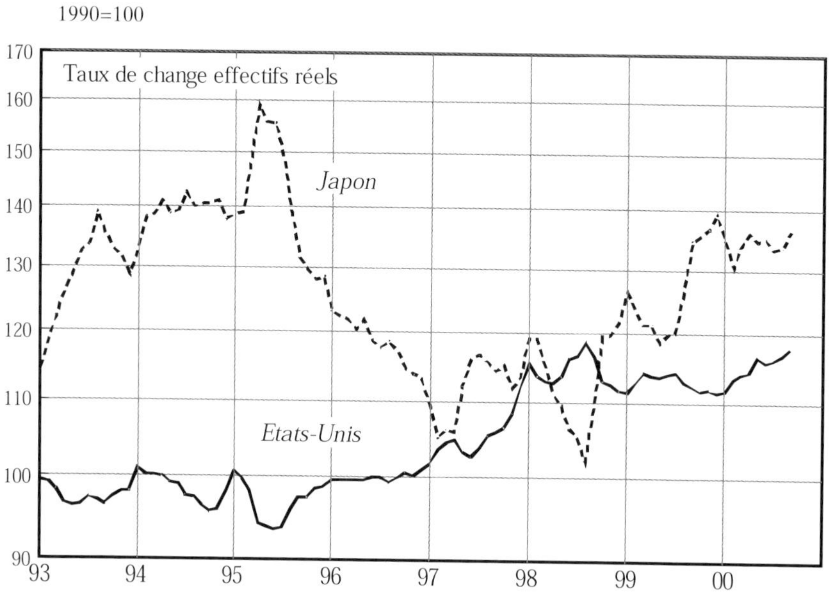

Source : OCDE PIE

Source : Financial Times

II.10 IMPORTATIONS MANUFACTURIERES

1988=100, cvs, échelle logarithmique

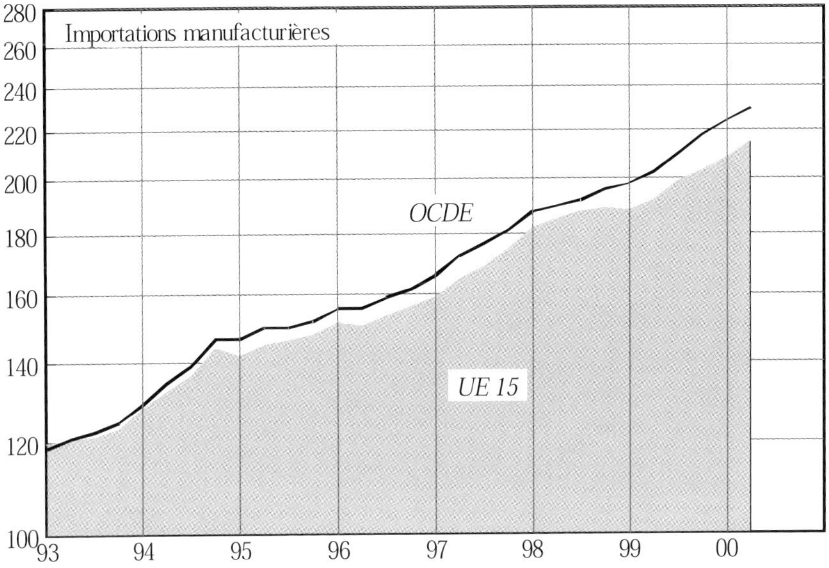

Source : OCDE PIE

1988=100, cvs, échelle logarithmique

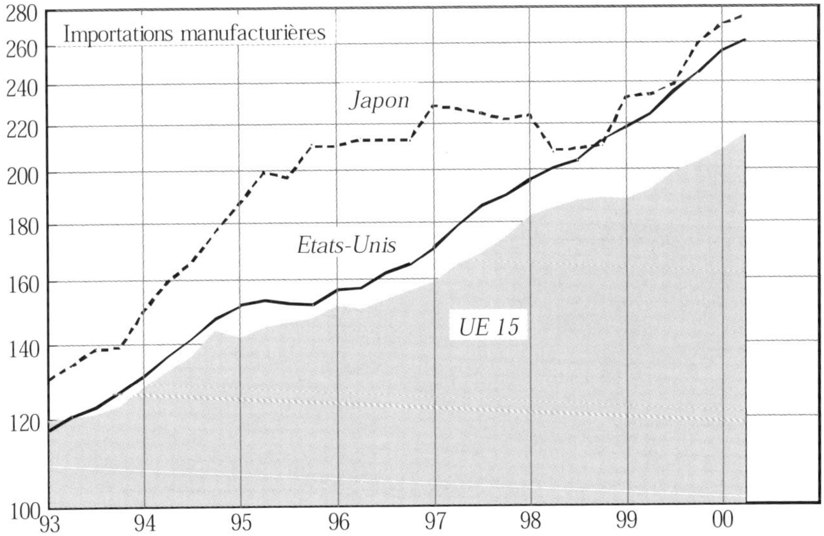

Source : OCDE PIE

II.11 BALANCES COURANTES

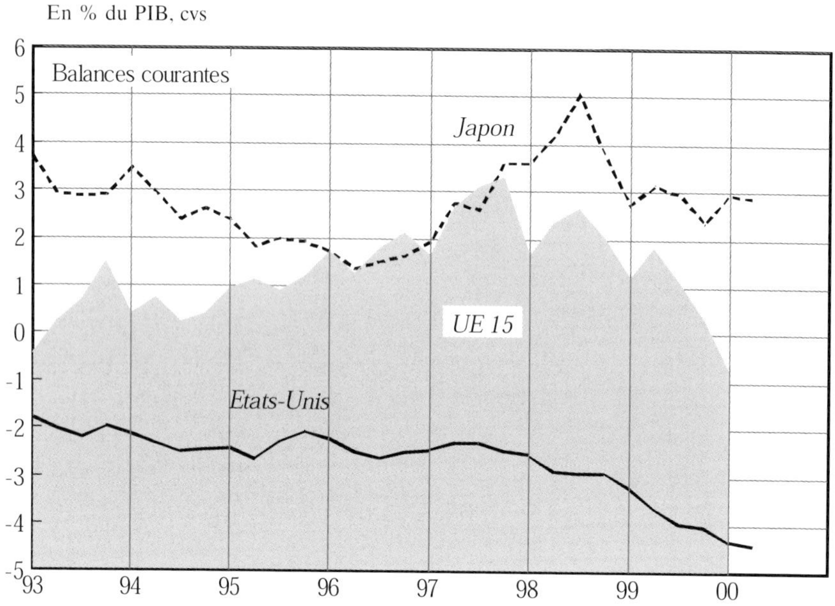

Sources : OCDE PIE, comptes trimestriels nationaux

II.12 PIB

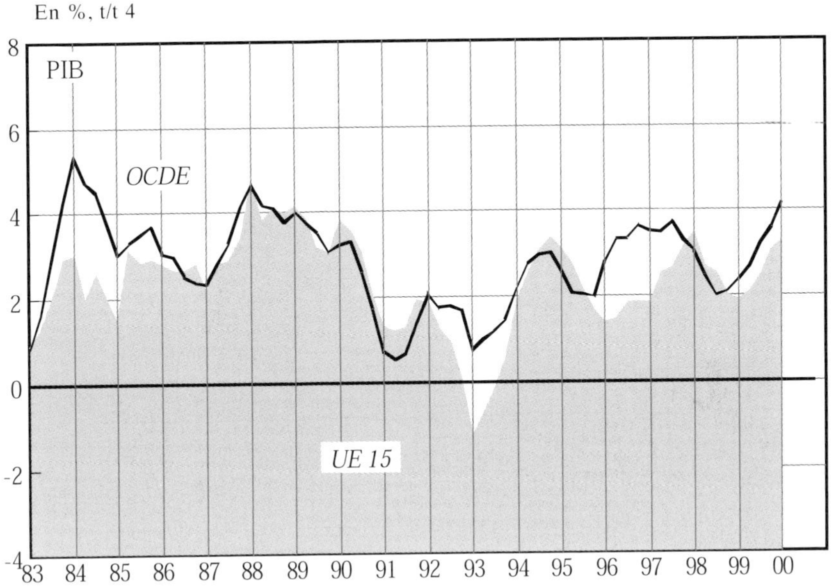

Source : Comptes trimestriels de l'OCDE

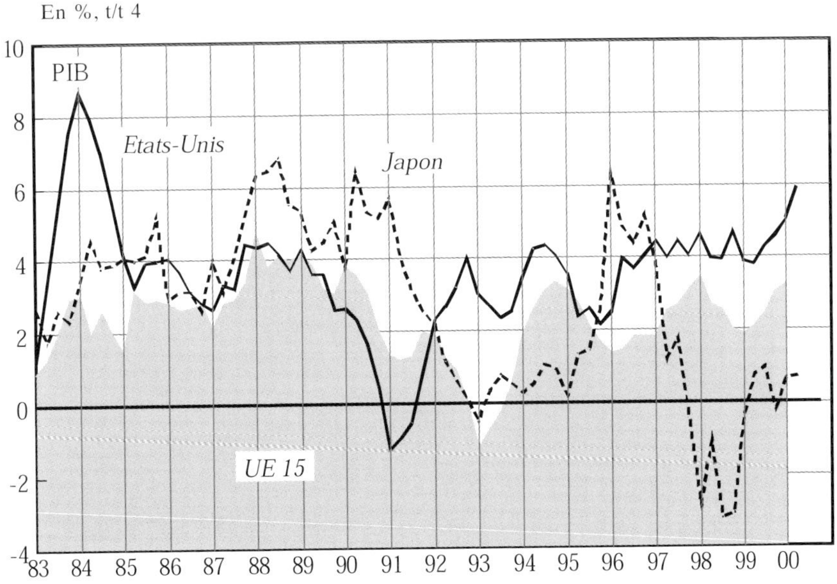

Source : Comptes trimestriels de l'OCDE

II.13 CONSOMMATION DES MENAGES

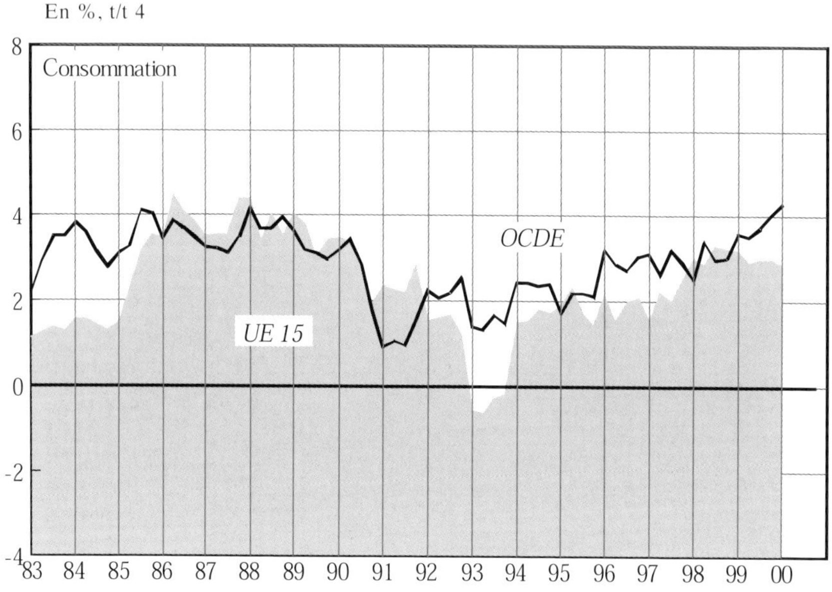

Source : Comptes trimestriels de l'OCDE

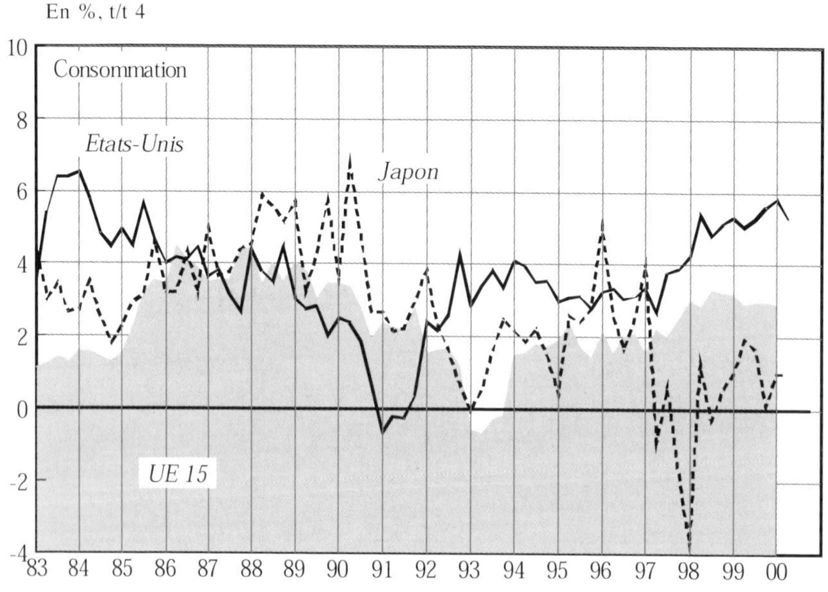

Source : Comptes trimestriels de l'OCDE

II.14 FBCF TOTALE

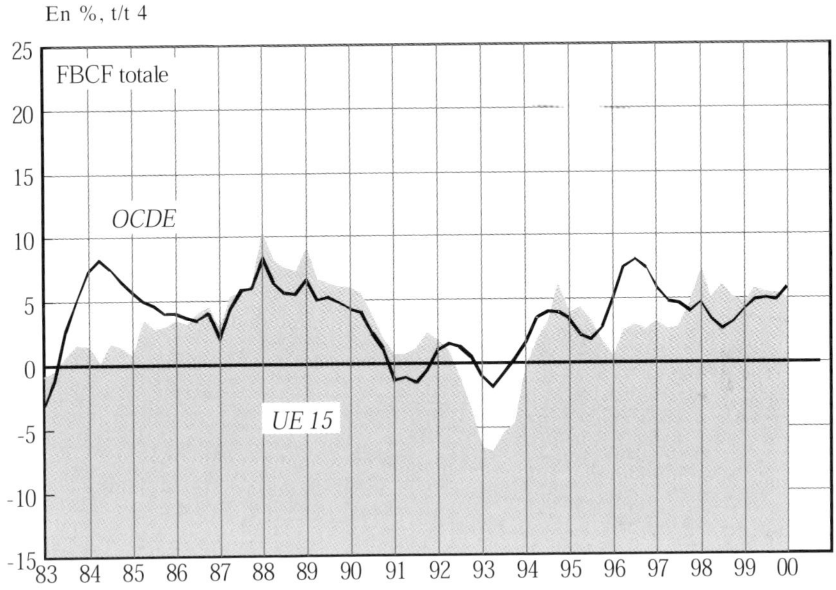

Source : Comptes trimestriels de l'OCDE

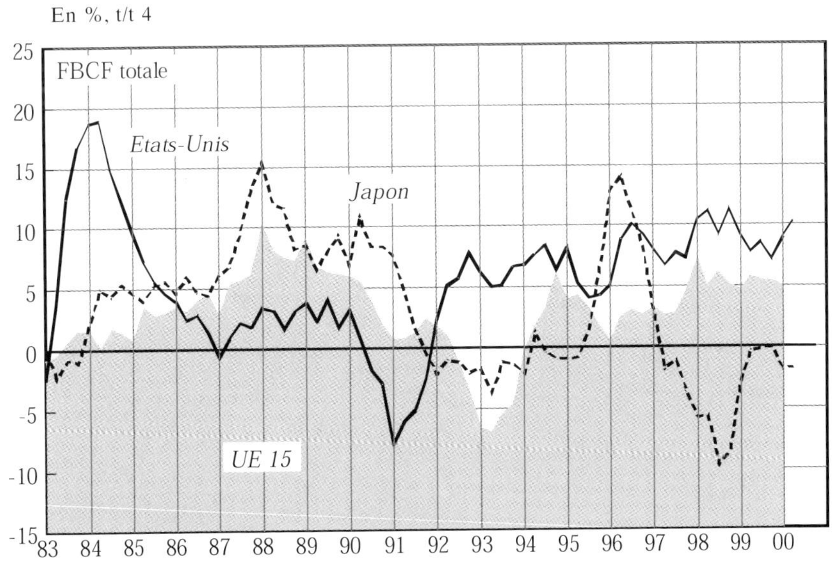

Source : Comptes trimestriels de l'OCDE

II.15 EXPORTATIONS DE BIENS ET SERVICES

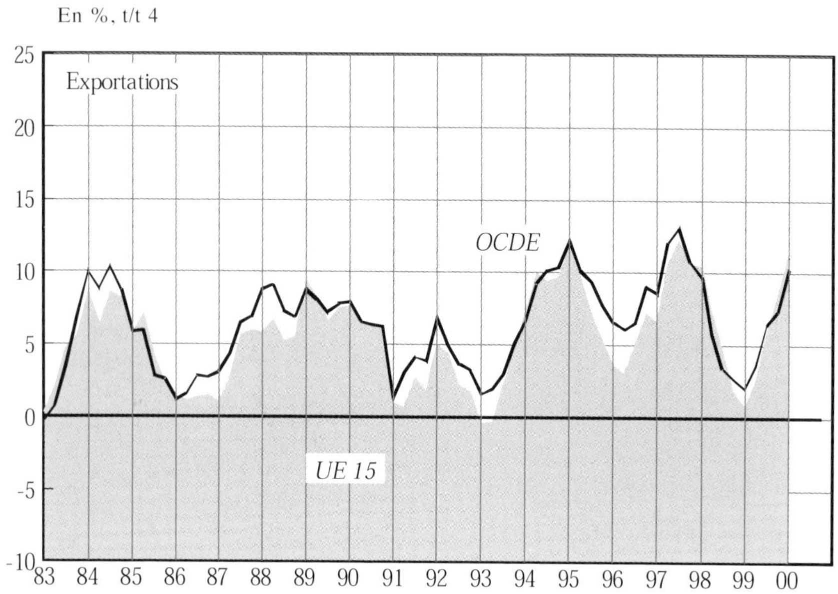

Source : Comptes trimestriels de l'OCDE

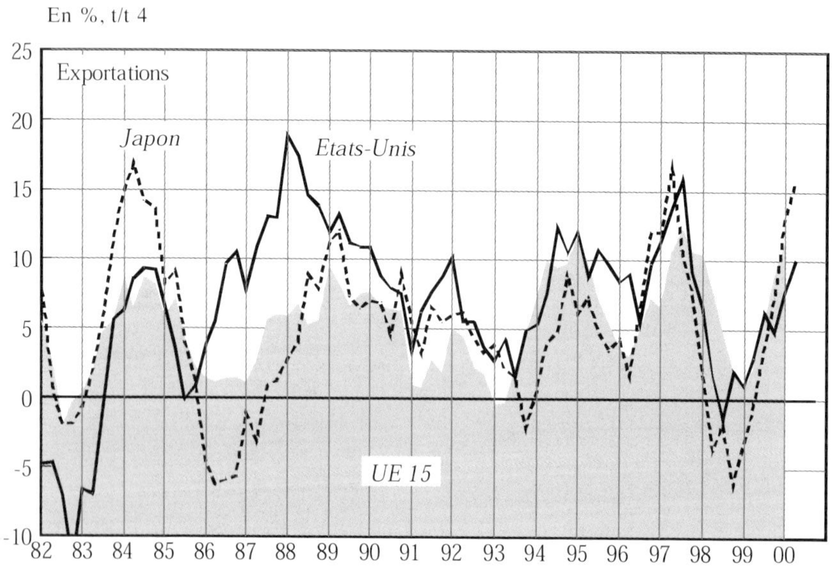

Source : Comptes trimestriels de l'OCDE

II.16 IMPORTATIONS DE BIENS ET SERVICES

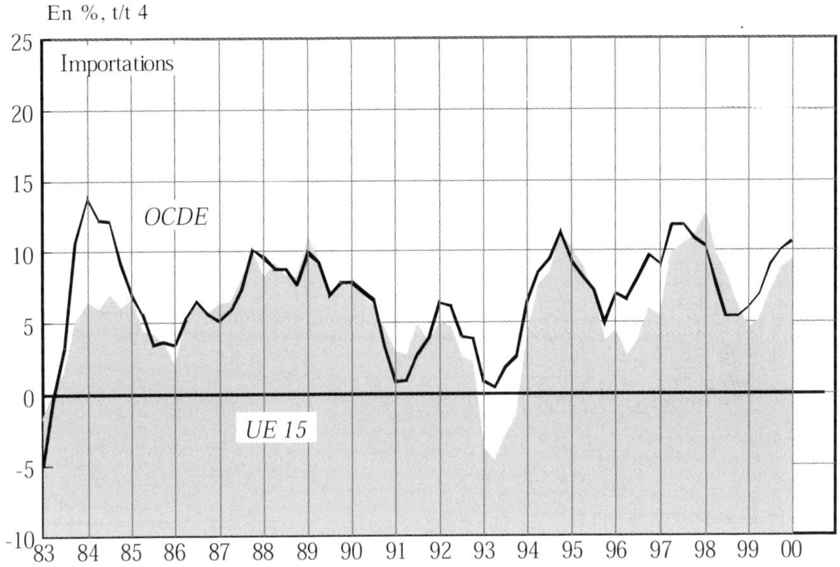

Source : Comptes trimestriels de l'OCDE

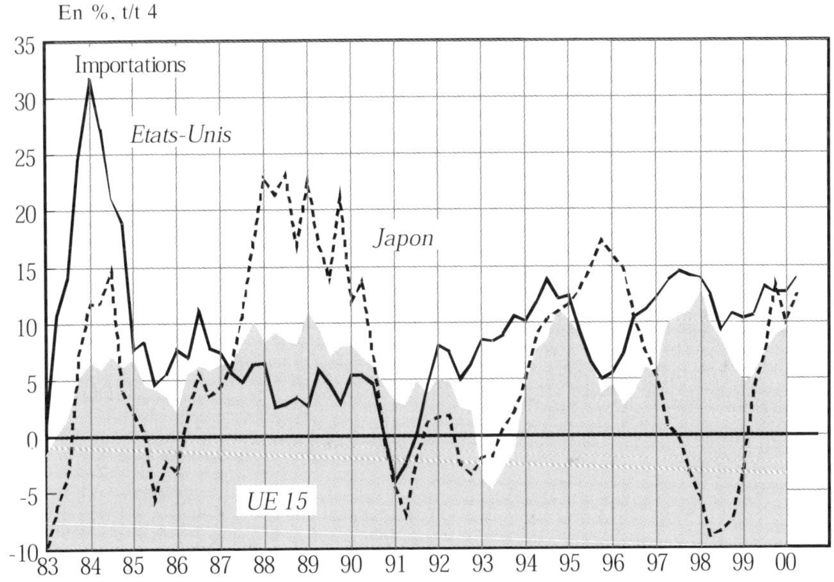

Source : Comptes trimestriels de l'OCDE

II.17 PETROLE ET MATIERES PREMIERES

Les données de prix du pétrole sont les moyennes mensuelles des cotations quotidiennes du baril de Brent (pétrole de Mer du Nord). Elles sont exprimées en dollars courants.

Les données de cours des matières premières sont les indices mensuels élaborés par le H.W.W.A. de Hambourg à partir de cotations en dollars ; elles ont été ramenées à la base 100 en 1990.

Le pouvoir d'achat de ces séries est obtenu en les déflatant par l'indice des prix du commerce mondial de produits manufacturés. La période de rebasage est de 1972 ; cela afin de visualiser l'évolution depuis le premier choc pétrolier.

II.17a Pétrole et matières premières à prix courants

En dollars, échelle logarithmique

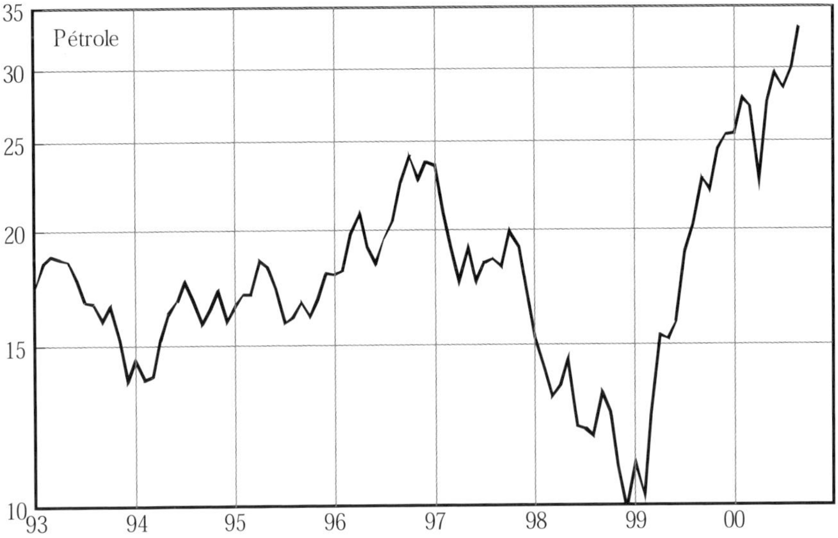

Source : Financial Times

En dollars, 1990=100, cvs, échelle logarithmique

Sources : Financial Times, HWWA

II.17b Pouvoir d'achat du pétrole et matières premières

Pouvoir d'achat du pétrole, 1972=100, échelle logarithmique

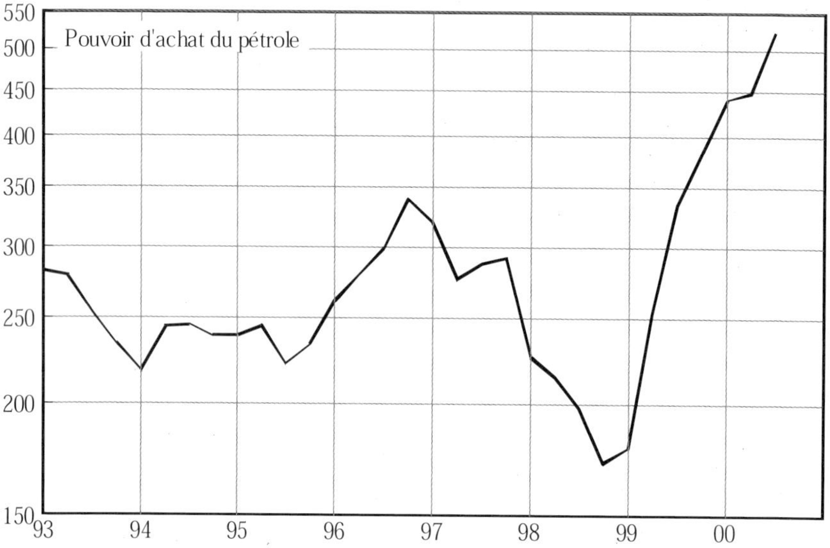

Sources : Financial Times, calcul OFCE

Pouvoir d'achat des matières premières,1972=100, échelle logarithmique

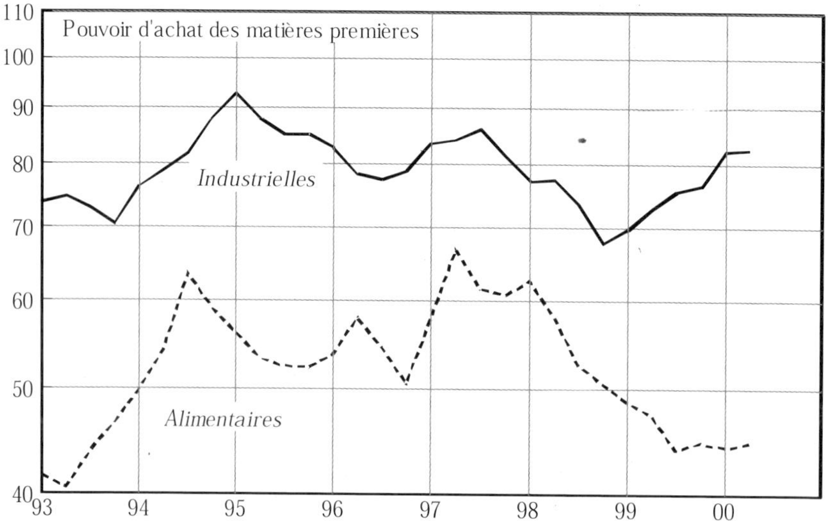

Sources : Financial Times, calcul OFCE